KB119113

河圖
^하 ^도

南

東

西

北

洛書
^낙 ^서

南

東

西

北

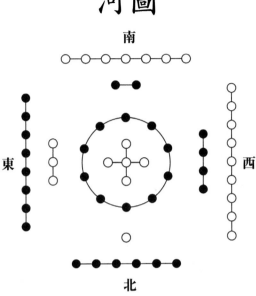

伏羲先天八卦方位之圖

南
乾
☰
一

兌
☱
二

巽
☴
五

東
離
☲
三

坎
☵
六

西

震
☳
四

艮
☶
七

坤
☷
八
北

문왕후천팔괘방위지도

文王後天八卦方位之圖

南
離

坤

兌　西

東　震

巽

坎

乾

北

複희육십사괘방위지도

伏羲六十四卦方位之圖

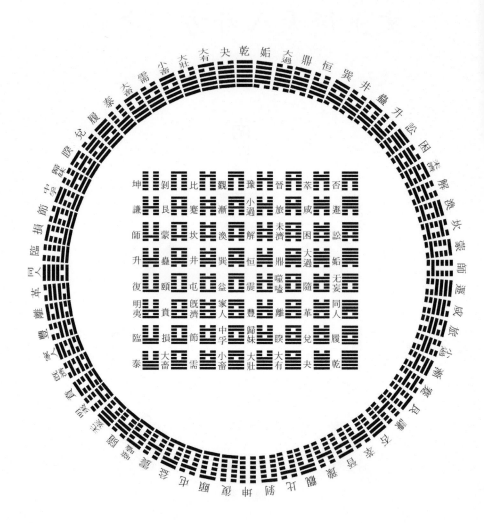

太極圖

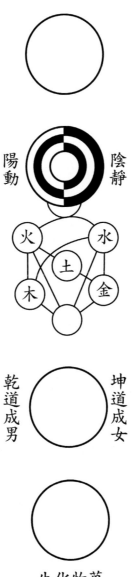

陽動　　陰靜

乾道成男　　坤道成女

生化物萬

주역내전

3

이 번역은 중국 장사(長沙)의 악록서사(嶽麓書社)에서 1992년에 발행한 선산전서(船山全書) 가운데 『주역내전(周易內傳)』과 『주역내전발례(周易內傳發例)』를 저본으로 하였습니다.

이 책은 (재)한국연구재단의 지원으로 학고방출판사에서 출간, 유통합니다.

한국연구재단 학술명저번역총서
동양편 *613*

(함괘咸卦☷☶~곤괘困卦☵☱) / 주역내전**3**
Zhou Yi Nei Zhuan

왕부지(王夫之) 지음 ┃ 김진근(金珍根) 옮김

學古房

역자서문

올해가 30년째다. 왕부지가 홀연히 내게 철학의 심오함을 일깨워주는 이로 다가온 뒤 어언 이만큼의 세월이 흘렀다. 그동안 나는 왕부지를 통해 동양철학의 정수(精髓)를 섭렵할 수 있었고, 학인(學人)으로서의 자세가 어떠해야 한지를 어렴풋이나마 엿볼 수 있었다. 그래서 대학원 학업 과정에서 왕부지의 역학(易學)을 연구하여 석사·박사학위를 얻었으며, 『왕부지의 주역철학』이라는 저서도 냈다. 뿐만 아니라 왕부지의 역학을 주제로 하여 10편이 넘는 논문을 써서 국내 학계는 물론 중국 학계에서 발표하기도 했다. 그리고 강단에 자리를 잡고 후학들에게 강의도 할 수 있게 되었다. 이러한 점에서 볼 때, 왕부지는 나의 사숙(私淑) 스승이요 학문적 은인이라 할 수 있다. 그리고 나의 평생 공부는 이 왕부지의 역학 속에 있다.

이 세월 동안 왕부지의 『주역내전』을 읽은 것을 바탕으로 이제 이 번역을 내놓는다. 한국연구재단의 2011년도 명저번역사업 분야에서 이 『주역내전』 번역으로 연구비를 지원받아 4년 동안 매진한 결과가 이 번역 속에 녹아 있다. 이 세월 동안 힘들었던 만큼 이제 뿌듯함으로 다가온다. 그리고 두렵다. 동양철학사 3천 년에서 걸작 중의 걸작인 이 작품을 우리말로 옮기면서 내가 얼마나 많이 훼손했을까를 생각하니! 완전 번역을 지향하면서 매달렸지만, 진행하면 할수록 그것은 이상일 뿐이라는 느낌을 번역자로서 처연하게 받았기 때문이다. 왕부지의『주역』은 그만큼 어렵고 무거운 것이었다. 그래도, 완전 번역을 이루지는 못하더라도, 그만큼 내 손에 의해 훼손된 것이 많다손 치더라도, 우리말로 된 것이 있는 것이 없는 것보다는 낫다는 전제에서 용기를 내서 진행하였다. 독자 제현께서 혜량해주시기를 바란다.

이『주역내전』은 왕부지가 67세 때 완성한 것이다. 그가 37세 때 쓴『주역외전』과는 달리, 이『주역내전』은『주역』의 경(經)・전문(傳文)을 축자적으로 충실하게 풀이하고 있다. 이『주역내전』은 원래 왕부지가 제자들에게『주역』을 강의하는 데서 교재로 활용하기 위해 저술한 것이다. 이에 비해『주역외전』은 경・전문이 없이 단지『주역』의 틀만을 준수하며 왕부지가 자신의『주역』철학을 체계적으로 서술한 것이다. 따라서 우리는, 그가 '내(內)'・'외(外)'라는 말을 사용하여 이들을 구별 짓고 있는 점을 대강 짐작할 수 있다. 즉『주역내전』은『주역』속에 들어가서 속속들이 그 풀이를 시도한 것이고,『주역외전』은『주역』밖에서 그것을 전체적으로 조망하며 쓴 풀이글이라는 것이다. 이들『주역내전』과『주역외전』은 쌍벽을 이루며 왕부지 철학의 정수(精髓)를 보여주고 있다. 이들은 중국철학사에서 '인식 체계의 대전환(paradigm shift)'이라 부르기에 충분한 철학적 독창성과 혜안을 여실히 보여주고 있다. 이들 외에도 왕부지는『주역대상해(周易大象解)』,『주역고이(周易考異)』,『주역패소(周易稗疏)』등을 저술하여『주역』에 대한 그의 입체적인 이해와 포괄적인 설명을 내보이고 있다.

그런데 왕부지의『주역』은 독자에게 무거움을 요구한다. 그 이유는 이러하다. 첫째, "『주역』은 군자가 일을 도모하는 데 활용하기 위해

만든 것이지 소인이 무슨 일을 도모하는 데 활용하도록 만들어진 것이
아니다.”(『正蒙』, 「大易」: 『易』爲君子謀, 不爲小人謀)라는 장재(張載)의
말을 그가 금과옥조(金科玉條)로 운용하기 때문이다. 이는 왕부지가
『주역』을 읽는 이에게 선결 요건으로 군자가 되라고 요구함을 의미한다.
그렇지 않으면, 즉 군자의 요건을 갖추지 못한 채 자신의 이익 따위나
도모하기 위해 시초점을 치면, 정작 거기에서 나온 괘·효사의 의미가
점친 이에게 해당되지 않는다고 하기 때문이다. 왕부지는 『춘추좌씨전』
에 나오는 목강(穆姜)의 예를 들어 이를 강조하고 있다. 따라서 자신이
군자가 아니고 또 시초점에게 묻는 일이 의로움[義]이 아니라 이로움[利]
에 관련된 것이라면, 아예 『주역』은 손에 잡아서도 안 된다고 하는
의미가 된다. 왕부지는 이러한 관점에서 『주역』이 “의로움을 점치는
것이지 이로움을 점치는 것이 아니다(占義不占利).”고 하였고, “군자에게
권하여 경계하도록 하는 것이지 자신을 모독해가면서까지 소인에게
고해주지 않는다(勸戒君子, 不瀆告小人).”고 하였다. 이처럼 왕부지의
역학은 의리역학의 정수(精髓)를 보여주고 있는 것이다. 이는 공자가
항상된 덕이 없으면 점을 치지 말라고 하였던(『論語』, 「子路」: 子曰,
“南人有言曰, ‘人而無恆, 不可以作巫醫.’ 善夫!” “不恆其德, 或承之羞.”
子曰, “不占而已矣.”) 가르침을 그대로 이어받은 것이라 할 수 있다.
그래서 무겁지 않을 수가 없다.

　둘째, 왕부지의 한평생이 『주역』 속에 녹아 있기 때문이다. 그는
오늘날 우리 한국인의 관점에서 보면 지나치다 싶을 정도로 한족(漢族)
과 다른 민족들을 구별하였다. 이른바 ‘이하지변(夷夏之辨)’에서 그는
주변의 다른 민족들을 동등한 인간으로 보려 하지 않는 점이 너무나

두드러지는 것이다. 이러한 관점을 가진 그가 만주족에게 중원이 지배당한 수모 속에 지식인으로서 한평생을 살았으니, 그 열패감이 어떠했으리라는 것은 짐작키에 어렵지 않다. 그런데 그는 자신의 '이하지변'을 정당화하는 차원에서 한족의 문화적 우월성을 든다. 짐승과 구별되는 사람 세상을 운용할 수 있도록 하는 체제인 예(禮)를 가졌다는 측면에서 그렇다는 것이며, 그 장구한 역사 속에서 성현(聖賢)들의 가르침을 많이 축적하고 있다는 점에서 그렇다는 것이다. 이러한 점들을 그대로 온축하고 있는 것이 이『주역』이다. 그는 이제 한족에 의한 중원 회복 가능성이 완전히 사라져버렸다고 여긴 상황에서 이렇게 이민족에게 지배를 당함이 하늘의 뜻이라 보고는, 자신의 서실에 "육경이 나를 다그치며 새로운 면모를 열라 하니, 이 한 몸 하늘의 뜻을 좇으며 산 채로 묻어 달라 애걸하네!(六經責我開生面, 七尺從天乞活埋)"라는 대련(對聯)을 붙이고 경전 연구에 자신의 남은 평생을 걸었다. 이렇게 하여 탄생한 것이 이『주역내전』이다. 그만큼 그의『주역』은 독자들에게 숙연함을 요하고 있다.

셋째,『주역내전』에는 중국 고전에 대한 왕부지의 해박함이 그대로 녹아 있기 때문이다. 이『주역내전』을 읽다 보면, 문(文)·사(史)·철(哲) 모두에 달통한 그의 지식이 총망라되어 있다는 것을 금방 알아차릴 수 있다.『주역』풀이에서 이들 고전의 관련 구절을 인용하며 풀이하는 곳이 너무나 많기 때문이다. 13경은 물론이요, 24사(史)로 통칭할 수 있는 중국의 역사적 사건들이 그 풀이에 끊임없이 동원되고 있는 것이다. 따라서 독자로서도 이러한 배경 지식이 없으면, 오리무중(五里霧中)을 헤매는 답답함에 애가 닳기 십상이고, 읽고 또 읽어도 격화소양(隔靴搔

癢)의 미진함이 남기 마련이다. 그만큼 왕부지의『주역』은 독자들에게 무거움으로 다가온다고 할 수 있다.

넷째, 왕부지의 글이 너무나 압축이 심하고, 어휘가 풍부하기 때문이다. 그가 중국의 그 방대한 고전을 꿰고서 그것들을『주역』풀이에 적절하게 활용한다는 데서 이미 들어난 사실이기도 하지만, 왕부지의 천재성이 이『주역내전』에는 남김없이 발휘되어 있다. 따라서 그에 못 미치는 수준의 사람으로서는 이『주역내전』을 읽는 것이 여간 힘든 일이 아니다. 그가 60대에 들어서는 잔병치레 하느라 끊임없이 시달렸고 지병이었던 천식 때문에 몸을 가누기조차 어려운 상황인지라, 제자들에게 말로『주역』을 설명하기가 어려워 글로 풀이를 제시하기 위해 이 『주역내전』을 썼다는데, 그의 천재성이 녹아 있는 압축과 풍부한 어휘가 그만 범연한 사람으로서는 따라 읽는 것을 너무나 어렵도록 하는 것이다. 도대체 풀이가, 풀이가 아닌 것이다. 이 풀이를 이해하기 위해서 우리는 다시 공부하지 않으면 안 되고, 그가 하고자 하는 말이 무슨 의미를 지닌 것인지 몇 날이고 곱씹어보지 않으면 안 된다. 그래서 왕부지의 『주역』이 독자들에게 무거움으로 다가온다고 하지 않을 수가 없다.

역자로서 나는 내가 읽으면서 느낀 이 무거움을 가능하면 독자들은 겪지 않도록 하겠다는 차원에서 최선을 다해 번역에 임하였다. 그래서 왕부지가『주역』풀이에서 동원하고 있는 관련 고전의 구절과 역사적 사실들을 일일이 전거를 찾아서 각주의 형식을 빌려 설명하였다. 아울러 압축이 심한 구절의 의미를 재삼재사 곱씹으며 나름대로 풀이하여 제시하였다. 그러다 보니, 각주의 수가 엄청나게 불어났고, 각주 하나하나의 양도 한없이 늘어나기만 했다. 그런데 관점에 따라서는 필요하지 않는 각주들이 있다고 여길 수도 있고, 각주가 너무 장황하다고 여길 수도 있을 것이다. 그러나 역자로서는 독자들에게 하나라도 더 배경 지식을 전해준다는 차원에서 시도해본 것이니, 역자의 각주가 필요 없는 수준의 독자들로서는 이 점을 양해하길 바란다.

이 『주역내전』의 독창적인 면 몇 가지를 약술하고자 한다. 첫째, 왕부지의 태극관(太極觀)이다. 왕부지는 태극을 '음·양이 나뉘지 않은 채 뒤섞여 있는 것(陰陽之渾合者)'이라 한다. 즉 음·양이라는 본체가 인(絪)·온(縕) 운동을 하면서 서로 함께 어울려 합동으로 지어내고(合同而化) 하늘과 땅 둘 사이를 가득 채우고 있는 것을 태극이라 한다. 다시 말해서 '음·양 둘이 합하여 함께 이루어내는 합동의 조화(合同之之和)'를 태극이라 한다. 이렇게 보면, 왕부지에게서 태극은 음·양이라는 두 본체의 기(氣)가 인(絪)·온(縕) 운동을 통해 만물을 지어내면서 이루고 있는 전체적인 조화의 양태를 의미한다. 그러므로 이 태극은 따로 독립된 장(場)을 갖거나 자기 정체성(identity)을 갖는 또 하나의 존재가 아니다. 이렇듯이 왕부지는 이 태극을 우주 만물의 총 근원·근거로서의 본체라 하지 않는다. 왕부지에게서 이러한 본체는 어디까지나 음·양의 기(氣)다. 그는 이것을 '인·온 운동을 하는 속에 거대하게 조화를 이루고 있는 기(太和絪縕之氣)'라고 명명하였다. 이러한 왕부지의 태극관은 주희(朱熹)의 태극관과 명확하게 비교된다. 주희는 태극을 형이상자(形而上者)로서의 도(道), 음·양을 형이하자(形而下者)로서의 기(器)라 하면서, 양태로 보면 횡하고 아득하여 아무런 조짐이 없는(沖漠無朕) 태극 속에 음·양의 리(理)가 다 갖추어져 있다고 하였다.(朱熹, 『太極圖說解』 참조) 따라서 주희에게서는 우주 만물의 총 근원·근거로서의 본체가 이 태극이다. 그리고 주희는 이 태극을 리(理), 음·양을 기(氣)라 하면서, 이 둘 사이에는 본래 선후가 없는 것이지만 논리적·개념적으로 소종래(所從來), 즉 어디로부터 왔는가를 추론해보면 태극인 리(理)가 먼저 있고 그것으로부터 기(氣)가 왔다고 해야 한다고 하였다. 그러나 왕부지에게서 이러한 태극은 없다. 태극이 결코 음·양의 본체나 근거가 될 수 없는 것이다. 태극이 자기 정체성을 지닌 독립된 존재가 아니기 때문이다. 이것이 이 『주역내전』의 태극에 대한 설명에서 분명하게 제시되어 있다.

둘째, 왕부지는 이 세계의 본체인 음·양을 『주역』에서 표상하고 있는 것이 건괘▤·곤괘▤ 두 괘요, 음(陰)·양기(陽氣)가 천지 만물을 낳는 것처럼 이들 두 괘가 나머지 62괘를 낳는다고 하고 있다. 왕부지는 이를 '건괘·곤괘 두 괘가 아울러 다른 괘들을 세움[乾坤竝建]'이라 명명하고 있다. 따라서 왕부지의 역학(易學)에서는 태극이 본체가 되지도 않고, 건괘▤만이 홀로 본체가 되지도 않는다. 어디까지나 이들 건괘·곤괘 두 괘가 아울러서 『주역』 64괘의 본체가 된다고 하고 있다. 이를 논증하기 위해 왕부지는 한 괘의 여섯 효 낱낱의 뒤쪽[背]에는 앞쪽[嚮]과 상반되는 효가 자리 잡고 있다고 하였다. 즉 앞쪽에 양효(—)가 있으면 뒤쪽에는 음효(--)가 있고, 앞쪽에 음효(--)가 있으면 그 뒤쪽에는 양효(—)가 자리 잡고 있다는 것이다. 따라서 왕부지에게서 한 괘는 6위(位)가 아니라 12위(位)가 된다. 이 12위(位)를 고려하면 『주역』의 64괘는 모두 건괘·곤괘 두 괘로 환원된다. 다시 말해서 64괘가 모두 건괘·곤괘 두 괘로 이루어져 있다고 함을 확인할 수 있는 것이다. 이 '건곤병건'설은 그의 기철학(氣哲學)을 역학에서 정합적으로 운용한 것이라 할 수 있다.

셋째, '사성동규(四聖同揆)', 또는 '사성일규(四聖一揆)'론이다. 이는, 오늘날 우리가 접하는 『주역』을 복희씨(伏羲氏), 문왕(文王), 주공(周公), 공자라는 네 성인이 각기 시대를 달리하면서도 동일한 원리를 좇아서 만들었다고 하는 주장이다. 복희씨는 팔괘를 그렸고, 문왕은 이를 육십사괘로 연역하고는 각각의 괘에 괘사(卦辭)를 붙였으며, 그 아들 주공은 육십사괘 각각의 여섯 효들에 효사를 붙였다는 것이다. 효사는 모두 386개다. 그리고 공자는 『주역』의 원리 및 괘·효사들에 담긴 의미를 풀이해주는 전(傳)으로서의 '십익(十翼)'을 지었다는 것이다. 다만 왕부지는 전통 주역관에서 말하는 것과는 달리 역전(易傳) 가운데 「서괘전(序卦傳)」만은 공자의 저작이 아니라고 단언하며 이 『주역내전』에서 그 원문만을 덩그러니 그대로 둔 채 아예 풀이조차 하지 않고 있다. 그리고는 '십익'에서 이 「서괘전」을 빼낸 자리에, 이제 「상전(象傳)」에서 「대상전」을 분리하여 추가함으로써 '십익'의 숫자 '10'을 채우고 있다. 왕부지는 그의 천재성으로 말미암아 「서괘전」의 조악함을 벌써 눈치챈 것이다. 사실 냉엄하게 보면, 이 「서괘전」만큼은 그 횡설수설 및 논의의 일관성 결여 때문에 십익 가운데서도 너무나 격이 떨어진다. 그래서 이것을 『역전』 속에 포함시키는 것이 민망스러울 정도다. 그런데 왕부지는 그 학문적 엄밀성과 객관성에 입각하여, 전통적으로 경전의 의심스러운 점들에 대해 자신의 관점에서 함부로 재단하지 않고 그대로 두는 '존이불론(存而不論)'의 태도를 지양하면서, 이렇게 과감하게 자신의 입장을 개진하고 있는 것이다. 그리고 왕부지는 '사성동규'론에 입각하여 팔괘, 육십사괘, 괘·효사, 『역경』과 『역전』 사이 등에 정합성과 일관성이 자리 잡고 있다고 본다. 즉 이들 사이에 어떤 모순도 존재하지 않는다고 보는 것이다. 따라서 괘·효사들 사이에 더러 상충되어 보이는 것들에 대해서 그는 어떻게든 그 정합성과 일관성을 역설하며 풀이를 시도하고 있다. 이것을 왕부지 자신은 '단효일치(彖爻一致)'라는 말로 부르고 있다.

넷째, 『역학계몽』의 『주역』 풀이 관점과 도설(圖說)들을 철저하게 배격하는 점이다. 주지하다시피 『역학계몽』은 채원정(蔡元定)과 주희(朱熹)가 함께 지은 것으로서, 주자학이 동아시아에서 관학으로 자리 잡은 뒤에는 주희의 권위에 실려 『주역』 풀이에서 거의 교조(敎條)처럼 자리매김 되어 있었다. 이 『역학계몽』의 핵심을 이루는 것은 소옹(邵雍)의 『주역』 관련 저작들과 한대(漢代)부터 거의 정설처럼 내려오는 괘변설이다. 그런데 왕부지는 소옹이 그린 도(圖)들을 거의 모두 부정하고, 가일배법(加一倍法)도 신랄하게 비판한다. 우주 변화의 법칙은 이처럼 정연하게 점진적으로, 또 도식적으로 변화하지 않는다는 이유에서다. 즉 우주는 인간의 입장에서까지 예측 가능할 정도로 이와 같은 필연의 과정을 밟으며 변화하지 않는다고 보는 것이다. 물론 왕부지 자신이 "수의 밖에는 상이 없고, 괘·효상의 밖에는 괘·효사가 없다.(無數外之象, 無象外之辭)"라고 하며 『주역』을 풀이하는 데서 괘·효상과 수를 고려함이 필수불가결함을 역설하고는 있다. 그리고 그는 이를 논거로 하여 왕필의 유명한 "뜻을 얻었거들랑 말은 잊어버리고, 말을 얻었거들랑 상은 잊어버려라!(得意忘言, 得言忘象)"라는 설을 비판하고도 있다. 왕부지 자신도 상(象)과 수(數)를 『주역』의 핵심 요소로 보고 있는 것이다. 그럼에도 불구하고 왕부지는 『역학계몽』에서 내세우는 도(圖)나 상(象)·수(數) 및 관련 이론들에 대해 철저하게 부정하는 입장을 취하며 자신의 관점에서 정치(精緻)한 대안들을 제시하고 있다. 『역학계몽』의 관점과 해석틀이 당시 동아시아에서 절대적 권위를 확보하고 있었다는 배경을 감안할 때, 이러한 면은 왕부지 역학의 대단히 두드러진 특징이라 하지 않을 수 없다. 그리고 우리는 여기서 왕부지의 학문적 순수성과 객관성을 충분히 짐작할 수 있다.

왕부지는 이 『주역내전』에 대해서 장문의 '일러두기'에 해당하는 『주역내전발례(周易內傳發例)』를 붙이고 있다. 그런데 이 『주역내전발례』에는 『주역내전』에 대한 단순한 일러두기를 넘어 왕부지의 주역관이 소상하게 개진되어 있다. 따라서 어떤 측면에서는 이것이 『주역내전』의 길잡이 역할을 한다고도 할 수 있다. 이러한 이유에서 역자인 나는 독자들이 본격적으로 『주역내전』을 읽기에 앞서 이 『주역내전발례』를 먼저 읽을 것을 권하고 싶다.

이제 이 성과를 책으로 내면서 역자로서 나는 한국연구재단에 감사하지 않을 수 없다. 피상적으로만 보면 전혀 돈이 될 리가 없는 이 『주역내전』의 번역과 출판을, 이 재단에서 명저번역사업의 일환으로 전격 지원해주었기 때문이다. 이 지원이 없으면 거의 빛을 보기 어려웠을 이 작업성과가 이렇게 하여 세상에 드러날 수 있었다. 따라서 번역자의 입장에서 한국연구재단에 아무리 감사해도 지나치지 않다고 본다.

또 있다. 우리 한국교원대학교의 대학원 석·박사 과정에서 나에게 지도를 받고 있고 또 받았던 김경주·김명희 선생께 나는 감사해야 한다. 이들은 나에게 이 『주역내전』을 디지털로 옮겨 줌으로써 내가 그만큼 편하게 번역을 진행할 수 있도록 해주었다. 그리고 이들은 일부의 교정에도 흔쾌히 시간을 내주었다. 이제 이 성과를 출간하면서 이들의 노고를 기리며 마음속 깊이 고마움을 느낀다. 아울러 이 번역의 출간에

흔쾌히 응해준 학고방 출판사의 하운근 사장과 직원들에게 깊이 감사한
다. 특히 나의 다양한 요구들을 말없이 수행해 준 박은주 차장에게
감사하다는 말씀을 올린다.

　독자 제현들의 눈에 이 번역물이 한두 곳에만 문제가 있는 것이
아닐 것이다. 이에 대해 독자 여러분들의 따뜻하면서도 준엄한 질정(質
正)을 바란다. 그리고 이러함이 모여 우리나라에 왕부지의 역학이 더욱
정확하게 알려지고 그에 대한 수준 높은 연구가 지속될 수 있기를
바란다.

2014년 11월 24일
문수·보현봉이 바라보이는 작은 서실에서
김진근 쓰다

목 차

주역내전 (건괘乾卦☰~비괘否卦☷)

주역내전 (동인괘同人卦☲~이괘離卦☲)

3

주역내전 (함괘咸卦☷ ~ 곤괘困卦☷)

주역내전 (정괘井卦☵~미제괘未濟卦☲)

5

주역내전 (계사전繫辭傳)

주역내전 (설괘전說卦傳 · 서괘전序卦傳 · 잡괘전雜卦傳 · 附 발례)

附 발례

일러두기

- 이 번역은 중국 장사(長沙)의 악록서사(嶽麓書社)에서 1992년에 발행한 선산전서(船山全書) 가운데 『주역내전(周易內傳)』과 『주역내전발례(周易內傳發例)』를 저본으로 하였다.

- 『주역』 본문의 끊어 읽기와 풀이는 저자의 것을 기준으로 하였다. 따라서 우리나라의 전통 끊어 읽기와 다른 곳이 있을 수 있고, 우리나라의 전통 풀이와 다른 곳이 있을 수 있다. 괘 이름에서도 저자의 풀이를 근거로 하였다. 예컨대 우리나라에서는 遯卦▤를 '돈괘'라고 읽지만, 왕부지가 철저하게 '은둔'의 의미로 풀고 있음을 존중하여 이 번역에서는 '둔괘'로 읽었다.

- 가능하면 순수한 우리말로 풀자는 관점에서 우리말로 표기한 것들이 있다. 예컨대 '剛·柔'를 '굳셈[剛]·부드러움[柔]'으로, '動·靜'을 '움직임(動)·고요함(靜)'으로 표기한 것들이 그것이다. 이 외에도 가능하면 순수한 우리말로 풀자는 시도를 의식적으로 하였다. 따라서 이것들이 일반 서술어들과 혼동을 줄 수 있는 여지가 있지만 독자 제현의 양해를 바란다.

주역내전

(함괘咸卦☷☳ ～ 곤괘困卦☷☱)

함괘咸卦䷞ 〜 곤괘困卦䷮

●●●

咸卦艮下兌上

함괘䷞

咸. 亨, 利貞. 取女吉.

함괘. 형통하다. 이롭고 올곧다. 여자를 취함이 길하다.

'咸'·'恒'二卦, 皆自'否'·'泰'之變而言, 是陰陽之動幾也. 夫欲效陰陽
之動以消'否'而保'泰', 則必相入以爲主而效其匡濟, 則'未濟'之以撥
亂, '旣濟'之以反正是也; 又其不然, 則陽居外以章其用, 陰斂而內以守
其虛, 庶幾天包地外以運行之幾, 則'損'·'益'是也; 而'咸'·'恒'異是.
'咸以'坤'三之六, 往乎上而成悅; 以'乾'上之九, 來乎三而苟安以止; 三
·上者, 浮動之幾, 陰陽相感, 而遂相易以往來, 所謂物至知知而與物
俱化者爾. 四之與初, 退而自立之位也. '恒'潛移於下, 以相入而相動,
進則可以爲, 而退抑可以守, 以是爲久而固守之道, 而不知所遷之失

其位, 則相持而終不足以爲功矣. 此二卦者, 陽皆內閟, 而陰皆外著,
陰得見其功, 而陽反藏於內, 求以消否而保泰, 難矣哉! 時中之道, 進
以禮, 退以義. 浮動而進, 進不以禮也; 潛移而退, 退不以義也. 故二卦
皆無吉爻, 而'咸'之三‧上, '恒'之初, 爲尤凶者焉.

함괘‧항괘 두 괘는 모두 비괘(否卦)☷와 태괘(泰卦)☷로부터 변한 것인
데, 이들은 음‧양이 갓 움직인 것들이다. 그런데 음‧양의 움직임을
본떠 비괘의 비색함을 사라지게 하고 태괘의 태평함을 보존하려 하면,
반드시 서로가 서로에게 들어가 주체가 되어 그 널리 구제함을 효과로
드러내야 한다. 미제괘(未濟卦)☷가 혼란함을 바로잡고 기제괘(旣濟卦)
☷가 올바른 길로 돌아오게 함이 바로 이것이다.530) 그렇지 않은 경우에
는, 적어도 양이 바깥에 자리 잡고서 그 작용함을 드러나게 하고 음은
수렴하여 안에 있으면서 그 텅 빔을 지켜내야 한다. 그렇게 하면 하늘이
땅의 밖을 둘러싸고서 운행하는 미세한 움직임(幾)에 거의 가까울 것이
다. 바로 손괘☷와 익괘☷가 그러하다.
그런데 함괘☷와 항괘☷는 이와 다르다.531) 함괘는 비괘(否卦)의 하괘를
이루고 있는 곤괘☷의 맨 위 효인 육삼효(--)가 위로 가서 기쁨을 의미하는
태괘☷를 이루고 있다.532) 그리고 비괘의 상괘를 이루고 있는 건괘☰의

530) 미제괘☷와 기제괘☷는 모두 비괘☷와 태괘☷의 음효--와 양효—가 서로에게
들어가 주체가 되어 있는 상을 이루고 있다.
531) 함괘‧항괘는, 손괘‧익괘와는 달리, 모두 음효들이 상‧하에 있어서 음이
밖을 둘러싸고 있는 상으로 되어 있다.
532) 함괘의 상괘는 태괘☷다. 이는 비괘(否卦)에서는 원래 건괘☰였다. 그런데
비괘의 하괘인 곤괘☷의 맨 위효(--)와 이 건괘의 맨 위효(—)가 자리를 맞바꾸

맨 위 상구효(一)는 아까 떠난 비괘 육삼효의 자리로 와서 딱 머물러 있는 채 구차하게 편안해 하고 있다.[533] 이 삼효와 상효는 떠다니며 움직이는 기미[幾]를 상징하는 것들이다. 이들 음·양이 서로 감응하여서는 마침내 서로 교차하여 하나는 가고 하나는 오는데, 그 결과 지금은 이른바 '외물이 이르고 앎이 이루어진 나머지 외물로 함께 변화해버린 것'[534]들이 되어버렸을 따름이다. 일반적으로 괘에서 4효·초효는 물러나 자립하고 있는 위(位)다. 그런데 항괘는 태괘䷹의 4효(--)가 잠시

었다. 그 결과 비괘(否卦)가 함괘(咸卦)로 바뀌었고, 함괘의 상괘는 건괘☰에서 태괘☱로 바뀐 것이다. 이 태괘는 취의설로 보면 '기쁨(悅)'을 의미한다.

533) 함괘의 하괘는 간괘☶다. 이는 이 괘의 맨 위효로 떠난 육삼효의 자리에 그 맨 위에 있던 상구효가 와서 채움으로써 이루어진 것이다. 이 간괘는 취의설로 보면 무엇엔가 가로막혀 나아가지 못하고 머물고 있음을 의미한다.

534) 『예기(禮記)』, 「악기(樂記)」 편에 나오는 말이다. 그 전체 맥락은 이러하다. 즉, "사람이 생겨나 고요함은 하늘이 부여한 본성이고, 그것이 외물에 느껴서 움직임은 본성의 욕구다. 이러한 사람에게 외물이 이르고 앎이 이루어진 뒤에야 좋아함과 싫어함이 드러난다. 그런데 이 좋아함과 싫어함을 사람이 자신 속에서 절제하지 못하면 앎이 밖에서 유혹하게 되는데, 이를 자신에게로 돌이켜 잘 단속하지 못하면 천리(天理)가 없어지고 만다. 외물이 사람에게 느낌을 주는 것은 끝이 없는데 사람이 거기에서 생기는 좋아함과 싫어함을 절제하지 못하면, 외물이 이르자 사람이 그 외물로 변화해버리는 결과를 초래한다. 이렇게 하여 외물로 변화해버린 이는 천리를 없애버리고 사람의 욕구만을 철저하게 추구한다. 이렇게 하여 패역한 마음과 남을 속이려는 마음이 생겨나고, 음란함과 방탕함, 혼란을 조장하는 일이 벌어지게 된다.(人生而靜, 天之性也. 感於物而動, 性之欲也. 物至知知, 然後好惡形焉. 好惡無節於內, 知誘於外, 不能反躬, 天理滅矣. 夫物之感人無窮, 而人之好惡無節, 則是物至而人化物也. 人化物也者, 滅天理而窮人欲者也. 於是有悖逆詐偽之心, 有淫泆作亂之事.)"는 것이다.

아래로 내려가서 서로 들어가 서로 움직임을 이루고 있으니535), 나아가더라도 무엇인가를 할 수 있고 물러나서도 지킬 수가 있다. 그리하여 항구하도록 굳게 지킴의 도(道)를 이루고 있다.

그러나 서로 옮겨간 자리들이 자신들에게 마땅한 위(位)가 아니라는 것을 알아차리지 못한다면, 서로 그 자리를 유지하고만 있을 것이니 끝내 공(功)을 세울 수가 없다. 이들 두 괘, 즉 함괘·항괘는 양효들이 모두 속에 꽉 닫혀 있고 음효들은 모두 밖에서 드러나고 있다. 그래서 음들은 그 공을 드러낼 수 있지만 양들은 오히려 속에 감추어진 채 있다. 이러한 상황에서는 비괘의 비색함을 사라지게 하고 태괘의 태평함을 보존하고자 하더라도 어려울 것이로다! 때에 적절한 시중(時中)의 이치라면 무슨 일을 하러 나아가더라도 예(禮)에 입각하여 나아가고, 물러나더라도 의로움에 의거하여 물러간다. 그러나 이들 두 괘에서처럼 떠돌며 움직이다가 나아감은 예에 입각하여 나아가는 것이 아니고, 잠시 옮겨서 물러나 있다 하더라도 의로움에 의거하여 물러나 있는 것이 아니다. 그러므로 이들 두 괘에는 모두 길한 효가 없다. 뿐만 아니라 함괘의 구삼효와 상육효, 항괘의 초육효는 더욱 흉하고 아쉬움을 남김의 효가 되어 있다.

卽二卦而較之, '咸爲愈者, 九之居三, 六之居上, 感而猶不自失者也; '恒'初與四, 則尤偸安而失其正矣. 是以'咸'固亨, 而於物不傷其利, 於

---

535) 태괘는 상괘가 진괘☳로서 '움직임'을 상징하고 하괘는 손괘☴로서 '들어감'을 상징한다.

己不傷其貞; ‘恒’則亨乃无咎, 利貞而後利有攸往也. ‘咸之’亨’者, 己成
乎’否’, 則不得不動以感, 感雖淺而志亦自此而通. 若夫感之得失, 視乎
其後, 而己非否塞之故矣. ‘利貞’者, 陽下而止陰之逼, 陰上而悅陽以不
流, 固合於義, 而二‧五之中得其位, 固保其貞也, 故視‘恒’爲愈. ‘取女
吉’者, 兩少相得, 初不必有深情至理以相與, 然剛下而不離其類, 則男
道不瀆, 柔上而之於外, 則女子遠父母兄弟之道, 故吉也. 雖然, 於取女
之外, 無取焉矣. 君子擇君而事, 輸忱以致身, 謀道以交, 盡忠以竭信,
非夫婦之禮, 僅因媒妁以通者也.

그런데 다시 이들 두 괘를 비교해보면, 함괘▤가 더 낫다. 그 까닭은,
함괘의 경우 양효(─)가 3효의 위(位)에 자리 잡고 음효(--)가 상효의
위(位)에 자리 잡고 있으니, 이들은 감응하며 오히려 스스로를 잃어버리
지 않기 때문이다. 이에 비해 항괘▤의 초효(--)와 4효(─)는 더욱 구차하
게 눈앞의 편안함만을 탐하며 그 올바름을 잃어버리고 있다. 이러한
이유로 함괘는 본디 형통하고 외물에 대해서도 그 이로움을 손상시키지
않으며 자기 자신에게서도 그 올곧음을 잃지 않는다. 그러나 항괘는
형통하여야 허물이 없고, 이롭고 올곧은 뒤에라야 어딘가를 가는 데
이롭다. 함괘의 형통함은 비괘▤일 적에 이미 이루어진 것이다. 그래서
움직이면서 느낌을 주지 않을 수 없고, 그래서 느낌을 주게 되면 비록
비천한 것이라 할지라도 뜻함이 또한 이로부터 통하게 된다. 그러나
그 느낌을 준 것의 득‧실이 어떨지는 그 뒤에 보아야 하는데, 그것은
이미 이전 비괘의 비색함이 아니다.
‘이롭고 올곧다’는 것은 비괘▤에서의 양이 아래로 내려와 음들의 핍박을
그치게 하고 있고, 그와 뒤바뀌어 음은 위로 올라가서 양들을 기쁘게
하며 그들이 유동하지 않게 하기 때문이다. 그래서 본디 의로움에 합치한

다. 뿐만 아니라 육이효와 구오효가 중앙을 차지하고 있는 것도 제
위(位)를 차지하고 있는 것이어서 그 올곧음을 굳게 보존함이다. 그러므
로 함괘가 항괘에 비해 더 낫다고 하는 것이다. '여자를 취함이 길하다고
한 것은 함괘를 이루고 있는 상(象)과 관련이 있다. 함괘의 상괘는 태괘≡
로서 소녀(少女)의 상이고, 하괘는 간괘≡≡로서 소남(少男)의 상이다.
따라서 두 젊은이들이 서로를 얻고 있는 상이니, 이들 사이에는 애당초
꼭 깊은 정(情)이나 지극한 이치가 있을 필요가 없다. 그렇지 않더라도
이들은 얼마든지 서로 함께할 수 있기 때문이다.

그런데 비괘(否卦)로부터 이 함괘로 변하면서 굳셈[剛]이 아래로 갔다고
는 하여도 그 굳셈의 무리로부터는 떠나지 않고 있으니 남성의 도(道)를
더럽히지 않고 있으며, 부드러움[柔]은 위로 올라가서 밖에 있는데536)
이는 여자가 결혼을 하여서는 부모와 형제로부터 멀리 있는 도(道)를
드러내고 있다. 그러므로 길한 것이다. 그러나 여기서는 여자를 취한다는
것 이외에는 아무 것도 취하지 않고 있으니, 이는 군자가 제대로 된
임금을 가려 섬기는 것과는 다르다. 왜냐하면 군자가 임금을 섬기는
데서는 진정을 다 바친 나머지 제 몸을 바치기까지 하고, 도(道)의 실현을
꾀하면서 서로 교제하며, 충성을 다하고 미쁨을 다하기 때문이다. 이는
부부의 인연을 맺는 예(禮)가 기껏 중매쟁이로 말미암아 소통되는 것과는
질적으로 다르다.

---

536) 이는 이 함괘☶가 비괘(否卦)☷로부터 변한 것이라는 관점에서 하는 말이다.
바로 위에서도 보다시피, 왕부지는 비괘의 상구효(—)가 아래 육삼효의 위(位)
로 내려가고, 그 육삼효(--)는 상구효의 위(位)로 올라가 있는 것이 바로
함괘라 하기 때문이다.

「象」曰: 咸, 感也.

「단전」: 함괘는 느낌을 나타내고 있다.

'咸, 皆也. 物之相與皆者, 必其相感者也. 咸而有心則爲感. 咸, 無心之
感也. 動於外而卽感, 非出於有心熟審而不容已之情, 故曰'咸'.

'咸(함)'이란 모두 다를 의미한다. 물(物)들이 서로 더불어 다함께 있기
위해서는 반드시 그들 사이에 서로 느낌을 주고받음이 있어야 한다.
다함께 있으면서 마음이 가는 것이 바로 느낌이다. 그런데 咸(함)은
아무런 마음도 두고 있지 않은 느낌이다. 말하자면 외물에 동하자마자
곧 느끼는 것이지, 결코 마음을 두고 익숙하도록 살피는 데서 나온
차마 어쩔 수 없는 정(情)이 아니다. 그러므로 '咸(함)'이라 한 것이다.

**柔上而剛下, 二氣感應以相與. 止而說, 男下女, 是以亨, 利貞,
取女吉也.**

함괘는 부드러움[柔]이 위로 올라가고 굳셈[剛]이 아래로 내려감으로써[537]
두 기(氣)가 느끼고 응하며 서로 함께한다. 그치게 하고 기뻐하며 남자가 여자

---

537) 이는 앞에서 반복하여 설명하였다시피, 함괘는 비괘(否卦)로부터 변한 것인데,
    구체적으로는 비괘의 육삼효(--)는 위로 올라가고 상구효(—)는 아래로 내려
    감으로써 이루어졌다고 함을 두고서 하는 말이다.

밑으로 내려가기 때문에, 형통하고 올곧음에 이로우며 여자를 취함이 길하다.

'感應以相與', 謂隨感隨應, 不必深相感而已應之. 然而陽得位以止陰
之濫, 陰得位以飾陽而說之, 有此德, 故其占能亨利貞, 而爲取女之吉.

'느끼고 응하며 서로 함께한다'는 것은, 그때그때마다 느끼고 그때그때마
다 응한다는 것이지 꼭 깊이 서로 느껴서 벌써 응했다는 것이 아니다.
그러나 양(구삼효)이 제 위(位)를 차지하여 음들의 외람됨을 그치게
하고 있고 음(상육효)도 제 위(位)를 얻어 양들을 꾸며주며 기뻐하니,
이러한 덕이 있는 것이다. 그러므로 그 점(占)이 능히 형통하고 올곧음에
이로우며 여자를 취하는 길함이 된다.

天地感而萬物化生, 聖人感人心而天下和平. 觀其所感, 而天
地萬物之情可見矣.

하늘과 땅이 느낌을 주고받아 만물을 지어내고 낳으며, 성인들께서 사람들의
마음에 감화를 주어 온 세상이 화평해진다. 이렇듯 그 느끼는 바를 보고서
하늘과 땅, 만물의 정(情)을 알 수가 있다.

凡推言卦德而極贊之者, 皆卦之情才本有所不足, 而聖人窮理通變,
以達天則, 見陰陽之變化爲兩間必有之理數, 初無不善之幾, 而但在
觀察之審, 因而善用之爾.

무릇 괘의 덕을 미루어 극찬한 것들은 모두 그 괘의 실정과 재질에

좋지 않은 바가 있는 것들이다. 그런데 성인들께서는 이치를 궁구하고 변함을 환히 알아 하늘의 법칙에 통달한 나머지, 음·양의 변함과 지어냄이 하늘과 땅 사이에 꼭 있어야 할 이치를 따르는 것이며 거기에 애당초 불선(不善)의 기미[幾]는 없다는 것을 알아냈다. 다만 인간이 정성들여 세심하게 살펴서 그것을 바탕으로 잘 활용하느냐 그렇지 않느냐에 달려 있을 따름이라 하였다.

夫受物之感而應之, 與感物而欲通者, 必有其中, 必順其則, 必動以漸. 而咸之無心, 一動而卽應, 此淺人情僞相感之情, 君子之所不取也. 然而天地有偶然之施生, 聖人有泛應之功化, 道大而無憂, 則幾甫動而無擇於時位, 故陰陽一相接而萬物怒生, 無所待也. 聖人觸物而應, 仁義沛然, 若決江河, 深求之者固感之以深, 淺求之者卽感以淺, 從其所欲, 終不踰矩, 天下乃以不疑聖人之難從, 而和平旋效, 則在天地聖人無心以感而自正. '咸之爲道, 固神化之極致也.

외물들의 느낌을 받아들여 응하고 느낀 외물들과 통하고자 하면, 거기에는 반드시 딱 들어맞음이 있어야 하고 또 반드시 법칙을 따라야 하며 반드시 점진적으로 움직여야 한다. 그런데 함괘의 덕은 특별히 마음을 쓰는 것이 없어서 무엇이 움직이자마자 곧바로 응하니, 이는 천박한 사람들이 진실함과 거짓됨으로 서로 느낌을 주고받는 정(情)일 뿐이요, 결코 군자가 취할 바는 아니다.

그러나 하늘과 땅은 우연으로 생명을 베풀어주고 성인들은 보편으로 응하여 공(功)과 지어냄[造化]을 이루어낸다. 또 도(道)는 광대하고 특정한 무엇에 특별히 관심을 기울이며 근심하지 않기 때문에, 인간의 감각으

로서는 잘 포착하기 어려운 기미[幾]로서 막 움직이기 시작하더라도
어떤 시(時)·위(位)를 택하거나 하지 않는다. 그러므로 음과 양이 서로
교접하자마자 만물은 일제히 왕성하고 활발하게 생겨나며 결코 무엇에
의지하는 바가 없다. 그리고 성인들께서는 물(物)들에 감촉하여 응하며
인(仁)과 의(義)를 발휘하는데 마치 강물이 터지듯 세차게 쏟아낸다.[538]
그런데 깊이 있게 추구하는 이는 거기에서 진실로 깊게 느끼고, 얕게
추구하는 이는 또 거기에서 곧바로 얕게 느끼니, 성인들께서는 하고자
하는 바대로 하더라도 끝내 규범을 어기지 않는다. 이에 세상 사람들은
성인들에 대해 따르기 어렵다고 의심하지 않고 도리어 화평함의 효과를
드러낸다. 그래서 천지와 성인이 무심히 느끼는 데서 저절로 올발라진다.
함괘의 도(道)는 진실로 하늘과 땅 및 성인들이 만들어내는 신묘한
지어냄[神化]의 극치를 담고 있다.

乃善觀之者, 於此而見道之至足, 有觸而必通; 天地之情, 不倦於屈伸.
故頑靈淑慝, 生成肅殺, 甫有所遇, 卽以其流行之幾應之, 而災祥寒暑
各得其理. 萬物之情, 著見而易動, 甫與禦之而卽止, 甫與綏之而卽說,
一如男女相感於一旦, 初不必有固結之情, 而可合以終身. 聖人見此
情也, 則知感以貞而貞卽應, 感以淫而淫卽應, 性不知檢其心, 天下易
動而難靜, 則外之所感卽爲中之所說而安, 而天地萬物屈伸之幾·情
僞之變, 在乍動之幾, 勿忽爲無關於神理; 則天地變而時中之道卽因
以成能, 萬物興而得失之應卽決於一念, 此乃以善用夫'咸'而不憂其

---

538) 순(舜)임금에 대한 묘사다. 『맹자』, 「진심상」 편에 나오는 말이다.

德之不固者也.

이에 잘 관찰한 이는 이러함에서 도(道)의 지극히 충족함을 보고서 감촉함이 있으면 반드시 소통한다. 천지의 정(情)은 굽혔다 폈다 하는 그 작용에서 게으르지 않다. 그러므로 하등한 것이든 고등한 것이든, 또 좋은 것이든 나쁜 것이든, 생성기기도 하고 숙살하기도 하는데 조우하자마자 곧 유행함의 기미[幾]로써 그에 응한다. 그리고 재앙이나 상서로움, 더위나 추위 등이 각기 그 이치대로 된다.

이에 비해 만물의 정(情)은 현저하게 드러나고 쉽게 움직이며, 막 막아서자마자 곧 멈추고, 막 어루만져주자마자 곧 기뻐한다. 이는 남자와 여자가 일단 서로 느낌을 주고받으면 처음부터 꼭 굳게 맺어진 정(情)이 없다고 하더라도 얼마든지 죽을 때까지 함께할 수 있는 것과 꼭 같다.

성인들께서는 이러한 정(情)을 보았으니 올곧음으로 느껴서는 올곧음이 곧 응하고, 음란함으로 느껴서는 음란함이 곧 응한다는 것을 안다. 그리고 성(性)은 심(心)을 검속할 줄 모르며 천하는 움직이기는 쉽지만 고요하기는 어렵다는 것을 안다. 그래서 밖에서 느낀 것이 곧 안에서 기뻐하며 편안해 함이 되고, 천지 만물의 굽혔다 폈다 함의 기미[幾] 및 진실함과 거짓됨의 변함이 막 움직이기 시작하는 기미[幾]에서 일어나는데, 이러함이 홀연히 신리(神理)539)와는 관계없이 되는 것이 아니다. 그래서 성인은 천지가 변하자 바로 이로 말미암아 시중(時中)의 도(道)가 기능을 이루게

---

539) 신리(神理)는 신도(神道)와 같다. 인간의 감각경험과 인식을 넘어선 아득하고 아득한 속에 갖추고 있는 무상(無上)한 위력인데, 인간의 관점에서 보면 신령스럽고 신기함을 드러낼 수 있다. 그래서 복을 주기도 하고 재앙을 내리기도 하는 신령스러운 원리다.

하고, 만물이 흥기하자 곧 오직 한 가지 생각에서 결정하여 득·실로 응한다. 이것이 바로 저 함괘의 덕을 잘 활용함이며, 그 덕의 견고하지 않음에 대해 우려하지 않음이다.

「象」曰: 山上有澤, '咸', 君子以虛受人.

「대상전」: 산 위에 연못이 있음이 함괘니, 군자는 이를 본받아 자신을 비우고 남을 받아들인다.

> 山至高也, 而上有澤, 不恃高也. 君子德厚於己, 而受人以虛, 則天下無感而不通矣. 然爲山上之澤, 非卑屈也, 非中枵也. 君子之虛異於老氏之虛, 久矣.

산은 지극히 높은 것이기는 하지만 그 위에 연못이 있다는 것은, 산이 자신의 높음을 가지고서 으스대지 않는다는 것을 의미한다. 군자는 덕이 자기보다 두터우면 자신을 비우고서 남을 받아들이니, 세상 사람들이 모두 그에게 느껴서 통하지 않음이 없다. 그러나 산 위의 연못이기 때문에 비굴하지도 않고 속빈 강정처럼 속이 비어 있지도 않다. 이렇듯 군자의 텅 빔은 노씨(老氏)의 텅 빔과는 달라도 한참 다르다.

初六, 咸其拇.

초육: 그 엄지발가락에 느낌이다.

陰陽交感, 三與上爾, 而六位皆言感者, 天地萬物之情, 感於外則必動
於內, 故不感則已, 一感則無有能靜者. 故君子愼其所感於利害情僞
之交, 恐一觸而不能自持也. 爻之取象於人身者, 陰陽感而物生. 陽成
乎'艮', 而'乾'道成男; 陰成乎'兌', 而'坤'道成女. 形之已成, 形開神發而
情生焉. 感之所生, 一因乎成形以後, 物之生也類然. 獨取象於人身者,
『易』之有占, 爲人告而使人反求諸身, 以驗所感也. 內卦之感者, 股也;
外卦之感者, 口也. 股, 屈伸之幾; 口, 情僞之所出也. 拇與腓, 皆隨股而
動者也. 初去三雖遠, 而俱爲陽爻, 股動而拇必感之象, 居下而柔不能
自主. 占此者, 受制於人, 而得失亦淺.

이 함괘䷞에서 음과 양이 교감하는 것은 구삼효와 상육효일 따름이다.[540]
그런데도 여섯 위(位)에서 모두 '느낌'을 말하고 있는 까닭은, 천지와
만물의 정(情)이 밖에서 느낌이 있으면 반드시 안에서 움직이는데, 느끼
지 않는다면 그만이지만 한 번이라도 느낌이 있으면 그대로 고요히
있을 수는 없기 때문이다. 그러므로 군자는 이로움과 해로움ㆍ진실과
거짓으로 교제함에서 느끼는 것에 대해 신중하며, 한 번 감촉하여서는
스스로 억지할 수 없을까를 두려워한다.

---

540) 물론 함괘䷞는 초육효 : 구사효, 육이효 : 구오효, 구삼효 : 상육효 이렇게
세 조가 서로 상응(相應)의 관계에 있다. 여섯 효가 모두 서로 응함의 관계
속에 있는 것이다. 이를 음과 양이 교감한다고도 할 수 있다. 그런데도 왕부지가
여기서 "이 함괘에서 음과 양이 교감하는 것은 구삼효와 상육효일 따름이다."라
고 말하는 근거는, 이 함괘가 비괘(否卦)䷋에서 변한 것이라는 점에 있다.
비괘의 육삼효가 상효로 가고 상구효가 그 육삼효의 자리로 온 것이 바로
함괘이기 때문이다. 이것을 왕부지는 여기서 음과 양이 교감하는 것이라
하고 있다.

함괘의 효들이 사람의 몸에서 상을 취한 것은, 음과 양이 느낌을 주고받아서 물(物)이 생겨남을 반영하고 있다. 그래서 양은 간괘☶를 이루고 있는데 건도(乾道)가 남성을 이루고 있고, 음은 태괘☱를 이루고 있는데 곤도(坤道)가 여성을 이루고 있다. 이렇게 형체가 이미 이루어져서는 우리 몸의 감각기관이 열리며 그 고유한 기능들이 발휘되니, 이러함에서 정(情)이 생겨난다. 사람에게서 느낌이 생기는 것은 한결같이 형체가 이루어진 뒤 그것으로부터 말미암는데, 동물이나 식물의 생겨남에서도 대부분 그러하다. 그럼에도 불구하고 이 함괘가 꼭 사람의 몸에서 상을 취한 까닭은, 『주역』에 있는 점(占)들이 사람에게 알려주어 그로 하여금 자신의 몸에로 돌이켜 느낀 바를 징험해보게 하기 때문이다. 이 함괘의 내괘에서 말하는 느낌은 다리와 관련된 것이고, 외괘에서 말하는 느낌은 입과 관련된 것이다. 다리는 굽혔다 폈다 함의 틀이고, 입은 진정과 진실과 거짓이 나오는 곳이기 때문이다. 엄지발가락과 장딴지는 모두 다리를 따라서 움직이는 것들이다. 초육효가 비록 구삼효로부터 멀리 떨어져 있기는 하지만 함께 양의 효를 위하니, 이는 다리가 움직임에 엄지발가락이 필연적으로 느끼게 되는 상이다. 그래서 맨 아래에 자리를 잡고 있지만, 그 부드러움[柔]이 스스로 주인 노릇을 할 수가 없다. 점(占)을 쳐서 이 효를 얻은 이는 남에게 제약을 받게 되고 득실도 보잘것없다.

「象」曰: ‘咸其拇’, 志在外也.

「상전」: ‘그 엄지발가락에 느낌이다’는 것은 뜻함이 밖에 있다는 의미다.

外謂三, 就內卦言之, 分內外也. '志在外', 己不能有志也.

여기에서 밖이라 한 것은 구삼효를 가리킨다. 이는 이 함괘䷞의 내괘貞卦를 다시 안·밖으로 나눈 것이다. '뜻함이 밖에 있다'는 것은 자기로서는 뜻을 가질 수가 없다는 의미다.

六二, 咸其腓, 凶居, 吉.

육이: 장딴지에 느낌이 옴이라, 거처함에 흉하지만 길하다.

'凶居', 謂所處之不吉也. '腓', 不能自動而聽股之動者. 二比於三, 隨三所感而受之, 屈伸者必然之理勢, 則吉凶皆其固有. 六二柔中當位, 而無心以待感, 則所處卽凶, 而亦理勢之恒有. 貧賤患難, 素位也, 壽夭, 正命也, 皆莫不吉. 凶居而吉, 則吉居可知矣.

'거처함에 흉하지만'이라 한 것은 처한 상황이 불길하다는 의미다. '장딴지'는 제 스스로는 움직이지 못하고 다리의 움직임을 따라서 움직이는 존재인데, 육이효는 구삼효에 나란히 붙어서 구삼효가 느끼는 바에 따라서 그것을 받아들인다. 그런데 굽혔다 폈다 함은 이치의 필연적인 추세이기에, 길·흉은 모두 그것에 본디 있는 것이다. 육이효는 부드러움[柔]으로서 제 위(位)인 가운데 자리를 당연하게 차지하고 있고 무심히 느낌을 기다리고 있다. 그래서 처한 상황이 곧 흉함이기는 하지만 이는 역시 이치의 필연적 추세에서 늘 있는 것이다. 그래서 빈천과 환난은 현재 처한 위치요[541] 장수를 하든 요절을 하든 그것은 올바른 명(命)이니,

모두 길하지 않음이 없다. 그래서 지금 이 육이효사에서는 거처함에 흉하지만 길하다고 하고 있으니, 거처함에 길하다는 것을 알 수가 있다.542)

「象」曰: 雖凶居吉, 順不害也.

「상전」: 비록 거처함에 흉하지만 길하다는 것은 순종하니 해롭지 않다는 의미다.

順受其正, 如腓之順股, 則抑何害之有?

---

541) 『중용』에 나오는 말이다. 『중용』에서는 "군자는 현재 처한 그 위치를 바탕으로 하여 행하지 그 밖의 것은 원하지 않는다.(君子素其位而行, 不願乎其外.)"라고 하고 있다.

542) 왕부지는 지금 여기서 운명을 받아들이는 군자의 태도를 논하고 있다. "거처함에 흉하지만 길하다"는 이 효사를 바탕으로, 또 다리에 그 일부분으로 종속되어 있는 장딴지처럼 제 스스로의 행위와 그 역량이 자신의 운명에 전혀 영향을 줄 수 없는 상황에서, 군자가 자신의 운명에 대해 취할 수 있는 태도에 대해 논하고 있는 것이다. 굽혔다 폈다 하는 우주의 순환에서 우리에게는 빈천과 환난, 거처함에 흉함, 요절 등 원하지 않는 것이 운명으로 주어질 수 있다. 왕부지는 이를 '이치의 필연적 추세에서 늘 있는 것(理勢之恒有)'이라 하고 있다. 이에 대해 우리는 다리의 일부로 종속되어 있는 장딴지가 다리의 하는 일에 전혀 영향을 미칠 수 없는 것처럼 전혀 영향을 미칠 수가 없다. 그래서 왕부지는 이러한 운명에 대해 우리들이 가질 수 있는 태도를 '무심히 느낌을 기다림(無心以待感)'이라 묘사하고 있다. 이는 그가 여기서 인용하고 있는 『중용』의 구절처럼 행하는 것이기도 하다. 그래서 어떠한 운명이든 군자에게는 길함으로 다가온다는 것이다.

마치 장딴지가 다리에 순종하듯 그것이 내 운명의 올바름이라 여기고 순종하며 받아들이니, 무슨 해가 있으리오?

九三, 咸其股, 執其隨, 往吝.

구삼: 다리에 느낌이 옴이라 수레고삐를 잡아주면서까지 따라가는데, 가서는 아쉬워하게 되어 있다.

'股', 下體屈伸之所由, 以感腓·拇而使動者也. 陽自上而來三, 以變 '否'而使通, 乃位剛志進, 上與兩陽爲類, 有隨陽而往之象. 蓋偶然以 感, 而相感之情不固, 雖爲'艮'之主, 而無止道. 使終下感二陰, 則亨矣; 乃情終欲隨陽以往, 無固合之志, 吝道也.

'다리'는 우리의 하체가 굽혔다 폈다 함을 가능하게 하는 것인데, 장딴지·엄지발가락에 느낌을 주어 움직이게 하는 것이다. 이 구삼효의 양은 비괘(否卦)䷋의 상효의 자리에 있던 것이 이 3효의 위(位)에 온 것으로서, 비괘의 비색함을 변화시켜 통하게 하는 것이다. 그런데 그 위(位)가 굳셈의 위(位)고 나아감에 뜻을 두고 있어서 위로 두 양과 함께 같은 부류를 이루고 있다. 그래서 구삼효에는 양(陽)들을 좇아서 가는 상(象)이 있다. 그런데 아래 두 음들과는 우연히 느낌을 주고 받은 것으로서 서로 느끼는 정(情)이 견고하지 않으니, 비록 이 구삼효가 하괘인 간괘☶의 주체가 되어 있기는 하지만 간괘의 의미인 '멈추게 함'의 원리는 없다. 그러나 마침내 아래로 두 음들을 느끼게 하면 형통해질 터이지만, 구삼효의 마음은 끝내 양들을 따라서 가고자 함이어서 두 음들과는 견고하게 합하려는 뜻이 없다. 그래서 아쉬움을 낳는 길이다.

「象」曰: '咸其股', 亦不處也, 志在隨人, 所執下也.

「상전」: '다리에 느낌이 옴'이란 역시 아래 두 음들과 함께 처하지 않는다는 의미요, 남을 따라가는 데 뜻을 둠이란 아랫사람이 되어 그들의 수레고삐를 잡는다는 의미다.

'不處', 言無深結二陰, 與之終止之意. '所執下'者, 感下則爲二陰之主, 隨上二陽則爲二陽之卑役爾. 吝於厚施, 依人而動, 小人之道也.

'不處(불처)'란 아래 두 음(陰)들과 깊게 맺고 함께 끝마치겠다는 의사가 없음을 의미한다. '아랫사람이 되어 그들의 수레고삐를 잡는다'란 아래로 두 음들을 느끼게 하면 그들의 주인이 될 테지만, 위로 두 양(陽)을 따라가면 그들의 하찮은 노비가 될 따름이라는 의미다.

九四, 貞吉, 悔亡, 憧憧往來, 朋從爾思.

구사: 올곧아서 길하고 후회함이 없다. 마음을 정하지 못한 채 생각이 끊임없이 왔다 갔다 하거들랑 벗들까지 너의 생각함을 따른다.

自股而上, 心也. 不言心者, 府藏之宮, 神志魂魄之舍, 下自丹田, 上至 咽, 大體之官, 皆靈明之府; 其言心者, 言其會通之牖耳. 四初出於屈伸

之上, 而靈明受感, 去上遠而不易動, 所以'貞吉', 雖若有悔, 而非其固
有也. 心者, 萬感之主, 貞淫判於一念之應, 故又戒以"憧憧往來, 朋從
爾思", 言天下之動, 吉凶得失相感者無窮, 而心以靈而善動, 易爲往來
所搖, 則能貞吉而無悔者未易也. 其義, 「繫傳」備矣.

사람의 다리 위 부위는 마음이 된다. 그런데 여기서 '마음'이라고 하지
않은 까닭은, 오장육부의 궁전, 사람의 신명과 지기(志氣) 및 혼백들이
깃들어 있는 집은 아래로 단전에서부터 위로 목에 이르기까지이고,
우리들에게서 큰 몸[大體]543)이 맡고 있는 기관은 모두 우리들의 신명(神
明)이 깃들어 있는 곳집인데, '마음'이라 하는 것은 이들을 회통(會通)시키
는 창문일 따름이기 때문이다. 그리고 이 함괘▤의 구사효는 우리 몸에서
굽혔다 폈다 하는 부위인 다리의 위로 처음 출현한 것인 만큼, 상육효로부
터 멀리 떨어져 있어서 영명하여 느낌을 받아들임이 쉽게 작동하지
않기 때문이다. 그래서 '올곧아서 길하다'라고 한 것이다.
그리고 그에게 비록 후회함이 있다 하더라도 이것이 고유한 것은 아니다.
마음이란 우리들이 느끼는 그 모든 것의 주체로서 한 생각 어떻게 응하느
냐에 따라 올곧음[貞]과 음란함[淫]으로 갈라진다. 그러므로 또한 "마음을
정하지 못한 채 생각이 끊임없이 왔다 갔다 하거들랑 벗들까지 너의

---

543) 맹자에게서 '큰몸[大體]'은 마음을 지칭한다. 그리고 이 큰몸을 잘 수립하여
자신의 주인으로 삼는 사람을 '대인(大人)'이라 한다.(『孟子』,「告子上」: 公都
子問曰, "鈞是人也, 或爲大人, 或爲小人, 何也." 孟子曰, "從其大體爲大人, 從其
小體爲小人." 曰, "鈞是人也, 或從其大體, 或從其小體, 何也?" 曰, "耳目之官不
思, 而蔽於物. 物交物, 則引之而已矣. 心之官則思, 思則得之, 不思則不得也.
此天之所與我者. 先立乎其大者, 則其小者不能奪也. 此爲大人而已矣.")

생각함을 따른다."라고 경계하고 있는 것이다. 이것이 의미하는 것은
다름 아니라, 천하의 움직임들이 서로 느낌을 주고받으며 길·흉과
득·실을 무궁하게 드러내는데, 마음이 신명하면서도 잘 움직이고 쉽게
왔다 갔다 하며 흔들리면 '올곧아서 길하며 후회함이 없기'가 쉽지 않을
수 있다는 것이다. 그 의미에 대해서는 「계사전」에서 잘 말하고 있다.544)

「象」曰: '貞吉悔亡', 未感害也, '憧憧往來', 未光大也.

「상전」: '올곧아서 길하며 후회함이 없음'이란 아직 해로움에 대해 느끼지 않음이
고 '마음을 정하지 못한 채 끊임없이 왔다 갔다 하거들랑'이란 아직 크게 빛나지
않음이다.

感於害固害, 感於利亦害也. '未感'者, 心之本體, 可以妄不妄感者也.
往來無定, 而憧憧然以不定其情, 則汲汲於感而志不光大矣. 兩設言
之, 以示得失繫於一念, 所謂'人心惟危'也.

해로움에 느낀 것은 그것이 본디 해로운 것이고, 이로움에 느낀 것도
역시 해로운 것이다. '아직 느끼지 않음'이란 마음의 본체가 망령되게
느낄 수도 있고 망령되지 않게 느낄 수도 있다고 함이다. 왔다 갔다
하며 갈피를 잡지 못하고 끊임없이 흔들리며 마음을 정하지 못하면
느끼는 것에 급급하여 뜻함이 크게 빛나지 못한다. 그런데 여기서는

---

544) 「계사하전」 제5장에 이와 관련된 구절이 나온다.

망령되게 느낄 수 있다는 것과 망령되지 않게 느낄 수 있다는 두 가지를 펼쳐 놓고 말함으로써, 득・실이 한 번의 생각에 의해 달라짐을 보여준다. 그래서 "인심은 위태롭다."[545]고 한다.

九五, 咸其脢, 无悔.

구오: 등에 느낌이 옴이라, 후회함이 없다.

居外而易以感者, 上六也. 五與相比, 不能不爲之感. 然剛中得位, 如背肉之安而不妄動, 則亦可以免於悔矣.

---

545) 『서경(書經)』, 「대우모(大禹謨)」 편에 나오는 말이다. 원래는 "인심은 위태롭고 도심은 은미하니, 온 마음을 기울여 정심하게 살피고 올곧게 한결같이 지켜서 진실로 그 중용의 도를 실현하라.(人心惟危, 道心惟微; 惟精惟一, 允执厥中.)" 고 하였다. 이는 순(舜)임금이 우(禹)임금에게 나라를 물려주면서 그 통치의 철학과 지침으로 준 말이다. 여기서 '인심'은 보통 사람들의 마음으로서, 욕구에 의해 좌우되는 마음이다. 이러한 마음은 '자기'라는 사사로움이 그 중심에 있고 끊임없이 이욕(利慾)에 이끌려 흔들린 나머지 평안하지 못하고 위태롭기까지 하다. 이에 비해 도심(道心)은 천지 만물을 낳고 이런 세상을 창출하며 유지하는 근원으로서의 도(道)의 마음이다. 따라서 도심은 '자기'라는 사사로움이 없이 천지 만물을 다 아우르는 보편의 기능을 발휘한다. 다만 이것이 은미하여 잘 드러나지 않기에 보통 사람으로서는 알 수가 없는 문제점이 있다. 이를 알기 위해서는 정심한 수양이 필요하다. 여기서는 '온 마음을 기울여 정심하게 살핌(精)'과 '올곧게 한결같이 지킴(一)'을 그 방법으로 제시하고 있다.

이 함괘䷞에서 밖에 거주하면서 쉽게 느낌을 받는 이는 상육효다. 그리고 구오효는 그와 서로 가깝게 지내며 친하기 때문에 그로부터 느낌을 받지 않을 수 없다. 그런데 이 구오효는 굳셈으로서 가운데 자리를 제대로 차지하고 있으니, 마치 널찍한 등심처럼 편안해 하며 망동하지 않는다. 그래서 역시 후회함으로부터 벗어날 수 있다.

「象」曰: ‘咸其脢’, 志末也.

「상전」: ‘등에 느낌이 옴’이란 뜻함의 끝자락이라는 의미다.

‘末’謂上六. 謂之末者, 爲感尤淺, 脢可不爲之動也.

‘끝자락’이란 상육효를 말한다. 그런데 이렇게 ‘끝자락’이라 한 까닭은 느낌이 더욱 얕기 때문이다. 그래서 등이 그 느낌에 의해 움직이지 않을 수 있다.

上六, 咸其輔頰舌.

상육: 그 광대뼈·뺨·혀에 느낌이 옴이다.

一口耳, 而殊言之, 謂之‘輔頰舌’者, 動則俱動, 形其躁也. 天下之物有理, 而應之也以心. 上最居外, 易以受感, 陰舍三而上, 不由中而馳騖於外, 此道聽塗說所以棄德也. 不言凶咎者, 得失無常, 吉凶無據, 『易』不

爲之謀. 占者遇此, 勿聽焉可耳.

하나의 입일 따름인데 각기 다르게 말하여 '광대뼈·뺨·혀'라 한 것은 이들이 움직이면 함께 움직이기 때문이다. 이는 그 조급해함을 형용한 것이다. 이 세상에 존재하는 것들에는 리(理)가 있고, 사람은 마음으로써 그에 응한다. 그런데 상구효는 이 함괘▦에서 가장 바깥에 거주하면서 쉽게 느낌을 받아들이는 존재다. 그리고 음(陰)으로서 3의 위(位)를 버리고 이렇게 위로 올라와서는 가운데 있는 마음으로부터 말미암는 것이 아니라 밖으로만 치달린다.[546] 이는 길거리로만 쏘다니며 길거리에 떠도는 말을 귀담아 듣는 것으로서, 그렇기 때문에 덕 따위는 내팽개쳐 버리고 만다. 그런데도 이 효사에서 '흉함'이나 '허물'에 대해 말하지 않은 까닭은, 득·실이 늘 변하여 일정하지 않고, 길·흉에도 일정한 준거가 없어서 『주역』이 이들을 도모하지 않기 때문이다. 시초점을 친 사람이 이 효를 얻었다면 이러함에 대해 귀담아 듣지 않는 것이 옳을 따름이다.

「象」曰: '咸其輔頰舌', 滕口說也.

「상전」: '그 광대뼈·뺨·혀에 느낌이 옴'이란 남들의 입에 오른다는 의미다.

---

546) 이는 앞에서 말했듯이 이 함괘▦가 비괘(否卦)▦로부터 변한 것이라는 전제에 서 하는 말이다. 그래서 이 상육효는 비괘에서는 원래 3효의 위(位)에 있었는데, 그 위(位)를 버리고 지금 이 상효의 위(位)에 와 있다는 의미다.

'滕', 水流騰湧貌. 一感而卽言, 賤可知矣. 兌爲口舌, 又爲悅. 佞人之言,
令人可悅, 非智者必爲之感動. 『書』戒'無稽之言', 以此.

'滕(등)'은 물이 흘러가다 솟아오르는 모양이다. 이 상육효가 상징하는
사람의 입은 무엇을 느끼자마자 물이 솟구치듯 곧바로 말해버리니 그
천함을 알 수가 있다. 태괘(兌卦)☱는 입과 혀를 상징하기도 하고 기쁨을
상징하기도 한다. 아첨꾼들의 말은 사람을 기쁘게 할 수 있지만 지혜로운
이들은 절대로 감동되지 않는다. 그래서 『서경』에서는 '근거 없는 말이라
하여 이를 경계하고 있다.[547]

●●●

恒卦 巽下震上

항괘☳

恒, 亨无咎, 利貞, 利有攸往.

항괘: 형통하며 허물이 없다. 올곧음에 이롭고 어디를 감에 이롭다.

---

[547] 『서경』, 「대우모」편에 나오는 말이다. 역시 순(舜)임금이 우(禹)임금에게
나라를 물려주면서 그 통치의 철학과 지침으로 준 말이다. 순임금은 우임금에
게 "근거 없는 말은 받아들이지 말고, 여러 사람에게 자문을 구하지 않은
계책은 쓰지 말라!(無稽之言勿聽, 弗詢之謀勿庸)"고 하였다.

'咸'者, 易動之情, 感焉而卽動也. '恒'者, 難動之志, 相持而不相就也. '否'ㆍ'泰'ㆍ'咸'ㆍ'恒'ㆍ'損'ㆍ'益'ㆍ'旣濟'ㆍ'未濟', 相綜之間, 相反甚焉. '咸'之欲消'否'也迫, 浮動於上, 不待籌度於中而卽感. '恒'之欲保'泰'也堅, 一陰已起於下, 一陽已動於四, 而二ㆍ五猶堅處於中以抑之. 初之陰, 四之陽, 各以陰降陽升之常理, 植根深固而處於內, 雖相應而無相應之情; 其應也, 皆以位之所固然而相應, 非有情焉以相接, 雷欲出而風欲入, 雖會於一時, 不相謀也. 且陰入於陽之內而干其化, 陽微動於中而襲陰之藏, 自恃也固, 則於物有所不恤. 斯道也, 非天地之不與聖人同憂ㆍ普萬物而無心, 聖人之恭己無爲ㆍ聽物之自成而不求近功者, 未足以與於斯焉. 不動心之道, 唯能知天下之言以通天下之志, 則雖恒而亨也而可無咎, 不然, 則自持堅者必忤於物, 而憂疑生矣; 唯持大正而不恤不足慮始之人情, 義之與比而陰益乎物, 罔爲道以干譽而與物以大正, 則雖恒而利有攸往, 不然, 則剛復自用以遠於人情, 而行焉皆窒矣. 故必'亨'而後'無咎', 必'利貞'而後'利有攸往'. '咸'以易感而難乎貞, '恒'以難遷而難乎利, 非謂所'否'之道不在感, 保'泰'之道不須久也. 視所以用之者何如耳. 德合於天地, 道至於聖人, 則感而遂通, 悠久無疆, 皆至德矣. 然而非希天之聖, 終未易言也. 『易』不言二卦之失, 而但言其所以得, 皆物無可絶之情, 而人不可以無恒, 不容遽斥其所不足, 以啓拒物喪耦ㆍ徇物失己之敵, 故但示以釋回增美之道而不可輕用之意. 聖人之修詞所以盡誠, 而爲化工之筆也夫!

앞에서 보았던 함괘䷞는 쉽게 감동하는 정(情)이 있어서 느끼면 곧 움직인다. 이에 비해 이 항괘䷟는 움직이기 어려운 의지를 가지고 있어서 서로 버틸 뿐 서로에게 나아가지 않는다. 비괘(否卦)䷋ㆍ태괘(泰卦)䷊,

함괘・항괘, 손괘(損卦)☷・익괘(益卦)☳, 기제괘☵・미제괘☲ 등은 서로 종(綜)의 관계를 이루고 있는데, 서로 상반됨이 매우 심하다. 그리고 함괘는 비괘의 비색함을 없애버리려고 함이 절박하여 위로 두둥실 올라가서는 미처 가운데서 어떤 계책을 내놓기도 전에 곧바로 느끼고 만다. 이에 비해 항괘는 태괘의 태평함을 보존하고자 함이 굳건하여 하나의 음(陰)이 아래 초효의 위(位)에서 벌써 흥기하였고 하나의 양(陽)이 벌써 4효의 위(位)에서 움직였지만, 구이・육오효는 오히려 중앙에서 굳건하게 거처하면서 이들을 억누른다. 그리고 초육효의 음과 구사효의 양은 각기 음은 내려가고 양은 올라가는 항상된 이치[常理]에 따라 깊고 단단하게 뿌리를 내린 채 속에 자리 잡고 있다. 그래서 비록 서로 응하고는 있지만 이들에게는 서로 응하려는 정(情)이 없다. 그리고 그 응함도 모두 그들이 자리 잡고 있는 위(位)가 본디 그러하기에 서로 응하는 것이지, 결코 그들 사이에 무슨 정(情)이 있어서 서로 교접하는 것이 아니다. 또 우레는 나오려 하고 바람은 들어가려 하니[548], 비록 이들이 한때 함께 만나고는 있지만 서로 도모하지는 않는다. 아울러 음이 양의 속으로 들어가서 그 지어냄[造化]에 대해 간여하고 있고, 양은 가운데서 미세하게 움직여서 음들이 저장되어 있는 곳으로 스며들어가는데[549],

---

548) 이는 항괘를 회괘(悔卦)와 정괘(貞卦)로 나누고 각기 취상설에 입각하여 분석하는 말이다. 즉 항괘의 회괘(悔卦)는 진괘☳로서 우레를 상징하고, 정괘(貞卦)는 손괘☴로서 바람을 상징한다. 그런데 지금 이 항괘에서는 진괘가 회괘(悔卦)가 되어 있으니, 우레가 나가려고 한다고 풀이하는 것으로 보인다. 그리고 손괘가 정괘(貞卦)이기도 하지만 그 손괘에는 '들어옴'이라는 의미가 있다. 그래서 왕부지가 이렇게 풀이한 것으로 보인다.

549) 정괘(貞卦)인 손괘☴의 경우는 하나의 음이 양들의 속으로 들어가는 상을

이들은 스스로를 믿음이 견고하여 대상이 되는 것들에 조금도 관심을
갖거나 배려를 하지 않는다.

이러한 항괘의 도(道)에 대해서는 천지와 성인의 경지에 있는 사람이
아니고서는 함께할 수가 없다. 즉 천지는 성인이 세상에 대해 근심하며
애쓰는 것에 함께하지 않은 채 그저 널리 만물을 보편으로 돌보아주면서
무심하고, 성인은 또 공손하게 자기 자신을 다잡을 뿐 억지로 무슨
짓을 만들어 하지 않고 만물이 저절로 이루어지도록 두며550) 결코 자기가
나서가지고 무슨 공훈 따위를 이루려 하지 않는 것이다. 바로 이러한
경지에 있는 사람이라야 항괘의 도에 함께할 수 있는 것이다. 그리고
부동심의 방식이라야 오직 세상 사람들의 말을 다 알고 그 뜻함에 통할
수 있으니, 이렇게 하면 비록 항구하다 하더라도 형통하며 허물이 없을
수 있다.

그렇지 않으면 자신을 지키려 함이 견실하여 반드시 타자(他者)들과

이루고 있고, 회괘(悔卦)인 진괘☳의 경우는 하나의 양이 미세하게 움직여서
음들이 저장되어 있는 곳으로 스며들어가는 상을 이루고 있다. 그런데 이
양효가 항괘 전체로는 가운데 있는 것이기 때문에 '양은 가운데서 미세하게
움직여서'라고 한 것으로 보인다.

550) 이는 공자의 말을 바탕으로 한 것이다. 공자는, "억지로 무슨 짓을 벌여서
하지 않으면서도 세상이 저절로 다스려지게 한 이는 순임금이로다! 그분께서는
어떻게 해서 그렇게 했을까. 그분은 공손함으로 자신을 다잡고서 임금의
자리에 앉아 계시기만 했을 따름이다.(『論語』, 「衛靈公」: 子曰, "無爲而治者,
其舜也與! 夫何爲哉? 恭己正南面而已矣.)"라고 하였다. 인류 공동체의 우두머
리가 제대로 된 사람됨을 지닌 채 그 자리에 있어야 나라가 제대로 돌아간다는
의미다. 이러한 상황에서는 그가 굳이 나서서 잘하겠다고 억지로 무슨 일을
벌이지 않아도 된다는 것이다.

마찰을 빚게 된다. 이래서는 우려와 의심이 생길 수밖에 없다. 그보다는 오로지 크고 올바른 덕을 지닌 채, 무슨 일을 시작하기 위해 함께 도모하고 계획할만한 수준이 못되는 사람들의551) 정서 따위에는 관심을 기울이지 말아야 한다. 그리고 의로움만을 좇으며552) 드러나지 않게 도와주어야 한다. 아울러 도(道)를 어기면서까지 명예를 구하지 않고553) 타자들에게 크고 올바름의 덕으로써 기여해야 한다. 그렇게 하면 비록 항구하다 하더라도 어딘가를 감에 이로울 것이다.

만약에 그렇게 하지 않는다면 강퍅하여 자기만의 세상에 갇힌 채 사람들의 마음으로부터는 멀어질 것이니, 무슨 일을 하더라도 다 막히게 될 것이다. 그러므로 반드시 '형통한' 뒤에라야 허물이 없고, 반드시 '올곧음

---

551) 여기에서 '무슨 일을 시작하기 위해 함께 도모하고 계획할'이라고 번역한 '慮始(려시)'는 『사기』, 「상군열전(商君列傳)」 및 『상군서(商君書)』, 「갱법(更法)」 편에 나오는 말로서 상앙(商鞅)의 사상이 녹아 있는 말이다. 상앙은 "어리석은 사람은 일을 성취하는 데서 어둡고, 지혜로운 사람은 아직 싹트기 전에 안다. 백성들과는 무슨 일을 시작하기 위해 함께 도모할 수 없고 성취한 뒤에 그것을 함께 즐길 수 있다.(愚者闇於成事, 知者見於未萌. 民不可與慮始, 而可與樂成.)"고 하는 말을 인용하며, 백성들은 무슨 일을 시작하면서 함께 도모할 수준의 사람이 아니라 하였다. 그리고 임금 자신의 결단으로 법을 바꾸어야 함을 역설하고 있다.

552) 『논어』, 「이인」 편에 나오는 공자의 말의 일부다. 공자는 "군자가 세상에 나아가 일을 하는 데서는 꼭 이렇게 해야 한다는 것도 없고 절대로 이렇게 해서는 안 된다는 것도 없다. 의로움만을 좇을 뿐이다."(『論語』, 「里仁」 : 子曰, "君子之於天下也, 無適也, 無莫也, 義之與比.")라고 하였다.

553) 『서경』, 「대우모(大禹謨)」 편에 나오는 말로서 익(益)이 우(禹)임금에게 한 말 가운데 일부다. 익은 여기서 "도를 어기면서까지 백성들로부터 영예를 구하지 말고 백성들의 뜻을 거스르면서까지 자신의 바람을 채우려 하지 마십시오!(罔違道以干百姓之譽, 罔咈百姓以從己之欲.)"라고 하였다.

이 이로운' 뒤에라야 '어디를 감에 이로운' 것이다.

함괘는 쉽게 느끼면서도 올곧음을 유지함에는 어렵다. 이에 비해 항괘는 어렵게 마음을 옮기면서도 이롭기에는 어렵다. 그러나 그렇다고 하여 "비괘의 비색함을 소멸시키는 것이 느낌에 있지 않다."는 말은 아니며, 태괘의 "태평함을 보존하기 위해서는 꼭 유구할 필요가 없다."는 말은 아니다. 단지 이들을 어떻게 사용하는지를 보아야 할 따름이라는 의미다. 덕이 천지의 덕에 합치하고 하는 방식과 원리가 성인의 그것에 합치한다면, 느껴서는 마침내 통하고 끝없이 유구하다 하더라도 모두 지극한 덕이 될 것이다. 그러나 하늘의 덕을 희구하는 성인이 아니라면 이는 끝내 쉽게 할 수 있는 말이 아니다.

그런데 지금 『주역』에서는 이들 두 괘의 '잃음[失]'에 대해서는 말하지 않고 단지 어떻게 해서 '얻는가[得]'에 대해서만 말하고 있다. 그 까닭은, 세상에 존재하는 것 중에 그 어떤 것도 완전히 정(情)을 뚝 끊어버릴 수 있는 것이란 없고, 어떤 사람이든 항구함이 없을 수가 없다는 데 있다. 그래서 부족하다고 하여 급작스럽게 배척해버려서는 안 되는 것이다. 그렇게 하면 나 밖의 다른 것들을 다 거절한 나머지 짝을 잃어버린다든지, 또는 나 밖의 다른 것들에게 영합하려 하다가 정작 자기 자신은 잃어버리고 마는 폐단의 실마리를 열게 된다. 그렇기 때문에 『주역』에서는 이처럼 사벽(邪辟)함을 풀어버리고 아름답고 훌륭함만을 증익시키는[554] 원리 및 사람이 함부로 사용해서는 안 된다는 뜻만을 제시하고

---

554) 『예기(禮記)』, 「예기(禮器)」 편에서 '예(禮)'의 순기능에 대해 서술한 말인데 (『禮記』, 「禮器」: 禮, 釋回, 增美質.), 왕부지는 여기서 이를 『주역』의 수사(修辭) 원리에 적용하여 서술하고 있다.

있다. 성인들의 수사는 이토록 온 정성을 다 기울이니, 최고의 기교가 자연스럽게 이루어지는 문장을 이루는도다!

「象」曰: 恒, 久也.

「단전」: 恒(항)은 항구하다는 의미다.

執所安居以爲可久之道.

편안히 거처하고 있는 바를 굳게 지킴으로써, 오래 머물 수 있는 도(道)로 삼는다는 것이다.

剛上而柔下, 雷風相與, 巽而動, 剛柔皆應, 恒.

굳셈은 위로 올라가고 부드러움은 아래로 내려와 우레와 바람이 서로 함께하니, 공손하게 움직이며 굳셈과 부드러움이 모두 응한다. 그래서 항구하다.[555]

---

555) 이 「단전」에서는 항괘☷의 본괘를 비괘(否卦)☷로 보고, 그 비괘의 초구효가 위로 올라가서 4효에 자리 잡아 구사효가 되고 육사효가 아래로 내려와서 초육효가 된 것이 항괘로 보고 있다. 그 결과 항괘는 회괘(悔卦)가 진괘☳로서 '우레'와 '움직임'을 상징하고, 정괘(貞卦)는 손괘☴로서 '바람'과 '공손함'을 상징하게 되었다. 그래서 「단전」에서는 이렇게 설명하고 있는 것이다.

陽自初往四曰'上', 陰自四來初曰'下'. 雷動風興, 氣以時至, 各行其化, 而自然相與. 陰入陽以求合, 陽出乎上以動陰, 此天地所固有之常理 而非其變. 若此者, 固將以爲可恒久之道也.

여기에서 '위로 올라가고'라 한 것은 양효가 비괘(否卦)䷋의 초효로부터 4효로 갔다는 것이고, '아래로 내려와'라 한 것은 음효가 비괘의 4효로부터 초효로 왔다는 것이다. 그래서 우레가 움직이고 바람이 이니, 기(氣)의 순환이 때에 맞게 이르러 각기 그 지어냄[造化]을 행하면서 자연스럽게 서로 함께한다. 음은 양들에게로 들어가 합하려 하고, 양은 위에 출현하여 음들을 움직이고 있다.556) 그런데 이는 하늘과 땅에 고유한 항상된 이치이지 결코 그 이변(異變)이 아니다. 바로 이와 같음이 본디 장차 항구할 수 있는 도(道)가 된다.

"恒, 亨, 无咎, 利貞", 久於其道也.

"항괘는 형통하며 허물이 없다. 올곧음에 이롭고 어디를 감에 이롭다."는 것은

---

556) 이는 항괘䷟의 정괘(貞卦)인 손괘☴와 회괘(悔卦)인 진괘☳를 두고 하는 말이 다. 손괘는 「설괘전」이나 취의설에 의하면 '들어감'이고 진괘는 움직임이다. 그리고 '음은 양들에게로 들어가 합함을 구하고'라 한 것은, 항괘의 초육효가 본래 비괘(否卦)䷋의 육사효이던 것으로부터 와서 지금 정괘(貞卦)인 손괘☴ 를 이루고 양효들의 밑으로 들어가 그들과 함께함을 구하는 상을 이루고 있다는 의미다. 또 '양은 위에 출현하여 음들을 움직이니'라 한 것은 항괘의 육사효가 본래 비괘의 초구효이던 것으로부터 와서 지금 회괘(悔卦)인 진괘☳ 를 이루고 그 음들의 밑에서 그들을 움직이고 있는 상을 이루고 있다는 의미다.

유구하도록 그 도(道)대로 하기 때문이다.

> 要豈無道而可以恒哉? 陰陽之相襲, 以時而應, 勢之恒也. 安而必遷, 順以動而用其正, 道也. 無道而持久不移, 咎之所積, 據爲利而害隨之矣.

어찌 도리에 어긋나고 함부로 구는 채로 항구할 수 있기를 바라리오? 음·양이 서로 엄습하고 이어가며 때에 맞게 응함은 추세의 항상됨이다. 이러함에 편안히 여기며 반드시 옮겨가고, 순응하며 움직이면서 그 올바름을 사용하는 것이 바른 길이다. 그런데 이와는 달리 도리에 어긋나고 함부로 구는 채로 버티며 옮기지 않는 것은 허물만 쌓여갈 뿐이다. 그러함에 의거하여 이로움을 이루더라도 해로움이 그 뒤를 따르게 된다.

天地之道, 恒久而不已也. '利有攸往', 終則有始也.

천지의 도(道)는 항구하며 그침이 없다. '어디를 감에 이롭다'는 것은 끝마치면 다시 시작한다는 의미다.

> 天地之道所以恒久者, 以其不已也. 寒暑生殺, 隨時合義, 而各以其正, 則'利有攸往'. 非以是始, 即以是終, 終而不可更始. 據位於退藏之地, 恃爲不易之主, 而能利攸往耶.

천지의 도가 항구한 까닭은 그것들이 그치지 않기 때문이다. 추위와 더위가 순환하며 만물을 낳고 죽이는 것은 때에 따르는 것이고 의로움에 합치하는 것이며 각기 그 올바름을 행하는 것이다. 그래서 '어디를 감에 이롭다는 것이다. 이는 결코 어느 한 가지로 시작하였다가는 바로 그것으로 끝마치고, 그렇게 끝마치고서는 다시는 시작할 수 없다고 함이 아니다. 물러나 은거하고 있는 곳에다 자신의 위치를 설정하고서는 딱 그것에 의거한 채 결코 바뀌지 않는 주인공이 된다면, 어디를 감에 이로울 수 있겠는가!

日月得天而能久照, 四時變化而能久成, 聖人久於其道而天下化成. 觀其所恒, 而天地萬物之情可見矣!

해와 달은 하늘을 얻어 항구하도록 비출 수가 있고 사계절은 변하고 조화하기에 항구하도록 이룰 수가 있으며, 성인들은 항구하도록 그 도(道)대로 하기에 천하를 교화하고 밝은 세상을 이루어낼 수가 있다. 이와 같이 어떻게 해서 그렇게 항구한가를 살피면 천지 만물의 실상을 알 수가 있다.

'得天', 合天運行之常度也. '變化而能久成', 因時而變, 而不爽也. 聖人之道, 所存諸中者大正, 則天下之風俗萬變而卒成其化, 未嘗不以潛運於內者爲可久之理, 而要未有不循物之義以爲大正者也. 若以密藏執滯爲恒, 貞淫未審, 而皆據之, 是天地以疾風迅雷爲常, 非天地之情矣; 萬物以發而不斂, 枯而不榮爲恒, 非萬物之情矣. 以其執而易毁者, 知其貞而常存, 君子之不諒而貞, 知此而已矣.

'하늘을 얻어'라는 것은 하늘이 운행하는 일정한 도수(度數)에 합치한다는 말이다. '변하고 조화하기에 유구하도록 이룰 수가 있으며'라는 것은 때에 맞게 변하며 어기지 않는다는 말이다. 성인들께서 하는 원리와

방식을 보면, 속에 보존하고 있는 것이 크고 올바르기 때문에 세상의
풍속이 만 가지로 다양하게 변하더라도 마침내 그 교화를 이루어낸다.
그리고 속에서 남몰래 돌리던 것을 항구할 수 있는 이치로 삼고서 언제나
물(物)들이 지닌 의로움대로 따르며 이를 크고 올바름[大正]으로 여긴다.
이와는 달리 만약에 은밀하게 숨어살면서 딱 거기에 머물고 있음을
항구하다고 여기고, 올곧음[貞]과 음란함[淫]을 전혀 살피지 않은 채
둘 다에 둥지를 튼다면, 이는 질풍과 우레가 천지의 항상됨[常]이라
여기는 것이다. 그러나 이는 결코 천지의 실상이 아니다. 그리고 만물이
펼치기만 하고 거두어들이지는 않음과 초목이 시들었다가 다시는 살아
나지 않음을 항구함으로 여기는 격이니 만물의 실상도 아니다. 그 집착
때문에 쉽게 허물어지는 이는 올곧음은 늘 보존해야 할 것으로만 안다.
그런데 군자가 소소한 믿음성 따위에는 구애받지 않고 크게 올곧음을
지키는 것557)은 이러함을 알기 따름이다.

「象」曰: 雷風, ‘恒’, 君子以立不易方.

「대상전」: 우레와 바람이 항구함이니, 군자는 이를 본받아 제자리를 잡고서는
방향을 바꾸지 않는다.

---

557) 『논어』, 「위령공(衛靈公)」 편에 나오는 공자의 말이다. 다만 여기서 공자는
"군자는 크게 올곧음을 지키지 소소한 믿음성 따위에는 구애받지 않는다."(子
曰, "君子貞而不諒.")라고 하여 앞·뒤가 뒤바뀌어 있다.

雷動而不可遏, 風行而不可反, 唯其立於內者定也. 君子之行於世也, 因時順應而不執, 唯其所以自立者持其志而不遷, 故行一不義·殺一 不辜得天下而不爲, 物豈能移之哉!

우레가 움직이는데 막을 수가 없고 바람이 부는데 돌이킬 수가 없으니, 오직 자신 속에 수립한 것을 흔들리지 않게 딱 정해야 한다. 군자가 세상에 나아가 행세하는 데서는 때에 맞게 순응하고 집착하지 않는데, 오직 그 스스로를 주체로 세우게 하는 것에 대해서만은 그 뜻함을 견지하 며 옮기지 않는다. 그러므로 설사 한 가지라도 불의한 것을 행하거나 한 사람이라도 무고(無辜)한 이를 죽여 천하를 얻을 수 있다 하더라도 결코 그런 짓을 하지 않는다. 그런데 어찌 외물 따위가 그 마음을 움직이게 할 수 있으리오!

初六, 浚恒, 貞凶, 无攸利.

초육: 깊이 파고들어간 항구함이니 올곧음이 흉하고 이로움이란 없다.

'浚', 深入也. 以泰之變言之, 初以陰自外來, 入於二陽之下, 而欲持根 深固以爲恒, 故曰'浚恒'. 初與四, '恒'之主, 而初尤其求恒之始志, 僻尤 甚焉. 雖上承乎剛, 有貞順之象, 而凶德以之而成, 行焉未有能利者也.

'浚(준)'은 깊이 파고들어간다는 의미다. 이 항괘䷟가 태괘(泰卦)䷊로부터 변한 것이라는 관점에서 보면, 초육효는 음(陰)으로서 밖에서 와서 두 양들의 밑으로 들어간 것이다. 그리고는 뿌리를 깊고 견고하게 지탱하는

것을 항구함으로 삼으려고 한다. 그래서 '깊이 파고들어간 항구함'이라
한 것이다. 이 항괘에서는 초육효와 구사효가 괘의 주체다. 그런데
초육효는 항괘의 애초의 뜻함을 더욱더 실현하려고만 하니, 그 편벽됨도
그만큼 심하다. 그래서 이 초육효가 비록 위로 굳셈[剛]들을 받들며
올곧고 순종함의 상(象)을 이루고는 있지만, 흉함의 덕이 바로 이 때문에
이루어진다. 그러하기에 행하더라도 이로움이 있을 수가 없다.

「象」曰: 浚恒之凶, 始求深也.

「상전」: 깊이 파고들어간 항구함이 흉한 까닭은 시작하자마자 깊이 파고 들어가
기 때문이다.

恒者, 非一旦而可恒也. 深者, 非一旦而可深也. 求之有序, 則深造有
漸, 治道學術, 未有不然者. 陰陽之交方泰, 而於立卦之始, 怙其巽入
之巧, 卽求入陽之下, 以據爲安, 人情不宜, 天理不順, 自謂得深, 以譏
人之淺, 而執以爲恒. 陋儒涉獵『詩』・『書』, 卽欲試之行事, 以立不易
之法, 而亂天下; 異端以頓悟爲宗, 持爲密印而牿人心; 皆此爻之象.

항구함이란 하루아침에 이루어질 수 있는 것이 아니고, 깊이 파고들어감
도 하루아침에 이룰 수 있는 일이 아니다. 이를 구하는 데는 순서가
있으니, 깊은 조예에 이르는 것은 점진적이다. 진리를 탐구하고 학술을
연마하는 데서도 그렇지 아니한 것이란 없다. 그런데 음・양이 교접하여
한창 태괘☷☰의 태평함을 이루고 있는데, 괘가 이루어지는 시초에 마침
이 괘의 내괘가 손괘☴고 그 괘덕이 '들어옴(入)'이라는 것만을 믿고

곧장 양(陽)들의 밑에 들어가 그것에 의거하여 편안함을 구한다면, 이는
사람의 정리(情理)에도 맞지 않고 하늘의 이치에 순응하는 것도 아니다.
그저 제 스스로 "깊이 들어갔다!"라고 하면서 남들의 얕음을 나무라고
하고 그것에 집착하여 항구함으로 여김이다. 비루한 유학자들이 『시경』
·『서경』을 섭렵하자마자 곧 무슨 일에서 시도하려 들고 영원히 바뀔
수 없는 원칙으로 삼아 세상을 어지럽히는 것, 또 이단에서 '돈오(頓悟)'를
종지로 삼고 사람의 마음을 곧장 가리키는 '심인(心印)'으로 붙들고서
사람의 마음을 옭죄는 것 등이 모두 이 효의 상(象)이다.

九二, 悔亡.

구이: 후회함이 없다.

初以浚爲恒, 二與之比, 聽其入而與之相比, 悔道也. 然居得其中, 雖不
當位, 能守其素, 不求恒而未變, 是以'悔亡'. '泰'·'否', '咸'·'恒', '損'·
'益', '旣濟'·'未濟', 自然相應之卦, 應所不論, 故爻以相比取義.

초구효가 깊이 파고 들어와 항구함으로 삼고 있는데, 구이효는 이에
함께하며 그가 들어오는 것을 허락하고 서로 어울린다. 그래서 이치로는
후회하게 되어 있다. 그러나 이 구이효는 지금 득중한 채 살아가고
있다. 그래서 비록 그것이 마땅하게 제자리를 차지하고 있는 것은 아니라
해도 그 본바탕을 지킬 수 있다. 또 항구함을 구한답시고 변함을 거부하지
도 않는다. 그래서 '후회가 없다'고 한 것이다. 태괘(泰卦)䷊와 비괘(否卦)
䷋, 함괘䷞와 항괘䷟, 손괘䷨와 익괘䷩, 기제괘䷾와 미제괘䷿ 등은 자연히

서로 응함을 이루고 있는 괘들이다. 그런데 이들 괘에서는 응함에 대해서 논하지 않고 있다. 그러므로 이 초육에서는 '서로 나란히 하며 어울림(相比)'을 의미로 취한 것이다.

「象」曰: '九二悔亡', 能久中也.

「상전」: '구이효가 후회함이 없음'은 항구히 중도를 지킬 수 있기 때문이다.

'能久'者中也, 異於求深於始者也.

'항구할 수 있는' 까닭은 중도를 지키기 때문이다. 이는 시작 단계에서 깊이 파고들어감을 구하던 초육효와는 다르다.

九三, 不恒其德, 或承之羞, 貞吝.

구삼: 그 덕을 항구히 하지 않으니 어쩌다 수치스러움을 당하기도 한다. 올곧으나 아쉬워함이 있다.

卦唯三與上爲當位, 而其占凶吝者者, '恒'者變而能常者也, 三與上恃其位之正, 見一時之可安而不久以其道, 則不能恒必矣. 初方入以求恒, 三剛而求進, 不憂其相迫, 適以召初之耻辱爾. '或'者, 倘至之辭. 初與三非相應之爻, 不期而受其辱, 故曰'或'. 自下來曰'承'. 得位故'貞', 承羞故'吝'.

이 항괘䷟에서는 오직 구삼효와 상육효만이 당위(當位)에 있다. 그런데도 이 구삼효의 점(占)이 흉하고 아쉬워함이 있는 까닭은 이러하다. 다름 아니라 원래 항구함이란 변하면서 항상됨을 유지할 수 있는 것인데, 지금 이 항괘의 구삼효와 상육효는 자신들의 위(位)가 올바르다는 것만을 믿은 채 한때 그것이 평안할 수 있음을 보고서 그 도(道)를 오래도록 유지하지 않기 때문이다. 이렇게 해서는 항구할 수 없음이 필연적이다. 이 항괘에서는 초육효가 막 들어와서 항구함을 추구하였다. 그런데 지금 이 구삼효는 굳셈으로서 더 나아가고자 하면서 그 결과 그들끼리 서로 핍박하리라는 것쯤은 전혀 개의치 않고 있다. 이러함은 초육효로부터 치욕을 불러오기에나 알맞을 따름이다. '어쩌다'라 한 것은 경우에 따라서는 이를 수도 있다는 말이다. 초육효와 구삼효는 서로 응하는 관계에 있는 효들이 아니기 때문에 예기치 않게 그 치욕을 당한다는 말이다. 그래서 '어쩌다'라 한 것이다. 그런데 그것이 아래로부터 오는 것이기에 '承(승)'이라 하고 있다. 그리고 이 구삼효는 제 위(位)를 차지하고 있기 때문에 '올곧음'이라 하고, 치욕을 당하기 때문에 '아쉬워함'이라 한 것이다.

「象」曰: '不恒其德', 无所容也.

「상전」: '그 덕을 항구히 하지 않음'이니 받아들여짐이 없다.

在變, 而變卽其常. 天時人事, 皆已異志, 不隨時以盡大常, 而恃位爲安, 物不能容之矣.

모든 것은 변함 속에 있는데, 이 변함이 곧 그 항상됨이다. 하늘의 때와
사람의 일에서는 모두가 이미 뜻함을 달리하고 있다. 그런데 이 구삼효는
그때그때에 맞게 함으로써 그 위대한 항상됨을 다하지는 않고, 그저
자신의 현재 위치만 믿고 거기에 안주하고 있다. 그래서 다른 이들이
그것을 받아들이지 않는 것이다.

九四, 田无禽.

구사: 사냥을 나갔으나 잡은 새가 없다.

剛自下來而處於四, 非所安而安焉, 欲以動而有功, 所謂守株待兔者也.

이 구사효의 굳셈은 원래 태괘(泰卦)䷊에서는 초구효였다. 그런데 이것
이 지금 아래로부터 와서 이 4효의 자리를 차지하고서는, 편안한 곳이
아님에도 여기서 편안해 하고 있으며 행동하여 무엇인가 공(功)을 이루려
하고 있다. 이른바 '수주대토(守株待兔)'558)에 해당한다.

---

558) 『한비자(韓非子)』, 「오두(五蠹)」 편에 나오는 말이다. 옛날 송(宋)나라에서
한 농부가 밭을 갈고 있었는데, 갑자기 토끼가 한 마리 튀어나와 내닫더니
그 밭 가운데에 있는 나무 그루터기에 부딪혀서는 그만 목이 부러져 죽고
말았다. 갑작스러운 횡재에 달뜬 그 농부는 이제 아예 밭을 갈던 쟁기를
내려놓고 그 나무 그루터기를 지키고 앉아 다른 토끼가 와서 또 부딪혀 목이
부러져 죽기를 기다렸다. 그러나 결국 그것은 한낱 어리석은 꿈으로 끝났고,
그 농부는 온 나라 사람들의 비웃음거리가 되었을 뿐이다. 한비자는 이 이야기
를 유자(儒者)들의 '선왕(先王)'론에 대한 풍유로써 제시하고 있다. 즉 이전

「象」曰: 久非其位, 安得禽也?

「상전」: 제 위(位)가 아닌 곳에서 오래도록 눙치고 있으니 어찌 새를 잡을 수 있으리오!

陽往交陰, 進不得天位, 退失其本基, 以隱伏相機爲可久之術, 隗囂ㆍ公孫瓚之所以亡也.

양이 가서 음들과 교접하는데, 나아가서도 하늘의 위(位)를 얻지 못하고 물러나서도 그 본거지를 잃어버렸음이라. 그리고서는 제 몸을 숨긴 채 기회를 엿보면서, 이러함으로써 명줄을 연장할 수 있는 술수로 삼고 있다. 외효(隗囂)[559]와 공손찬(公孫瓚)[560]은 바로 이러한 이유로 해서

시대가 인류 최고로 훌륭하였던 시대였다는 것을 본보기로 삼아 지금 세상에서도 오직 그것만을 금과옥조로 하여 어떻게든 실현하자고 하는 것을 비웃는 것이다. 설령 그때 당시는 그것이 최적의 통치 방식이었다 할지라도, 늘 옳기만 한 것은 없으니, 세상은 그때그때에 맞추어 다스려 나아가야 한다는 것이다. 그렇지 않고 어느 시대에나 그것이 최적의 유용함을 지닌다고 여겨 꼭 그것만을 실현하겠다고 하는 것은, 그 나무 그루터기에 토끼가 부딪혀 죽었으니 늘 그러한 일이 발생할 것이라고 여기며 그 밑에서 그것을 기다리는 것과 다를 바 없다는 것이다.

559) 외효(?~33)는 신(新)나라에서 동한으로 이어지던 시기에 농우(隴右; 隴山 이서 지역, 지금의 감숙성) 지역을 장악하고 동한의 광무제에게 맞섰던 인물이다. 천수(天水)의 성기(成紀; 지금의 甘肅省 靜寧) 출신이다. 이 지역 거족 가문의 후예다. 그가 이 지역에서 벼슬살이를 할 적에 당시 국사(國師)이던 유흠(劉歆)이 그의 현명함에 대해 전해 듣고 국사(國士)로 천거하였다. 왕망이 피살되고 신(新)나라가 멸망하자 외효는 군대를 일으켜, 농서(隴西)ㆍ무도(武都)ㆍ금성(金城)ㆍ무위(武威)ㆍ장액(張掖)ㆍ주천(酒泉)ㆍ돈황(敦煌) 등 이 지역의 크고

작은 군현들을 차례로 정복하였다. 나중에는 유흠에게 귀순하여 우장군(右將軍)에 봉해졌고, 다른 사람들의 행적을 고변하여 그 공으로 어사대부에 봉해졌다. 그러나 오래지 않아 자신의 고향으로 도망을 가서 스스로 서주대장군(西州大將軍)이라 칭하며 이 지역을 장악하였는데, 당시 혼란하던 형세에서 한때는 광무제(光武帝)에게 그 능력을 인정받기도 하였다. 광무제 건무(建武) 6년(30년)에 공손술(公孫述)이 남군(南郡)을 침범하자 광무제는 외효에게 촉(蜀) 지역을 토벌하라고 조서를 내렸으나 외효는 이를 거절하였다. 이에 광무제가 건위대장군(建威大將軍) 경엄(耿弇)을 파견하여 촉 지역을 토벌하며 외효를 멸망시키려 하자 외효는 광무제에게 잘못을 빌고 용서를 받았다. 그러나 외효는 겉으로만 그랬을 뿐 여전히 속마음으로는 광무제에게 충성하지 않으며 공손술과 내통하였다. 이에 건무 8년(32년)에 광무제가 군대를 파견하여 략양(略陽; 지금의 甘肅省 秦安 隴城鎭을 빼앗자, 외효는 수하의 장수를 보내 맞서 보았으나 광무제의 군대와 하서(河西)의 두융(竇融) 연합군의 공격을 받아 궤멸하였다. 이에 외효는 가솔을 데리고 도망을 가서 공손술에게 의탁하였는데, 공손술이 그를 삭영왕(朔寧王)에 봉했다. 그러자 광무제는 인질로 잡혀 있던 그의 아들 외순(隗恂)을 죽이고는 다시 군대를 파견하여 그를 공격하였다. 외효는 또 공손술의 도움으로 구출되었지만 이듬해(33)에 울분을 삭이지 못하고 자살하였다.

왕부지가 여기서 지적하고 있는 일은 바로 이때의 일을 말한다. 즉 외효가 공손술에게 가서 의탁한 것과 그가 삭영왕에 봉하자 거기에 안주하였던 것을 의미한다. 결국은 이것이 자살로 귀결되었다는 것이다.

560) 공손찬(?~199)은 동한 말기의 인물로서 요서(遼西) 영지(令支) 출신이다. 일찍이 요서 태수의 마차몰이를 했는데 그로부터 높이 평가받아 당대의 거유(巨儒) 노식(盧植)에게 천거되어 유비(劉備)와 함께 동문수학하였다. 공손찬은 자신을 키워 준 이 요서 태수가 나중에 죄를 지어 유배를 가게 되자 사병으로 위장하여 그를 따라가며 호위하기도 하였다. 그리고 도중에 태수가 사면되자 공손찬은 그 덕행으로 말미암아 '효렴(孝廉)'으로 천거되어 요동(遼東)에 속한 나라의 장사(長史)로 임명되었다. 이후 공손찬은 탁월한 전공(戰功)을 세워 기도위(騎都尉)·중랑장(中郞將)으로 거듭 승진하였고, 도정후(都亭侯)에 봉

망했다.

해졌다. 이때 교전을 벌이고 있던 북방 유목민족의 탁월한 기마술에 맞서기 위해 공손찬은 말을 잘 타는 병사들을 골라 특별부대를 편성하여 큰 효과를 보았다. 그는 이 부대원들에게 모두 백마를 태우고 주력 부대로 삼아 스스로 '백마의종(白馬義從)'이라 불렀는데, 오환(烏桓) 인들에게 이 부대는 두려움의 대상이 되어 그를 마주치면 회피하라고 서로에게 알릴 정도였다고 한다. 이후 공손찬은 황건족을 궤멸한 공로로 분무장군(奮武將軍)에 임명되었고 계후(薊侯)에 봉해졌다.

그런데 그의 아우 공손월(公孫越)이 당시 원소(袁紹)와 원술(袁術) 형제의 싸움에 말려들었다가 그만 원소 군의 화살에 맞아 죽은 일이 벌어졌다. 그래서 이제 공손찬은 원소와는 불구대천의 원수가 되어 대적하게 된다. 그런데 원소와 잠깐 정전(停戰)하는 동안 유주(幽州)까지 손에 넣은 공손찬은 이제 수비에 주력하게 된다. 전혀 나아가 싸울 생각이 없이 자중(自重)하는 것으로 전략을 바꾼 것이다. 그는 역경(易京) 성에 높은 보루를 쌓아 놓고서 이 높은 보루를 넘어 진입할 수 있는 이는 없다고 여기며 그 속에서 웅크린 채 때가 이르기를 기다리기로 하였다. 공손찬은 당시 천하가 한창 분열되고 있다고 여기고, 저장해둔 수백만 석의 식량을 소진하며 느긋하게 기다리노라면 천하가 저절로 안정될 것이라 믿었다. 그러나 이 틈을 타고서 원소는 대대적으로 공격을 감행한다. 원소는 역경(易京) 주변의 군현들을 하나씩 하나씩 잠식해 나아갔고, 마침내 역경 성에서 웅거하고 있는 공손찬을 포위한 채 압박하였다. 견디다 못한 공손찬은 결국 자신의 오누이들과 처자식을 먼저 죽인 뒤 스스로 분사(焚死)하였다.

왕부지가 여기서 지적하고 있는 것은 바로 이러한 사실이다. 한때는 하북 지방을 호령하던 인물이 전략의 실패로 말미암아 이렇게 허무한 최후를 맞고 만 것이다. 모두 웅크린 채 천하가 안정되기만을 엿보는 안이하고 소극적인 자세가 부른 결과라는 것이다.

六五, 恒其德貞, 婦人吉, 夫子凶.

육오: 그 덕과 올곧음을 항상 유지하니 아내는 길하고 사내는 흉하다.

六五與四相比, 聽九四之動, 不與俱動, 任陽之動而靜以相保, 婦人之
恒, 婦人之情也. 四亦以其柔而易親, 相與爲保, 遂見爲可恒而退靜焉,
失丈夫之義矣. 吉在五, 凶在四也.

이 육오효는 구사효와 서로 친하게 지내며 구사효의 움직임을 받아들이
는데, 함께 움직이지는 않고 양의 움직임에 내맡긴 채 스스로는 고요하게
있음으로써 서로 보호한다. 이는 부인의 항상됨이요, 부인의 정(情)이다.
구사효도 육오효의 이 부드러움 때문에 쉬 친해지며 서로 더불어 보호자
가 되어주니, 이렇게하여 항구할 수 있다고 여기게 된다. 그러고는 물러나
고요하게 있다가 사내의 의로움을 잃어버리고 마는 것이다. 그래서
길함은 육오효에게 있고, 흉함은 구사효에게 있다.

「象」曰: 婦人貞吉, 從一而終也. 夫子制義, 從婦凶也.

「상전」: 부인의 올곧고 길함은 한 사람을 따라 살며 생을 마치기 때문이다.
사내는 의로움을 행해야 하는데 부인을 따르기 때문에 흉하다.

'一'謂九四. 五得中而從乎四, 無易志, 故吉. '從婦'者, 匿於其下以求安.
四雖爲震主, 而失位浮寄, 其剛不振, 近比乎陰, 故有從婦之象. 凡從
婦者, 始未嘗不暴而終屈也.

여기에서 말한 '한 사람'은 구사효를 가리킨다. 육오효는 득중한 채로
구사효를 좇으며 뜻함을 바꾸지 않기 때문에 길하다. '부인을 따름'이라
한 것은 부인의 밑에 숨은 채로 편안함을 구한다는 의미다. 이 항괘의
구사효는 비록 회괘(悔卦)인 진괘☳의 주체이기는 하다. 그러나 제 위(位)
를 잃어버리고서 떠돌며 빌붙어 있는 처지니, 그 굳셈이 떨치지 못한다.
그러므로 그에게는 '부인을 따름'의 상(象)이 있다. 무릇 부인을 따르는
이들을 보면, 처음에는 폭압적이다가도 끝에 가서는 굴종하지 않는
이가 없다.

上六, 振恒, 凶.

상육: 항구함을 떪이니 흉하다.

'振'如'玉振之'之振, 收也. 上柔得位, 陰陽方相入相動, 己恃其居高得
位, 欲苟且柔和, 以收拾爲可久, 凶之來, 無以禦之矣.

'떪'이란 '옥으로 된 편경을 연주한다'고 할 때의 떪이니, 거두어들인다는
의미다.561) 상육효는 부드러움[柔]으로서 제 위(位)을 차지하고 있다.

---

561) 이는 맹자의 공자에 대한 평가와 관련된 말이다. 맹자는 백이(伯夷)를 성인
    가운데서도 '맑은 이', 이윤(伊尹)을 성인 가운데서도 '임용되어 일을 완수한
    이', 류하혜(柳下惠)를 성인 가운데서도 '어울림을 이룬 이', 공자를 성인 가운데
    서도 '시대적 요청에 부응하여 그 맥락에 맞게 행동한 이로 구분하여 평가하였
    다. 그리고는 공자가 한 일을 '집대성(集大成)'이라는 말로 가름하며 그것을

그래서 지금 아래에서 음·양이 한창 서로 들어오고 움직이고 있는데, 자기가 높은 자리의 제 위(位)를 차지하고 있다는 것을 떡하니 믿고서 구차하게 부드러움으로 그들과 어울리려 든다. 그리고 이렇게 함으로써 이들이 자아내는 상황을 거두어들이고 마무리를 하여 항구할 수 있다고 여긴다. 그래서 흉함이 오는 것을 막아내지 못한다.

「象」曰: 振恒在上, 大无功也.

「상전」: 항구함을 떪이 위에 있으니, 공덕이 없음이 너무나 크다.

上之於初·四, 遠矣. 以柔道收已變之局, 不足以立功, 則害且及之矣. 天道久而不已, 唯終而有始也. 據其恒以爲恒, 凶必乘之. '恒'卦六爻皆不吉, 久不以道也. 二·五差能自安, 而非變化以久成; 三·上則無而爲有, 虛而爲盈者也. 天地風雷之變而不失其常, 豈人事之易及哉! 德非聖人, 怙中藏之密用以終身, 凶其免乎!

악곡 연주에 비유하고 있다. 즉 악곡 연주에서는 먼저 금속의 편종(編鐘) 소리로 시작하고 옥으로 된 편경(編磬) 소리로 마무리를 짓는데, 금속 악기의 소리는 시조리(始條理)에 해당하니 지혜로움의 일이고 옥의 소리는 종조리(終條理)에 해당하니 성스러움의 일이라 하며 공자는 이들을 아우르고 있다고 하였다.(『孟子』, 「萬章下」: 孟子曰, "伯夷聖之淸者也, 伊尹聖之任者也, 柳下惠聖之和者也, 孔子聖之時者也. 孔子之謂集大成. 集大成也者, 金聲而玉振之也. 金聲也者, 始條理也; 玉振之也者, 終條理也. 始條理者, 智之事也; 終條理者, 聖之事也.") 그런데 왕부지는 이 항괘 상육효사의 '振(진)' 자를, 맹자의 이 말을 배경 삼아, 악곡 연주에서 편경의 연주로 풀이하고 있다. 그래서 '거두어들임(收)'이라 한 것이다. 편경이 악곡 연주에서 마무리를 담당하기 때문이다.

상육효는 초육·구사효로부터 멀리 떨어져 있다. 그런데 상육효는 부드러움의 원리와 방법으로써 이미 변해버린 국면을 수습하려 드니, 공을 세우기에는 부족하다. 그래서 해로움이 미치게 되는 것이다. 하늘의 도(道)는 항구하면서 그침이 없다. 그래서 마무리를 짓고서는 또 시작한다. 그런데 하늘이 그때그때 드러내는 항구함에 기댄 채 그것이 항구불변하리라 여긴다면 흉함이 반드시 거기에 올라타고 온다. 항괘䷟의 여섯 효들이 모두 길하지 않은데, 이는 이들이 이치와 원리에 맞지 않게 항구하려 하기 때문이다. 그중에서도 구이·육효는 어느 정도 스스로 편안해 할 수 있으나, 이것도 변화를 통해 항구함을 이루는 것이 아니다. 구삼·상육효는 없는데도 있다고 여기니, 이는 텅 비어 있는데도 가득 찼다고 여기는 꼴이다. 하늘과 땅, 바람과 우레는 변하면서도 그 항상됨을 잃지 않는데, 어찌 이것이 사람의 일로서 쉬 미칠 수 있는 것이리오! 갖추고 있는 덕이 성인의 경지가 아닌데도 자신의 속 깊이 감추어둔 것을 남몰래 쓰며 죽을 때까지 갈 수 있다고 믿으니, 그가 어찌 흉함을 면하겠는가!

●●●

遯卦艮下乾上

둔괘䷠

遯. 亨, 小利貞.

둔괘. 형통하다. 작은 것이 올곧음에 이롭다.

尊者出而在外曰遯. 『書』曰: ‘遯于荒野’, 猶『春秋』君奔稱孫也. 立卦
之體, 下二爻爲地位. 地位者, 陽之所以藏於深, 而植根以起用者也.
陰長而居二, 陽退於虛矣. 雖下卦之三陽猶在焉, 而三爲進爻, 且進而
與三陽連類以往, 故曰遯. ‘遯亨’者, 君子進則立功, 退則明道, 明哲保
身, 樂在疏水, 於己無不亨; 而息玄黃之戰, 以勿激亂, 且立風敎於天
下, 而百世興焉, 於天下亦亨矣. ‘小’, 陰也. 陰未失其居下之義, 故利.
陽遯而與相應, 故貞. ‘遯’, 陰長矣, 而初・二無凶咎者, 二得下之中也.
位莫美於中. ‘臨’, 陽已得乎下之中, 故陰爻皆蒙之而吉. ‘遯’, 未踰乎下
之中, 故陰爻無傷陽之厲. ‘觀’, 猶得乎上之中, 故爻多美辭. ‘大壯’, 未得
乎上之中, 故辭多危. 以三畫之重爲三才之位言之, 則二出於地上, 爲
人用之大美; 五居天位而近於人, 爲人承天而天祐人. 以內外貞悔言
之. 初・四者退爻也, 三・上者進爻也, 進則過, 退則不及, 剛柔皆有過
不及之失; 二・五酌其宜以立爲定位, 而居之安, 故位莫美於中也. 陰
利貞而無逼陽之過, 陽之遯所以益亨. 陽亨, 則陰過亦泯, 而不喪其利
貞矣.

존귀한 이가 중앙 무대에서 벗어나 밖에 거주하는 것을 ‘遯(둔)’이라
한다. 『서경』에서는 “초야에 묻혀 살다.”[562]고 하고 있는데, 이는 『춘추전』

---

562) 『상서(商書)』, 「열명(說命) 하」 편에 나오는 말이다. 왕자일 적에 무정(武丁)은
아버지 반경의 명(命)으로 밖에 역(役)을 나가서 일반 백성들과 함께 노역을
한 나머지, 백성들의 고통을 누구보다 잘 알게 되었다. 이 구절은 고종 스스로
이를 술회하는 말로 보인다.(王曰, 來汝說. 台小子舊學于甘盤, 旣乃遯于荒野,
入宅于河.) 왕위에 오른 뒤 무정은 부열(傅說)과 감반(甘盤)을 기용하여 그들의
보좌를 받아 은나라의 중흥을 이끌었다. 묘호가 고종(高宗)이다.

에서 임금이 달아나 다른 곳에 거주하는 것을 '孫(손)'이라 칭하는 것563)과 비슷하다. 이 둔괘䷠의 괘체를 보면 아래 두 효가 땅의 위(位)를 이루고 있다. 그런데 이 '땅의 위'란 양이 자신을 깊이 감춘 채 뿌리를 내리고 있다가 기용되는 근거가 되는 곳이다. 그런데 이 둔괘에서는 음들이 자라나서 두 효의 위(位)를 차지하고 있고, 양들은 비어 있는 그 뒤쪽의 위(位)로 물러나 있다.564) 비록 정괘(貞卦)인 간괘☶ 속에 구삼효의 양이 여전히 존재한다고는 하지만, 이 3효는 나아감의 효(爻)일 뿐만 아니라 또한 나아가서는 둔괘의 회괘(悔卦)인 건괘☰의 세 양효들과 한 무리를 이루어서 가버린다. 그러므로 '遯(둔)'이라 한 것이다.

'은둔함이 형통하다'고 한 것은 이렇게 설명할 수 있다. 즉 군자가 나아가서는 공을 세우고 물러나서는 도(道)를 밝히는데, 총명하여 사리에 밝게 처신하고 제 몸을 온전하게 지키며565) 거친 나물밥과 물 한 잔으로 사는 데서 즐거움을 느끼니566), 자기 자신에게 형통하지 않음이 없다는

---

563) 『춘추』, 「소공(昭公)」 25년 조(九月己亥, 公孫於齊, 次於陽州.)와 「장공(莊公)」 원년 조(三月, 夫人孫於齊.)편에 이러한 기록이 나온다.

564) 이는 착종설과 건곤병건설('乾'坤'竝建設)에 입각한 풀이다. 왕부지는 6획괘의 '드러나 있는 쪽(明·嚮)'의 '뒤쪽(幽·背)'에 대대의 관계에 있는 효가 있다고 본다. 즉 드러나 있는 쪽에 양효—가 있으면 그 뒤쪽에는 음효--가 있고, 드러나 있는 쪽에 음효가 있으면 뒤쪽에는 양효가 있다는 것이다. 이들이 이루는 관계를 '착(錯)'이라 한다. 자세한 것은 주110), 137), 394) 등을 참고하라. 지금 이 둔괘의 경우 2효의 위(位)에 음이 와 있으므로 양은 그 뒤쪽의 비어 있는 곳으로 물러나 있다고 한 것이다.

565) 『시경(詩經)』, 「대아(大雅), 증민(蒸民)」 편에 나오는 말로서, 중산보(仲山甫)의 덕을 찬양하는 말이다. 『시경』에서는 중산보가 모든 것을 훤히 알고 슬기로워서 제 몸을 온전히 지키며, 새벽부터 밤늦게까지 추호도 게으름이 없이 국사를 담당한다고 하고 있다.(既明且哲, 以保其身, 夙夜匪懈, 以事一人.)

것이다. 그리고 피가 터져 거무튀튀하고 누렇게 질펀할 정도로 싸움을
벌이지 않음으로써[567] 격렬한 혼란을 일으키지 않는다. 더욱이 온 세상에
훌륭한 풍속과 교화를 떨쳐 영원토록 흥성하게 하니 우리가 살아가는
세상 자체도 형통하게 된다.

'작은 것'이란 초육·육이효의 음들을 말한다. 이 둔괘에서는 음들이
아래에서 살아가야 한다는 의로움을 아직은 잃지 않고 있다. 그러므로
'이롭'다고 한 것이다. 그리고 양들이 은둔하고 있는데 이 음들이 더불어
서로 응하기 때문에 '올곧음'이라 한 것이다.

이 둔괘에서는 음들이 자라나고 있다. 그런데도 초육·육이효에 흉함과
허물이 없는 까닭은, 육이효가 이 둔괘의 정괘(貞卦)인 간괘☶에서 득중
하고 있기 때문이다. 여섯 효들이 차지하고 있는 위(位)의 관점에서는
중(中)보다 좋은 것이란 없다. 그런데 이 둔괘와 착(錯)의 관계를 이루고
있는 임괘(臨卦)䷒의 경우를 보면, 양이 벌써 정괘(貞卦)인 태괘☱에서
득중하고 있기 때문에 네 음효들이 모두 그 혜택을 입어 길하다. 둔괘에서
는 음효들의 자라남이 아직 아래괘의 가운데를 넘지 못하였기 때문에
음효들에게 양들을 해치는 사특(邪慝)함이 없다. 그리고 임괘와 종(綜)의

---

566) 공자가 한 말을 인용하고 있다. 공자는 "거친 나물밥을 먹은 뒤 한 잔의
물을 마시고 팔베개를 한 채 눕더라도 즐거움이 또한 그 속에 있다. 의롭지
않게 부유해지고 고귀해지는 것은 나에게는 마치 뜬 구름과 같다."라고 하였
다.(『論語』, 「述而」: 子曰, "飯疏食飮水, 曲肱而枕之, 樂亦在其中矣. 不義而富
且貴, 於我如浮雲") 공자의 정신과 유학의 본령이 녹아 있는 말이다. 왕부지는
이것이 군자의 은둔상이라 본 것 같다.
567) "용들이 들에서 싸우니 그 피가 터져 거무튀튀하고 누렇게 질펀하다.(龍戰于野,
其血玄黃.)"는 곤괘(坤卦)䷁ 상육효사를 인용한 말이다.

관계를 이루고 있는 관(觀)괘☴에서는 양이 오히려 회괘(悔卦)인 손괘☴의 중위(中位)를 차지하고 있기 때문에 효(爻)에 아름다운 효사들이 많다. 이에 비해 이 둔괘와 종(綜)의 관계를 이루고 있는 대장괘(大壯卦)☳에서는 양이 회괘☳의 중위를 차지하지 못하고 있다. 그래서 효사에 위험스러운 것들이 많다.

삼획괘를 중첩하여 이루어진 삼재(三才)의 위(位)라는 측면에서 이 둔괘를 분석해보면, 육이효는 땅 위로 출현하여 사람들이 기용할 큰 훌륭함을 이루고 있다. 그리고 구오효는 하늘의 위(位)를 차지한 채 사람들에게 가까이 있으니568), 사람은 하늘을 받들고 하늘은 사람을 돕는 상황을 이루고 있다.

또 이 둔괘를 내괘와 외괘를 의미하는 정괘(貞卦)와 회괘(悔卦)로 분석해보면, 초육·구사효는 물러나 있음을 나타내는 효들이고 구삼·상구효는 나아감을 나타내는 효들이다. 나아가면 지나치고 물러나면 미치지 못하는데, 이 둔괘는 굳셈[剛]·부드러움[柔] 모두에 지나치거나 미치지 못함의 과실이 있다. 그런데 육이·구오효는 그 알맞음을 참작하여 제 위(位)를 정하고 있으며 편안하게 거처하고 있다. 그러므로 위(位)로는 중(中)보다 더 좋은 것이 없는 것이다.

이렇듯 이 둔괘에서 음효들은 올곧음에 이롭고 양들을 핍박하는 과오가 없다. 그래서 양들의 은둔이 더욱 형통한 것이다. 양들이 형통하면 음들의 과오도 사라지니 그 올곧음에 이로움을 잃어버리지 않는다.

---

568) 여섯 효 가운데 3·4효가 사람의 위(位)를 이루는데, 이 구오효가 이들에 가깝다는 의미에서 하는 말이다.

「彖」曰: '遯亨', 遯而亨也.

「단전」: '둔괘가 형통하다'는 것은 은둔하여 형통하다는 의미다.

四陽合志, 上無陰以爲之掩沮, 志得而道亦伸矣.

이 둔괘☰에서는 네 양들이 뜻함을 함께하고 있고, 위로도 그것을 가로막는 음들이 없다. 그래서 이들의 뜻함이 이루어지고 지닌 도(道)도 펼쳐진다.

剛當位而應, 與時行也.

굳셈이 제 위(位)를 마땅하게 차지하고 있는데 거기에 응하니 때에 맞게 행한다.

'當位'爲九五. 剛當位, 則道無所屈. '應', 二應五也. 陰無拒之之情, 而有挽留之志, 禮意未衰, 從容以去, '遯'之美莫尙焉, 故曰'好', 曰'嘉'.

'제 위(位)를 마땅하게 차지하고 있는데'라는 것은 구오효에 대해 한 말이다. 굳셈이 제 위를 마땅하게 차지하고 있다면 지닌 도(道)를 굽힘이 없다. '응'은 육이효가 이 구오효에게 응함을 말한다. 이 음에게는 거절할 마음일랑은 없고 붙들어 매두고자 하는 의지만 있다. 그래서 예(禮)를 지키려는 뜻이 쇠퇴하지 않은 채 조용히 떠나니, 둔괘의 아름다움이 더할 나위가 없다. 그래서 '좋다'고도 하고 '가상(嘉尙)하다'고 하고 있다.

'小利貞', 浸而長也.

'작은 것이 올곧음에 이롭다'는 것은 차츰차츰 자라난다는 의미다.

'浸', 漸也. 陰雖長而以漸, 得中而止, 未失乎正, 而於義亦合.

'浸(침)'은 차츰차츰이라는 의미다. 음들이 비록 자라나기는 하지만 차츰차츰 자라나며 득중한 채 멈추어 있다. 그래서 아직 올바름을 잃어버리지 않았을 뿐만 아니라 의로움에도 합치하는 것이다.

遯之時義大矣哉!

은둔함의 때와 의로움이 위대하도다!

遯非其時, 則巢・許之逃堯・舜, 嚴光・周黨之亢光武也; 非其義, 則君臣道廢, 而徒以全軀保妻子爲幸, 孟子所謂小丈夫也. 非精義乘時者, 無由以亨.

은둔이라 하더라도 그 시대적 맥락에 맞지 않으면 소부(巢父)와 허유(許由)가 요임금과 순임금을 피한 것[569], 엄광(嚴光)과 주당(周黨)이 후한

---

569) 소부(巢父)와 허유(許由)는 모두 전설 속의 인물이다. 요임금 당시 큰 현자(賢者)로서 은사들로 전해진다. 둘은 서로 친구 사이였다. 당시 중원(中原)에는 밀림이 우거졌고 맹수들도 많았다. 그래서 그들의 습격을 막기 위해 나무

광무제에게 뻣뻣하게 맞서며 은거를 고집하던 것570)에 지나지 않는다.
또 그 의로움에 맞지 않으면 임금과 신하 사이의 도리는 폐기되고 한갓
제 몸뚱이를 보전하는 것과 처자식을 보호하는 것을 요행으로 여기게
된다. 이는 맹자가 말한 '소장부(小丈夫)'571)에 지나지 않는다. 의로움을

위에 둥지를 틀고 산 사람들이 출현하였는데, 사람들은 그를 성인(聖人)으로
추대하였고, '유소씨(有巢氏)'라고 불렀다. 소부(巢父)는 그 후예라고 한다.
요임금은 이제 은퇴를 결심하고 자신의 제위(帝位)를 소부에게 물려주고자
하였다. 그러나 소부는 이를 고사(固辭)하였다. 그러자 요임금은 이제 허유에
게 찾아가 이를 부탁하였다. 그러자 허유는 재빨리 강(潁水)으로 뛰어가서
귀를 씻었다. 귀가 더러워졌다는 이유에서였다. 마침 소를 끌고 그 강으로
물을 먹이러 가던 소유는 허유를 만나 이 사실을 들었다. 이에 소부는 허유의
귀 씻은 물로 제 소의 입을 더럽힐 수 없다며 더 위쪽으로 끌고 가서 소에게
물을 먹였다고 한다. 이는 전설로서 진(晉)의 황보밀(皇甫謐)이 쓴『고사전(高
士傳)』속의 기록을 각색한 것이다. 그런데 우(禹)임금 때에는 유소씨(有巢氏)
의 후예들에게 유소국(有巢國)을 세워 주었다. 오늘날 안휘성(安徽省)의 소현
(巢縣) 일대가 여기에 속한다. 이후 하(夏)·상(商)·주(周) 삼대에는 이 나라가
대대로 제후국으로 행세하였는데, 춘추시대에 이르러 초나라에게 멸망당하였
다. 그러나 그 공족(公族)들은 여전히 '소(巢)'씨를 성(姓)으로 쓰고 있다.
570) 엄광에 대해서는 주255), 주당에 대해서는 주256)을 참고하기 바란다.
571) 맹자가 제(齊)나라 왕을 알현하여 그가 자신을 기용하기를 바랐으나 기용하지
않자 떠났다. 그것도 바로 떠나지 않고 주(晝)라는 곳에서 사흘을 더 머물다
떠난 일이 있다. 이를 두고 윤사(尹士)라는 이가 사람들에게 "맹자가 제나라
왕이 결코 탕·무왕과 같은 인물이 될 수 없다는 것을 몰랐다면 이는 그가
사리판단에 어두운 것이고, 알면서도 제나라 왕을 찾아갔다면 이는 은택을
구하고자 한 것이다. 천릿길을 멀다 않고 가서 왕을 알현하였다가 뜻이 맞지
않자 떠나는데, 그것도 바로 떠나지 않고 혹시나 하는 마음에서 사흘이나
주(晝)라는 곳에 머물다가 떠났으니, 뭘 이렇게 꾸물거렸단 말인가! 내게는
이 사실이 좋게 보이지 않는다.(不識王之不可以爲湯武, 則是不明也, 識其不可,
然且至, 則是干澤也. 千里而見王, 不遇故去, 三宿而後出晝, 是何濡滯也? 士則

玆不悅.)"라고 비판하였다. 고자(高子)라는 이를 통해 이 말을 전해들은 맹자는,
"윤사 따위가 어찌 내 뜻을 알리오! 천릿길을 멀다 않고 찾아가 제나라 왕을
알현한 것은 내가 원하는 바였지만, 뜻이 맞지 않아 떠나는 것이 어찌 내가
원하는 바였겠는가? 떠남은 내가 어쩔 수 없어서였던 것이니, 사흘을 유숙한
뒤에 주(晝)를 떠나면서도 나는 오히려 '너무 신속히 떠나는 것이 아닌가,
더 기다려야 하지 않을까!' 하고 여기며 그가 마음을 바꾸기를 바랐다. 만약에
왕이 마음을 바꾸면 반드시 나를 돌려세우리라는 점에서였다. 그러나 내가
주(晝)를 떠날 때까지 끝내 왕은 나를 쫓아와 갈 길을 돌려 세우지 않았으니,
그래서 나는 이제 허심탄회한 마음으로 돌아가고자 하는 뜻을 굳혔던 것이다.
나는 그랬다. 비록 그가 나와 뜻이 맞지 않았지만 '내가 어찌 단박에 제나라
왕으로부터 마음을 접고 그를 홀연히 버린단 말인가!'라고 생각하였다. '만약에
왕이 훌륭한 일을 하고자 하는 마음이 넘쳐 나를 기용한다면, 어찌 한갓
제나라 백성들을 편안케 함에 그치리오! 그가 왕노성지를 세내로 시행한
왕자(王者)가 될 것이고 온 세상이 그 통치권 속으로 들어올 테니, 그렇게
되면 온 세상 백성들을 모두 끌어안고 편안케 하는 것으로 귀결될 것이다!'
하는 바람을 차마 떨치지 못해 나는 제나라 왕이 마음을 바꾸기를 너무나
간절히 바라며 하루하루를 기다렸던 것이다. 그러니 내가 어찌 한갓 소장부(小
丈夫)처럼 굴었을까? 소장부는 그 임금에게 간했다가 받아들이지 않으면
곧 화가 나서 얼굴 가득 불쾌한 빛을 띨 것이고, 또 떠나게 되어서는 뒤도
안 돌아보고 떠나서 하루 동안에 갈 수 있는 데까지 온 힘을 다해 가다가
닿는 곳에서 유숙할 것이로다!(尹士惡知予哉! 千里而見王, 是予所欲也, 不遇故
去, 豈予所欲哉! 予不得已也. 予三宿而出晝, 於予心猶以爲速, 王庶幾改之!
王如改諸, 則必反予. 夫出晝, 而王不予追也, 予然後浩然有歸志. 予雖然, 豈舍
王哉! 王由足用爲善, 王如用予, 則豈徒齊民安, 天下之民擧安! 王庶幾改之,
予日望之. 予豈若是小丈夫然哉? 諫於其君而不受, 則怒, 悻悻然見於其面, 去則
窮日之力而後宿哉!)"라고 해명하였다. 이 말을 들은 윤사는 비로소 맹자의
참뜻을 알게 되어 "내가 정말 소인이로구나!(士誠小人也.)"라고 하며 맹자를
오해한 자신을 부끄러워하였다고 한다. 이상은 『맹자』, 「공손추(公孫丑) 하」
편에 실린 내용이다.

온 정성을 다해 깊이 파악하지 않거나 시대적 맥락과 맞지 않는 은둔이라
면 결코 형통할 길이 없다.

「象」曰: 天下有山, '遯', 君子以遠小人, 不惡而嚴.

「대상전」: 하늘 아래 산이 있음이 둔괘니, 군자는 이를 본받아 소인을 멀리하되
미워하지 않으면서 위엄을 지킨다.

> 山自以爲高, 而欲逼近於天; 天覆幬之, 而終不可踰, 唯絶遠之而不與
> 相狎也. '不惡'者, 不屑與之爭. '嚴'者, 雖求合而必不受, 唯超然遯於其
> 外, 小人自伏處於下. 君子之遯以自潔也, 非若漢末黨錮諸賢, 處艸野
> 而與小人相觸者也.

산은 스스로 높다고 여기며 더욱 하늘 가까이 다가가려 한다. 그러나
하늘은 이를 덮고 가려버리니 끝내 뛰어넘을 수가 없다. 하늘은 오직
산과 단절한 채 멀리하며 서로 친압하게 지내지 않는다. '미워하지 않음'이
란 우습게 여겨 다투는 것조차 마음에 두지 않는다는 의미다. '위엄을
지킴'이란 비록 누군가가 합치하려 하더라도 절대로 그것을 받아들이지
않으며 오직 그 밖에서 초연하게 은둔하고 있으매 소인들이 저절로
그 밑에 엎드리게 된다는 의미다. 군자는 은둔함에서 스스로 고결함을
유지한다. 이는 한(漢)나라 말기에 당고(黨錮)572)를 당한 여러 현자들이

---

572) '당고(黨錮)'에 대해서는 주214), 215) 등을 참고하기 바란다.

초야에 묻혀 살면서도 소인들과 서로 접촉하던 것과는 다르다.

初六, 遯尾, 厲, 勿用有攸往.

초육: 은둔의 꼬리다. 위태로우니, 어디를 가서는 안 된다.

'遯尾', 爲遯之尾也. 尾者, 繫於後而可曳者也. 初與四應, 陽欲遯, 而初
以眇小之才, 欲以柔道牽曳之, 必蒙其嚴厲斥絶矣. '勿用有攸往'者, 戒
其聽陽之遯, 而勿强往曳止之.

효사의 '遯尾(둔미)'는 은둔의 꼬리를 의미한다. 꼬리란 꽁무니에 붙어
있는 것으로서 끌고 다닐 수 있는 것이다. 이 둔괘에서는 초육효와
구사효가 서로 응하고 있다. 그래서 구사효의 양(陽)이 은둔하고자 함에
초육효가 보잘것없는 재주를 가지고서 부드러운 방식으로 그를 끌어당
기려 하지만, 반드시 그로부터 준엄하고 매섭게 물리침을 당하게 된다.
'어디를 가서는 안 된다'는 것은, 양의 은둔함을 그대로 받아들여야지
억지로 가서 그를 끌어당기거나 멈추게 해서는 안 됨을 경계하는 말이다.

「象」曰: 遯尾之厲, 不往, 何災也?

「상전」: 은둔의 꼬리가 지닌 위태로움이나, 어디를 가지 않는다면 무슨 재앙이
있겠는가?

柔而在下, 本無逼陽之嫌, 而位卑力弱, 不能作留行之客, 但安處而勿
與其事, 自不見絶於君子.

부드러움으로서 아래에 있으니 본래 그에게는 양을 핍박한다는 혐의가
없다. 그러나 지위는 낮고 힘은 미약하니 가는 손님을 머물게 할 수가
없다. 그저 편안하게 살아가면서 그 일에 함께하지 않으니, 저절로 군자로
부터 거절당하지 않는 것이다.

六二, 執之用黃牛之革, 莫之勝說.

육이: 황소의 가죽으로 만든 끈으로 붙들어내고 있으니 벗어버릴 수가 없다.

'黃, 中色, '牛', 順物, 陰道之正也. '革', 堅靭之物. '勝, 能也. 六二柔得中
而當位, 其情順矣. 比近乎陽, 而與五應, 見陽之遯, 堅欲留之, 故陽欲去
而情不能忘. 乃陽決遯而不可挽, 不能吉, 而其志可嘉, 則遠於凶咎矣.

'황(黃)'은 중앙의 색깔이다.[573] '소'는 순종하는 짐승으로서 음도(陰道)의
올바름을 상징한다. '가죽'은 튼튼하고 질긴 물건이다. '勝(승)'은 할 수
있음을 의미한다. 이 육이효는 부드러움으로서 득중하고 있으며 제
위(位)를 마땅하게 차지하고 있다. 그리고 마음씀은 순종적이다. 지금
이 육이효는 양(陽)들과 이웃으로 가까이 있으면서 구오효와 응하고

---

573) 육이효가 득중하고 있다는 점에서 왕부지는 이렇게 풀이하고 있다. 이는
오행사상에 입각한 풀이다. 오행사상에서는 중앙의 색깔이 노란색이다.

있고, 양이 은둔하려는 상황을 맞아 그것을 견결히 만류하려고 한다. 양은 떠나려 하고 그로서는 그 정(情)을 잊어버릴 수가 없는 것이다. 이렇듯 양이 은둔을 결행하는데도 이 육이효로서는 만류할 수가 없으니, 길할 수가 없다. 그러나 그 뜻함은 가상(嘉尙)하다 할 수 있으므로 흉함과 허물로부터는 멀다.

「象」曰: 執用黃牛, 固志也.

「상전」: 황소의 가죽으로 만든 끈으로 붙들어내고 있음은 굳센 의지를 상징한다.

非其志之固, 則虛拘君子, 所謂"執我仇仇, 亦不我力"者矣. 六二順應 於五, 故其志可深信.

그 뜻함이 견고하지 않으면 헛되이 군자를 구속한다. "나를 붙잡아 두었을 뿐, 너무나 소홀히 대하네, 나의 능력조차도 거들떠보지를 않네 !"[574]라는 말이 바로 이를 두고 하는 말이다. 그런데 육이효는 구오효에게 순응하기 때문에 그 의지를 깊이 믿을 수가 있다.

---

574) 『시경(詩經)』, 「소아(小雅)」 편에 나오는 '정월(正月)'이라는 시의 일부다. 나를 붙잡아 두려할 적에는 애달아하더니 정작 머물게 되자 너무나 함부로 대하며, 심지어는 내가 발휘하는 능력조차도 거들떠보지 않는다는 의미. 정현은 이에 대해 "겉으로 현명한 이를 탐낸다는 것을 드러낼 뿐, 실제 그를 기용하여 무엇을 이루어냄은 없음을 묘사한 것이다."라 풀이하고 있다.(鄭玄, 『毛詩箋』: 言其有貪賢之名, 無用賢之實)

九三, 係遯, 有疾厲. 畜臣妾, 吉.

구삼: 얽매여 은둔함이니, 질병의 위태로움이 있다. 신하와 첩을 배양하니, 길하다.

三與二陰合爲'艮'體. '艮'有止道, 二執之固, 而三爲其所繫, 進退不能自決, 心戰而疾危矣. 斯道也, 唯以之畜臣妾則可耳. 臣妾情順乎己, 與之近而撫之而不失其剛, 則既無不孫之憂, 而能容以使無怨. '畜'者, 止而養之, '艮'道也.

구삼효는 아래의 초육·육이 두 음효와 합하여 간괘☶의 괘체를 이룬다. 이 간괘에는 '머무름'의 도(道)가 있다. 그래서 육이효는 붙잡아맴이 견고하고 구삼효는 그에게 얽매여서 진·퇴를 스스로 결단하지를 못하니, 마음으로 싸우다 질병이 생겨 위태로워진다. 그런데 이 '머무름'의 원리는 오직 신하와 첩을 배양함에나 마땅할 따름이다. 신하와 첩은 마음씀이 이 구삼효에게 순종적이다. 그래서 구삼효로서 이들과 더불어 가까이 있으면서 이들을 어루만져 준다고 하더라도 자신의 굳셈을 잃어버리지 않는다. 더구나 이들에게는 이미 불손(不遜)하게 굴 우려조차 없기에 포용함으로써 얼마든지 원망이 없게 할 수 있다. '畜(휵)'이란 머물며 배양한다는 의미다. 이는 간괘☶의 도(道)다.

「象」曰: 係遯之厲, 有疾憊也, '畜臣妾吉', 不可大事也.

「상전」: 얽매인 은둔이 초래하는 위태로움으로 질병의 피폐함이 있다. '신하와 첩을 배양함의 길함'으로는 큰일을 할 수가 없다.

'憊'謂志衰而氣亦餒. 進退者君子之大節, 故曰'大事'.

'피폐함'이란 뜻함이 쇠미해지고 기(氣)도 고갈되었다는 의미다. 진·퇴
는 군자의 크나큰 절조(節操)다. 그러므로 '큰일'이라 한 것이다.

九四, 好遯, 君子吉, 小人否.

구사: 사이좋게 사귀며 은둔함이니 군자는 길하고 소인은 흉하다.

九四有初六之正應, 故得全其交好以去, 而不出惡聲. 君子引身而退
之, 吉道也. 小人恃不見惡於君子, 而冒昧依附以有爲, 凶矣. 初六之所
以災也.

구사효에게는 초육효가 올바로 응하고 있다. 그러므로 그 사이좋은
사귐을 온전히 한 채 떠날 수가 있고, 그렇다 하여 나쁜 평판일랑은
결코 일지 않는다. 그래서 군자가 몸을 빼서 물러나니 길한 원리다.
이에 비해 소인은 군자에게 미움을 받지 않는다는 것만을 믿고서, 전혀
사리는 따져보지도 않은 채 군자에게 빌붙어 무턱대고 무슨 일을 저지른
다. 그래서 흉하다. 초육효의 재앙은 바로 이러함에서 생긴 것이다.

「象」曰: 君子好遯, 小人否也.

「상전」: 군자에게는 좋은 은둔이 소인에게는 그렇지 않고 흉하다.

君子雖好而遯矣, 豈小人之可徼以求福!

군자가 비록 사이좋게 사귀며 은둔한다고 하여, 어찌 소인마저 요행으로 복을 바랄 수 있으리오!

九五, 嘉遯, 貞吉.

구오: 가상한 은둔이며, 올곧고 길하다.

二固志以執五, 五得雍容成禮而退, 遯之嘉者也. 然其吉也, 以其貞也, 非以其嘉也. 五豈徼二之執以爲榮者哉!

육이효가 굳은 의지로 구오효를 붙잡아 매니 구오효는 느긋하고 화평하며 즐겁게 예식을 치르고서 물러난다. 바로 은둔함의 가상함이다. 그러나 이 길함은 그가 올곧기 때문에 오는 것이지 결코 이 가상함 때문에 오는 것이 아니다. 구오효가 어찌 육이효의 붙잡아맴을 통해 영화롭기를 바라는 자이겠는가!

「象」曰: '嘉遯貞吉', 以正志也.

「상전」: '가상한 은둔이며, 올곧고 길하다'는 것은 뜻함이 올바르기 때문이다.

嘉則嫌於不正, 而剛中得正, 道固不屈, 所以吉.

가상하면 부정한 이로부터는 꺼림을 당한다. 그러나 구오효는 굳셈으로
서 득중하여 올바르니 진실로 그 도(道)를 굽히지 않는다. 그래서 길하다.

上九, 肥遯, 无不利.

상구: 살이 돋는 은둔이니, 이롭지 않음이 없다.

上九去陰遠, 而无應於下, 則其遯也, 超然自遂, 心廣而體胖矣. 夫往者
所以來也, 屈者所以伸也. 或屈於暗而伸於明, 太公辟紂而終以開周;
或屈於一時而伸於萬世, 孟子去齊而爲百世師; 无不利也.

상구효는 초육·육이 두 음효로부터 멀리 떨어져 있고 아래에 응하는
효(爻)도 없다. 그래서 그 은둔함도 초연히 스스로 이루는데, 마음이
넉넉하고 너그러워지며 몸도 편안하고 여유가 있어 살이 돋는다.[575]
대저 갔기 때문에 오는 것이고, 굽혔기 때문에 펴는 것이다. 어떤 이는
암울한 세상에서 자신을 굽혔다가 광명한 세상에서는 펼치니, 강태공은
은나라의 주왕(紂王)을 피해 낚시로 세월을 보내다 마침내 무왕을 만나
주(周)나라를 여는 데서 결정적인 공헌을 하였다. 또 어떤 이는 한때
굽혔다가 영원한 시간 속에서는 펴기도 하니, 맹자가 제(齊)나라 왕으로

---

575) 『대학』에 나오는 말이다. 『대학』에서는 "부유함은 집안을 윤택하게 하고
덕은 우리 자신을 윤택하게 하니, 마음이 넉넉하고 너그러워지면 몸도 편안하
고 여유가 있어 살이 돋는다. 그러므로 군자는 반드시 그 뜻을 정성스럽게
해야 한다.(富潤屋, 德潤身, 心廣體胖, 故君子必誠其意.)"라고 하였다.

부터 무시를 당하고 제나라를 떠났지만 만세의 사표(師表)가 되었던
것이 그것이다. 이 모두가 이롭지 않음이 없음의 예다.

「象」曰: '肥遯无不利', 无所疑也.

「상전」: '살이 돋는 은둔이니, 이롭지 않음이 없다'는 것은 의심받는 바가 없다는
의미다.

四 · 五皆有應, 則進退未免疑, 而上獨否.

구사 · 구오효는 모두 응함이 있으니, 나아가든 물러나든 의심을 사는
것을 면하지 못한다. 오직 상구효만이 그렇지 않다.

●●●

大壯卦乾下震上

대장괘䷡

大壯, 利貞.

대장괘. 이롭고 올곧다.

'大'謂陽也. '壯'者, 極其盛之辭. 陽道充實而嚮於動, 志盈氣盛而未得

天位, 則爲强壯有餘而未乘乎時之象, 故僅言其壯, 若有勉之惜之之
辭焉. '乾'之四德, '大壯'所可有, 不言'元亨'者, 以未得天位, 尙不足以統
天, 而達其雲行雨施之大用也. "利貞者性情也", 性情則已足矣. 美利
足於己, 可以美利天下, 而純陽無雜, 則正而固也. 陰尙據其上, 疑於相
應, 而貞則必利, 其利以貞也.

이 괘 이름에서 '大(대)'는 양(陽)을 지칭하는 말이다. '壯(장)'은 극히
왕성하다는 말이다. 이 대장괘는 양의 도(道)가 충실하며 움직이려 하고
있고, 뜻함이 충만하며 기(氣)는 왕성하다. 그러나 아직 하늘의 위(位)는
얻지 못하고 있다. 그래서 씩씩하고 혈기왕성함이 넘치면서도 아직
때를 만나지 못한 상(象)을 이루고 있다. 그러하기 때문에 겨우 '壯(장)'이
라고만 말하여, 더 힘써야 함이 있는 듯이 또 애석함이 있다는 듯이
말하고 있다.

건괘(乾卦)䷀의 4덕을 이 대장괘도 가지고 있을 수 있다. 그런데도 이
괘사에서는 '으뜸됨[元]ㆍ형통함[亨]'에 대해서는 말하지 않고 있다. 그
까닭은 아직 하늘의 위(位)를 얻지 못하여 하늘을 거느리기에는 부족하기
때문이다. 그러나 그 '구름이 일고 비가 내림'의 위대한 작용만큼은
달성한다. 그래서 "이롭고 올곧음은 성(性)과 정(情)이다."576)라고 하는
데, 성(性)과 정(情)이라면 이 대장괘에서도 이미 풍족하다. 아름다운
이로움이 자기 자신에게 충족되어 있고 나아가 온 세상에 그 아름다운
이로움을 베풀 수 있으니, 순수한 양으로서 전혀 잡된 것이 섞이지
않았다면 건괘(乾卦)䷀에서처럼 올바르고 견고할 것이다. 그런데 이

---

576) 「문언전, 건괘」에 나오는 말이다.

대장괘는 오히려 음(陰)들이 양들의 위에 자리 잡은 채 떡하니 버티고 있으면서 양들과 서로 응함에 대해서는 의심을 내고 있다. 그래서 올곧아야만 반드시 이로운 것이니, 이 이로움은 올곧음 때문에 오는 것이다.

「象」曰: 大壯, 大者壯也,

「단전」: '大壯(대장)'은 큰 것이 건장하다는 의미다.

嫌於言壯之太甚, 故釋.

'大壯(대장)'을 '太壯(태장)'으로 보아 '건장함이 너무 심하다'라고 할까 봐 이렇게 특별이 그 의미를 풀이한 것이다.

剛以動, 故壯.

굳세게 움직이기 때문에 건장하다.

陽德剛健而動, 爲天地之大用. '乾'德已成, 因時震起, 以感二陰而動之; 陰雖據尊位, 莫能禦也. 直爲壯, 曲爲老. 積剛以賓陰, 理直而壯, 非但陽盛之謂也.

양(陽)의 덕은 굳세고 씩씩하게 움직이면서 천지의 거대한 작용으로 역할을 한다. 대장괘▤에서는 건괘(乾)▤의 덕이 이미 이루어졌고, 그것이 때에 맞게 떨쳐 일어나 두 음들을 감동시키면서 움직인다.577) 그래서 음은 비록 존귀한 지위를 차지하고 있다 하더라도 이러한 움직임을 막을 수가 없다. 죽 뻗은 것은 건장함이며, 굽은 것은 노쇠함이다. 그런데 이 대장괘는 군셈[剛]들을 누적하여서 음들을 손님으로 대하고 있으니, 이치가 거칠 것이 없이 죽 뻗어 나아가고 그것을 실행할 기운 역시 건장하다. 그래서 꼭 양이 왕성하다는 것만을 말한 것이 아니다.

'大壯利貞', 大者正也.

'대장(大壯)이 이롭고 올곧다'는 것은 거대한 것이 올바르다는 의미다.

純剛則盡自强之道, 無陰私之累, 而震陰以使知退. 剛以養成, 動以時興, 皆正也; 正則無不合義而利矣.

순수한 군셈[剛]은 스스로 힘써 몸과 마음을 가다듬는 도(道)를 다할 뿐, 은밀하고 사사로운 얽매임이 없다. 그리고 음(陰)들을 진동시켜 물러날 줄을 알게 한다. 이 대장괘는 군셈으로서는 배양하고 성취하며, 움직임으로서는 때에 맞게 흥한다. 그래서 모두가 올바르다. 올바르면 의로움에 합치하며 이롭지 않음이 없다.

---

577) 이는 대장괘(大壯卦)를 정괘(貞卦)·회괘(悔卦)로 나누어 분석하는 것이다. 대장괘의 정괘는 건괘▤요 회괘는 진괘▤다. 진괘는 '떨쳐 일어남'의 괘덕을 가지고 있고, 그 상(象)은 밑에 있는 양효가 위의 두 음효를 움직이게 하고 있는 모습으로 되어 있다.

正大而天地之情可見矣.

거대함을 올바르게 하니 천지의 실상을 알 수가 있도다.

'正大', 正其大也. 此言人能正其大者, 則可以見天地之情, 而不爲陰陽
之變所惑也. 天地之化, 陰有時而乘權, 陽有時而退聽. 而生者, 天地之
仁也; 殺者, 物之量窮而自枯也. 大體者, 天地之靈也; 小體者, 物欲之
交也. 君子者, 受命而以佑小人者也; 小人者, 違命以干君子者也. 人唯
不先立乎其大者, 以奮興而有爲, 則玩生殺之機, 以食色爲性, 以一治
一亂爲數之自然, 則陰干陽, 欲牧理, 濁溷淸, 而天地之情晦蒙而不著.
唯君子積剛以固其德, 而不懈於動, 正其生理以止殺, 正其大體以治
小體, 正君子之位以遠小人, 則二氣絪縕不已, 以陽動陰, 生萬物而正
其性者, 深體其至大至剛不容已之仁, 而灼見之矣. 故'大壯'之壯, 唯其
利貞, 而二陰據上, 不足爲之累也.

'正大(정대)'는 거대함을 올바르게 함이다. 이는 자신의 거대함을 올바르
게 할 수 있는 사람이라면 천지의 실상을 알 수가 있으며 결코 음·양의
변함에 의해 미혹되지 않는다는 의미다. 천지가 지어내는[造化] 것을
보면, 음이 때로는 주도권을 쥐고 행사하는 경우도 있고, 양이 때로는
뒤꼍으로 물러나는 경우도 있다. '생함[生]'은 하늘과 땅이 베푸는 어짊이
요, '죽임[殺]'은 존재하는 것들에 할애된 양(量)이 다하여 시듦이다. '큰
몸[大體]'은 천지의 영혼이요 '작은 몸[小體]'은 물욕과 교접한다. 군자는
천명을 받아들이며 소인들을 돕는 이고, 소인은 천명을 어기며 군자에게
훼방을 놓는 이들이다.[578] 사람이 오직 그 '큰 몸'을 먼저 확립하여
세차고 꿋꿋하게 일어나 훌륭한 일을 행하지 않는다면, 생했다가 죽였다

가 하는 천지조화의 체제를 희롱하고 식·색욕을 성(性)으로 여기며 '한 번은 안정된 세상을 이루었다가 한 번은 혼란한 세상을 이루었다가 함(一治一亂)'을 수(數)의 자연법칙으로 여기게 될 것이다[579].

---

578) '큰 몸'이니 '작은 몸'이니 하는 말은 맹자가 한 말이다. 맹자는 마음을 '큰 몸'이라 하였고, 육체를 '작은 몸'이라 하였다. 그리고 이들이 모두 외부와 접한다는 의미에서 '기관(官)'이라는 말로 정의하였다. 즉 마음에는 우리의 사람됨으로서의 성(性)이 자리 잡고 있어서 천지와 통하니 '큰 몸大體'이라는 것이고, 육체의 기관으로서의 귀·눈 등은 제 한 몸만을 위하여 기능을 발휘하니 '작은 몸小體'이라 하였다. 이 '작은 몸'은 사유의 기능이 없이 그저 제 한 몸만을 건사하기 위한 체제인 본능의 욕구를 좇기 때문에, 물욕(物欲)에 닫혀 있고 외물들과 교접하여서는 그들에 이끌림을 당한다고 하였다. 그래서 맹자는 '큰 몸'을 따르는 사람을 '대인(大人)'이라 하고, '작은 몸'을 따르는 사람을 '소인(小人)'이라 하였다.(『孟子』,「告子上」: 公都子問曰, "鈞是人也, 或爲大人, 或爲小人, 何也." 孟子曰, "從其大體爲大人, 從其小體爲小人." 曰, "鈞是人也, 或從其大體, 或從其小體, 何也?" 曰, "耳目之官不思, 而蔽於物. 物交物, 則引之而已矣. 心之官則思, 思則得之, 不思則不得也. 此天之所與我者, 先立乎其大者, 則其小者不能奪也. 此爲大人而已矣.") 이렇게 보면, '크다'·'작다'는 것은 마음과 몸 각각이 접하는 범위와 미치는 영향의 크기를 두고 하는 말임을 알 수 있다. 즉 대인은 우주 전체와 통하는 이고, 소인은 그저 제 한 몸만을 건사하기에 급급한 사람이라는 것이다. 왕부지는 이러한 전제에서 '큰 몸'을 '천지의 영혼(天地之靈)'이라 한 것이고, '작은 몸'을 '물욕과 교접함(物欲之交)'이라 한 것이다.
579) 왕부지는 세상이 그저 단순하게 '한 번은 안정된 세상을 이루었다가 한 번은 혼란한 세상을 이루었다가 함(一治一亂)'을 기계적으로 반복하지 않는다고 한다. 즉 세상의 안정됨(治)·혼란함(亂)에 무수히 많은 변수와 요인들이 유기적으로 작용하며 복잡다단하게 전개되니, 그것들이 단순하게 반복·교차하는 것이 아니라, 안정된 세상에서 안정된 세상으로 이어지기도 하고 혼란한 세상에서 혼란한 세상으로 이어지기도 한다는 것이다. 왕부지는 유구한 중국 역사에 대한 분석을 통해 이렇게 결론내리고 있다. 따라서 그의 주장대로라면

그렇게 되면 음이 양에게 간여하며 방해하고, 사람에게서는 욕구가 이치를 해치며, 혼탁함이 청명함을 흐리게 할 것이다. 그리고 천지의 실정도 어둡고 꽉 막혀서 드러나지 않게 될 것이다. 오직 군자만이 굳셈을 쌓고 또 쌓아 그 덕을 굳건히 하고 행동함에서 게으르지 않다. 아울러 그 생하는 이치대로 바르게 하여 죽임을 멈추게 하고, 자신의 큰 몸을 잘 이루어 작은 몸을 다스리며, 군자의 위치를 올바르게 자리매김하여 소인들을 멀리한다. 오직 이렇게 되었을 때라야 음기・양기 두 기(氣)의 인(絪)・온(縕) 운동이 쉼 없이 이루어지는 속에서 양으로써 음을 움직여 만물을 낳는다. 그리고 그 본성을 올바르게 하는 존재가 바로 지극히 크고 지극히 굳세며 결코 그만둠이 없는 어짊을 깊이 체현한다는 것을 환히 안다.580) 그러므로 대장괘(大壯卦)䷡의 건장함은 오직

사람이 하기에 따라 영원히 안정된 세상을 구가할 수도 있고, 영원히 혼란의 질곡 속으로 빠질 수도 있다. 모두가 사람이 할 탓이다. 이러한 관점에서 왕부지는 '한 번은 안정된 세상을 이루었다가 한 번은 혼란한 세상을 이루었다가 함(一治一亂)'의 단순한 반복・교차를 주장하는 경방류(京房流)의 괘기설(卦氣說)과 소옹류(邵雍流)의 우주변화 도식(圖式)을 비판하였다. 또 이를 우주의 법칙이라 여기며 사람의 소관을 벗어난 것으로 여겨 오불관언(吾不關焉)의 태도를 취했던 노장(老莊)을 비판하였다.

580) 이는 맹자의 '호연지기를 잘 함양함(善養浩然之氣)'론을 전제로 한 것이다. 맹자는 자신이 호연지기(浩然之氣)를 잘 함양한다고 하면서, 그것은 지극히 크고 지극히 굳센 것인데 곧음으로 함양하여 아무런 방해를 받지 않으면 하늘과 땅 사이를 가득 채운다고 하였다. 그런데 그 기(氣)는 의(義)・도(道)와 짝짓는 것으로서 '의로움을 집적함(集義)'에 의해 생겨난다고 하였다. 아울러 이 의로움은 밖에서 들어오는 것이 아니라 우리들 속에서 함양된다고 하며 의로움을 밖에다 둔 고자(告子)를 비판하고 있다.(『孟子』, 「公孫丑上」: "敢問夫子惡乎長?" 曰, "我知言, 我善養吾浩然之氣." "敢問何謂浩然之氣?" "難言也.

그 올곧음을 이롭게 하는데, 두 음(陰)이 윗자리에 터 잡고 있다 하여 결코 그것에 방해하지 못한다.

「象」曰: 雷在天上, '大壯', 君子以非禮弗履.

「대상전」: 우레가 하늘 위에 있음이 대장괘니, 군자는 이를 본받아 예가 아니면 행동하지를 않는다.

地以上皆天也, 故有雷在天上之象. 雷本陽氣之動, 親乎天, 非但震物.
君子之壯, 壯於己, 非壯於人也. 積自强之道而不餒者, 唯禮而已, 孟子
謂之集義. 禮者, 義之顯於事物者也. 道義充而節文具, 浩然之氣自塞
乎兩間, 如雷上於天, 陰不能遏. 若助長以凌人, 其壯必橋, 非大壯也.

땅 위로는 모두 하늘이다. 그러므로 대장괘䷡는 우레가 하늘 위에 있는
상(象)이다. 우레는 본래 양기의 움직임이고 하늘과 친한데, 단지 물(物)
들을 진동하는 것만은 아니다. 그리고 군자의 건장함은 자기에 대해
건장함이지 남에 대해 건장함이 아니다. 스스로 힘써 자신을 다잡는
도(道)를 누적하여 쪼그라지지 않게 하는 것은 오직 예(禮)일 따름이다.
맹자는 이를 '의로움을 집적함(集義)'이라 하였다.[581] 예는 의로움이

其爲氣也, 至大至剛, 以直養而無害, 則塞於天地之間. 其爲氣也, 配義與道,
無是, 餒也. 是集義所生者, 非義襲而取之也. 行有不慊於心, 則餒矣. 我故曰,
告子未嘗知義, 以其外之也.")
581) 앞 주580)을 참고하기 바란다.

사(事)와 물(物)에서 드러난 것이다. 누구에게든 도(道)와 의(義)가 충만
하고 절도에 맞는 아름다움이 갖추어지면, 그의 호연지기는 저절로
하늘과 땅 사이를 꽉 채우게 된다. 이는 마치 우레가 하늘에서 진동하는데
음(陰)으로서는 결코 막을 수 없는 것과 같다. 그러나 만약에 이것이
남을 능멸함을 조장하게 된다면 그 건장함도 반드시 시들어버리고 만다.
이는 대장(大壯)이 아니다.

初九, 壯于趾, 征凶, 有孚.

초구: 발가락에서 건장함이니 원정을 하여서는 흉하다. 믿음성이 있다.

'大壯', 大自壯也. 剛德已固, 而以動則壯. 初以四與己同道, 遂感之而
與俱動, 壯以趾而已. 妄動必折, 故凶, 唯其恃四之孚也.

'大壯(대장)'이란 거대한 것이 스스로 건장함이다. 굳셈의 덕이 이미
견고하니 행동하여서는 건장한 것이다. 초구효는 구사효가 자기와 같은
도(道)를 지닌 존재이기 때문에 마침내 그것에 느낌을 받아 함께 행동하는
데, 발가락으로써 건장할 따름이다. 그래서 망령되게 움직여서는 반드시
좌절하기 때문에 흉하다. 오직 구사효의 믿음성에만 의지할 수 있다.

「象」曰: '壯於趾', 其孚窮也.

「상전」: '발가락에서 건장함'이니 그 믿음성이 궁색하다.

二ㆍ三皆與陰應, 初獨與陽孚, 宜其吉, 而反凶者, 德薄位卑, 九四奮興
以往汣於陰, 而不恃初以爲援, 則所孚者志不相通也.

이 대장괘䷡에서는 구이ㆍ구삼효가 모두 위의 육오ㆍ상육효 두 음들과
응하고 있음에 비해, 초구효만 홀로 양효와 믿음을 유지하고 있으니
그것이 길해야 마땅하다. 그런데도 오히려 흉한 까닭은, 그 덕이 박약하고
지위는 낮은 상황에서 구사효가 박차고 일어나 위의 두 음들에게로
가 그들과 함께 있으면서 초구효가 응원해줌에 의지하지 않기 때문이다.
그래서 믿는 이와 뜻이 서로 통하지 않고 있다.

九二, 貞吉.

구이: 올곧고 길하다.

陽剛得中, 爲'乾'之主. 大之正, 正以此也. 故直言其吉而辭簡. 辭有險
易, 此易辭也. 陽不當位, 而不言悔亡无咎者, '乾'道渾成, 凡位皆其位.
故凡卦有'乾'體者, 九二皆無悔咎之戒.

구이효는 양의 굳셈이 득중한 채 건괘☰의 주체가 되어 있다.[582] 큰
것의 올바름은 바로 이러함으로써 올바른 것이다. 그러므로 곧장 그
'길함'을 말하고 있고, 효사가 간단하다. 괘ㆍ효사에는 험난한 것이 있고

---

582) 여기서 말하는 건괘☰는 대장괘의 정괘(貞卦), 즉 아래괘라는 측면에서 말하는
것이다.

평이한 것이 있는데, 이 구이효사는 평이한 효사다. 그리고 이 구이효는 양(陽)으로서 그 위(位)가 당위(當位)가 아닌데도 '후회함이 없다'거나 '허물이 없다'고 말하지 않고 있다. 그 까닭은, 건괘☰의 도(道)는 나뉘어 구별되지 않은 전체가 하나를 이루기 때문이다. 즉 64괘의 모든 위(位)들이 건괘의 위(位)인 것이다. 그러므로 건괘의 괘체☰를 지닌 어떤 괘들에서도 구이효에 대해서는 모두 후회나 허물 따위의 경계를 둔 것이 없다.

「象」曰: '九二貞吉', 以中也.

「상전」: '구이효는 올곧고 길하다'는 것은 득중하고 있기 때문이다.

中則正也. 所謂中者, 對外而言. 九二以庸德爲健行, 內修之盡, 非施健於外, 以凌物爲壯也.

가운데에 자리 잡고 있으면 올바르다. 여기서 '가운데'라 하는 것은 밖과 대(對)를 이루고 있다는 측면에서 말한 것이다. 구이효는 일상적인 덕을 씩씩하게 행하는데, 속으로 자신의 덕을 남김없이 닦을 뿐, 결코 자신의 밖에다 그 씩씩함을 베풀어 다른 것들을 능멸하는 것을 가지고 '건장함'으로 여기지 않는다.

九三, 小人用壯, 君子用罔, 貞厲. 羝羊觸藩, 羸其角.

구삼: 소인이 군자의 건장함을 쓰고자 하니, 군자는 그물로써 다 잡으려 함이다.

위태로운 상황에 처하여 올곧음을 지킨다. 숫양이 울타리를 들이받음이니, 그
뿔이 파리해지고 만다.

'罔'與網通. '羝羊', 壯羊. 九三與上六相應. 小人見君子之壯而欲用之,
而九三因欲網羅之以爲己用, 雖不自失, 亦危矣. 羝羊本剛, 以求牝故,
急於前進, 而九四以震動之才當其前, 限之而困其角, 乃反而不前, 幸
得保其貞耳.

여기에서 '罔(망)'이라 한 것은 '網(망; 그물)'과 그 의미가 통한다. '숫양은
씩씩하고 혈기왕성한 양(羊)이다. 이 대장괘䷡에서는 구삼효와 상육효가
서로 응하고 있다. 그래서 소인이 군자의 건장함을 보고서 그것을 쓰고자
하고, 구삼효는 오히려 이를 기회로 여겨 자기를 위해 이들을 그물로써
다 잡으려 하는 상이다. 그 결과 구삼효로서는 비록 스스로를 잃어버리지
는 않는다 할지라도 역시 위태롭다.
숫양은 본래가 굳세다. 그리고 지금 암컷을 찾고자 하는 욕구에서 앞으로
나아가기에만 급급하다. 그런데 구사효가 진동시키는 자질을 가지고서
떡하니 그 앞을 가로막고 있다.583) 그래서 구삼효는 그것에 장애를
받아 그 뿔이 곤박해지고, 뒤로 물러서야 할 뿐 앞으로는 한 걸음도
나아가지는 못하는 상황에 빠져 버렸다. 이 상황에서 구삼효는 그나마
다행으로 그 올곧음을 보존할 수 있을 따름이다.

___

583) 대장괘䷡의 회괘(悔卦)는 진괘☳다. 진괘는 '진동함'의 뜻을 지니고 있다.
구사효는 이 진괘의 초효에 해당한다. 그래서 왕부지는 이렇게 '진동시키는
자질'이라는 말로 풀이하고 있다.

「象」曰: '小人用壯', 君子罔也.

「상전」: '소인이 군자의 건장함을 쓰고자 하니', 군자는 그물로써 다 잡으려
한다.

因其有見用之情, 遂欲罔之, 亦過矣. 楊龜山之於蔡京, 唐應德之於嚴
嵩是已.

자신을 기용하려는 마음이 있음을 보고서 마침내 그것을 새나 물고기를
그물질하듯 제 세상으로 만들 기회로 삼고자 함도 또한 잘못이다. 양귀산
이 채경에 대해서 한 것[584], 당응덕[585]이 엄숭(嚴嵩)[586]에게 한 것 등이

---

584) 귀산(龜山)은 양시(楊時; 1053~1135)의 호(號)다. 양시는 자(字)가 중립(中立)으
로서 송나라 남검(南劍)의 장락(將樂) 출신이다. 오늘날은 이 지역이 복건성(福
建省)에 속한다. 만년(晚年)에 양시는 귀산(龜山)에서 살았기 때문에 후세
학자들은 그를 '귀산 선생'이라 불렀다. 그는 어려서부터 신동으로 이름을
날렸는데, 나중에는 벼슬이 용도각직학사(龍圖閣直學士)에까지 올랐다. 29세
가 되던 해에 하남(河南)으로 정호(程顥)를 찾아가 수학하였다. 양시가 공부를
마치고 떠나갈 적에 정호는 그의 뒷모습이 멀리 사라질 때까지 눈을 떼지
못하고 있다가, "나의 도(道)가 남쪽으로 가는구나!(吾道南矣.)"라고 탄식했다
고 한다. 뒤에 양시는 또 정이(程頤)에게서도 배웠다. 그리하여 유초(游酢),
사량좌(謝良佐), 여대림(呂大臨) 등과 함께 '정자 문하의 네 선생(程門四先生)'
으로 불렸다.
양시는 이처럼 이정(二程)의 학문을 계승하여 무이산(武夷山)에서 이학(理學)
을 전파하며 도남(道南) 계통의 이학을 연 것으로 유명하다. 그리고 63세가
되던 해(1115)에는 무석(無錫)으로 가서 동림서원(東林書院)을 세우고 무려
18년 동안이나 후학을 가르쳤다. 그의 뒤를 이어서 나종언(羅從彦), 이통(李侗),
주희(朱熹) 등이 복건성 지방에 학문을 전파하였다. 이를 '민학(閩學)'이라

하는데, 양시는 그 개조(開祖)로 꼽힌다. 83세 되던 해에 병으로 서거하였다. 시호는 문정(文靖)이다. 장락현(將樂縣)의 오석산(烏石山) 기슭에 묻혔는데, 명나라 때 그를 장락백(將樂伯)으로 추봉하고 공묘(孔廟)에 배향하였다. 저서로는 『이정수언(二程粹言)』, 『귀산집(龜山集)』 등이 전한다.

양시와 채경(蔡京)에 관한 일은 조선의 경연(經筵)에서 기대승이 거론한 적이 있다. 이를 인용하여 각색하면 다음과 같다.

양시가 활약하던 북송의 휘종 말년에 채경(蔡京)이라는 인물이 조정을 좌지우지하고 있었다. 이 채경은 왕안석의 신법당(新法黨)에 속하는 인물이다. 채경의 탐욕과 휘종의 호사 방탕한 정치 때문에 당시 송나라에서는 거의 매일이다시피 좋지 않은 일이 벌어져서 나라를 기울게 하고 있었다. 이러한 상황에서 채경은 양시를 발탁하였다. 채경의 입장에서는 양시를 기용하면 자신에게 여전히 어떤 이익이 돌아올까를 기한 것이었다. 그런데 양시가 당시의 정치에 참여하면서 가장 역점을 두었던 사안은, 왕안석의 신법과 경학(經學)을 폐시하는 것, '정강의 치욕(靖康之恥)'을 설욕하는 것, 당시 금나라와 맺은 화의(和議)를 깨는 것 등이었다. 그러나 그의 계책과 대안들이 번번이 왕안석의 신법당에게 막혀서 실현되지 못하였다. 그 결과 머지않아 휘종(徽宗)과 흠종(欽宗)이 모두 금나라에게 잡혀가고 북송은 멸망하게 되었다. 그리고 양시도 조정을 떠나게 되었다. 이에 대해 기대승은, "만약에 당시에 양시의 말을 받아들였더라면 전부는 아니더라도 절반은 구할 수 있었으리라"고 애석해하는 호굉(胡宏)의 말을 인용하며(호굉이 양시의 「묘지명」에서 한 말임), 당시에 송나라 조정이 양시의 말을 제대로 수용하였더라면 혼란을 수습하고 나라의 틀을 정상 궤도로 돌려놓는 '발란반정(拔亂反正)'이 가능했으리라고 결론짓고 있다.(『조선왕조실록』, 선조2년 조)

그러나 채경과 양시의 이러한 만남이 상황반전에 거의 기여하지 못하고 결국은 실패하고 만 것 또한 사실이다. 왕부지가 대장괘(大壯卦)䷡ 「상전」의 이 구절 풀이에 이들의 고사를 인용하고 있는 점은 바로 이러한 관점에서다. 즉 소인 채경이 양시를 기용함에, 군자로서의 양시는 이 기회를 이용하여 일망타진의 성과를 지향하며 임했으니, 실패하게 되었다는 것이다.

585) 당응덕(1507~1560)의 명대의 고급관리로서 본명은 순지(順之)요, 호는 형천(荊

川)이다. 23세가 되던 해(1529)에 과거에 급제하여 한림원 서길사(庶吉士)가
되었다. '대례의(大禮議)' 사건 이후 권력을 장악한 권신 장총(張璁)이 이 사건에
서 자신의 견해에 반대하던 한림원의 학자들을 미워하여 모두 외직으로 내쫓으
면서도 오직 당응덕만을 한림원에 남겨 두었다. 그러나 당응덕은 이에 강렬하
게 반대하며 사직하겠다는 입장을 고수하자 장총은 어쩔 수 없이 그를 병부
주사로 발령냈다. 그러나 당응덕은 병이 있다는 핑계를 대고 고향으로 돌아와
버렸다. 나중에는 이부(吏部) 주사로 개직되었다. 가정(嘉靖) 12년(1533년)
황제인 세종의 부름에 의해 한림원 편수관이 되어 역대 실록을 교감하는
작업을 수행하였다. 이 작업이 거의 완성될 즈음에 당응덕은 다시 병을 핑계로
물러나고자 하였다. 이때 당응덕이 엄숭과 부딪히며, 왕부지가 여기서 지적하
고 있는 사건이 발생한 것으로 보인다. 그러나 장총은 당응덕에게 크게 노하여
그를 이부 주사로 돌려보낸 뒤 다시는 그를 기용하지 않았다. 당응덕은 무인(武
人)으로서도 뛰어난 공적을 발휘하여 왜구를 소탕하였고, 문학자로서도 거대
한 족적을 남겼다. 그리고 왕기(王畿)의 문인(門人)으로서 저명한 양명학자로
도 꼽힌다. 특히 삼각법에 정통한 것으로 유명하다. 저서에『형천집(荊川集)』
이 있다.

586) 엄숭(1480~1567)은『명사(明史)』에 6대 간신 중의 하나로 수록된 인물이다.
자는 유중(惟中)이고, 호는 개계(介溪)다. 홍치(弘治) 18년(1505년)에 진사가
되어 한림원 서길사가 되었고 편수관의 임무를 부여받았으나 곧 병으로 귀향하
였다. 요양하는 8년 동안 경전 공부에 몰두하여 유명해지기 시작하였다. 정덕
(正德) 11년(1516년)에 복관(復官)되었다. 세종 대인 가정(嘉靖) 15년(1536년),
엄숭은 예부상서 겸 한림원학사로서『송사(宋史)』의 중수(重修)를 주지(主持)
하였다. 이때 왕부지가 여기서 지적하고 있는 사건이 발생한 것으로 보인다.
엄숭은 황제의 뜻을 살피는 데서 발군의 실력을 발휘하여 세종의 총애를
한 몸에 받았다. 그는 동향(同鄕)의 권신 하언(夏言)의 추천을 통해 세종에게
가까이 갈 수 있었는데, 나중에는 그를 뛰어넘어 세종의 총애를 독차지하고서
는 마침내 하언을 참수당하게 할 정도로 간악한 인물이었다. 그의 아들을
발탁하여 부자가 함께 권력을 농하며 20년의 영화를 누렸다. 그러나 마침내
그도 세종의 미움을 사 권좌에서 쫓겨난 뒤 모든 재산을 몰수당하였고, 아들조

이러하였을 따름이다.

九四, 貞吉悔亡. 藩決不羸, 壯于大輿之輹.

구사: 올곧아서 길하고 후회할 일이 없다. 울타리가 터져서 들이받더라도 뿔이 얽힘이 없으며, 큰 수레의 찻간에 건장함이 넘친다.

> 九四爲'震'動之主, 前臨二陰, 無所繫應, 以至實馳騁乎至虛, 無所阻蔽, 爲藩決不羸之象. '輹', 車箱也. 三陽在下, 積實已盈, 故壯莫盛焉. '震'之壯, '乾'壯之也. 大正而吉, 雖不當位, 固无悔也.

대장괘☳의 이 구사효는 회괘(悔卦)인 진괘☳의 주체로서 앞에 두 음효를 마주하고 있으나, 그들에 의해 하는 일이 묶이지 않는다. 양은 실하고 음은 허하다. 그래서 이 구사효는 지극히 실함으로서 지극히 허함 속을 내달리니 거칠 것이 없다. 이것이 '울타리가 터져서 들이받더라도 뿔이 얽힘이 없음'의 상을 이루고 있다. '輹(복)'은 수레에서 사람이 타거나 물건을 싣게 되어 있는 '찻간'을 의미한다.[587] 이 구사효의 경우는 세

차 참수당하는 응보를 받았다. 의지할 곳 없이 2년을 병고에 시달리다 죽었다. 저서에 『검산당집(鈐山堂集)』이 있다.

587) 왕부지는 이렇게 '輹(복)'을 '찻간(車箱)'이라고 풀이하고 있다. 이 '輹(복)'은 원래 찻간 밑에 붙은 것으로서 찻간과 굴대(車軸)를 연결하여 찻간을 끌고 가게 하는 장치인 '복토'를 의미한다. 그래서 달리는 동안에는 이것이 곧 '찻간'을 상징한다고 본 것 같다. 이것이 튼튼해야(壯) 달리는 데서 문제가 없기 때문이다.

양효가 밑에 있어서 실함을 누적한 것이 이미 넘쳐난다. 그러므로 건장함이 이보다 더한 것이 없다. 이 대장괘의 회괘(悔卦)인 진괘☳의 건장함은 대장괘의 정괘(貞卦)인 건괘☰가 그렇게 하도록 한 것이다. 그래서 구사효가 크게 올바르고 길하니, 비록 그것이 제 마땅한 위(位)를 차지하고 있는 것은 아니지만 진실로 후회할 일이 없다.

「象」曰: ‘藩決不羸’, 尙往也.

「상전」: ‘울타리가 터져서 들이받더라도 뿔이 얽힘이 없으’니 위로 간다.

陰尙據天位, 貴於往以治之.

이 구사효의 위에서 음효인 육오・상육효가 위로 하늘의 위(位)에 터 잡고 있으니, 가서 그들을 다스리는 데서 귀한 대접을 받는다.

六五, 喪羊于易, 无悔.

육오: 변경의 국경 지대에서 양을 잃어버렸으나 후회할 일이 없다.

此立乎卦外以說卦之全象也. 四陽類進, 至此忽變而陰, 喪羊之象. ‘易’, 『本義』云“或作疆場之場”是也, 兩相交界之地也. 『春秋傳』云: “疆場之事, 一彼一此”. ‘无悔’者, 言旣壯以其貞, 則雖未得天位而陰據之, 亦可无悔也. 不以六五之得失爲占者, 爲陽慰, 不爲陰危, 君子辭也.

屢言羊者, 虞翻「大象」謂'大壯'似'兌', 亦一義例, 筮者偶用爲占亦可.

이는 괘의 밖에 서서 이 대장괘의 전체 상을 보고 말하는 것이다. 이
대장괘에서는 네 양효가 무리를 지어 나아가다가 이 육오효에 이르러
문득 변하여 음이 되었으니, 이는 양을 잃어버리는 상이다. '易(역)'은
『주역본의』에서 "어느 곳에서는 변경의 국경 지대를 의미하는 '疆場(강
역)'의 '場(역)'이라 한 곳도 있다."라고 하니, 옳은 말이다. 이 '易(역)'은
둘 사이의 경계가 서로 교접하는 지역이다. 『춘추좌씨전』에서도 "변경의
국경 지대 일은 하나를 주고 하나를 받는 것이다."588)라 하고 있다.
'후회할 일이 없음'이란 그가 건장하면서도 올곧으니, 비록 하늘의 위(位)
를 얻지는 못하고 음들이 그 자리에 터 잡고 있다 하더라도, 또한 후회할
일이 없음이 될 수 있다는 의미다. 이렇듯 육오효사에서 제 자신의
득(得)·실(失)로 점을 치지 않고 구사효의 입장에 점을 치고 있는 까닭은,
이 육오효가 양에게는 위로가 되고 음에게는 위태로움이 되지 않아
군자에게 해당하는 효사이기 때문이다.
그런데 『주역』에서 거듭 '양(羊)'을 말하는 것은 우번(虞翻)589)이 「대상전」

---

588) 『춘추좌씨전(春秋左氏傳)』, 「소공(昭公)」 편, 1년 조에 나오는 말로서 조맹(趙
孟)의 말이다.
589) 우번(164~233)은 자가 중상(仲翔)으로서 회계(會稽; 오늘날의 절강성) 출신이
다. 삼국 시대에 오(吳)나라의 학자, 관리였다. 본래는 회계 태수 왕랑(王朗)의
부하로서 공조(功曹)를 맡아보았는데, 왕랑이 손책(孫策)에게 투항하자 우번
도 이때부터 동오(東吳)에서 벼슬을 하게 되었다. 어려서부터 공부를 좋아했던
우번은 경학(經學)에 조예가 깊었다. 우번은 특히 역학(易學)에 정통하였다.
성품이 거칠고 직설적이며 기개가 높았던 우번은, 나중에 오(吳)나라의 왕이
된 손권(孫權)의 비위를 자주 거스름으로써 마침내 교주(交州)에 유배되었다.

에서 "대장괘(大壯卦)는 흡사 태괘(兌卦)와도 같다.[590]"라고 하였기 때문
인데[591], 이 또한 하나의 뜻풀이 예가 될 것이다. 점치는 이들로서는
우연하나마 이를 이용하여 점을 치더라도 된다.

「象」曰: '喪羊于易', 位不當也.

「상전」: '변경의 국경 지대에서 양을 잃어버림'은 위(位)가 마땅하지 않기 때문이다.

此爲非陰所宜居, 故爲陽歎其喪.

이 '5'효의 위(位)는 음들이 차지하기에는 마땅하지 않은 자리다. 그런데

그는 유배지에서도 강학에 열중하여 문도가 늘 수백 명에 이르렀다고 한다.
향년 70세로 죽었다.

590) 태괘☱는 마치 '羊(양)' 자와도 비슷한 모양으로서 양(羊)을 앞에서 본 모습과
같은 상을 하고 있다. 그리고 대장괘☳는 이 태괘를 두 배로 한 상으로서
전체의 모습이 태괘의 상을 띠고 있다고 할 수 있다. 그래서 왕부지는 이를
끌어다 이 구절을 이렇게 풀이한 것이다. 여기서 우리는, 왕부지가 상수와
의리를 겸하여 『주역』 풀이를 하고 있는 예를 확인할 수 있다.

591) 이 부분이 잘 이해가 안 되는 부분이다. 지금 이 번역의 저본(底本)으로 삼고
있는 악록서사(岳麓書社) 본의 주(註)에서는, 수유경서옥(守遺經書屋) 본과
금릉(金陵) 본 모두 "朱子謂大壯卦體似兌(주자는 '대장괘의 괘체가 태괘와
흡사하다'고 말한다.)"로 되어 있다고 하고 있다. 실제로 주희는 『주역본의』에
서 이렇게(卦體似兌, 有羊象焉) 말하고 있다. 그래서 수유경서옥본과 금릉본
대로 하면 이 구절의 이해가 쉽다. 그런데 악록서사 본에서 왜 이렇게 각주까지
사용하며 우번(虞翻)이 말한 것처럼 수정하였는지 역자로서는 현재 고증할
수가 없다.

지금은 음이 차지하고 있기 때문에 양에게 그 상실감에서 오는 탄식을 자아내게 하는 것이다.

上六, 羝羊觸藩, 不能退, 不能遂, 无攸利, 艱則吉.

상육: 숫양이 울타리를 들이받음이니 물러날 수도 없고 완수할 수도 없으며 이로운 바라고는 없다. 어렵게 여기면 길하다.

> 陽長, 陰將退矣. 上六恃六五之得尊位, 而己藉之以安, 有不欲去之象, 而下望九三之應己. 乃三旣爲觸藩之羊矣, 上繫戀觀望而不能退, 陽已壯, 而四方尙往, 固不能遂其固位之志, 无攸利矣. 唯其柔而不爭, 知艱難以決於退, 則可吉.

> 양이 자라나면 음은 물러난다. 그런데 이 상육효는 육오효가 존귀한 위(位)를 얻고 있음에 기대어 자기도 편안해하며 도대체 물러나려 하지 않는 상(象)을 이루고 있다. 그리고 아래로 구삼효가 자신에게 응하기를 바라고 있다. 구삼효는 벌써 울타리를 들이받은 양인데, 상육효가 연모의 정을 쏟으며 멀리서 바라보고 있어서 물러날 수가 없고 구삼효의 양(陽)은 이미 건장하다. 그런데 구사효가 오히려 막 가려고 하니, 구삼효는 그 본래의 위치에서 품은 뜻을 완수할 수가 없다. 그래서 이 상육효의 입장에서는 이로움이라고는 없다. 그런데 상육효는 오직 부드럽고 다투지 않는다. 그래서 어렵다는 것을 알아서 물러나기로 결단한다면, 길할 수 있다.

「象」曰: '不能退, 不能遂', 不詳也, '艱則吉', 咎不長也.

「상전」: '물러날 수도 없고 완수할 수도 없음'이란 세심하게 살피지 않기 때문에 초래한 결과며, '어렵게 여기면 길하다'는 것은 허물이 더 이상 커지지 않는다는 의미다.

'不詳', 謂不審時度德. '咎不長'者, 退而不犯難也.

'세심하게 살피지 않음'이란 시대적인 맥락과 자신이 지닌 덕성을 살피지 않는다는 의미다. '허물이 더 이상 커지지 않는다'는 것은 물러나서 더 이상 어려움을 범하지 않는다는 의미다.

●●●

晉卦 坤下離上

진괘 ䷢

晉, 康侯用錫馬蕃庶, 晝日三接.

진괘: 백성들의 실정을 살피고 어루만지며 위무하는 제후592)가 말들을 하사하여

---

592) '康侯(강후)'에 대해서는 역대 제가들의 설이 매우 다양하다. 그 주요한 것들만 열거하더라도 '康(강)' 자의 의미에 대하여 정현(鄭玄)은 '존귀하다(尊)'·'넓다

번성케 함이며, 대낮에 세 번 교접한다.

'晉', 延而進之也. '需'與'晉'同道而德異. '需'三陽欲進, 爲陰所閡, 而九
五居尊以待其來, 陰不能蔽之. '晉'三陰欲進, 爲陽所限, 而六五居尊以
延之上, 陽不能止之. 剛之相'需', 以道相俟也. 柔之相'晉', 以恩相接也.
'康', 安撫之也. 三陰分土而爲主於下, 有諸侯之象焉. 六五柔以撫之,
使安其位. 其所用錫之者, 馬之'蕃庶', 馬以行地而'坤'主利也. '晝日三
接者, 旣錫之, 又屈體以下延之. '晝日', '離'明之象. '三接者, 天揖同姓,
時揖異姓, 土揖庶姓, 徧晉三陰也. 『易』之爲敎, 扶陽抑陰, 而於'觀'·

(廣)'의 의미로 보았고(王應麟 編, 『周易鄭康成注』: 康, 尊也·廣也.), 왕필은
'훌륭하다(美)'의 의미로(王弼, 『周易注』: 康, 美之名也.), 우번(虞翻)은 '편안케
하다'의 의미로(李鼎祚, 『周易集解』: 虞翻曰 … 康, 安也.), 호원(胡瑗)은 왕필처
럼 '훌륭하다(美)'의 의미로(胡瑗, 『周易口義』: 康, 美也.), 정이(程頤)는 '안정되
게 통치함(治安)'의 의미로(程頤, 『易傳』: 康侯者, 治安之侯也.), 주진(朱震)은
'크게 기리다(襃大)'의 의미로(朱震, 『漢上易傳』: 康, 襃大之, 與『禮記』康周公
之康同.)으로, 주희는 '나라를 안정시키다(安國)'의 의미로(朱熹, 『周易本義』:
康侯, 安國之侯也.) 각각 보았다. 이렇게 보면 의미는 '康(강)'의 본래 의미처럼
'나라를 평안케 하다' 정도로 대동소이하되 '康侯(강후)'가 보통명사임을 알
수 있다. 왕부지도 이러한 맥락에서 '백성들의 실정을 살피고 어루만지며
위무하다(按撫)'의 의미로 풀이하였다. 그런데 근래에 와서 고형(高亨)은 '강후'
가 무왕(武王)의 동생인 '희봉(姬封)'을 의미하기 때문에 '강후(康侯)' 또는
'강숙(康叔)'이라 한다고 하였다.(高亨, 『周易大傳今注』, 康侯, 周武王之弟,
名封, 故稱康侯或康叔.) 이는 '강후'를 고유명사로 본 것이다. 이를 이어받아
『한어대사전(漢語大詞典)』에서도 이 희봉이 처음에 '강(康)'이라는 곳을 봉지
로 받았기 때문에 이렇게 부른다고 하고 있다.(『漢語大詞典』, '康侯' 條卽:
周武王弟姬封, 初封於康, 故稱.) 새로운 설이라 할 수 있다. 그러나 여기서는
왕부지의 풀이에 입각하여 번역하기로 한다.

於'晉'·於'鼎', 無惡陰之辭, 於'晉'尤若與之者, 陰陽剛柔皆天地之大
用, 有時而柔道貴焉, 則亦不廢其用. 然象辭類有四德, 而'觀'·'晉'無
之, 則陰之不足於德, 亦可見矣. 不言吉者, 王者之待諸侯, 恩威竝用而
天下寧. 有大明之君, 有至順之臣, 則可厚錫車馬, 隆禮延接而懷柔之.
不然, 則錫以富而尾大不掉, 謙以接而且有下堂見諸侯之漸, 固不如
'屯'與'豫'之'利建'也.

'晉(진)'은 '이끌어 나아감'의 의미다. 수괘(需卦)☵는 진괘(晉卦)☲와 큰
틀에서 운용원리[道]는 같으면서도 수행하고 있는 작동방식[德]은 다르
다. 수괘에서는 초구·구이·구삼효 세 양이 함께 나아가고자 하는데
음(육사효)에 의해 가로막힌다. 그러나 구오효가 존귀한 위(位)를 차지한
채 그들이 옴을 기다리고 있으니 결국 그 음은 이들을 막을 수가 없다.
이에 비해 진괘(晉卦)에서는 초육·육이·육삼효 세 음이 나아가고자
하고 양(구사효)에 의해 그것이 가로막힌다. 그리고 육오효가 존귀한
위(位)를 차지한 채 이들을 인도하여 위로 올리니 그 양으로서는 이를
막을 수가 없다. 수괘☵에서 굳셈[剛]이 수괘(需卦)의 의미인 '기다림·바
람'을 돕는 까닭은 도(道)로써 서로 기다리기 때문이다. 그리고 이 진괘☲
에서 부드러움[柔]이 진괘(晉卦)의 의미인 '나아감'을 돕는 까닭은, 은전으
로써 서로 교접하기 때문이다.
'康(강)'은 '백성들의 실정을 살피고 어루만지며 위무함'의 의미다. 이
진괘☲에서 초육·육이·육삼효 등 세 음이 땅을 나누어가지고 아래에
서 주인 노릇을 하고 있음에는 제후의 상(象)이 있다. 이에 육오효는
부드러움으로써 이들을 어루만지고 보살펴서 그 지위를 편안케 한다.
그런데 이 육오효가 '하사하는 데 사용한 것'이 말의 '번성함'인 까닭은
말이 땅으로 다니고 곤괘☷는 이로움을 주재하기 때문이다.593)

'대낮에 세 번 교접한다'는 것은 벌써 하사하였는데도 또 몸을 낮추어 아래로 내려가 그들을 이끌어 온다는 의미다. '대낮'은 이괘(離卦)☲594)가 밝음을 상징하기 때문이다. '세 번 교접한다'는 것은, 하늘은 같은 성(姓)을 가진 이들에게 읍(揖)하고 때(時)는 다른 성(姓)을 가진 이들에게 읍하며 땅(土)은 뭇 성(姓)을 가진 이들에게 읍한다는 의미다. 이렇게 함으로써 두루두루 세 음효들을 이끌어간다는 것이다.

『주역』의 가르침은 양을 부양하고 음을 억누름이다.595) 그런데 관괘(觀 卦)☲·진괘(晉卦)☷·정괘(鼎卦)☴ 등의 괘에서는 음을 나쁘다고 하는 말이 없다. 더욱이 진괘에서는 여기서 보다시피 음들과 서로 함께하는 것 같기조차 하다. 그 까닭을 보면, 음·양과 굳셈[剛]·부드러움[柔]이 모두 하늘과 땅의 위대한 작용이면서도 때로는 '부드러움의 도(柔道)'가 존귀하여 그 작용을 폐기할 수 없기 때문이다. 그런데 괘사에는 대부분 으뜸됨[元]·형통함[亨]·이로움[利]·올곧음[貞]의 네 덕이 있음에도 관괘와 진괘에는 하나도 없다. 이렇게 보면, 음이 덕으로서는 부족하다는 것을 또한 알 수가 있다.

이 진괘☷의 괘사에서 '길함'에 대해서 말하지 않은 까닭은, 사람 세상의 우두머리들이 제후들을 대우하는 데서 은전과 위엄을 함께 사용하여 천하가 평안해지기 때문이다. 그리고 임금이 크게 명철하고 신하들이

---

593) 여기서 곤괘(坤卦)를 말하는 까닭은, 진괘☷의 정괘(貞卦)가 음효 셋(☷)으로 되어 있기 때문이다. 그런데 이 곤괘가 '이로움을 주재한다[主利]'는 것은 곤괘 괘사의 일부다.
594) 여기서 말하는 이괘(離卦)☲는 이 진괘☷의 회괘(悔卦)☲를 의미한다.
595) 양은 생함[生]·좋음[善]을 상징함에 비해 음은 죽임[殺]·나쁨[惡]을 의미한다는 측면에서 이렇게 본다.

지극히 순종하는 경우라면, 임금이 신하들에게 수레와 말들을 두터이
베풀고 그들을 융숭히 예우하고 이끌며 교접하여 회유할 수가 있기
때문이다. 그렇지 않을 경우에는 재부를 하사하면 오히려 그들의 세력이
커져서 통제할 수 없는 상태가 되고 만다. 이러한 경우에는 겸손하게
그들을 접대하거나 당(堂) 아래로 내려가 그들이 점점 오는 것을 기다리는
겸양의 덕으로 대하기 보다는, 진실로 준괘(屯卦)䷂와 예괘(豫卦)䷏에서
말하는 것처럼 '제후를 세움에 이롭다'는 것으로 함이 더 낳다. 즉 그들을
아예 내치고 새로이 제후를 세움이 나은 것이다.

「象」曰: '晉', 進也. 明出地上, 順而麗乎大明, 柔進而上行,
是以康侯用錫馬蕃庶, 晝日三接也.

「단전」: '晉(진)'은 나아감을 의미한다. 밝은 태양이 땅 위로 솟아나오니 순종하
며 그 거대한 밝음에 함께하고, 부드러움[柔]들도 나아가며 위로 올라간다.
그래서 백성들의 실정을 살피고 어루만지며 위무하는 제후가 말들을 하사하여
번성케 하며 대낮에 이들을 세 번 교접하는 것이다.

  '明出地上', 天子臨諸侯之象. '順而麗乎大明', 諸侯承事天子之象. '柔
  進而上行', 陰離四而進乎五, 爲柔之主, 以延三陰. 『本義』謂自觀變者
  亦通.

  '밝은 태양이 땅 위로 솟아나옴'이란 천자가 제후들에게 임하는 상이다.
  그리고 '순종하며 그 거대한 밝음에 함께함'이란 제후들이 천자를 받들며
  일하는 상이다. '부드러움[柔]들도 나아가며 위로 올라간다'는 것은 음효

들(초육·육이·육삼효)이 구사효의 장애를 벗어나서 육오효에게로 나아가고 육오효는 이 부드러움들의 주체로서 세 음들을 이끈다는 의미다. 『주역본의』에서는 이 진괘가 관괘(觀卦)䷓로부터 변한 것이라 하고 있는데, 이렇게 보더라도 역시 통한다.

「象」曰: 明出地上, '晉', 君子以自昭明德.

「대상전」: 밝음이 땅 위로 솟아나온 것이 진괘니, 군자는 이를 본받아 스스로 밝은 덕을 빛나게 한다.

'明德'者, 無私無欲, 可大白於天下之德也. 日出地而物皆炤, 非欲人之見之, 明盛則自不可揜耳. 君子之明德, 曉然使天下共喩而無所隱, 取象於此. '自明'對'涖衆'而言. 卦與'明夷相綜, 自待重以周, 待人輕以恕, 明晦異用之道如此.

'밝은 덕'이란 사사로움과 탐욕이 없는 것으로서 온 세상을 크게 밝힐 수 있는 덕이다. 해가 땅 위로 솟아오르면 만물은 모두 밝게 드러나니, 굳이 사람들에게 그것들을 보게 하려 하지 않는다 할지라도 밝음이 융성하여 저절로 가릴 수가 없을 따름이다. 이와 마찬가지로 군자의 밝은 덕은 환하여 온 세상 사람들로 하여금 다 같이 알게 하며 숨길 수가 없다. 진괘䷢의 상은 바로 이러함에서 취한 것이다. 여기서 '스스로를 밝힘'이라 한 것은 명이괘(明夷卦)䷣의 '다중에게 임함'에 대하여 한 말이다. 이 진괘와 명이괘는 서로 종(綜)의 관계에 있다. 스스로 지닌 덕을 무겁게 여겨 온 세상 사람들에게 보편으로 두루 대하고,

남들의 문제점은 가볍게 여겨 그들을 품에 안아야 하니, 밝음과 어둠이 각기 다르게 작용하는 원리가 이와 같다.

初六, 晉如摧如, 貞吉罔孚, 裕无咎.

초육: 나아가려 하지만 꺾임을 당하는데, 올곧아서 길하고 믿는 이가 없으며, 여유로워서 허물이 없다.

> 初居下而不能卽進, 有摧如之象. 然柔靜以安下位, 其進不迫, 是以 '貞吉'. 陰自應陰, 陽自應陽, 道同相信之謂孚. 初與四應, 以柔遇剛, '罔孚'也. 四罔與孚, 將止其進, 而初無急於求進之心, 處之裕如, 則雖 見摧而無咎.

초육효는 아래에 자리 잡고 있으니 마음먹은 대로 곧장 나아갈 수가 없다. 그래서 '꺾임을 당함'의 상이 있다. 그러나 초육효는 부드러움으로 서 고요하게 있으면서 아랫자리에 편안해 하고, 나아감에 그리 급박해하지 않는다. 그래서 '올곧아서 길하다'고 한 것이다. 음이 저절로 음에 응하고 양이 저절로 양에 응하는 것들은, 도(道)가 같아서 서로 믿기 때문에 '믿는 이(孚)'라고 한다. 그런데 이 초육효가 구사효와 응하는데 여기서는 부드러움으로서 굳셈을 만났으니, '믿는 이가 없다(罔孚)'고 한 것이다. 오히려 구사효는 초육효와 함께하며 믿음을 주고자 함이 없을 뿐만 아니라 장차 초육효의 나아감을 저지하려 든다. 그런데 초육효는 나아가려는 데 급박한 마음이 없이 그저 여유롭게 지내고 있으니, 비록 꺾임을 당한다 할지라도 허물이 없는 것이다.

「象」曰: '晉如摧如', 獨行正也. '裕无咎', 未受命也.

「상전」: '나아가려 하지만 꺾임을 당함'은 홀로 올바름을 행한다는 의미다. '여유로워서 허물이 없다'는 것은 아직 명(命)을 받지 못함이다.

'獨行, 幽獨之行. 見摧而不失其柔靜之操, 故正. '未受命'者, 進陰者五也. 居尊制命, 而應在二, 初未受其登進之命, 故當隱居自適以待時, 所謂'碩人之寬'也.

'홀로 행함'이란 드러나지 않는 속에서 묵묵히 행함을 의미한다. 이 초육효가 비록 꺾임을 당한다 할지라도 그 부드러움과 고요함의 지조를 잃어버리지 않기 때문에 '올바름'인 것이다. '아직 명을 받지 못함'이라 하는 데서 명을 주는 이는 세 음효들을 나아가게 하는 육오효다. 그런데 이 육오효가 존귀한 위(位)를 차지하고서 명(命)을 제정하는데, 그의 응함은 육이효에 있다. 그래서 초육효로서는 아직 올라오라는 명을 받지 못한 것이다. 그러므로 초육효로서는 은거하면서 그 생활에 만족하고, 즐기면서 자신의 때를 기다려야 한다. 이른바 '석인지관(碩人之寬)'[596]이다.

---

596) 『시경』, 「위풍(衛風)」 편의 「고반(考槃)」이라는 시에 나오는 말이다. 여기서 '석인(碩人)'은 용모와 기골이 훤칠할 뿐만 아니라 도덕적 품성이 뛰어난 이를 가리킨다. 잠깐 이 시의 구절을 소개하면, "산골짜기 시냇가에 은거하는 이여, 기골도 훤칠하며 품성도 뛰어나 관대하구나. 쓸쓸히 살아가면서도 제 지조를 어기지 않겠노라 다짐하는도다!(考槃在澗, 碩人之寬, 獨寐寤言, 永矢弗諼.)"로 되어 있다. '석인지관'은 이러한 사람의 관대함과 여유로움을 의미한다.

六二, 晉如愁如, 貞吉. 受玆介福, 于其王母.

육이: 나아가며 견고하며 올곧아서 길하다. 이에 크나큰 복을 그 모후(母后)[597]로 부터 받는다.

'愁', 固也. '介', 大也. '王母'謂六五. 陰居尊位, 乃母后之象. 六二正應六五, 堅固其柔順之節以承上, 故能受錫馬三接之大福.

'愁(수)'는 견고하다는 의미다.[598] '介(개)'는 크다는 의미다. '王母(왕모)'

---

597) '王母(왕모)'에 대해 왕부지는 『주역패소』에서 자세하게 주해를 하고 있다. 이전의 주석가들은 이 '왕모'가 천자의 어머니, 즉 '태후(太后)'로 풀이하였지만 옛날에는 이 '왕모'라는 칭호가 없었다는 것이다. 그리고 일반적으로 '王(왕)'이라는 글자는 '크다'는 의미를 지니고 있으니, 이 '왕모'는 '대모(大母)'라는 의미가 된다는 것이다. 그리고 낳아주신 이들을 '왕부모(王父母)'라 하니, '왕모'에는 할머니의 의미도 없다고 한다. 지금 이 육이효와 제대로 응함(正應)의 관계에 있는 육오효가 음(陰)으로서 존귀한 위(位)를 차지하고 있으니, 이는 '크신 어머니'의 상이라는 것이다.

598) '愁(수)' 자를 이렇게 '固(고)'로 풀이한 것은 매우 독특하고 이례적이다. 역대 제가들의 주석에서 이렇게 풀이한 예가 없다. 비슷하게 볼 수 있는 예도 없다. 자전(字典)에서도 '愁(수)' 자에 '固(고)'의 의미가 있지 않고, '固(고)' 자에도 '愁(수)' 자의 의미가 없다. 그리고 이 효사 '愁如(수여)'는 이 두 글자의 일상적인 의미에 입각하여 풀이한다고 하여 그다지 풀이하기 어려운 맥락에 있는 것도 아니다. 이 육이효가 나아가려 하는데 위로 구사효가 가로막고 있고 응(應)의 관계에 있는 육오효가 자신과 같은 음효여서 크게 도움을 받을 수 없다. 그렇기 때문에 잘 나아갈 수가 없어서 근심이 된다는 것으로 보면 되기 때문이다. 역대 제가들은 거의 모두 이러한 관점에서 풀이하고 있다.

는 이 진괘䷲에서 육오효를 가리킨다. 육오효는 음으로서 존귀한 위(位)를 차지하고 있으니 바로 모후(母后)의 상이다. 육이효는 이 육오효와 제대로 응함[正應]의 관계를 이루고 있는데 그 부드러움과 순종함의 절개를 견고히 하여 윗사람을 받드니, 그로부터 말들을 하사받고 세 번 접대를 받는 크나큰 복을 받을 수 있는 것이다.

「象」曰: '受茲介福', 以中正也.

「상전」: '이에 크나큰 복을 받는다'는 것은 이 육이효가 중정(中正)하였기 때문이다.

居中以守侯度, 當位而得順正.

가운데 자리에 있으면서 제후로서의 법도를 지키고 마땅히 제자리를 차지하고 있기에 순종하고 올바를 수 있다.

그럼 왕부지는 왜 이렇게 풀이하였을까. 『주역패소』에 이에 대한 자세한 주해가 나와 있다. 왕부지는 이 『주역패소』에서, '愁(수)'를 '근심함[憂]'으로 풀이한 것은 육조(六朝) 이후의 일이라고 한다. 그 이전에는 『향음주례(鄕飮酒禮)』를 볼 적에 '秋(추)'가 '愁(수)'를 의미하였고, '愁(수)'는 견고하다는 의미를 지니고 있었다고 한다. 이러한 관점에서 이 육이효를 보면 육오효와 '제대로 응함[正應]'의 관계에 있는데, 이 육오효는 내려와서 세 음효를 인도하여 나아가게 하는 것이기 때문에 육이효의 나아감[晉]이 더욱 돈독하다는 의미가 되고 그래서 '愁如(수여)'라고 하였으니, 이는 '견고함'을 의미하는 것이 맞는다는 것이다.

六三, 衆允, 悔亡.

육삼: 다중이 믿는다. 후회할 일이 없다.

'衆'謂初・二二陰. 三當進爻, 連類以進, 衆所信從, 首受六五之延接, 故雖以柔居剛, 上礙於九四, 而協心效順, 故'悔亡'.

여기에서 '다중'은 초육・육이효 두 음효를 가리킨다. 육삼효는 나아감의 효에 해당하는 것으로서 이들과 한데 무리 지어 나아가는데, 이들 다중이 그를 믿으며 따르고 육오효가 이들을 인도하여 영접함을 맨 앞에서 받는다. 그러므로 이 육삼효가 비록 부드러움[柔]으로서 굳셈[剛]의 위(位)를 차지하고 있고 위로 구사효에 의해 장애를 당하고는 있지만, 함께 마음을 합해 순종함을 드러낸다. 그렇기 때문에 '후회할 일이 없다'고 한 것이다.

「象」曰: '衆允'之志, 上行也.

「상전」: '다중이 믿는' 뜻함을 가지고 위로 감이다.

衆志皆欲進而受五之三接, 故六三進而衆從之.

다중의 뜻함은 모두 나아가려 함인데 육오효의 영접을 세 번 받는다. 그러므로 육삼효가 나아감에 다중은 그를 따른다.

九四, 晋如鼫鼠, 貞厲.

구사: 나아가기를 다람쥐처럼 한다. 올곧지만 위태롭다.

'鼫如碩通, 大鼠也. 鼠之行, 且前且郤, 所謂首鼠兩端也. 三陰志在上
行, 五方延而晋之, 四以陽處退位, 橫亘其間, 使三陰之行疑忌前郤,
不得速進, 如鼫鼠然, 雖以陽止陰, 爲得其貞, 而亦危矣.

'鼫(석)'은 '碩(석)'과 통한다. 큰 쥐, 즉 다람쥐를 의미한다. 다람쥐들이
가는 것을 보면 앞으로 가다 멈춰서 고개를 좌우로 돌리며 주위를 살피기
를 반복한다. 이른바 '수서양단(首鼠兩端)'[599]이다. 초육·육이·육삼효

---

599) 『사기(史記)』, 「위기무안후열전(魏其武安侯列傳)」 편에 나오는 말이다. 한무
제 때 조정 고관대작들의 연회에서 관부(灌夫) 장군이 무안후(武安侯) 전분(田
蚡)에게 대드는 일이 발생했다. 전분은 당대 황제인 무제의 외삼촌으로서
6대 경제(景帝)의 황후(皇后)의 동생이다. 그리고 관부는 위기후(魏其侯) 두영
(竇嬰)의 친구였다. 두영은 5대 문제(文帝)의 황후의 조카였다. 따라서 이들의
알력에는 두 태후들을 바탕으로 한 세력 다툼이 자리 잡고 있었다. 관부가
한사코 전분에게 사죄하는 것을 거부하자 이것이 조정의 중신회의에 부쳐졌다.
이를 한무제가 주재하였다. 처음에는 의견이 둘로 나뉘어 의견이 분분했으나
시간이 지남에 따라 점점 중신들이 명확한 자신의 입장 표명을 유보하였다.
두영의 추종자로 알려진 내사(內史) 정당시(鄭當時)가 우물쭈물하자 어사대부
(御史大夫) 한안국(韓安國)도 마찬가지로 유보적인 태도를 취하였다. 이렇게
조정회의는 끝을 맺었다. 분이 풀리지 않은 전분이 수레에 오르려 말고
한안국에게 벌컥 화를 내며 "그대는 이 회의에서 나이가 많은 축에 속하는데
어찌 (분명한 태도를 취하지 않고) 다람쥐가 내닫다가 멈춰 서서 고개를 좌우로
두리번거리며 주변을 살피는 것처럼 하였소!"라고 쏘아붙였다. 바로 여기서
유래한 말이다.

세 음들의 뜻함은 위로 올라가는 것이다. 그리고 육오효가 바야흐로 이들을 인도하며 끌어올리고 있다. 그런데 구사효가 양으로서 음의 위(位)를 차지하고 있으면서 그 사이를 떡하니 가로막고 나서니, 이 세 음들이 나아가다 말고 의심스레 꺼리면서 가다가 멈춰 서서 고개를 좌우로 돌리며 주위를 살피기를 반복하게 하고 있다. 그래서 이들로서는 신속하게 나아갈 수가 없다. 마치 다람쥐가 하는 모습이다. 그래서 이 구사효는 비록 양으로서 음을 억지하는 것 때문에 그 올곧음을 얻고는 있지만, 또한 위태롭기도 한 것이다.

「象」曰: '鼫鼠貞厲', 位不當也.

「상전」: '다람쥐처럼 한다. 올곧지만 위태롭다.'는 것은 이 구사효가 차지하고 있는 위(位)가 마땅하지 않기 때문이다.

居非其位, 徒以增人之疑, 故危.

구사효는 지금 자신의 마땅한 위(位)를 차지하고 있지 않은 채 한갓 사람들의 의심을 더하고만 있다. 그러므로 위태롭다.

六五, 悔亡, 失得勿恤, 往吉, 无不利.

육오: 후회할 일이 없고 득·실 따위는 염두에 두지 않으니, 가서는 길하고 이롭지 않음이 없다.

以陰居尊, 一於柔以待下, 宜有悔也. 然麗於二陽之間, 而以虛明炤下,
下皆順之, 率此以往, 延三陰而進之, 雖有九四之沮, 使欲進者首鼠兩
端, 其失其得爲未可知, 而一意懷柔, 勞來不倦, 則安其位而吉, 宜於物
而无不利矣.

이 육오효는 음으로서 감히 존귀한 위(位)를 차지하고 있고 부드러움柔
들에 대해 한결같은 마음으로 아래의 음효들을 영접하고 있으니, 후회할
일이 있어야 마땅하다. 그러나 두 양(陽)들 사이에 걸려 있으면서도
자신을 비운 채 밝게 아래를 내리 비치고 있고, 아래 음들이 모두 그에게
순종하고 있다. 이 육오효는 바로 이러한 태도로써 가서 세 음들을
인도하여 나아간다. 그래서 비록 구사효가 이를 저지하며 나아가려
하는 이들로 하여금 수서양단(首鼠兩端)케 하여 그 득·실을 아직 알
수는 없다. 그러나 이 육오효가 한결같은 생각으로 부드러움들을 마음속
에 품고 결코 게으름을 피우는 법이 없이 수고로움을 다하니, 그 위(位)에
서 편안하며 길하다. 그리고 자신이 대하는 것들에 대해서도 떳떳하며
이롭지 않음이 없다.

「象」曰: ‘失得勿恤’, 往有慶也.

「상전」: ‘득·실 따위는 염두에 두지 않으니’, 가서 경사가 있게 된다.

懷柔得其道, 物自順之.

세 부드러움柔들을 품고서 이치에 합당하게 하니, 다른 것들이 저절로
이에 순종한다.

上九, 晉其角, 維用伐邑, 厲吉, 无咎, 貞吝.

상구: 그 뿔까지 나아감이니, 오직 읍(邑)의 말을 듣지 않는 이들을 내리쳐야 할 것이요, 위태롭지만 길하고 허물이 없다. 올곧더라도 아쉬워할 일이 있다.

'角'者, 在上而觸物者也. '晉其角', 物方進而此爲角, 觸而禦之, 不使其進之已過焉. '晉'以柔進柔, 柔過則上下無章而失制. 上九以剛居上·而柔之過, 三陰方順, 無可用威, 唯取私邑之不率者伐之, 以建威銷萌. 能如是, 則吉而无咎. 若守其柔道之常爲正, 則法令不行而吝矣. '離'以麗乎剛而得明, 故可厲而吉, 而上爲柔爻, 又下奉六五之陰爲主, 故有'貞吝'之戒.

'뿔'이란 위에 달려 있으면서 다른 것들을 들이받는 것이다. '그 뿔까지 나아감'이라 한 것은 다른 것들이 막 나아가는데 이것이 뿔이 되어 들이받아서 막음으로써 그들로 하여금 너무 지나치게까지는 나아가지 못하게 함을 의미한다. 진괘☷는 부드러움(육오효)이 부드러움들(초육·육이·육삼효)을 나아가게 하고 있다. 그러나 이 부드러움이 지나치면 위·아래가 두서없이 뒤죽박죽이 되어 통제할 길을 잃어버리고 만다. 그런데 지금 상구효가 굳셈[剛]으로서 맨 윗자리를 차지한 채 부드러움[柔]들의 지나침을 절제케 하는데[600], 세 음들이 한창 이에 순종한다. 그래서 이들에게 상구효는 굳셈의 위엄을 쓸 수가 없다. 이 상구효는

---

600) 이곳의 '而(이)' 자가 守遺經書屋(수유경서옥) 본과 金陵(금릉) 본에는 '節(절)' 자로 되어 있다는 주석에 따라 이렇게 번역하였다.

오직 사읍(私邑)의 말을 듣지 않는 이들을 취하여 내리침으로써 그 위엄을 세우고 못된 싹을 애초에 잘라버린다. 이렇게 할 수 있으면 길하고 허물이 없다.

그러나 이와는 달리 그 '부드러움의 원리[柔道]'의 항상됨을 고수하며 이를 올바르다고 여긴다면, 법령이 행해지지 않고 아쉬워할 일이 생긴다. 그리고 이 진괘의 회괘(悔卦)인 이괘☲는 부드러움이 굳셈들 사이에 끼어 있으면서 밝음을 얻었으니 위태롭더라도 길할 수가 있다. 이에 비해 이 상구효는 부드러움의 효를 위해 아래로 육오효라는 음(陰)을 받들며 임금으로 모시고 있기 때문에, '올곧더라도 아쉬워할 일이 있다'고 경계하고 있다.

「象」曰: '維用伐邑', 道未光也.

「상전」: '오직 읍(邑)의 말을 듣지 않는 이들을 내리쳐야 할 것이요'라는 것은 도(道)가 아직 광대(光大)하게 시행되지 않고 있다는 의미다.

柔道方行, 陽施未能光大, 故僅可伐邑以示威.

부드러움의 도가 한창 행해지고 있어서 양(陽)은 아직 광대(光大)할 수가 없기 때문에 겨우 사읍의 말을 듣지 않는 이들이나 내리쳐서 위엄을 보일 수 있다는 의미다.

●●●

明夷卦離下坤上
명이괘☷☲

明夷, 利艱貞.

명이괘. 간난신고함 속에서 올곧음에 이롭다.

'夷, 傷也.' 離爲大明, 豈有能傷之者哉? 唯時處乎地下, 爲積陰幽暗之
所揜, 光輝不得及物, 則其志傷矣. 君子之所謂傷者, 非傷其身之謂;
德不施於物, 則視民之傷如己之傷也. 文王當紂之時, 蓋如此. '利艱貞'
者, 二以柔居中得位, 而養其明, 以上事暗主, 所合之義, 在艱難而不失
其貞, 蓋文王之志也. 文王於'明夷'而言'貞', 周公於'明夷'而言'拯'·言
'狩', 各以其時, 可以見『易』之爲道, 變動不居, 然而文王之德至矣.

'明夷(명이)'의 '夷(이)' 자는 상처를 입었다는 의미다. 그런데 이괘(離卦)
☲는 대명(大明), 즉 태양을 상징하는데, 어찌 그에게 상처를 입힐 수
있는 이가 있을까! 이는 오직 때와 관련된다. 즉 이괘☲가 상징하는
태양이 땅속에 있는 시기인데, 누적된 음들의 그윽한 어둠에 의해 그것이
가리어짐으로써 만물에게 그 광휘로움을 펼치지 못하기 때문에 그 뜻함
에 상처를 입고 있다는 의미다. 그러므로 군자가 말하는 '상처입음'이란
그 몸뚱이에 상처를 입었다는 것이 아니라, 자신의 덕이 다른 이들에게
베풀어지지 못한 나머지 백성들이 입고 있는 상처를 마치 자기 자신이

당하는 상처처럼 여긴다는 것이다. 문왕이 주왕(紂王)의 치하에 있을 때가 바로 이러하였다.

'간난신고함 속에서 올곧음에 이롭다'는 것은, 이 명이괘䷣의 육이효가 부드러움으로서 가운데 자리를 차지하여 제자리를 얻었지만 그 밝음을 함양하며 위로 혼탁한 군주를 섬기고 있어야 하는 상황인데, 이러한 경우에 합당한 의로움이란 간난신고하며 그 올곧음을 잃어버리지 않음 이라는 의미다. 아마 문왕의 뜻함이 바로 이러하였을 것이다. 그런데 문왕은 명이괘에서 '올곧음[貞]'을 말하고 있음에 비해, 주공은 동일한 괘에서 '구함[拯]'·'사냥함[狩]'을 말하고 있다. 이는 각기 처한 시대로서 의 때가 다르기 때문이다.601) 이를 통해 우리는 『주역』의 운용 원리로서 의 도(道)가 한곳에만 있지 아니하고 변하며 움직인다(變動不居)는 것을 알 수 있다. 그러나 무엇보다 문왕의 덕이 지극하다는 것을 알 수가 있다.

---

601) 왕부지의 '사성동규(四聖同揆)'론을 엿볼 수 있는 대목이다. 왕부지는 일군의 전통 역학자들처럼, 『주역』이 복희씨가 팔괘를 그리고, 문왕이 그것을 육십사 괘로 연역함과 동시에 괘사를 붙이고, 그 아들 주공이 효사를 붙이고, 공자가 이에 대해 풀이 글인 '십익(十翼)'을 붙임으로써 오늘날과 같은 체재가 되었다고 여긴다. 그리고 이들 네 성인이 이러한 작업을 하는 데서 동일한 원리에 입각하여서 하였다는 것이 '사성동규'론, 또는 '사성일규(四聖一揆)'론이다. 이러한 관점에서 왕부지는 이 구절에서 이렇게 풀이하고 있는 것이다. 즉 '貞(정)' 자는 이 명이괘의 괘사에 나오고, '拯(증)' 자와 '狩(수)' 자는 각기 육이·구삼효에 나와 있는데, 왕부지는 괘사를 문왕이 지었고 효사는 주공이 지었다고 보고 있는 것이다.

「象」曰: 明入地中, ‘明夷’, 內文明而外柔順, 以蒙大難, 文王
以之.

「단전」: 밝은 태양이 땅속으로 들어갔음이 명이괘다. 안으로는 알차게 사람됨을
갖추어 빛나면서도 밖으로는 부드럽고 순종함으로써 크나큰 환난(患難)을 당해
내니, 문왕이 이렇게 하였다.

> ‘明’謂日也. 非地之能加於日上, 日未升而入於地中也. 日固出於地以
> 炤天下, 而時方在夜, 則入地中, 安以受其傷. ‘內’謂自修其德也. ‘外’,
> 出而事上也. 或以爲中藏智而外示柔, 則王莽之姦, 豈文王之德哉! ‘明
> 夷’本以明而受傷, 象大明爲地所揜, 而夫子卽象以推德, 則坤’不爲幽
> 暗而爲柔順’, 若與卦義不相通. 然兩間之啓閉有其象, 則天下有其時,
> 而君子卽可體之以爲德. 夷者, 時之變也, 而君子之常也. 故死生禍福
> 皆天之道, 卽皆聖人之德, 非窮神達化者, 其孰能知之!

이 괘 이름에서 ‘明(명)’은 태양을 의미한다. 그런데 이것이 땅속으로
들어갔다고 하여 땅이 이 태양 위에 무엇을 덮을 수 있다는 것이 아니다.
단지 태양이 아직 떠오르지 않고 땅속에 있다는 의미다. 태양은 본디
땅에서 솟아나와 온 세상을 비추는 것인데, 지금은 때가 한창 밤이어서
땅속에 들어가 편안히 그 상처를 받아내고 있는 것이다. ‘안’이란 스스로
그 덕을 닦는다는 의미고, ‘밖’이란 나와서 윗사람을 위해 일한다는
의미다. 어떤 이는 생각하기를, “속에 지혜를 감추고서도 겉으로는 짐짓
부드러움을 보이는 것은 왕망의 간사함이지 어찌 문왕의 덕이리요!”라고
한다. 명이괘는 본래 그 밝음이 상처를 입은 것으로서 거대한 밝음,
즉 태양이 땅에 가려졌음을 상징한다. 공자께서는 바로 이러한 상을

바탕으로 이 명이괘䷣가 지닌 덕을 밝혔으니[602], 그 회괘(悔卦)인 곤괘☷
가 그윽한 어둠이 아니라 '부드럽고 순종함'이라 하고 있다. 그래서
이 명이괘의 의의와 통하지 않는 것 같다. 그러나 하늘과 땅 사이의
열리고 닫힘에는 그 구체적인 상(象)이 있으니, 세상에는 그 때가 있고,
군자는 곧 이를 바탕으로 체득하여 자신의 덕으로 삼을 수 있다.[603]
'夷(이)'란 때의 변화를 의미하는데, 군자에게는 이 변화라는 것이 항상됨
으로 다가온다. 그러므로 사(死)·생(生)과 화(禍)·복(福)이 모두 하늘
의 운행 원리에 의한 것으로서 다름 아니라 모두 성인의 덕 속에 포함된다.
이 세상의 신묘함과 조화함을 궁구하여 통달한 이가 아니고서는 그
누가 이를 알리오!

'利艱貞', 晦其明也. 內難而能正其志, 箕子以之.

'간난신고함 속에서 올곧음에 이롭다'는 것은 그 밝음이 어둠 속에 싸여 있는

---

602) 이는 이 「단전」의 작자를 공자로 보고 하는 말이다.
603) 이 세상의 열리고 닫힘은 크게 보아 밤·낮으로 구분할 수 있다. 이 가운데
이 명이괘는 밤을 상징한다. 하늘이 닫혀 있는 시간이요 그러한 상황이다.
태양이 땅속에 있기 때문이다. 공자는 바로 이러한 상에서 군자의 덕을 추출해
냈다는 것이다. 그것이 다름 아니라 이 「단전」에서 말하고 있는 '안으로는
알차게 사람됨을 갖추어 빛나면서도 밖으로는 부드럽고 순종함(內文明而外柔
順)'이다. 따라서 명이괘의 회괘(悔卦), 즉 겉으로 드러나는 괘로서의 곤괘☷의
덕을 꼭 '그윽한 어둠[幽闇]'이라 하지 않고 이렇게 '부드럽고 순종함[柔順]'이라
하게 되었다는 것이다. 그래서 결국 이는 왕망(王莽)같이 간사한 이의 됨됨이가
아니라 군자의 덕이 된다.

상황 속에서 안으로 간난신고함을 느끼면서도 충분히 그 뜻함을 올바르게 해낼
수 있다는 의미다. 바로 기자(箕子)604)가 이렇게 하였다.

> '晦其明', 安於下而受晦也. '內難', 居於晦而不得出, 以受暗主之辱也.
> '正其志', 不失其柔順中正之德也. 夫子兩取文王・箕子之德, 以言能
> 體'明夷之道者, 唯文王・箕子足以當之, 與周公備言殷・周興喪之
> 事異, 蓋亦有'武未盡善'之意與?

'그 밝음이 어둠 속에 싸여 있는 상황'이란 아랫자리에 있는 것을 편안히
여기면서 그 어둠의 상황을 받아들인다는 의미다. '안으로 간난신고함을
느낌'이란 이 어둔 상황에 처한 채 벗어나지를 못하고 그 어리석고
포악한 임금이 주는 치욕을 고스란히 받는다는 의미다. '그 뜻함을 올바르

---

604) 기자는 은(殷)나라 종실의 일원으로서 제(帝) 문정(文丁)의 아들이고 제을(帝
乙)의 동생이며, 주왕(紂王)에게는 숙부였다. 벼슬이 태사(太師)에 이르렀으며
기(箕) 땅에 봉해졌기 때문에 '기자(箕子)'라고 부른다. 이곳은 오늘날 산서성
(山西省) 태곡(太谷)과 유사(榆社) 일대에 해당한다. 기자는 폭정을 하는 주왕
(紂王)에게 여러 차례에 걸쳐 간곡하게 간언(諫言)하였는데, 주왕은 그 충언을
듣지 않았을 뿐만 아니라 오히려 그를 옥에 가두어버렸다. 그리고 주(周)의
무왕이 은나라를 멸망시키고 나서야 비로소 소공(昭公)에게 명하여 그를
석방하게 하였다. 무왕은 그에게 나라를 다스리는 도(道)에 대해서 물었는데,
그에 대해 기자가 대답해준 것이 바로 「홍범(洪範) 구주(九疇)」다. 이것이
『서경』, 「홍범」 편에 실려 오늘날에 전한다. 『논어』에서도 미자(微子)・기자
(箕子)・비간(比干)을 은나라의 세 인자(仁者)로 꼽고 있다. 그리고 사마천의
『사기(史記)』에서는 기자가 조선(朝鮮)을 통치하였다고 하고 있다. 또『구당서
(舊唐書)』에서는 고구려에 이 기자의 유풍(遺風)이 상당히 많이 남아 있는
것으로 기록하고 있다.

게 해낼 수 있음'이란 부드럽고 순종하며 중정(中正)한 덕을 전혀 잃어버리지 않는다는 의미다. 여기서 공자는 문왕과 기자의 덕 두 가지를 취하여 명이괘의 도(道)를 체득할 수 있음을 말하고 있는데, 오직 문왕과 기자만이 너끈히 이에 해당한다. 이는 주공이 은나라가 멸망하고 주나라가 일어나게 된 까닭과 과정에 대해 자세하게 말해 놓은 것과는 다르다. 그리고 어쩌면 여기에는 또한 '무왕은 꼭 다 선한 것만은 아니다'는 의미가 들어있는지도 모른다.[605]

「象」曰: 明入地中, '明夷', 君子以莅衆, 用晦而明.

「대상전」: 밝은 태양 땅속에 들어간 것이 명이괘니, 군자는 이러함으로써 다중에게 임하며 어둠을 가지고서 밝힌다.

有夜之晦以息, 乃有旦之明以作. 君子自昭之德, 無物不徹, 無時或息, 而其'莅衆', 則有所不察察於幽曖, 而小人之情僞自無不昭徹於君子之心. '用晦'者, 所以明也. '坤'爲衆, 蓋統貴賤賢不肖之雜處而言也.

---

605) 무왕은 무력으로 천하를 평정하였는데, 이를 공자는 완전히 옳은 것만은 아니라고 보았고, 이것이 이 명이괘의 「단전」 맥락 속에 함의되어 있을지도 모른다는 것이다. 이러한 왕부지의 유추는 사실 백이·숙제의 관점과도 일맥상통한다고 할 수 있다. 그런데 주공은 무왕이 은나라를 멸망시킨 것 또한 훌륭한 일로 보고 있다. 그래서 왕부지는 여기서 이렇게 말하고 있는 것이다.

보통사람들은 밤의 어둠을 통해 쉬기 때문에 새벽이 밝으면 자리에서 일어난다. 그런데 군자는 스스로 밝힌 덕을 가지고서 어떤 것이든 통철하게 밝히며 어느 때라고 쉬는 법이 없다. 그 '다중에게 임함'을 보면, 어느 경우에는 어둡고 애매한 것에 대해 자세하게 살피지 못하기도 하지만, 소인들의 진실됨과 거짓됨은 저절로 군자의 마음에 밝고 환하게 드러나지 않음이 없다. '어둠을 가지고서(用晦)'란 그렇게 해서 밝힌다는 의미다. 이 명이괘의 회괘(悔卦)인 곤괘☷를 '다중'으로 본 것은, 고귀한 이들이나 비천한 이들, 현명한 이들이나 못난이들이 다 함께 뒤섞여 있는 것을 통틀어서 말한 것으로 보인다.

初九, 明夷于飛, 垂其翼. 君子于行, 三日不食. 有攸往, 主人有言.

초구: 밝은 덕을 지닌 이가 상처를 입었는데 날아감에서 날개를 펼쳐 아래로 내려뜨리고만 있다. 군자가 가는 데서 삼 일 동안 먹지를 못함이다. 떠나가고 있는데, 주인이 이러쿵저러쿵 말을 한다.

周公於'明夷'之後, 極其變而著之於爻, 以爲明之有晦, 晦之復明, 乃理數之自然, 以見文王艱貞之德, 必終之以燮伐之事, 而周之革商爲順天之擧. 爻動而變, 變而情生事起. 故爻與象, 或道同而事不嫌於異焉. 初九, 則太公之象也. 二陽爲明所麗, 周公自當九三, 太公當初九, 以夾輔淸明之運也. 初去三陰也遠, 疏遠在外, 故宜避地遠去. '飛', 去之速也. '垂其翼', 困窮之象. '君子于行', 言其懷君子之道, 往之海濱也. '三日不食', 窮已至矣. '有攸往', 往而麗乎六二, 以昭明德, 歸周之象也. '主人有言'者, 殷之餘民, 固譏其異志, 所勿恤也. 陽剛之才, 旣可以大有爲,

而分位不親, 去暗卽明, 出困而興, 義士雖曰薄德, 而志得道行矣.

주공은 이 괘의 효사들에서 '明夷(명이)'라는 말 뒤에 그 변함의 극단적인 경우까지를 망라하여 드러내고 있다. 그래서 밝음이 어둠이 되었다가 그 어둠이 다시 밝아지는 것이 법칙의 자연스러움으로 여긴다. 이를 통해 문왕이 간난신고함 속에서 스스로 밝혀낸 올곧음의 덕이 필연코 협동하여 은나라를 정벌하는 일로 마무리되고, 주나라가 은나라를 물리쳐 혁명한 것이 하늘에 순응하는 의거임을 드러내고 있다. 효가 움직여서는 변하고, 변하여서는 상황이 발생하고 일이 벌어진다. 그러므로 효와 괘가 운용 원리는 같다지만 구체적인 일들에서 서로 다르다고 하여 문제될 것이 없다.

초구효는 강태공의 상이다. 이 명이괘䷣의 정괘(貞卦)인 이괘☲를 보면, 두 개의 양효가 이 이괘의 상징인 밝음(육이효를 가리킴)을 끼고 있는데, 주공은 자신이 구삼효에 해당한다고 보았고 태공은 초구에 해당한다고 보았다. 그래서 둘이 서로 맑고 밝은 주나라의 명운(命運)을 보좌한 것으로 보고 있다. 초구효는 세 음[606]으로부터 멀리 떨어진 채 밖에 소원하게 있다. 그러므로 위험한 곳을 피하여 멀리 가야 마땅하다. 그래서 이 효사 속의 '낢[飛]'은 신속하게 떠나감을 의미한다.

'날개를 펼쳐 아래로 내려뜨리고만 있다[垂其翼]'는 것은 곤고에 처했음을 상징한다. '군자가 가는 데서[君子于行]'는 군자의 도리를 가슴 속에 품고서 바닷가까지 간다는 것을 말한다. '삼 일 동안 먹지를 못함[三日不

---

[606] 이 명이괘의 회괘(悔卦)인 곤괘☷의 세 효를 의미한다. 명이괘에서는 지금이 이것이 드러나 있어서 어둠의 상황을 연출하고 있다.

食'이란 곤고함이 이미 지극했음을 의미한다. '떠나가고 있는데[有攸往]' 는 가서 육이효와 함께하며 자신의 밝은 덕을 환히 드러내고 주나라에 귀순함을 상징한다. '주인이 이러쿵저러쿵 말을 함[主人有言]'이란 은나 라의 유민들이 그가 다른 뜻을 품고 있음을 비방하지만 괘념치 않는다는 의미다. 초구효는 양의 굳센 자질로서 큰일을 할 수 있을 뿐만 아니라, 지위는 종실의 친척이 아니지만 어둠을 제거하면 곧 밝아지고 곤경으로 부터 벗어나서 박차고 일어난다. 의사(義士)에 대해서 비록 박덕(薄德)하 다고들 말하지만 그의 뜻함은 이루어지고 그의 도는 행해진다.

「象」曰: ‘君子于行’, 義不食也.

「상전」: ‘군자가 가는 데서[君子于行]'란 의로움의 차원에서 그의 녹을 먹지 않는다는 의미다.

非其親暱之臣, 避無道而去, 不食其祿, 義也. 夫子但釋此爲義者, 蓋亦 不取其‘攸往'而‘有言’, 唯伯夷能終其‘于飛'之義耳.

그 친밀한 신하가 아니기 때문에 극악무도한 짓을 하는 이를 떠나 그의 녹봉을 먹지 않는 것은 의로움이다. 공자가 지금 이 「상전」에서 다만 이를 의로움이라 풀이한 까닭은, 아마 그 '떠나감[攸往]'에 대해 주변에서 '이러쿵저러쿵 비방하는 말이 있어서[有言]' 그 의미를 전적으로 긍정으로 만 취하지 않은 것으로 보인다. 오직 백이(伯夷)만이 ‘날아감[于飛]'의 의로움으로 생을 마칠 수 있었을 따름이다.

六二, 明夷, 夷于左股, 用拯馬壯, 吉.

육이: 밝은 덕을 가진 이가 상처를 입었는데 왼쪽 다리에 상처를 입었다. 말들이 건장하여 발호하는 것을 구함이다. 길하다.

> 此象文王之事也. 傷于左股, 不能大行也. 言左股者, 手足尙右, 傷其左, 尙未大傷, 象羑里之得釋. 馬行地, ‘坤’象也. ‘馬壯’, 陰盛, 象紂惡盈也. ‘拯馬之壯’, 救殷民以冀全殷祀, 所謂“雖則如燬, 父母孔邇”也. 終以受命于天而吉.

이 효는 문왕의 일을 그리고 있다. 왼쪽 넓적다리에 부상을 입었으니 정상적인 걸음걸이를 할 수가 없다. 그런데 ‘왼쪽 넓적다리’라 한 것은 손·발의 경우 오른쪽을 높이 보는데 왼쪽에 부상을 당한 것이니 아직 큰 부상이라 할 수는 없다는 의미다. 이는 문왕이 유리(羑里) 감옥에 갇혔다가 풀려났음을 은유한 것이다. 말(馬)은 땅으로 다니는데, 이는 곤괘☷의 상이다. 그런데 ‘말이 건장하다’는 것은 음(陰)이 왕성하다는 것으로서 주왕(紂王)의 악행이 넘쳐 남을 상징한다. 그리고 말의 ‘건장함’을 ‘구함’이란 은나라 유민을 구제하여 은나라 제사를 온전하게 받들기를 바란다는 것이다. 이른바 “비록 은나라는 허물어졌다 할지라도 부모라 할 문왕은 더욱 가까이 계시네!”[607]라고 함이다. 이 문왕이 마침내 하늘에

---

607) 『시경』, 「국풍(國風), 주남(周南)」 편의 「여분(汝墳)」이라는 시의 일부다. 이 시는 은나라 주왕(紂王)의 학정에 의해 도탄에 빠진 백성들이 매우 고통스러워하고 있는데, 그러한 은나라가 멸망하면 그만큼 위대한 문왕의 품에 안길 수 있는 날이 가깝다는 것을 읊고 있다.

서 명(命)을 받아 길하다는 의미가 이 효사에 담겨 있다.

「象」曰: 六二之吉, 順以則也.

「상전」: 육이효의 길함은 순종하여 법칙이 되기 때문이다.

柔則順, 中正則道明於天下而可爲則. 有其德, 故能救民之傷而吉.

부드러우면 순종하고, 중정(中正)하면 온 세상에 자신의 도가 밝아져서 법칙이 될 수 있다.[608] 이러한 품덕이 있기 때문에 백성들의 상처를 구제할 수 있고, 그래서 길하다.

九三, 明夷于南狩, 得其大首, 不可疾, 貞.

구삼: 상처 입은 밝음이 남쪽으로 사냥을 나가서 소득으로 큰 머리를 얻는다. 신속하게 할 수가 없다. 올곧아야 한다.

此象周公相武王伐紂之事. '南狩', 以明治暗. '得其大首', 象誅紂. '疾', 速也. '不可疾'者, 養晦待時, 必天命旣固, 人心旣順之後, 則事雖非常 而固正. 九三與上六相應, 以明之盛, 進而克柔暗之將消, 其時矣. 言貞

---

608) 이 명이괘의 육이효는 부드러움[柔]의 효이고, 중정(中正)한 효다.

而不言吉, 期於合道之正, 非謀利計功也.

이 효는 주공이 무왕을 도와 주왕을 정벌한 일을 그리고 있다. '남쪽으로 사냥을 나감'이란 밝은 덕으로써 어두운 학정(虐政)을 다스림을 의미한다. '큰 머리를 얻는다'는 것은 주왕을 주살함을 상징한다. '疾(질)'은 신속함을 뜻한다. 그리고 '신속하게 할 수가 없다'는 것은 자신의 행적을 드러내지 않은 채 묵묵히 양성하며 때를 기다리는 것이다.[609] 그리하여 반드시 하늘의 명(命)이 벌써 공고해지고 사람들의 마음이 이미 자신에게 순종한 뒤에야 움직이는 것이니, 이렇게 하면 하는 일이 비록 정상의 궤를 벗어났다 할지라도 본디 올바른 것이다. 이 구삼효와 상육효는 서로 응하여 이 밝음이 더욱 융성하다. 그래서 나아가 저 암울한 세상[610] 을 극복하여 사라지게 하는 것은 장차 시간문제일 따름이다. 그런데 이 효사에서 '올곧음'만을 말하고 '길함'을 말하지 않은 까닭은, 도(道)에 합치하는 올바름만을 기약할 뿐, 이로움을 도모하거나 공(功) 따위를 계산하는 것이 아니기 때문이다.

---

609) 『시경』, 「주송(周頌)」 편의 작(酌)」이라는 시에 나오는 구절을 변형한 것이다. 원래는 "아, 융성한 문왕의 군대여, 묵묵히 양성하며 행적을 감춘 채 때를 기다리고 있구나!(於鑠王師, 遵養時晦)"로 되어 있다.

610) 이 명이괘에서는 회괘(悔卦)인 곤괘☷가 이 암울함을 상징한다. 음이 왕성하여 발호하면서 학정을 자아낸다는 측면에서다. 그런데 이 곤괘는 구삼효 바로 앞에 놓인 괘니, 구삼효는 이러한 상황을 앞에 놓고 있다고 할 수 있다.

「象」曰: 南狩之志, 乃大得也.

「상전」: 남쪽으로 사냥을 나갔던 뜻함이 마침내 큰 소득을 얻는다.

'乃'云者, 時至而功乃就也.

여기에서 '乃(내)'라고 한 것은, 때가 되어 공력이 이루어짐을 의미한다.

六四, 入于左腹, 獲明夷之心, 于出門庭.

육사: 왼쪽 배로 들어가서 상처 입은 밝음의 마음을 얻는다. 이에 집 밖으로 나간다.

此象商容・膠鬲之事. 左腹者, 心居左而主謀, 預聞其甚周之謀也. '明
夷之心', 乃殷民被傷而望周之心. '于出'猶言爰出; 出門庭, 輸於周而
勸其伐也. 六四與'坤'爲體, 蓋居於暗邪者; 四爲退爻, 下就內卦之明,
故有此象. 不言吉利者, 非人臣之常道, 不輕獎其功.

이 육사효는 상용(商容)[611]과 교격(膠鬲)[612]에 관한 일을 그린 것이다.

611) 상용(商容)은 은나라 주왕(紂王) 때의 악관(樂官)이다. 현인으로 꼽히는 인물인
데, 인품이 충직하였기 때문에 역시 주왕에게 배척당하고 쫓겨났다. 은(殷)・주
(周) 간의 최후 교전인 목야(牧野)의 전투 이후 상용은 은나라 사람들과 함께
주나라 군대를 인도하여 은나라로 들어갔다. 나중에 무왕은 이러한 상용의

'왼쪽 배'라는 것은 심장이 왼쪽에 자리 잡고 있으면서 도모함을 맡아서 하는데, 은나라가 주나라를 해치려고 하는 것을 미리 알고자 도모한다는 의미를 담고 있다. 여기서 말하는 '상처 입은 밝음의 마음'이란 은나라 백성들이 주(紂)왕의 학정에 상처를 입고 주나라가 해방시켜 주기를 간절히 바라는 마음이다. '于出(우출)'은 '이에 나오다'는 의미의 '爰出(원출)'과 비슷한 말이다. '집밖으로 나간다'는 것은 주나라 무왕에게 은나라의 상황을 알려주며 토벌하도록 권고한다는 의미다. 이 육사효는 명이괘의 회괘(悔卦)인 곤괘☷의 몸을 이루고 있다. 이는 암울하고 사악함 속에 자리 잡고 있다는 의미가 된다. 그런데 육사효는 물러남의 효로서 아래로 내괘(內卦)의 밝음 속으로 나아가기 때문에[613] 이러한 상(象)을 이루고 있는 것이다. 그런데 이러함에 대해 '길하다'·'이롭다'라는 말을 하지 않은 까닭은, 상용이나 교격처럼 하는 일이 신하된 도리로서는 정상적이지 않기 때문이며, 그래서 가벼이 그 공훈을 장려하려 하지 않는 이유에서다.

공을 표창하였다.
612) 교격은 은나라 때의 인물이다. 처음부터 은나라에 은거하면서 소금장사로 소일하고 있었는데 주(周)의 문왕이 그의 현명함을 보고 은(殷)의 주왕(紂王)에게 천거하여 대신이 되게 하였다. 일설에는 이것이 주나라의 첩자 역할이었다고도 한다. 나중에 벼슬이 상대부에까지 올랐다. 그 뒤 교격은 무왕이 은나라를 침공해올 때 은나라 안에서 조응하여 무왕이 은나라를 멸망시키는 데서 혁혁한 공을 세웠다.
613) 명이괘의 내괘(內卦)는 이괘☲로서, 이는 밝음을 상징한다.

「象」曰: '入于左腹', 獲心意也.

「상전」: '왼쪽 배로 들어감'이란 마음과 뜻을 얻음이다.

苟暗極矣, 則肘腋之臣, 且窺短長以外交矣. 可不懼哉!

진실로 한나라의 암울함이 극치에 이르면 팔꿈치·겨드랑이와 같은 가장 가까운 신하조차 내정(內情)을 염탐하여 밖으로 다른 나라와 교접하는 것이다. 이 어찌 두려워하지 않을 수 있으리오!

六五, 箕子之明夷, 利貞.

육오: 기자의 밝음이 상처를 입음이다. 이롭고 올곧다.

上爲暗主, 而五近之, 相比於同昏之廷, 不顯其明以自晦, 故爲箕子之象. 然必如箕子之貞而後合於義. 不然, 則其去飛廉·惡來也無幾矣.

이 명이괘䷣에서는 상육효가 세상을 암울하게 하는 포악한 임금인데, 육오효는 그 가까이에 있으면서 똑같이 혼란한 조정에서 함께 어울리고 있으니, 그 밝음이 드러나지 않고 스스로 어두워지고 만다. 그러므로 이것이 기자의 모습이다. 그러나 반드시 기자와 같은 올곧음이어야만 의로움에 합치한다. 그렇지 않으면 비렴(飛廉)·악래(惡來)[614]와 거의

---

614) 비렴과 악래는 부자 사이라고 한다. 비렴은 중국의 신화에서 동물신으로

다를 바 없을 것이다.

「象」曰: 箕子之貞, 明不可息也.

「상전」: 기자의 올곧음이니, 그 밝음이 꺼지지 않을 수 있다.

箕子以宗臣而抑, 非如微子之處嫌疑; 旣無去國之道, 欲繼比干以死, 而君側無親臣, 故佯狂爲奴, 而晦已甚. 然於艱難備極之日, 彛倫攸敍之道未嘗一日忘之, 則迹自晦而道自明, 是以利貞. 然則箕子懷道以待武王之訪乎? 非也. 箕子無待武王之心, 而訪不訪, 存乎人者不可期也. 君子雖際大難, 可辱可死, 而學道自其本務, 一日未死, 則不可息於一日, 爲己非爲人也. 懷道以待訪, 則訪不可必, 而道息矣. 志節之與學問, 道合於一而事分爲二. 遇難而恣情曠廢, 無明道之心, 志節雖立, 獨行之士耳, 非君子之所謂貞也.

전해진다. 그 모습은 새의 몸에 사슴의 머리를 하였다고도 하고, 사슴의 몸에 새의 머리를 하였다고도 한다. 바람을 관장하여 '풍백(風伯)'으로도 불린다. 그러나 동일한 비렴이 『맹자』에 나오는데(『孟子』, 「滕文公下」: 驅飛廉於海隅而戮之.) 조기(趙岐)는 이에 대한 주석에서 비렴을 '주왕(紂王)에게 아첨을 잘하였던 신하(飛廉, 紂諛臣.)'라고 주해하고 있다. 악래 역시 성격이 간사하고 화려한 언변에 능했던 인물인데, 주왕에게 시종일관 아첨을 떨어 그의 학정을 조장한 인물로 전해진다.

기자는 은나라의 종신(宗臣)으로서 억압을 받았는데 미자(微子)615)가
의심받을 일을 자처한 것과는 달랐다. 당시 은나라가 아무리 암울한
상황이라 하더라도 기자는 미자와 같이 자신의 나라를 떠날 의사가
없었고 원래 비간(比干)616)을 따라 죽으려고 하였다. 그러나 당시 상황에

---

615) 미자는 이름이 계(啓)다. 주왕(紂王)의 배다른 형이었는데 주왕의 음란함
    때문에 나라가 망할 것을 염려하여 수차례 간하였으나 듣지 않자 그를 떠났던
    인물이다. 주(周)의 무왕이 은나라를 멸망시키고 그의 관직을 회복하여 주었고,
    주공은 성왕(成王)의 명을 받아 무경의 반란을 진압한 뒤 그에게 명을 내려
    은나라 후예들을 통솔하게 하며 은나라의 제사를 받들게 하였다. 그리고 주나라
    의 부속국인 '송(宋)' 땅에 그를 봉하였다. 그래서 미자는 이 송나라의 시조가
    되었다. 『상서(尙書)』에 「미자(微子)」 편이 있을 정도로 뛰어난 인물이다.
616) 비간은 은나라 왕 태정(太丁)의 둘째 아들이며 마지막 왕인 주왕(紂王)의
    숙부다. 그는 어려서부터 매우 총명하였는데 20세에 벌써 태사(太師)의 지위에
    올라 왕 제을(帝乙)을 보좌했다. 그리고 제을로부터 나중에 자신이 죽은 뒤
    주왕(紂王)을 잘 보좌해 달라는 부탁을 받았다. 비간은 40여 년 동안 정치에
    종사하면서 백성들의 부세(賦稅)와 요역(徭役)을 줄여주고, 농업생산을 발전
    시키며, 청동기와 철기의 주조에서도 일정한 성과를 거둠으로써 은나라를
    부국강병으로 이끌었다. 다만 주왕이 달기(妲己)와의 애정행각에 빠져 그녀의
    말만을 받아들이고 갖은 음란한 짓을 다하며, 학정을 베풀어 백성을 도탄에
    빠지게 한 것이 문제였다. 이에 비간은 사흘 밤낮을 궁궐을 떠나지 않고
    직접 주왕을 대면하여 간언하였다. 그 내용은 달기가 천하를 어지럽히고
    있다는 것과 주왕(紂王)이 새로워져서 조정의 기강을 바로잡지 않으면 은나라
    의 미래는 없다는 것이었다. 그런데 이것이 역효과를 내서 주왕의 기억 속에
    미움으로 자리 잡았다. 그래서 훗날 주왕은 비간에게 "내 듣자하니 성인의
    심장에는 구멍이 7개가 있다는데!(『史記』, 「殷本紀」: 吾聞聖人心有七竅)"라고
    조롱하며 비간의 심장을 도려내어 죽였다. 공자는 미자(微子)・기자(箕子)와
    함께 이 비간을 은나라의 '세 어진 사람[三仁]'으로 꼽았다.(『論語』, 「微子」:
    微子去之, 箕子爲之奴, 比干諫而死. 孔子曰, "殷有三仁焉.")

서 임금 곁에 피붙이로서의 신하가 아무도 없다는 것을 고려하고서는 거짓으로 미친 체하며 노예가 되었다. 그래서 자신을 어둡게 함이 더욱 심해졌다. 그러나 간난신고함이 극단으로 치닫는 나날 속에서도 기자는 이륜(彝倫)을 펼칠 도(道)를 하루라도 잊은 적이 없었다. 그래서 그의 자취는 저절로 어두워졌지만 그의 도(道)는 저절로 밝아졌으니, 이것이 바로 '이롭고 올곧다'는 것이다.

그렇다면 기자가 가슴 속에 세상 경영의 훌륭한 원리인 도(道)를 품은 채 무왕의 방문을 기다렸을까? 그렇지 않다. 기자에게는 무왕을 기다리는 마음이 전혀 없었으니, 방문하고 안 하고는 무왕 본인에게 달려 있는 것이어서 기자로서는 기대할 수 없는 것이다. 군자가 비록 커다란 어려움에 부닥친 상황에서 치욕을 당할 수도 있고 죽임을 당할 수도 있다 하더라도, 그 학문과 도는 스스로 힘쓰고 간직해야 할 본래의 임무다. 그래서 그가 하루라도 죽지 않았다면 그 하루만큼이라도 그 학문과 도는 꺼지지 않을 수 있는데, 그러나 이렇게 하는 것은 어디까지나 자신을 위한 것이지 결코 남을 위한 것이 아니다. 도를 가슴 속에 품은 채 방문을 기다렸다면 방문은 꼭 이루어지지 않을 수도 있었으니, 그러면 그 도는 사라져버렸을 것이다. 지절(志節)과 학문은, 원리는 하나로 합쳐지지만, 해당되는 일은 둘로 나뉜다. 어려움을 당하여 거리낌 없이 풀어지고 도를 밝힐 마음이 없다면, 그에게 비록 지절이 세워져 있다 하더라도 홀로 행하는 선비일 따름일 뿐이다. 이는 결코 군자가 말하는 '올곧음'이 아니다.

上六, 不明晦, 初登于天, 後入于地.

상육: 명철하지 않아 모든 사람들이 그 때문에 암울해지니 처음에는 하늘로
올라가지만 나중에는 땅속으로 들어간다.

此則紂之象也. '不明晦'者, 君昏而天下皆爲之暗也. '初登于天', 謂先
王之克配上帝. '後入于地', 殷後王之喪師也. 五, 君位, 而上爲明夷之
主者, 天位已去, 寄居天位之上, 將消亡之象.

이 효는 주왕(紂王)을 상징한다. '不明晦(불명회)'는 임금이 사리분간에
어두운 나머지 폭정을 행하여 세상 모든 사람들이 그 때문에 암울해진다
는 의미다. '처음에는 하늘로 올라감'이란 은나라의 선왕들이 훌륭하게
정치를 하여 충분히 하느님 옆자리에 배석할 수 있음을 의미하고, '나중에
는 땅속으로 들어감'이란 은나라의 후대 왕들이 폭정을 행하여 민심을
잃어버렸음을 의미한다.[617] 『주역』에서 5효는 임금의 위(位)다. 그런데

---

617) 여기서 말하는 '충분히 하느님 옆자리에 배석할 수 있음'과 '은나라의 후대
왕들이 폭정을 행하여 민심을 잃어버렸음'은 『시경』, 「주송(周頌)」, 「문왕지십
(文王之什)」 편에 나오는 「문왕(文王)」이라는 시의 일부분을 인용한 것이다.
원시는 "無念爾祖, 聿脩厥德, 永言配命, 自求多福. 殷之未喪師, 克配上帝. 宜鑒
于殷, 駿命不易."으로 되어 있다. '하느님 옆자리에 배석함'이란, 은나라의
천자들이 하느님의 아들로서 세상에 나와서 다스리고 죽은 뒤에는 다시 하늘로
올라가서 하느님에 옆자리에 앉는다는 사상을 반영한 것이다. 그런데 이
시는 그럴 수 있는 요건으로 '민심을 잃어버리지 않음[未喪師]'을 꼽고 있고,
문왕이 이를 귀감으로 삼아 잘 행할 때 그에게로 내린 천명이 바뀌지 않을
것이라 하고 있다. 이 시는 그 의미의 중요성 때문에 『대학』에서도 인용하며

이 괘에서는 상육효가 주(紂)왕을 상징하는 '명이(明夷)'의 주인으로서 하늘의 위(位)에서 이미 떠나 그 위에 기거하고 있다. 그래서 이는 곧 사라짐을 나타내는 상(象)이다.

「象」曰: '初登于天', 照四國也, '後入于地', 失則也.

「상전」: '처음에는 하늘로 올라감'이란 주변의 모든 나라들에 자신의 밝은 덕을 내리비친다는 의미다. '나중에는 땅속으로 들어감'이란 세상 경영에서의 준칙을 어긴다는 의미다.

'四國', 四方之國. '照', 明德被之也. 昏暗喪亡, 僅云'失則'者, 道二, 仁與不仁而已矣. 失堯·舜之則, 則爲桀·紂也. 爻詞專象商·周興喪之事, 蓋周公因文王艱貞之德而推言之, 以見周之革商, 乃陰陽理數之自然, 而非武王之弋命, 且以垂戒後世, 爲意深切. 玩其辭以謹其動, 而天命人事昭然矣.

'四國(사국)'은 주변의 모든 나라들을 의미한다. '照(조)'는 훌륭한 임금의 밝은 덕이 주변의 모든 나라들에 미친다는 의미다. 그런데 임금이 사리분간에 어두워 폭정을 행하고 세상을 암울하게 하여서는 나라를 잃어버릴

'백성들의 마음을 얻음[得衆]'이 통치의 근본이요 핵심임을 강조하고 있다. (『詩』云, "殷之未喪師, 克配上帝. 儀監于殷, 峻命不易.", 道得衆則得國, 失衆則失國. 是故君子先慎乎德. 有德此有人, 有人此有土, 有土此有財, 有財此有用. 德者本也, 財者末也, 外本內末, 爭民施奪. 是故財聚則民散, 財散則民聚.)

테지만, 여기서는 기껏 '세상 경영에서의 준칙을 어김' 정도로 가볍게 말하고 있다. 그 까닭은, 도(道)가 인(仁)과 불인(不仁) 둘 뿐이기 때문이다. 그래서 요·순께서 세상을 경영하시던 준칙을 잃어버렸다면, 그것은 곧 걸·주와 같은 폭군이 되었다는 의미가 된다.

이 상육효사는 오로지 은(殷)·주(周) 간의 흥(興)·망(亡)에 따른 교체의 의미를 다루고 있다. 주공은 이 효사에서 부왕(父王)인 문왕이 간난신고함 속에서 발휘한 올곧음의 덕이 바탕이 되고 나아가서는 주나라가 상나라를 무너뜨리고 혁명에 성공할 수 있었다고 미루어 말하고 있다. 그런데 그는 이것이 음·양의 순환을 이끄는 법칙과 원리의 자연스러움이지, 결코 무왕이 천명을 주살로 잡아 자신에게로 끌어당긴 것이 아님을 내비치고 있다. 그리고 이를 경계할 일로 삼아 후세에 보여주고 있으니 그 의미가 깊고도 절실하다. 우리들이 이러한 효사를 잘 음미하며 자신의 행동을 삼간다면 천명과 사람일이 환히 보일 것이다.

『易』興神物以前民用, 而若此之類, 專指興亡得失之大故, 若不切於民用者. 以義類求之, 則身之榮辱, 家之成毀, 初無異理, 筮者皆可理推以利用. 而先王卜筮之設, 原以國有大事, 乃決於神, 君子以占世道之汙隆, 進退之大節, 故一可以商·周興亡爲鑒. 初非若「火珠林」之類, 爲市井屠販之人謀錙銖之利·挾策干進之夫求詭遇之名也.

『주역』은 용마(龍馬)·신구(神龜)와 같은 신묘한 것을 근간으로 해서 이루어진 것으로서 백성들이 실제로 활용하기에 앞서 예비된 것이다. 그런데 이 명이괘의 상구효사에서 다루고 있는 내용은 전적으로 국가의 흥망과 득실 따위를 초래하는 거대한 이유에 관한 것이어서 어쩌면 백성들이 활용하는 데서는 적절하지 않아 보일지도 모른다. 그러나 의미의 범주를 가지고 따져 볼 것 같으면 제 한 몸의 영광[榮]·치욕[辱], 한 가문의 이루어짐[成]·허물어짐[毀]을 가르는 이치가 애당초 다르지 않다. 그래서 점치는 이들로서는 이 상구효사에 담긴 이치를 얼마든지 자신의 일에 미루어서 활용할 수가 있을 것이다.

선왕들이 거북점이나 시초점을 만들었던 것은 원래 나라에 큰일이 있을 경우 신령에게 물어 결단하기 위함이었다. 군자는 이를 가지고 세상이 앞으로 혼탁해질지 융성해질지, 또 그에 맞추어 자신이 나아가야 할지 물러나야 할지의 큰 마디를 점쳤던 것이다. 그래서 하나같이 상·주의 흥·망을 귀감으로 삼을 수 있었다. 그래서 이는 「화주림」 따위와는 애당초 질적으로 다르다. 「화주림」은 시정의 장사치들이 얼마나 이익을 얻을까를 알아보는 데 쓰이고, 또 겨우 글줄 정도 읽은 이들이 어떤 방법으로든 승진을 노리면서 활용하는 수준의 것이다.

●●●

家人卦離下巽上

가인괘▦

家人, 利女貞.

가인: 여자가 올곧음에 이롭다.

'家人'·'暌'·'蹇'·'解'四卦, 互相錯綜, 而卦之名義見矣. 中四爻者, 卦

之定體也. 初・上者, 卦之所始終, 御體以行, 而成乎象以起用者也.
'家人'中四爻皆得其位, 而初・上以剛閑之, 陽之爲德充足而無間, 禦
其浮游而閑之之象也, 故化行於近, 而可及於遠. '蹇'中四爻亦得其位,
而初・上以柔載之, 柔者不健於行, 而滯於其方, 足弱之象也, 故外見
陰而止不往. '睽'中四爻皆失其位, 旣失位而乖戾, 初・上又以陽束之
於外而數動, 故愈束之合而愈離, 貌相應而情相猜. '解'中四爻亦失其
位, 乃初・上以柔調化之, 無所閑束, 則靜以居動, 故危疑不安之意漸
以解散, 而陰陽之搏擊以平. '家人'閑各正之人情以聚. '睽'束不正之異
志則離. '蹇'可行而養以柔, 泉之育於山也. '解'非所安而柔以緩之, 雷
之已出而釋以雨也. 觀其畫, 體其象, 審其錯綜之異, 而四卦之德與其
爻之險易可見矣.

가인괘(家人卦)☲・규괘(睽卦)☲・건괘(蹇卦)☵・해괘(解卦)☵ 등 네
괘는 서로 착・종의 관계를 이루는데, 이러한 점이 이들의 괘명이 지닌
의미에도 드러나 있다[618]. 이들 괘에서 가운데 네 효는 정해진 틀이다.
그리고 초・상효는 한 괘의 시작과 끝을 이루는 것으로서, 가운데 네
효의 정해진 틀을 몰아 가서 한 괘로서의 상(象)을 이루어 쓰임새를
일으켜낸다.
가인괘☲의 가운데 네 효는 모두 자신들의 마땅한 위(位)를 차지하고
있다. 그리고 초・상효는 굳셈[剛]으로써 이들을 막고 있다. 그래서 양(陽)

---

[618] '가인(家人)'이 가족을 의미한다면 '규(睽)'는 이들 사이가 어그러진 것을 의미하
고, '건(蹇)'이 절름발이를 의미한다면 '해(解)'는 그러한 장애가 풀어진 것을
의미하기 때문이다.

의 덕이 충족하고 네 효들에 간격이 없이 스며들어가 그들이 떠돌아다니
는 것을 통제하며 막는 상(象)을 이루고 있다. 그러므로 그 지어냄[造化]이
가까운 데서 행해져서 멀리까지 파급될 수 있다. 건괘(蹇卦)䷦의 가운데
네 효도 자신들의 마땅한 위(位)를 얻고 있다. 그런데 초·상효는 가인괘
와는 달리 부드러움[柔]으로써 이들을 실어주고 있다. 이 부드러움은
행함에서 씩씩하지 않으니 어느 곳엔 가에 응체되어 있고 다리가 약한
상(象)이다. 그러므로 겉으로 음(陰)이 드러나며 멈추어서 가지 않는다.
규괘(睽卦)䷥의 가운데 네 효는 모두 자신들의 마땅한 위(位)를 잃어버리
고 있다. 뿐만 아니라 서로서로 어긋나기조차 한다. 더욱이 초·상효는
밖에서 양(陽)으로써 안의 네 효를 묶고서 자주 움직인다. 그러므로
묶어서 합하려고 하면 할수록 이들은 더욱 분리되어버리니, 겉으로
드러나는 모습은 서로들 응하고 있는 것 같지만 실제 상황은 서로들
시기해 마지않는다. 해괘(解卦)䷧의 가운데 네 효들도 자신들의 마땅한
위(位)를 잃어버리고 있다. 그러나 이 괘의 초·상효는 부드러움으로서
이들과 조화를 이루지 틀어막거나 속박하려 들지 않는다. 그래서 이들이
조용히 거처하면서 움직이기 때문에 가운데 네 효들이 이들에 대해
품었던 의심과 불안이 점차 풀리며 사라진다. 그리고 음·양의 격투가
진정된다.
요컨대 가인괘는 각기 올바르게 있는 사람들이 뭘 하려고 하는 마음을
틀어막음으로써 모으고, 규괘는 올바르지 않게 각기 뜻을 품고 있는
것들을 묶으려 들지만 실제로는 그 대상들이 분리되어 버리고 만다.
건괘(蹇卦)는 행할 수 있지만 부드러움으로써 함양하고 있으니 큰 하천의
원천이 산에서 육성되고 있음이며, 해괘(解卦)는 편안해들 하지를 않아
서 부드러움으로서 느슨하게 하는 것인데 번개가 치자 벌써 풀려서
비로 내림이다. 이들 네 괘의 획을 살피고, 그 상(象)을 이룬 체재를

보며, 착·종의 관계를 이루고 있는 다름을 자세히 뜯어보면, 이들 네 괘의 덕과 효들 속에 드러난 험난함[險]·쉬움[易]을 알 수가 있다.

'家人'者, 一家之人聚順之象也. 各正其位以盡其道, 而以剛嚴統之, 無不利矣. 陰陽各得, 而獨言'利女貞', 歸美二·四者, 聖人曙於人情世變, 而知齊家之道, 唯女貞之爲切也. 陽之德本和而健於行, 初無不貞之憂, 所以不貞者, 陰雜其間, 干陽之位, 而反御陽以行, 是以陽因失其固有之貞而隨之以邪. 豈特二女之嬪虞, 太姒之興周, 妹喜·妲己·褒姒之亡三代, 爲興衰之原哉! 卽士庶之家, 父子兄弟天性之合, 自孩提稍長而已知愛敬, 其乖戾悖逆, 因乎氣質之凶頑者, 百不得一也. 婦人一入而亂之, 始之以媚惑, 終之以悍鷙, 受其惑而制於其悍, 則迷喪其天良, 成乎凶悖, 而若不能自已. 人倫斁, 天理滅, 天下淪胥於禽獸, 而不知其造端於女禍. 聖人於此懼之甚, 戒之甚, 而曰'利女貞', 言'女貞'之不易得也. 女德未易貞, 而由不貞以使之貞, 唯如'家人'之嚴君, 剛以閑之, 絕其媚而蚤止其悍, 使雖爲哲婦艷妻, 而有所制而不得逞, 則言物行恒之君子, 正己而崇威, 其道尙矣. 然則'利女貞'者, 初·上之功大矣哉!

이 가인괘䷤는 한 가정을 구성하는 사람들이 모여서 서로 순종하는 상을 이루고 있다. 그래서 구성원 각각이 마땅한 자기 자리를 차지한 채 합당한 도(道)를 다하는데, 초·상효가 굳세고 엄격함으로써 이들을 통제하니, 이롭지 않음이 없다. 그런데 이 가인괘에서는 가운데 네 효의 음·양이 각기 올바르게 있음에도 불구하고 유독 '여자가 올곧음에 이롭다'고 하여 육이·육사효에게만 아름다움을 귀결시키고 있는 까닭은 무엇일까. 그것은 다름 아니라,『주역』을 지으신 성인들께서 사람들의 실정과 세상의 변화를 환히 꿰뚫은 나머지, 가정을 가지런하게 하는 길은 오로지 여자의 올곧음이 가장 절실하다는 것을 알았기 때문이다. 양의 덕은 본래 화목하며 행하는 데서 씩씩하다. 그래서 올곧지 않을 우려가 애당초 없다. 올곧지 않은 까닭은 음이 그 사이에 끼어들어 양의 지위를 노리고 오히려 양을 부리기 때문이다. 그 결과 양은 그 고유한 올곧음을 잃어버린 나머지 사악함을 따라가게 되는 것이다. 이것이 어디 꼭 두 딸을 순임금에 시집보낸 것에 그치리오.[619] 태사(太似)[620]가 주나라를 흥하게 한 것, 매희(妹喜)[621] · 달기(妲己)[622] · 포사

---

619) 요임금이 나이 70에 이르러 자신의 후계자를 물색하던 중, 신하들이 순(舜)을 천거하자 그 됨됨이를 살펴본다는 차원에서 그의 두 딸을 순(舜)에게 시집보내며 "지아비를 공경하라!"고 한 일을 말한다.『서경』에 관련 구절이 실려 있다. (『書經』,「虞書」,「堯典」: 帝曰, "我其試哉! 女于時, 觀厥刑于二女." 釐降二女于嬀汭, 嬪于虞. 帝曰, "欽哉!")

620) 이 태사(太似)는 태임(太任)을 가리키는 것으로 보인다. 태임은 주나라 황실의 훌륭한 세 어머니 중의 하나로 꼽히는 인물이다. 계력(季歷, 王季)의 아내로서 문왕의 어머니다. 동양에서 최초로 태교를 한 것으로 알려져 있다. 문왕을 임신하여 눈으로는 나쁜 것을 보지 않았고, 귀로는 음란한 소리를 들으려 하지 않았으며, 입으로는 함부로 말을 하지 않았다고 한다. 나아가 문왕을 낳고서도 제대로 교육을 시켜 훌륭한 인물로 키워낸 것으로 유명하다.『열녀전(烈女傳)』,「모의전(母儀傳), 주실삼모(周室三母)」편에 관련 기록이 있다. 우리나라 신사임당(申師任堂)이 이 태임을 본받겠다는 의미에서 당호(堂號)를 '사임당(師任堂)'으로 이렇게 지었다고 한다. 그리고 신사임당은 율곡 같은 대현(大賢)을 낳고 길러냈다.

621) 매희(妹喜)는 말희(末嬉)라고도 한다. 유시씨(有施氏)족 출신의 미녀다. 하나라 제17대 왕인 걸(桀)왕의 왕후다. 중국 역사에 기록된 첫 번째 미녀로서 굉장한 미모를 자랑하였는데, 걸왕에게 시집 간 뒤 이 미모로 걸왕을 한껏

(褒姒)[623] 등이 삼대를 망하게 한 것을 보더라도 여인은 과연 한 나라를 흥하게도 하고 망하게도 하는 원인이도다! 말하자면 일반 지식인 계층[士]이나 일반 백성들의 집안에서는 부자·형제의 타고난 성품이 화합하고 어린아이로부터 점점 자라나면서 벌써 가족을 사랑할 줄도 안다. 공경할 줄도 안다. 엇나가고 패역하여 기질 그대로 흉악하고 완고한 이들은 백에 하나가 될까 말까 하다. 그런데 이런 집안에 여자 하나가 잘못 들어와 어지럽히면, 처음에는 교태를 부리며 미혹하는 것으로부터 시작하여 나중에는 사납기가 그지없어지는데, 가족들이 이러한 여인으로부

농락하여 걸왕으로 하여금 음탕 방일한 정치를 하게 한 나머지, 결국 하나라로 하여금 상(商)나라에 멸망당하게 하는 비극을 초래하였다. 그래서 매희는 나라를 망쳐 먹은 첫 번째 왕후로 꼽힌다. 또 달기(妲己)·포사(褒姒)·여희(驪姬)와 함께 중국 고대의 4대 요녀로 일컬어지고 있다.

622) 달기는 중국 은나라의 마지막 임금인 주왕(紂王)이 총애하였던 비(妃)다. 기(己)가 성(姓)이고, 달(妲)은 자(字)다. 역시 절세의 미모로 주왕을 홀려 방탕하고 잔인한 폭정을 행하게 한 나머지, 망국의 비운을 초래한 인물로 꼽힌다. 『봉신연의(封神演義)』의 기록에 의하면 달기의 성품은 본래 선량했다고 한다. 그런데 16세에 왕비로 발탁되어 궁중으로 들어가던 도중, 구미호인 호리정(狐狸精)에게 죽임을 당하고 거기에 호리정의 혼이 들씌워서 변한 일종의 요괴라 하고 있다. 주왕의 학정은 대부분 이 달기가 빌미가 되어 일어났다.

623) 서주(西周) 말기의 절세 미녀로서 주나라 유왕(幽王)의 총비다. 교미하던 용들이 흘린 침의 화신이라는 전설이 있다. 『동주열국지(東周列國志)』에서는 그녀를 매우 빼어난 미인으로 기록하고 있는데, 유왕(幽王)을 홀려 온갖 음탕한 짓을 저지르며 그로 하여금 학정(虐政)을 하도록 유도한 인물이다. 결국 유왕은 그녀와의 음락(淫樂)에 젖어 있다가 외침(外侵)도 모를 정도였고, 그래서 서주는 멸망하였다. 이에 『시경』에서는 그녀가 그 빛나는 주나라를 멸망시킨 것으로 기록하고 있다.(『詩經』, 「小雅, 正月」: 赫赫宗周, 褒姒滅之.)

터 미혹을 당하고 사나움에 제약을 당하게 되어서는 그 천부적인 선량함을 잃어버리고 흉악한 사람으로 변해버린다. 그래서 스스로도 어쩔 수가 없는 지경이 되고 만다. 결국 인륜이 무너지고 천리가 없어져서 온통 짐승들의 세상으로 빠져 들어가면서도 그것이 여자의 화근으로부터 시작되었다는 것을 알지 못한다. 『주역』을 지은 성인들께서는 이러함에 대해 매우 두려워한 나머지 깊이 경계하시며, "여자가 올곧음에 이롭다."라고 하신 것이다. 이는 역으로 '여자가 올곧음'이 그다지 쉽지 않다는 것을 말해준다.

이렇듯 여자의 타고난 성품은 쉽사리 올곧아지는 것이 아니다. 그렇다면 이 올곧지 않은 여인네들을 어떻게 하면 올곧게 할 수 있을까. 그것은 다름 아니라 오직 이 가인괘에서처럼 엄격한 군자가 함부로 날뛰려는 이들을 잘 통제하고 그 교태를 부리는 것을 아예 끊어버려서 일찌감치 사나움으로 치닫지 않도록 하는 일이다. 그래서 비록 제 아무리 현명한 부인이고 아리따운 아내라 할지라도 통제를 하여 제멋대로 함부로 하지 못하게 해야 한다. 그러면 이 괘의 「대상전」에서 말하는 것처럼, 말이 사리에 합당하고 행동이 항상된 법도를 따르는 군자가 자신을 올바르게 하고 위엄을 높일 것이니, 그 도(道)는 더욱 올라갈 것이다. 그렇다면 '여자가 올곧음에 이롭다'는 것에 대해서는 초·상효의 공(功)이 지대하다고 할 것이로다!

「象」曰: 家人, 女正位乎內, 男正位乎外, 男女正, 天地之大義也.

「단전」: 가인괘는 여자가 안에서 제 위치를 올바르게 잡고 남자는 밖에서 제 위치를 올바르게 잡고 있으니, 남녀가 모두 올바르다. 이것이 천지의 크나큰 의로움이다.

> 此就中四爻而言之也. 先言女者, 二陰之卦, 以陰爲主, 亦象詞利女貞
> 之意. '正位', 剛柔各循其道, 內外各安其職也. 女與梱外之事以妄動,
> 固家之索, 男子而問及酒漿瓜果絲枲鷄豚之事, 以廢人道之大, 家亦
> 自此衰矣. 天包地外, 以運化理, 地在天中, 以待天施, 內外正位, 天地
> 之大義固然, 人不得而爲, 故唯貞乃利.

이는 가인괘▤의 가운데 네 효에 대해 말한 것이다. 그런데 먼저 '여자'에
대해 말한 까닭은, 이 가인괘를 이루는 정괘(貞卦)·회괘(悔卦)가 모두
음의 괘들로서[624] 음이 주체가 되어 있기 때문이다. 괘사에서 '여자가
올곧음에 이롭다'라고 한 것도 이러한 의미에서다. '제 위치를 올바르게
잡음'이란, 굳셈[剛]·부드러움[柔]이 모두 각기 제 길과 원리를 따르고
있고, 안과 밖을 맡은 남녀가 모두 각기 제 직위에 편안해 한다는 의미다.
이와는 달리 여자가 문지방 밖의 일에 간여하며 망령되게 행동하여서는
진실로 집안을 망하게 한다.[625] 또 이제 남자가 술 담그는 일이나 장

---

624) 무릇 음·양효가 섞여 있는 괘에서 그 괘의 음·양을 결정하는 것은 하나만
있는 효다. 예컨대 진괘☳·감괘☵·간괘☶ 등은 양의 괘들이고, 손괘☴·이
괘☲·태괘☱ 등은 음의 괘들이다. 그리고 건괘☰는 양효로만 이루어져 있으
니 당연히 양의 괘이고, 곤괘☷는 음효로만 이루어져 있으니 음의 괘다. 이것이
「설괘전」에 제시되어 있는데, 왕필은 이를 근거로 '일효위주(一爻爲主)'설과
'일이통중(一以統衆)'설을 주창하기도 하였다. 이러한 관점에서 보면, 이 가인
괘를 이루고 있는 정괘(貞卦)와 회괘(悔卦)는 이괘☲와 손괘☴로서 모두 음의
괘임을 알 수 있다.
625) 이는『서경』에 출전이 있는 말이다.『서경』,「목서(牧誓)」편에 보면, 무왕이

담그는 일, 채소와 과일을 다루는 일, 베를 만들고 옷을 짓는 일, 가축을 기르는 일 따위에 관심을 갖고 행하며 그보다 훨씬 큰 사람의 도리를 나 몰라라 하고 내팽개치게 되면, 그 집안도 이로부터 쇠망하게 된다. 하늘은 땅 밖을 감싼 채 조화의 이치를 운행하고 땅은 하늘의 속에 있으면서 하늘의 베풂에 기대니, 이렇게 하여 안과 밖이 제 위치를 올바르게 잡고 있는 것이다. 하늘과 땅의 거대한 의로움이 본디 이러하거늘 사람으로서는 결코 이를 어길 수가 없다. 그러므로 오직 올곧아야 이로운 것이다.

家人有嚴君焉, 父母之謂也.

가족 구성원에 엄한 임금이 있다는 것은 곧 부모가 있음을 말하는 것이다.

此言初·上二爻也. '嚴'者, 剛之德. '君'者, 爲之綱而治之也. 上爲父, 初爲母, 天尊地卑, 父尊母親之道也. 母道慈, 而亦云嚴者, 父之嚴, 言物行恒, 以示德威而已. 故上九但言'反身'而威自孚. 家人之道始於纖細, 而放乎淫辟惰窳, 起居飮食·衣裳容止之節, 皆貞妄之原, 父道不瀆, 閑而正之者母也. 故凡子婦之不類, 兄弟之不若, 皆母不嚴而縱之於父所不及知之地, 習氣已溺, 父雖欲施敎而反相夷. 故閑家亡悔

옛사람들의 말을 빌려 "암탉은 새벽을 알리지 않으니, 암탉이 울어 새벽을 알리면 그 집안을 망할 따름이다.(『西經』, 「周書, 牧誓」: 王曰, 古人有言曰, 牝雞無晨. 牝雞之晨, 惟家之索.)"라 하고 있다.

之道, 責之於初九, 毋尤不可不嚴也.

이는 초·상효 두 효에 대해서 한 말이다. '엄함'은 굳셈의 덕이고, '임금은 벼리가 되어 다스린다'는 의미다. 이 가인괘☲에서 상효는 아버지, 초효는 어머니다. 하늘은 높이 있고 땅은 낮게 있다는 사실은, 아버지는 존엄하고 어머니는 친밀하다는 원리를 드러낸다. 그런데 어머니의 도리는 자애로움인데도 여기서 '엄함'이라 하고 있는 까닭은, 아버지의 엄함은 말이 사리에 딱 들어맞고 행동이 항상된 법도를 따르는 덕의 위엄을 보이기 때문이다. 그러므로 이 가인괘 상구효의 「상전」에서는 단지 '자신에게로 돌이킴'이라는 말만으로 스스로에게 믿음성이 있다는 위엄을 드러 내보이고 있다.

가족 구성원으로서의 도리는 실오라기만한 데서 비롯되어 방탕함·음란함·게으름·비뚤어짐에까지 확대되니, 살아가는 데서의 행동거지·먹고 마시는 것·옷 입는 것·용모 가꾸기 등의 절도가 모두 올곧음과 망령됨의 근원이 된다. 그리고 아버지의 도가 더러워지지 않고 가족들의 잘못된 행동을 막으며 올바른 길로 이끌 수 있게 하는 것은 어머니다. 무릇 자식과 며느리가 사람답지 못하고 형제들끼리 순종하지 않는 것은 모두 어머니가 엄하지 않고 심지어 아버지가 모르는 곳에 방치하기 때문이다. 그 결과 그들의 행동 습관이 이미 잘못된 곳으로 빠져 버린 상황에서는, 이제 비록 아버지가 가르침을 베풀고자 하더라도 오히려 서로 상처만 입고 만다. 이렇게 보면, 집안이 망하여 후회함을 막는 길은 초구효에게 달려 있으니, 어머니로서는 더욱더 엄격하지 않으면 안 된다.

父父, 子子, 兄兄, 弟弟, 夫夫, 婦婦, 而家道正, 正家而天下定矣.

아버지는 아버지답고 자식은 자식다우며, 형은 형답고 동생은 동생다우며, 지아
비는 지아비답고 지어미는 지어미다워야 한 가정의 도(道)가 올바르다. 이렇게
가정을 올바르게 하여야 세상이 안정된다.

'父父', 不言母者, 統母於父也. 初·上之剛嚴, '父父'也. 中四爻之得位,
'子子'也. 三·四相追隨, 兄弟也. 兄以慈愛爲友, 故柔. 弟以莊敬爲恭,
故剛. '夫夫', 五正位於外也. '婦婦', 二正位於內也. 原本其功, 父道之
嚴爲本, 故'家人'之德, 成於初·上. '天下定'者, 風化自近而及遠也.

여기에서 '아버지는 아버지답고'라 하며 '어머니'를 말하지 않은 까닭은,
어머니가 아버지에게 통괄되기 때문이다. 그래서 초·상효가 굳세고
엄한 것이 바로 '아버지는 아버지다움'이다. 그리고 가운데 네 효가
모두 제 위(位)를 제대로 차지하고 있는 것은 '자식이 자식다움'이다.
구삼·육사효가 서로 좇고 따르는 것은 형과 동생의 사이를 의미한다.
그런데 형이 자애로움으로써 동생에게 따뜻하게 대하기 때문에 부드러
움[柔]의 효로 되어 있다. 이에 비해 동생은 씩씩하고 공경함으로써
형에게 공손하게 대하기 때문에 굳셈[剛]의 효로 되어 있다. '지아비가
지아비다움'이란 구오효가 밖에서 제 위치를 올바르게 차지하고 있음이
고, '지어미가 지어미다움'이란 육이효가 안에서 제 위치를 올바르게
차지하고 있음이다. 한 가정이 올바르게 이루어지는 공력의 근본을
따져 보면, 아버지가 엄격하게 제 도리를 다하는 것이 근본이다. 그러므로
이 가인괘䷤의 덕은 초·상효에서 이루어진다. '세상이 안정된다'는 것은
풍화(風化)가 가까운 곳으로부터 먼 곳으로 미쳐가기 때문이다.

「象」曰: 風自火出, '家人', 君子以言有物而行有恒.

「대상전」: 바람이 불에서 나옴이 가인괘니, 군자는 이를 본받아 말이 사리에 딱딱 들어맞고 행동에 항상됨이 있다.

'風自火出', 和煦而不務遠及. '有物'者, 切於事理. '有恒'者, 修其常度. 君子取法於風化, 言行平易近情, 無速於致遠之心, 而自足以致遠, 家修之道然也.

'바람이 불에서 나옴'이란 따뜻하여 굳이 멀리까지 미치는 것을 힘쓰지 않음을 의미한다. '有物(유물)'은 사리에 딱딱 들어맞음을 의미하고, '有恒(유항)'은 항상된 법도를 닦음을 의미한다. 군자는 풍화에서 본보기를 취하니, 말과 행동이 평이하고 실정에 가깝다. 그리고 속히 멀리까지 이르고자 하는 마음이 없이 스스로 만족하며 멀리까지 이른다. 가정이 다스려지는 원리가 바로 이러하다.

初九, 閑有家, 悔亡.

초구: 가족 구성원들이 잘못되는 것을 잘 막아 올바로 가정을 꾸려가니, 후회할 일이 없다.

'閑'者, 禦其邪而護之使正也. 家人本無不正, 尤必從而閑之. 謹之於微, 母敎也. 雖若過於剛嚴, 而後悔必亡.

'閑(한)'이란 구성원들의 사악함을 틀어막고 그들을 보호하여 올바르게 한다는 의미다. 그리고 가족들에게도 본래 올바르지 않음이 없고 더욱이 반드시 좇으니, 이렇게 하여 그들의 잘못됨을 막는다. 은미함에서 삼가는 것이 바로 어머니의 가르침이다. 비록 굳셈의 엄함이 지나친 듯하지만 이렇게 한 뒤에라야 후회할 일이 필연코 없다.

「象」曰: '閑有家', 志未變也.

「상전」: '가족 구성원들이 잘못되는 것을 잘 막아 올바로 가정을 꾸려감'이란 뜻함이 아직 변하지 않을 적에 함이다.

> 中四爻本各得其正, 未有變也. 及其未變而防之, 養蒙於早, 以定其志,
> 母敎之功大矣哉!

> 가인괘䷤의 가운데 네 효는 본래 각기 그 올바름을 얻고 있으니, 이는 아직 변하지 않음이다. 그리고 아직 변하지 않을 적에 방지하고 가르침을 일찌감치 베풀어 그들의 뜻함을 확정하니, 어머니의 가르침이 발휘하는 공덕은 이렇듯 크도다!

六二, 无攸遂, 在中饋, 貞吉.

육이: 제 뜻함과 욕구를 채우지 않고 방 가운데서 제사 음식을 올림이니, 올곧고 길하다.

'无攸遂'者, 不遂其志欲. 婦人之志不可遂, 甚於欲也. '饋'者, 祭禮主婦
親饋敦黍. '在中'者, 自房中入室設之; 敬愼從夫以奉祀事, 修婦職也.
六二柔順得中而當位, 得婦道之正而吉.

'无攸遂(무수유)'는 제 뜻함과 욕구를 채우지 않음을 의미한다. 지어미의
뜻함을 이룰 수 없다는 것은 욕구의 경우보다 더하다. '饋(궤)'는 제례에서
주부가 친히 기장과 같은 음식을 넉넉하게 올림을 의미한다. '방 가운데서'
란 방 속에서 제실(祭室)로 들어가 음식을 진설한다는 의미다. 이때
공경하고 삼가며 지아비를 좇아 제삿일을 봉행하는 것이 지어미의 직책
을 제대로 수행하는 것이다. 이 육이효는 부드럽고 순종하여 득중하였고
제 위(位)를 마땅하게 차지하고 있다. 그래서 지어미의 도리를 올바르게
수행하여 길하다.

「象」曰: 六二之吉, 順以巽也.

「상전」: 육이효의 길함은 순종하며 들어가기 때문이다.

'順, 故无攸遂. '巽'者, 入也, 而有撰具之意. 在中饋以求歆於寢廟, 其宜
家必矣.

'순종함'이기 때문에 제 뜻함과 욕구를 이룸이 없다. '巽(손)'은 제실에
들어감인데[626], 거기에는 제실에 들어가 제사 음식을 격식에 맞게 차려냄
의 의미가 들어 있다. 방 가운데서 음식을 올려 가묘에 계신 분들에게
흠향하게 함이니, 여기서는 가문에 화목하고 순종함이 필연적이다.

九三, 家人嗃嗃, 悔厲吉. 婦子嘻嘻, 終吝.

구삼: 가족 구성원들이 불길이 막 세찬 소리를 내며 맹렬하게 타오르듯함이니 후회할 일이 있고 위태롭지만 길하다. 부인과 아이들이 불꽃이 희미한 소리를 내며 스러지듯 함이니 끝내 아쉬워한다.

'嗃嗃'・'嘻嘻'皆火聲. 『詩』: "多將嗃嗃." 『春秋傳』: "赫赫嘻嘻." '嗃嗃', 火之烈, '嘻嘻', 火餘欲之聲也. 九三以剛居剛而不中, 故爲嚴厲太過之象. 未能和洽, 故悔, 然終正家而吉. 乃三爲離火之餘, 其炎且殫. 嚴太甚者威且窮, 則悔其嚴而不終其厲, 是以有'終吝'之戒.

'嗃嗃(학학)'・'嘻嘻(희희)'는 모두 불이 타는 소리다. 『시경』에서는 "너무 많아지면 불길이 막 세찬 소리를 내며 맹렬하게 타오르듯하리니 (약으로 도 치유할 수 없을 것이다.)"[627]라 하고 있고, 『춘추좌씨전』에서는 "맹렬 하게 소리를 내며 타오르던 불꽃이 스멀스멀 스러져 간다."라고 하니,[628]

---

626) 취의설(取義說)에 입각한 풀이다. 이 근거는 「설괘전」에 나와 있다.

627) 『시경』, 「대아(大雅)」 편의 「판(板)」이라는 시에 나오는 구절이다. 주나라 여왕(厲王)의 학정이 너무 심해지는 것을 표현하는 말이다.

628) 『춘추좌씨전』에는 이 '赫赫嘻嘻(혁혁희희)'라는 말이 없다. '嘻嘻出出(희희출 출)'이라는 말이 있을 뿐이다.(「襄公」, 30년 조) 그리고 금릉본과 태평양서점본 『주역내전』에도 이곳이 "嘻嘻出出'로 되어 있다. 그런데 『주역패소』에서 이 구절에 대해 풀이하면서 왕부지는 "嘻嘻, 乘赫赫之餘火, 將息之聲也.('嘻嘻'는 거세게 소리를 내며 맹렬하게 타오르던 불이 꺼져가며 스러지는 소리다.)"라고 주해함으로써, 그가 본 『춘추좌씨전』의 이 구절이 '赫赫嘻嘻'로 되어 있고, 그는 이를 근거로 『주역』의 이 구절에 대해 이렇게 주해하였음을 드러내고 있다. 그래서 악록서사본 『주역패소』에서는 이 구절을 '赫赫嘻嘻'로 고쳤다고

'嗃嗃(학학)'은 불꽃이 이제 막 맹렬하게 타오르는 것이며, '嘻嘻(희희)'는 잔불이 꺼지는 소리다.[629]

지금 이 구삼효는 굳셈[剛]으로서 굳셈의 자리를 차지하고는 있지만 득중한 것은 아니다. 그러므로 그 내보이는 위엄이 위태로울 지경으로 너무 심한 상(象)을 이루고 있다. 이러함이 아직 가족들에게 화목을 불러오지도 않고 스며들어가지도 않으니 후회함이 있게 된다. 그러나 마침내는 가정을 올바르게 이끌어서 길하다. 그리고 구삼효는 정괘(貞卦)인 이괘☲의 맨 끝에 있는 효로서 이괘가 상징하는 불의 끝자락에 해당한다. 그래서 그 불꽃도 다함이 된다.[630] 엄격함이 너무 심하면 위엄도 궁색해지니, 그 엄격함에 대해 후회하지만 위태로움으로는 끝맺지 않는다. 그래서 '끝내 아쉬워함'이 있음을 경계하고 있는 것이다.

한다. 여기에는 사고전서본도 그 근거가 되었다고 하고 있다.(악록서사본 『주역패소』 주해 참조)

629) 왕부지는 이 '嘻嘻(희희)'에 대해 이전의 주석들에서는 '낄낄대고 웃는 소리'로 풀이하였지만, 우선 '嘻(희)' 자에는 그러한 의미가 없고, 또 구삼효는 굳셈으로서 굳셈의 자리를 차지하고 있으니 부드러움[柔]들처럼 노닥거리면서 희희덕 거리는 상이 없다고 하고 있다.(『周易稗疏』: 嘻嘻, 舊以為嬉笑之嬉, 嘻乃歎聲, 本無嬉義. 而九三以剛居剛, 亦無戲渝柔諧之象.)

630) 이 부분을 『주역패소』에서는 좀 더 자세하게 풀이하고 있다. 즉 "구삼효는 굳셈으로서 굳셈의 자리를 차지하고 있어서 이괘의 도가 바야흐로 막 왕성함이다. 그러므로 '嗃嗃(학학)'이라 하였다. 그러나 위로 육사효의 바람을 맞아 곧 흩어지게 되기 때문에(역자 주: 가인괘의 회괘는 손괘☴로서 바람을 상징한다.) '嘻嘻(희희)'라고 한 것이다. 그러므로 구삼효의 상은 잃어버림과 잃어버리지 않음의 상을 겸하고 있다.(『주역패소』: 九三, 以剛處剛, 離道方成, 故曰嗃嗃, 而上承六四風將散之, 故曰嘻嘻. 所以失與不失兼有其象.)"는 것이 그것이다.

「象」曰: ‘家人嗃嗃’, 未失也, ‘婦子嘻嘻’, 失家節也.

「상전」: ‘가족 구성원들이 불길이 막 세찬 소리를 내며 맹렬하게 타오르듯 함이니’라 한 것은 아직 가정의 절도를 잃어버리지 않았음이고, ‘부인과 아이들이 불꽃이 희미한 소리를 내며 스러지듯 함’이란 가정의 절도를 잃어버렸음이다.

雖‘嗃嗃’而固未失正家之道. 悔而弛其嚴, 則失節矣.

비록 ‘불길이 막 세찬 소리를 내며 맹렬하게 타오르듯 함’이라 하더라도 본디 아직 가정을 올바르게 하는 도를 잃어버리지는 않은 것이다. 그러나 이를 후회하며 그 엄격함을 느슨하게 하면, 이제 가정의 절도를 잃어버리게 된다.

六四, 富家, 大吉.

육사: 가문을 부유하게 하니, 크게 길하다.

陰主利, 六四以陰爻居陰位, 故富. 富非大吉之道, 唯柔順靜退而不驕, 可以長保其富而大吉.

음은 이로움을 맡는데, 육사효는 음효로서 음의 자리를 차지하고 있다. 그러므로 부유함이다. 그러나 부유함 자체가 크게 길함의 원리는 아니다. 오직 부드럽고 순종하며 고요히 물러나 교만하지 않아야 그 부유함을 오래도록 보존할 수 있어서 크게 길한 것이다.

「象」曰: '富家大吉', 順在位也.

「상전」: 가문을 부유하게 하니, 크게 길하다.'는 것은 제 위(位)에서 순종하기 때문이다.

居柔退之位, 不貪進而溢於非分.

부드러움과 물러남의 위(位)를 차지하고 있지, 탐욕을 내며 나아가 자신의 분수가 아닌 것에까지 함부로 나대지 않는다는 것이다.

九五, 王假有家, 勿恤吉.

구오: 성왕들의 교화가 가문에 이름이니, 근심하지 말지어다. 길하다.

'假', 至也, 猶『詩』'至于兄弟'之至, 德足以及之也. 九五剛中得位, 與二正應, 以德相感, 格正其家, 而家正矣; 則化未及遠, 不足爲憂, 而風敎所被, 邦國天下自化. 言'王'者, 唯聖王之德足以當之.

'假(가)'는 이르다는 의미다. 이는 『시경』에서 '형제들에게까지 이르다'[631]고 함의 '이름'이니, 덕이 풍족하여 너끈히 이른다는 의미다. 이

---

631) 『시경』, 「대아(大雅)」 편의 '사제(思齊)'라는 시에 나오는 구절이다. 전후 구절을 함께 소개하면, "임금으로서 아내에게 모범을 보여 가정을 훌륭하게 꾸려 나아가고, 이러함이 형제들에게까지 이르며, 궁극적으로는 나라와 온 세상을

구오효는 굳셈[剛]으로서 득중한 채 제 위(位)를 차지하고 있으며 육이효
와 제대로 응함[正應]의 관계 속에 덕으로써 서로 느낌을 주고받는데,
그 가문에까지 이르러 올바르게 다스리니 가문이 올발라진다. 그러니
덕화가 멀리까지 미치지 않는다는 것은 근심할 거리조차 안 된다. 교육과
정치에 의한 교화가 미침에 따라 나라와 온 세상이 저절로 좋은 세상이
될 것이기 때문이다. 여기서 '왕(王)'이라 한 것은 오직 성왕들의 덕이라야
충분히 이를 이루어낼 수 있다는 의미다.

「象」曰: '王假有家', 交相愛也.

「상전」: '성왕들의 교화가 가문에 이름이니'라 한 것은 사귀며 서로 사랑한다는
의미다.

剛正嫌於失歡, 乃德自足以相感, 而有六二之配, 樂而不淫, 則家自宜.

굳셈이 올바르면 너무 경직되어 환희조차 잃어버리지나 않을까 하고
의심이 들 수 있다. 그러나 덕이 있어서 저절로 서로 느낌을 주고받으며
육이효가 짝이 되어 주는데, 즐기되 음란하지 않는다.[632] 그래서 가정이

이렇게 다스린다.(刑於寡妻, 至於兄弟, 以禦於家邦)"로 되어 있다.
632) 『논어』, 「팔일(八日)」편에 나오는 공자의 말이다. 공자는 『시경』, 「주남(周南)」
편의 '관저(關雎)'라는 시를 평가하면서 이렇게 말하였다. 참고로 '관저'라는
시를 보면 "꾸우꾸우 우는 물수리는 황하 모래 톱에 노닐고, 기품 있고 현숙한
숙녀는 군자의 좋은 짝이로다!(關關雎鳩, 在河之洲, 窈窕淑女, 君子好逑)"로

저절로 올바르게 된다.

上九, 有孚, 威如, 終吉.

상구: 믿는 이가 있으며 위엄이 있다. 끝내 길하다.

'有孚', 謂與初九之剛德合也. 初九以剛嚴閑之於內, 上九復剛正以莅
其上, 威不瀆而家自正. '終吉'者, 非謂初不吉而後乃吉, 言永保其吉也.

'믿는 이가 있음'이란 이 상구효의 굳셈이 초구효의 굳센 덕과 합하여
하나가 된다는 의미다. 이 가인괘☲☴는 전체적으로, 초구효가 굳셈과
엄격함으로써 안에서 가운데 효들을 통제하고 있음에 상구효가 다시
굳셈과 올바름으로써 그 위에서 임하고 있다. 그래서 위엄이 모독당하지
않고 가문이 저절로 올발라진다. '끝내 길하다'는 것은 처음에는 길하지
않다가 나중에 길하다는 의미가 아니고, 그 길함을 영원히 보존한다는
의미다.

「象」曰: 威如之吉, 反身之謂也.

「상전」: 위엄 있음의 길함은 자신에게로 돌이키기 때문이다.

되어 있다.

父道尊而不瀆, 身正而威自立, 家人男女各正其位, 又有初九之閑, 則所謂威者, 不待撻責, ‘反身'盡道而敎自行矣.

아버지의 도가 존엄하면서도 모독을 당하지 않는다는 것은, 자신이 올발라서 위엄이 저절로 선다는 의미다. 그래서 가족 구성원들의 남자나 여자나 각기 제 위치에서 올바르게 행동하는데 또한 초구효가 이들을 통제하는 것이다. 그래서 ‘위엄'이라 하는 것이 굳이 물리력을 행사할 필요가 없고 ‘자신에게 돌이키며' 합당한 이치대로 다함으로써 교화가 저절로 행해지는 것이다.

● ● ●

睽卦_{兌下離上}

규괘䷥

睽, 小事吉.

규괘: 작은 일이 길하다.

‘睽', 乖異也. 中四爻皆失其位, 而初・上以剛强束合之, 而固不親, 故成乎‘睽'. 此卦與‘噬嗑'相似, 而九二以剛居中, 尤爲難合, 故雖應而應不以理, 下驕而上疑, 是以其爻多險易之辭焉. 夫人居不安之位, 而欲相與交, 其志之不固, 所必然也. 柔靜以俟其定則自釋, 剛動以制其爭

則愈離, 此'睽'與'解'之所由異, 道在初・上也. '睽'之於吉, 難矣. '小事'
者, 陰事也, 『周禮』所謂陰禮', 宮中婦人之治也. 前朝後市, 後市爲陰.
近利之事, 亦陰事也. 宮中合諸國之媵・群姓之女, 本不相親; 市雜五
方失居之民, 亦不相信; 而剛以束之, 合其不合者, 則吉. 柔道方行,
應剛而得制, 故能吉焉, 外此者無吉矣.

'睽(규)'라는 말은 '어그러지고 이질적이다'는 뜻이다. 이 규괘☲에서는
가운데 네 효가 모두 자신들의 위(位)를 잃고 있는데, 초구・상구효가
굳셈으로써 억지로 이들을 묶어서 합치고 있다. 그런데 이들 사이는
본디 친하지 않기 때문에 어그러지고 이질적인 모습을 이루고 있는
것이다. 이 규괘는 서합괘☲와 비슷하다.[633] 그러나 이 규괘는 구이효가
굳셈으로서 가운데 위(位)를 차지하고 있어서 더욱 화합하기가 어렵다.
그러므로 구이효와 육오효가 비록 응하고는 있지만 그 응함이 이치로써
이루어진 것이 아니며, 아랫것들은 교만하고 윗것들은 이를 의심한
다.[634] 그래서 이 규괘의 효사들에는 험난함과 평이함을 드러내는 사(辭)

---

[633] 왕부지는 서합괘에 대해, "이 서합괘를 보면, 하나의 양효가 세 음효 속으로
　　　들어가 있는데, 이것이 제 위(位)를 잃어버린 것이어서 음효들과 서로 화합하지
　　　않는다. 그리고 세 음효는 자기네들끼리 연대하려 하지만 하나의 양효가
　　　그 사이에 끼어 있어서 합할 수가 없다."라고 주해하고 있다. 따라서 서합괘도
　　　규괘와 마찬가지로 초・상효가 모두 굳셈[剛]의 효로서 가운데 네 효들을
　　　억제하며 다스리고 있는데, 가운데 네 효들이 서로 화합하지 않는다. 이러한
　　　측면에서 이들 두 괘가 서로 비슷하다고 한 것이다.
[634] 여기서 아랫것들이란 구이・구사효의 굳셈[剛]을 가리키고, 윗것들은 육삼・
　　　육오효의 부드러움[柔]을 가리킨다. 따라서 아랫것들은 교만하고 윗것들은
　　　의심한다고 한 것이다.

들이 많다.

대저 사람이 안정되지 아니한 위치에 있을 경우에는 서로 교유하고자 하더라도 그 뜻함이 견고하지 않음은 필연적이다. 이때 부드러움[柔]이 고요하게 그 정해짐을 기다리면 저절로 풀리지만, 굳셈[剛]이 움직이면서 그 다툼을 제압하면 더욱 유리된다. 이것이 규괘와 해괘(解卦)가 달라지는 연유인데, 그 원리는 바로 초·상효에 있다.[635]

'작은 일'이란 음(陰)의 일이다. 『주례』에서 말하는 '음례(陰禮)'[636]이기도 한데, 이는 궁중여인들이 맡아서 하던 일이다. 전조후시(前朝後市)[637]에서 '후시(後市)'는 음에 해당한다. 시가지는 이로움을 취하는 일에 가까우니 역시 음의 일인 것이다.[638] 궁중은 여러 제후국에서 온 잉첩(媵妾)

---

635) 규괘䷥와 해괘䷧는 가운데 네 효가 모두 자기들의 마땅한 위(位)에 있지 않음이 공통적이다. 그런데 초·상효는 서로 반대된다. 초·상효가 규괘는 모두 굳셈[剛]의 효로 되어 있고, 해괘는 모두 부드러움[柔]의 효로 되어 있다. 그런데 왕부지는 여기서 이들에 대해 "부드러움[柔]이 고요하게 그 정해짐을 기다리면 저절로 풀리지만(解卦), 굳셈[剛]이 움직이면서 그 다툼을 제압하면 더욱 유리된다(睽卦)."라고 비교하고 있다. 따라서 이들의 괘덕을 정반대로 돌리는 결정적인 원인이 초·상효에 있다고 함을 이해할 수 있다.

636) 『주례』에는 '음례(陰禮)'라는 말이 모두 네 번 나온다. 즉 「천관(天官)」, 「내재(內宰)」 편에 3번, 『지관(地官)』, 「대사도(大司徒)」 편에 1번 나온다. 그리고 『한어대사전(漢語大詞典)』에 의하면, "옛날에 부녀자들이 마땅히 지켜야 했던 예의(禮儀)"라 하고 있다.

637) '전조후시(前朝後市)'는 『주례』, 「고공기(考工記)」 편에 명시되어 있는 도성(都城)의 배치 원칙이다. 전면에는 정무를 보는 관청을 배치하고 후면에는 시가지를 형성하는 것이다. 또 '좌묘우사(左廟右社)'의 원칙도 있다. 궁궐을 중심으로 왼쪽에는 왕조 조상들의 사당을 배치하고 오른쪽에는 사직단(社稷壇)을 배치하는 것이다.

638) 유가에서 '의리지변(義理之辨)', 즉 의로움과 이로움을 구별하는 것은 핵심

및 여러 성씨를 가진 여성들을 합해 놓은 곳인데, 본래 그들끼리는
서로 친하지 않다. 시가지도 천지 사방에서 거주지를 잃고 모여든 백성들
이 사는 곳이니 역시 그들끼리는 서로 믿지 않는다. 그러나 굳셈이
이들을 결속하고 그 화합하지 않는 것들을 화합케 하므로 길한 것이다.
부드러움[柔]의 도(道)가 막 행해지는데, 이것이 굳셈[剛]에 응하여 그
통제 안에 들어올 수 있다. 그래서 여기서 길할 수가 있는 것이다.
이 밖의 것들은 길하지 않다.

「象」曰: 睽, 火動而上, 澤動而下, 二女同居, 其志不同行.

「단전」: 규괘는 불이 움직이며 위로 올라가고 연못은 움직이며 아래로 내려옴이
라, 두 여인이 함께 거처하는데 그 뜻함은 함께 가려 하지 않는다.

'睽'・'蹇'・'解'三卦, 「象傳」釋卦皆以化迹之象言之, 不詳其六爻之畫,
爻詞抑又不取於此. 此夫子引伸觀物, 而見陰陽之有其變者, 必徵於

주제 중의 하나다. 우리 행위의 바탕을 의로움에 둘 것이냐, 이로움에 둘
것이냐 하는 데서 반드시 의로움에 입각해야 한다는 것이 유가의 종지(宗旨)인
것이다. 그래서 공자는 "군자의 의로움에 밝고, 소인은 이로움에 밝다."(『論語』,
「里仁」: 子曰, "君子喩於義, 小人喩於利.")고 하였고, 맹자는 이로움을 갈망하
는 양혜왕에게 인류 공동체의 우두머리가 이로움이 아닌 의로움을 추구해야
나라 전체가 안정된다고 갈파하고 있다.(『孟子』, 「梁惠王」, 첫머리) 왕부지
역시 이러한 의리지변에 철저한 인물이다. 그런데 그는 여기서 음・양에
가치 관념을 집어넣어 의로움을 양(陽)에, 이로움을 음(陰)에 배당하고 있다.

兩間物化人情已然之迹, 補文王・周公之所未言, 而理固一致也. '動'
亦以初・上二爻之陽言. 二女之志不同者, 二陰以居皆非位, 不循其
分, 則志趣乖異. '兌'陰競進, 而'離'安於所麗以自尊也.

규괘(睽卦)䷥・건괘(蹇卦)䷦・해괘(解卦)䷧ 등 세 괘는 「단전」에서 괘를
풀이하면서 모두 천지조화가 드러내는 자취의 모습으로 말하고 있으다.
그 육효의 획에 대해서는 상세히 하지 않고 있다. 또 효사도 이에 대해서는
취하지 않고 있다. 이는 공자가 천지간(天地間) 만물에 대해 관찰한
것을 다른 차원으로 이끌어 간 것인데, 음・양의 순환에서 드러나는
여러 가지 양상들은 이 세상에서 이미 드러난 물(物)들의 변화와 사람세상
의 정황에서 반드시 징험된다는 것을 보여주고 있다. 이는 바로 괘사를
지은 문왕이나 효사를 지은 주공이 괘・효사에서 말하지 않은 것이다.
그러나 이치는 본디 서로들 일치한다. '움직임'이라 한 것도 초・상효
두 효의 양효를 가지고 말한 것이다. 두 여인의 뜻함이 함께하지 않는다는
것은 규괘의 두 음효가 자리 잡고 있는 위치가 모두 제 위(位)가 아니고
또 각기 자신들의 본분을 따르지도 않으니, 그 뜻함과 취향이 서로
어그러지고 다르다는 것이다. 즉 이 규괘의 정괘(貞卦)를 이루고 있는
태괘☱의 음효(육삼효)는 앞을 다투며 나아가려 함에 비해, 회괘(悔卦)를
이루고는 이괘☲의 음효(육오효)는 지금 두 양효들 사이에 끼어 있음에
편안해 하며 스스로 높이고 있다. 그래서 서로 어그러진다는 것이다.

說而麗乎明, 柔進而上行, 得中而應乎剛, 是以小事吉.

기뻐하며 밝음에 걸려 있고[639] 부드러움이 나아가며 위로 올라가고[640] 득중한

채 굳셈에 응한다.⁶⁴¹⁾ 그래서 작은 일이 길하다.

'說非君子之道, 而麗乎明', 則亦察於事情矣. '柔進上行'者, 與'家人'皆二陰用事之卦, 而陰自二上三, 自四上五, 雖不當位, 而漸以升, 且五陰居中而志以得, 故可吉.

'기뻐함'은 군자의 도(道)가 아니다. '밝음에 걸려 있음'은 또한 일되어 나아가는 형편에서 살핀 것이다. '부드러움이 나아가며 위로 올라가고'라 한 것은, 가인괘☲☴와 비교해 볼 적에 두 괘 모두 두 음효가 일을 벌이고 있음을 드러내는데, 가인괘의 육이효가 위로 올라가서 지금 이 규괘의 육삼효가 된 것이고, 가인괘의 육사효가 위로 올라가서 지금 이 규괘의 육오효가 되어 있다. 그래서 비록 이들 육삼·육오효가 모두들 제 마땅한 위(位)들을 차지하고 있는 것은 아니지만 점점 올라가고 있고, 또 육오효는 음으로서 중앙에 자리 잡은 채 제 뜻함을 이루고 있다. 그러므로 이들이 길할 수 있는 것이다.

天地睽而其事同也, 男女睽而其志通也, 萬物睽而其事類也, 睽之時用大矣哉!

---

639) 규괘를 취의설에 입각하여 설명한 것이다. 규괘의 정괘를 이루고 있는 태괘☱의 의미는 '기쁨'이고, 회괘를 이루고 있는 이괘☲의 의미는 '밝음'과 '걸려(끼어) 있음'이다.

640) 정괘를 이루고 있는 태괘☱의 음효(육삼효)에 대해 말하는 것이다.

641) 회괘를 이루고 이괘☲의 음효(육오효)에 대해 말하는 것이다.

하늘과 땅이 다르지만 그 하는 일은 같고, 남자와 여자가 다르지만 그 뜻함은 통하며, 만물이 다르지만 그 하는 일이 한 무리를 이루니, 규괘의 때와 작용은 크도다!

推言'睽'之爲道, 若乖而不適於明, 而善用之, 則天地之化, 人物之情理, 皆可因異而得同. 因其時, 善其用, 亦大矣哉, 固非特小事之吉; 而初・上之合異爲同者, 未爲不允, 故爻辭多得'无咎', 本非有咎也. '天地睽', 淸濁異也. '男女睽', 剛柔異也. '萬物睽', 情形異也. '事同'謂變化生成之事. '事類'謂相濟以成一類之用, 如水土合而成坏・筋漆合而成弓之類.

이 구절은 규괘䷥의 원리에 대해 말하고 있다. 즉 그것이 어그러짐이어서 밝음에는 적합지 않은 것 같지만, 이를 잘 활용하면 하늘과 땅의 지어냄造化, 사람과 물物들의 실정과 이치가 모두 다름을 바탕으로 하여 같음을 얻을 수 있다는 것이다. 그래서 때에 맞추어 활용을 잘 하면 또한 거대하리니, 규괘의 원리를 따른다면 본디 꼭 작은 일만 길한 것이 아니다. 초구・상구효가 다름들을 합하여 같음으로 하고 있다는 것이 믿기지 않는 것이 아니다. 그러므로 이 규괘의 효사들은 대부분 '허물없음'을 얻고 있는데, 본래 허물이 있었던 것이 아니다. '하늘과 땅이 다름'이란, 하늘은 맑고 땅은 흐려서 다른 것이다. '남자와 여자가 다름'이란 굳셈과 부드러움으로 다르다. '만물이 다름'이란 그들 내부의 속사정 및 겉으로 드러나는 표현 양태가 다르다. '하는 일이 같음'이란 변하고 화하며 생성해내는 일을 말한다. '한 무리를 이룸'이란 서로 도와서 한 무리를 이루어내는 작용을 말한다. 예컨대 물과 흙이 합하여 제방을 이루는 것, 힘줄과 옻칠이 합하여 활을 이루는 따위가 그것이다.

「象」曰: 上火下澤, '睽', 君子以同而異.

「상전」: 위는 불 아래는 연못으로 이루어진 것이 규괘니, 군자는 이를 본받아 같으면서도 다르다.

火炎上, 澤流下, 火不熯澤, 澤不熄火, 不相害也, 而各成其用. 君子之與人也, 同爲君子, 則以異相切磋, 而不雷同以相襲, 故異而不傷其和; 若非其類, 而與之立異以明高, 則水火交爭, 孤立無與而危矣. 善用'睽'者, 用之於所同, 不黨也; 不用之於所異, 則不爭也.

불은 위로 타오르고 연못은 아래로 흐른다. 그래서 불은 연못을 말려버리지 않고 연못도 불을 꺼트리지 않으니, 서로 해를 입히지 않으며 각기 그 작용을 이룬다. 군자는 남들과 어울리면서, 자신과 같은 군자일 경우 서로 간에 그 다름으로써 절차탁마하지 뇌동하여 무비판적으로 상대방을 받아들이지 않는다. 그러므로 다르더라도 서로 화목하여 어울림에 상처를 주지 않는다. 그러나 자신과 같은 부류가 아닌 경우에 자신이 그와 다름을 내세우면서 자신의 높음을 환히 드러낸다면, 물과 불이 다투듯 하리니, 자신과 함께하는 사람이 없이 고립되어 위태로워진다. 그러므로 규괘의 원리를 잘 활용하는 이는 자신과 같은 부류에게 활용하여 당파를 짓지 아니하고, 자신과 다른 부류에게는 이 규괘의 원리를 활용하지 않는다. 그래서 다투지 않게 된다.

初九, 悔亡, 喪馬勿逐自復, 見惡人, 无咎.

초구: 후회할 일이 없다. 말을 잃어버리는데 쫓아가지 않더라도 제 스스로

돌아온다. 나쁜 사람들을 만나더라도, 허물이 없다.

'睽'之所以爲乖異者, 陰凥乘剛, 居尊位, 處進爻, 而終不自安; 陽抑而
承陰, 志在求陽以自輔, 而不順乎陰, 故貌雖相應, 而情固離. 初之與四
不相應, 疑有悔, 而有'喪馬'不能行之象. 然此卦唯此爻爲當位, 上不爲
柔所乘, 而四以同德相感, 閑勒在手, 不憂物之難制, 故勿逐自得而悔
亡. 且初豈徒恃四之同志而得所禦哉? 凡中四不正之爻, 雖皆惡人, 而
剛果自任, 出而見之以遏其亂, 矯志裁物而自處無過, 固可以閑人之
邪. 如狄仁傑孤立於淫穢之廷, 其用大矣. '睽'以初九爲功, '解'以上六
爲得, 以剛禦乖違者, 當堅立而制之於早; 以柔解紛亂者, 當待時而救
之於終. '睽'初 ‧ '解'上, 爻皆得位, 故'睽'初賢於上, '解'上貴於初.

규괘䷥가 서로 간에 마음이 어그러지는 까닭은 두 가지다. 첫째는 음효들
의 문제다. 규괘의 음효들이 목을 뻣뻣이 내민 채 굳셈을 올라타고서
존귀한 위(位)를 차지하고 있거나(육오효), 나아감의 효에 자리 잡고서
끝내 스스로 편안해하지 않는(육삼효) 것이다. 둘째는 양효들의 문제다.
양효들이 자신을 굽혀 음효들을 받들고 있지만 사실은 그것이 자신들의
처지를 살려 스스로에게 도움을 주려는 데 뜻을 둔 것이어서 진실하게는
음에게 순종하지 않는 것이다.[642) 그래서 겉으로 드러나는 모습은 비록
서로 응함의 관계를 이루고 있지만 속마음으로는 본디 서로 유리되어
있다.

---

642) 이 규괘에서는 구이효가 육오효에게, 상구효가 육삼효에게 각기 응(應)의
    관계를 이루고 있다.

932 • 주역내전 ❸

이 초구효는 구사효와 서로 응하지 않기 때문에 후회할 일이 있지나

이 초구효는 구사효와 서로 응하지 않기 때문에 후회할 일이 있지나 않을까 의심을 자아낸다. 그래서 탈것인 '말을 잃어버려' 어디를 갈 수 없는 상(象)을 드러내고 있다. 그러나 이 규괘에서는 오직 이 초구효만이 제 위(位)를 마땅하게 차지하고 있으며 그 위에 부드러움[柔]이 올라타고 있지도 않다. 그리고 구사효는 같은 덕으로써 이 초구효와 서로 느낌을 교류한다. 그래서 말들이 나대는 것을 막아줄 고삐가 제 손에 있으니 말들을 통제하기 어렵다고 걱정할 것이 없다. 그러므로 쫓아가지 않더라도 말이 제 스스로 돌아오기 때문에 후회할 일이 없는 것이다. 아울러 초구효가 어찌 한갓 구사효가 같은 뜻을 지녔다는 것만 믿고서 부림을 당할 수 있으리오! 이 규괘에서 무릇 가운데 네 효들은 모두 제 위(位)를 올바르게 차지하고 있는 효들이 아니다. 그래서 이들이 비록 모두 악인이라 하더라도 이 초구효는 군셈의 과감함을 자임하며 나아가서 이들의 난맥상을 보고서는 막아버린다. 그래서 이 초구효는 이들의 뜻함을 바로잡고 제재하며 스스로는 허물없음에 처하니, 진실로 남들의 사악함을 막을 수가 있는 것이다. 예컨대 적인걸이 당시 음란하고 더러운 조정에 홀로 외로이 서 있었지만 그 작용은 컸던 것에 비유할 수 있다.(643)

---

643) 적인걸(狄仁傑; 630~700)은 당나라 측천무후(則天武后) 조정에서 재상을 지낸 사람이다. 그는 정관(貞觀) 4년에 태어나서 측천무후의 구시(久視) 원년에 죽었다. 당나라 병주(竝州) 태원(太原; 지금의 山西省 太原) 출신이다. 자는 회영(懷英)이었다. 관직에 있는 동안 그는 백성들의 마음을 자신의 마음으로 여기며, 무고한 백성들을 구제하는 데 온 힘을 다했다. 그리고 철혈 여제인 측천무후의 뜻을 거스르는 것조차 주저하지 않을 정도였다. 그래서 후인들은 그를 '당나라 조정의 지주'(砥柱는 砥柱山을 가리킨다. 이 지주산은 황하의

규괘는 초구효로써 공을 이루고, 해괘는 상육효로써 얻는다. 그래서 규괘는 어그러지고 어기는 것들을 굳셈으로써 제어하며 응당 굳게 우뚝 서 있다가 일찌감치 통제한다면, 해괘는 실타래처럼 엉킨 것들을 부드러움으로써 풀어헤치는데 응당 때를 기다렸다가 마지막에 구제한다. 규괘의 초구·해괘의 상육효는 효들이 모두 제 마땅한 위(位)를 차지하고 있다. 그러므로 규괘의 경우는 초효가 상효보다 현명하며, 해괘의 경우는 상효가 초효보다 존귀하다.

「象」曰: ‘見惡人’, 以辟咎也.

「상전」: ‘나쁜 사람들을 만나더라도’ 허물을 떨쳐내 버린다.

급류 속에 우뚝 솟아서 온 몸으로 그 흐름을 막아내고 있는 것처럼 보이는데, 이를 취하여 중임을 맡아 위태로운 국면을 떠맡을 수 있는 역량을 지닌 인재를 가리키는 말이 되었다. 다 갖추어서 '砥柱中流'라고도 한다.)라 불렀다. 그리고 사람을 보는 눈이 뛰어나 그가 추천한 인물들은 하나같이 당시 당나라 조정의 면모를 일신하는 역할을 해낸 것으로도 유명하다. 그는 법을 집행하는 데서 굳세고 올바르며, 밝고 칼날 같았다. 그리고 조금도 법을 왜곡하게 적용하지 않았다. 심지어는 측천무후의 면전에서 직간을 하는 경우도 잦았다. 그러다 보니 그를 둘러싸고는 숱하게 기이한 이야기들이 만들어져서 오늘날에도 전한다. 그런데 이렇게 직언을 마다 않는 적인걸을 측천무후는 매우 중용하였을 뿐만 아니라, 그가 죽고 난 뒤 그의 뛰어난 업적을 기려 그를 공(公)에 봉하였다. 왕부지는 여기서 초구효를 적인걸에, 구사효를 측천무후에 비유하여 풀이하고 있다.

'辟', 除也. 中四爻, 咎之徒也. 見之, 爲辟除之.

'辟(벽)'은 떨쳐내 버린다는 의미다. 이 규괘䷪의 가운데 네 효들은 허물을
낳는 무리들이다. 초구효는 이들을 만나더라도 떨쳐내 버린다.[644]

九二, 遇主于巷, 无咎.

구이: 임금을 궁중의 통로에서 만남이요, 허물이 없다.

'巷', 宮中通道. 六五以柔居尊, 下臨九二之剛中, 心有嫌焉, 不能自安
於斧扆之間, 以接二. 二雖剛, 而得中不亢, 就巷以見而遇之, 與之相
應, 此如晉文召王見之於溫, 『春秋』原情而許之, 故无咎.

---

[644] 왕부지는 『주역패소』에서 이 '辟咎(벽구)'에 대해 특별히 설명하고 있다. 이
'辟(벽)' 자를 옛 주해들은 '避(피)' 자로 보고 풀이하였으나 잘못이라는 것이다.
그는 이 '辟(벽)' 자의 뜻이 '푸닥거리하여 떨쳐내다(禳)'·'제거하다(除·去)'라
하고 있다. '避咎(피구)'라 하면 이미 이루어진 재앙이나 허물로부터 도망치는
것이니 이는 소인들이 이를 요행히 면하는 것을 의미한다면서, '벽구'는 허물이
나 재앙이 아직 이루어지기 전에 제거하는 것이니 이는 군자의 위대한 작용이라
한다. 왕부지는 이 규괘에서 구이효 이상의 효들은 모두 마땅한 제자리를
잃고 있는 것들로서 모두 악인을 상징한다고 본다. 그런데 초구효가 굳셈으로
써 일찌감치 이들을 제어하고 만날 적마다 다스리니, 이들의 상서롭지 않음이
드러나 어지럽히기 전에 미리 제거함으로써 허물이나 재앙이 없게 한다고
하고 있다.

'巷(항)'은 궁중의 통로를 의미한다. 육오효는 부드러움으로서 존귀한
지위를 차지한 채 아래로 구이효가 굳셈으로서 득중한 것과 마주하고
있다. 그래서 마음속에 의심이 일어 집무실에 편안히 앉은 채 구이효를
접대할 수가 없다. 그런데 구이효는 비록 굳셈의 덕을 지니고서 득중하였
지만 육오효를 향해 목을 뻣뻣이 내세우며 맞서지 않는다. 그리고 궁중의
통로에서 임금을 마주쳤다 하더라도 서로 응한다. 이는 진(晉)나라의
문공(文公)이 주나라 왕을 불러 온(溫)이라는 곳에서 만났던 것에 해당하
는데,『춘추전』에서는 그 사정을 살펴 이를 인정하고 있다.[645] 그러므로
허물이 없다.

---

645) 진문공(晉文公; B.C.671~B.C.628, 재위 기간 B.C.636~B.C.628) 말년에 문공은
온(溫)이라는 곳에서 회맹(會盟)을 하였다. 그리고 제후들로 하여금 주나라
왕실에 조공을 바치게 하려 하였는데, 자신의 힘이 완전하지 못하여 배반하는
이가 있을까 두려웠다. 그래서 사람을 시켜 주나라 양왕(襄王)으로 하여금
하양(河陽; 황하 북쪽을 지칭하는 듯)으로 수렵을 나오게 하였다. 주양왕이
친림하면 효과가 극대화할 것이기 때문이다. 주양왕은 실제로 이렇게 하였고,
제후들이 주나라에 조공을 바치기로 함으로써 진문공의 의도는 결실을 맺었다.
그런데『춘추전』에서는 이에 대해 "진문공이 온이라는 곳에서 주양왕에게
조공을 바쳤다.(『春秋左氏傳』,「文公」 1년 조: 晉侯朝王於溫.)"라고만 기록하
고 있다. 이를 두고『사기집해(史記集解)』를 낸 배인(裴駰)은 "'제후가 감히
주나라 왕을 부르는 일은 없다.'는 이유에서 '주나라 왕이 하양에 수렵나간
일'을『춘추』에서는 꺼리고 기록하지 않았다."고 주해하고 있다.(裴駰,『史記集
解』,「晉世家」: 冬, 晉侯會諸侯於溫, 欲率之朝周. 力未能, 恐其有畔者, 乃使人
言周襄王狩于河陽. 壬申, 遂率諸侯朝王於踐土. 孔子讀『史記』至文公, 曰"諸侯
無召王, 王狩河陽者,『春秋』諱之也.") 그러나 왕부지는『춘추』에서 이 사실을
기록한 것만으로도 공자가 진문공의 선의(善意)를 이해한 것으로 보고 있다.
그래서 제후가 선의로 자신의 윗사람인 왕을 부르고 왕은 그에 응하여 나왔다는
사실로써, 이 규괘 구이효사에 해당하는 역사적 사실을 적시하고 있다.

「象」曰: ‘遇主于巷’, 未失道也.

「상전」: ‘임금을 궁중의 통로에서 만남’은 도(道)를 잃어버린 것은 아니다.

當危疑之際, 不失臣節.

위태롭고 의심을 받는 상황에서 신하로서의 절조(節操)를 잃어버리지
않음이다.

六三, 見輿曳, 其牛掣, 其人天且劓. 无初有終.

육삼: 수레가 질질 끌리는 모습을 드러내고 그 끄는 소도 채찍질에 기진맥진함이
니, 사람과 하늘이 코를 베는 정도의 가벼운 형벌을 내린다. 처음에는 별 볼일
없지만 끝내는 결실을 맺는다.

‘睽’之用爻, 皆失其位; 而三以柔居剛, 志在躁進, 其乖異尤甚. 方急於
行; 下二陽, 其所乘之輿也, 不與之同心, 則見輿之被曳, 而欲急鞭其
牛, 乃柔不堪任, 而牛又掣矣. 上九見其乖躁, 張弧而欲射之, 三乃順而
與應, 於是施以髠劓之薄刑, 懲其不恪, 而三乃知懲, 則是能改過以服
善, 故‘无初有終’.

이 규괘☲의 효들을 보면 모두 제 위(位)를 잃고 있다. 이 육삼효도
부드러움[柔]으로서 굳셈[剛]의 자리를 차지하고 있다. 그래서 조급하게
나아가려는 데 뜻을 두고 있으니 어그러짐이 더욱 심하다. 바야흐로
지금 가는 데 급급한 상황이다. 그런데 아래 두 양효는 태우고 있는

수레로서 같은 마음을 갖지 않고 있으니 타고 있는 이의 의도대로 굴러가 주지 않아 수레가 질질 끌려가는 모습을 드러내고 있다. 그래서 급한 마음에 이제 앞에서 끌고 가는 소에게 채찍을 휘두른다. 이는 육삼효의 부드러움으로서는 감당할 수 없는 상황이지만 소가 또 끌어당긴다. 이렇게 서로 간에 마음이 맞지 않는 상태에서 허둥대는 모습을 보고서 상구효가 육삼효에게 활을 당겨 쏘려고 한다. 그런데 육삼효는 그에게 순종하며 함께하니 상구효는 머리를 깎아버리고 코를 베는 정도의 가벼운 형벌로써 육삼효의 신중치 못함을 징치한다. 육삼효는 이렇게 징치하려 함을 알고서 자신의 잘못을 바로잡고 복종하며 좋은 쪽으로 행동한다. 그래서 "처음에는 별 볼일 없지만 끝내는 결실을 맺는다."라고 한 것이다.

「象」曰: '見輿曳', 位不當也. '无初有終', 遇剛也.

「상전」: '수레가 질질 끌리는 모습을 드러냄'이란 이 육삼효가 차지하고 있는 위(位)가 제자리가 아니기 때문이다. "처음에는 별 볼일 없지만 끝내는 결실을 맺는다."는 것은 부드러움[柔]으로서 굳셈[剛]을 만났기 때문이다.

位皆不當, 而獨於三言之者, 陽之不當位, 惟陰亢而乘其上, 故被抑而屈於陰之下, 以失其所. 卦以陰爲主, 其責在陰. '家人'所以獨言'女貞', 得失不繫於陽也. 五亦不當位, 而免責者, 居中也. '遇剛'者, 上九以剛臨之, 三不敢不順應. '家人'以下四卦, 得失皆成乎初・上, 益可見矣.

이 규괘䷥의 가운데 네 효들은 위(位)가 모두 마땅하지 않은 것들이다. 그런데 이 「상전」에서 유독 육삼효에 대해서만 이를 지적하고 있는 까닭은, 구이효라는 양(陽)이 부당한 위(位)를 차지하고 있음에 대해 음(陰)으로서 오직 이 육삼효만 목을 뻣뻣이 내밀고 맞서며 그를 위에서 올라타고 있기 때문이다. 그러므로 구이효는 그 억압을 받으며 음(陰)의 아래에서 굴종을 당하고 있거니와 제 마땅한 자리도 잃어버리고 있다. 그런데 이 규괘의 정괘(貞卦)인 태괘☱에서는 이 육삼효의 음이 주체가 되어 있다. 그래서 이 음에게 책임이 있는 것이다.

가인괘☲에서도 유독 "여자가 올곧다."라고 한 까닭은, 가인괘의 득·실을 가르는 것이 양(陽)들에게 달려 있지 않기 때문이다. 그런데 이 규괘에서는 육오효도 제 위(位)가 아닌 곳에 자리 잡고 있다. 그러나 그것이 면책이 된다. 그 까닭은, 중앙에 자리 잡고 있기 때문이다. '부드러움[柔]으로서 굳셈[剛]을 만났다'는 것은 상구효가 굳셈으로서 임하고 있는 상황에서 이 육삼효가 감히 순응하지 않을 수 없다는 것이다. 가인괘 이하의 네 괘에서는 득·실이 모두 초·상효에 의해 이루어지고 있음을 이를 통해 더욱 잘 알 수 있을 것이다.

九四, 睽孤, 遇元夫, 交孚, 厲无咎.

구사: 괴리(乖離)된 채 고독하게 있지만, 같은 덕을 지닌 맏이를 만나 믿음으로 교유하니, 위태롭지만 허물은 없다.

四以失位之陽, 三與五乘權得中, 或迫進相干, 或據尊相乘, 睽而孤矣. '元夫', 剛之長也. 四與初相應而道合, 恃之以自輔而交孚, 處勢雖危, 能與剛正者合志, 故无咎.

구사효는 자신의 위(位)를 잃어버린 양(陽)이고, 육삼효와 육오효는
권세를 타고 득중하고 있다. 그래서 어떤 것은 급박하게 나아감으로써
서로 간여하고(육삼효), 어떤 것은 존귀한 위(位)에 웅거함으로써 서로
올라타며(육오효) 함께 어울리는데, 사이에 낀 이 구사효만 괴리된 채
고독하게 있다. '원부(元夫)'는 굳셈의 맏이다. 구사효는 초구효와 서로
응하며 도(道)가 합치하니, 이를 믿고서 스스로 보완해가며 그와 믿음으
로 교유한다. 그래서 비록 지금 처한 형세가 위태롭다고는 하지만 굳세고
올바른 이와 뜻함이 합치할 수 있다. 그러므로 허물이 없다.

「象」曰: '交孚无咎', 志行也.

「상전」: "믿음으로 교유하니, 허물이 없다."고 함은 구사효 자신의 뜻함이 행해지
기 때문이다.

> 四有不平於五之志, 得初陽而志行矣.

> 구사효는 육오효의 뜻함이 도저히 마음에 들지 않았는데, 초구효의
> 양을 만나 비로소 자신의 뜻함이 행해지게 된 것이다.

六五, 悔亡, 厥宗噬膚, 往何咎.

육오: 후회할 일이 없고, 저 사람이 의지하고 있는 종주(宗主)가 피부를 깨무니,
가서 어찌 허물이 있으리오!

'厥者, 在彼之辭. '厥宗', 彼所依以爲主者, 謂二以初爲依也. '膚', 易噬
者. 卦與'噬嗑'相類, 故言'噬膚', 亦有齮合之象焉. 六五柔居尊而非其
位, 逼九二之剛, 疑其傷己, 而不欲下往以交, 故二有不能廷見而在巷
之象. 乃二所依以輔其剛者, 初也, 則固以剛束異以爲同者也. 旣與二
志合而相入, 必噬二與五相應以不使終乖, 則五往而應二, 抑何患焉,
故无咎.

'厥(궐)'이란 나 아닌 상대방에게 있다는 것을 드러내는 말이다. 그래서
'厥宗(궐종)'은 저 사람이 의지하며 주인으로 삼는 존재니, 여기서는
구이효가 초구효를 의지로 삼는다는 말이다. '피부'는 쉽게 물리는 것이
다. 이 규괘䷥는 서합괘䷔와 서로 같은 부류다. 그러므로 '피부를 깨물다'
라고 하였는데, 이 규괘에도 이빨로 깨물며 입을 다물어 합하는 상이
있다.

육오효는 부드러움으로서 존귀한 자리를 차지하고 있지만 이것이 제자
리가 아니다. 그런데도 한사코 구이효의 굳셈을 핍박하며 그것이 자신을
상하게 할지도 모른다고 의심을 할 뿐, 아래로 내려가 그와 교유하려
하지 않는다. 그러므로 구이효의 입장에서는 조정에서 그를 직접 뵐
수 없어 궁중의 통로에 있는 상(象)을 이루고 있다. 그런데 정작 이
구이효에게 의지가 되어 그 굳셈을 보완해주는 이는 초구효다. 이 초구효
는 본디 굳셈으로써 이질적인 것들을 묶어서 동질적인 것으로 만드는
이다. 그런데 이 초구효가 구이효와는 이미 뜻함이 합치하여 서로 마음속
으로 받아들이고 있다. 그래서 이제 반드시 구이효와 육오효가 서로
응하도록 깨물어 이들로 하여금 끝내 괴리하지 않도록 한다. 그 결과
육오효는 가서 구이효에게 응하는 것이다. 그런데도 어찌 이 육오효에게
근심할 일이 있으리오! 이런 까닭에 그에게는 허물이 없는 것이다.

「象」曰: ‘厥宗噬膚’, 往有慶也.

「상전」: ‘저 이의 종주가 피부를 깨무니’ 가서 경사가 있을 것이다.

非所期而得合, 慶自外來也.

기대하지 않았는데도 합치함을 얻었으니, 경사는 밖에서 온 것이다.

上九, 睽孤, 見豕負塗, 載鬼一車, 先張之弧, 後說之弧, 匪寇, 婚媾, 往遇雨則吉.

상구: 괴리된 채 고독함이요, 돼지가 등에 잔뜩 진흙을 묻히고 있음을 보고서 수레 한 가득 귀신을 싣고 오는 것으로 여겨 먼저는 활시위를 당겼다가 나중에는 당기던 활시위를 슬그머니 놓는다. 도적이 아니며 혼인을 청하러 온 이다. 가다가 비를 만나면 길하다.

六五方以陰居尊, 而上九以失位之陽寄處其上, 孤矣. 乃上九之志欲 睽, 與初同道者也, 故任剛而欲懲其乖異以使安, 而所正應者, 失位陰 濁躁突之三, 若豕之溷於泥塗, 徧而視在下之爻, 陰陽錯亂, 盈車皆鬼 也. 於是愼其不戢, 張弧而欲射之. 三乃畏服, 不敢爲寇而求婚, 因說弧 以與之相應. 三無異志, 則陽可不爭, 而陰志亦斂, 若晴霽不定之宇, 而得雨以解, 可以吉矣. 言‘遇雨則吉’者, 遇不遇, 未可定之辭. 治雜亂 之道, 終不如‘解’之上六, 以柔待其自散而射之, 爲无不利也.

육오효가 음으로서 한창 존귀한 지위를 차지하고 있는데, 이 상구효는 제자리를 잃어버린 양으로서 그 위에 얹혀 지내고 있으니, 고독하다. 그런데 상구효의 뜻함은 규괘를 올바르게 하는 것으로서, 초구효와 도를 같이하는 존재다. 그러므로 굳셈을 자임하며 가운데 네 효들이 지닌 괴이함을 징치하여 안정되게 하고자 한다. 그런데 이 상구효와 제대로 응함正應의 관계에 있는 효가 바로 제자리를 잃어버린 음으로서 혼탁하고 조급하게 돌진하는 육삼효다. 그래서 돼지가 진흙탕에서 뒹군 것처럼 잔뜩 흙탕물을 뒤집어쓰고 있는 모양이니, 아래에 있는 효들을 두루 살펴보건대 음·양이 어지럽게 어수선한지라 수레 한 가득 실린 것들이 귀신으로 보인다. 이에 상구효는 이들이 모두 자신을 다스리지 않고 제멋대로 구는 이들이다 싶어 활시위를 당겨 쏘려고 한다. 그러자 육삼효는 바로 두려움에 떨며 굴복하고 감히 도적이 되려하기보다는 혼인을 청한다. 그래서 상구효도 당겼던 활시위를 슬그머니 풀고서 함께 서로 응한다. 육삼효에게도 다른 뜻은 없다. 그래서 상구효는 양으로서 다투지 않을 수 있고 음인 육삼효도 원래의 뜻함을 거두어들이니, 이는 마치 날이 갰다 흙비가 내렸다 하여 전혀 예측할 수 없는 날씨에서 비를 만나 풀려서 길할 수 있음과 같다. 그런데 "비를 만나면 길하다."고 한 것은 비를 만날지 만나지 않을지 예측할 수 없다는 말이다. 그리고 이 규괘의 상구효가 어지럽고 혼란스러움을 다스리는 원리와 방식은 끝내 해괘(解卦)䷧의 상육효만 못하다. 해괘의 상육효는 부드러움으로서 그들이 저절로 흩어지기를 기다렸다가 쏘니, 이롭지 않음이 없다.

「象」曰: 遇雨之吉, 羣疑亡也.

「상전」: 비를 만나서 길함은 무리들의 의심이 사라졌기 때문이다.

雨則陰之氣洩, 而陽亦舒矣.

비가 내리면 음의 기(氣)는 새 나가고 양도 풀린다.

●●●

蹇卦艮下坎上

건괘䷦

蹇. 利西南, 不利東北. 利見大人, 貞吉.

건괘: 서남쪽에는 이롭고 동북쪽에는 이롭지 않다. 대인을 만남이 이롭고, 올곧아 서 길하다.

不達於行之謂蹇, 爲卦中四爻皆得其位, 道可以行矣, 而初·上皆柔, 有始終畏愼, 不欲遽行之象, 故爲蹇. 柔居下而爲艮止, 不然, 則旣濟 之涉也. 柔在上而知天下之險, 不然, 則漸之進也. '家人'旣正, 而猶閑 之以剛, 行於近者, 暱而弛則懈. '蹇'得正, 而猶需之以柔, 將有爲於天 下以消其險, 健而迫則危. 故彼爲閑家之象, 而此爲蹇於行之道, 各有

所宜, 存乎學『易』者善用之爾.

보행하는 데서 마음대로 잘 되지 않음을 '蹇(건)'이라 한다. 이 건괘(蹇卦)
☶는 가운데 네 효가 모두 제대로 제자리를 차지하고 있어서 이치로는
잘 걸어갈 수 있을 것처럼 보인다. 그러나 초·상효가 모두 부드러움의
효(--)로 되어 있어서 처음부터 끝까지 두려워하고 신중할 뿐 급격하게
가려고 하지 않는 상(象)을 이루고 있다. 그러므로 '蹇(건)'이라 한 것이다.
이 건괘는 부드러움(--)이 맨 아래에 있어서 간괘☶의 '멈춤'을 이루고
있는데, 그렇지 않다면 기제괘가 되어서 '건너감'의 의미를 띠게 될
것이다.646) 또 이 건괘는 부드러움의 효가 맨 위에 있으면서 천하의
험난함을 알아차리고 있다. 그렇지 않으면 점괘(漸卦)☶가 되어버릴
테니 '나아감'의 의미를 지닐 것이다.647)
이와 비교되는 것이 가인괘☶는 가운데 네 효가 이미 올바른데도 오히려
초·상효가 굳셈(—)으로써 이들을 막으며 단속하고 있다. 그 까닭은,

646) 이 건괘(蹇卦)☶의 정괘(貞卦)는 간괘☶로서 초효가 부드러움의 효(--)로 되어
있다. 간괘는 '멈춤'의 의미를 갖고 있기 때문에, 이는 보행에서의 여의치
않음의 의미를 지닌 건괘(蹇卦)와 맥을 같이 한다고 할 수 있다. 그런데 이
초효가 굳셈의 효(—)로 바꾸면 이 괘는 전체가 기제괘☶가 되어 버린다.
기제괘의 의미는 '건너감'이기 때문에 이는 건괘(蹇卦)와는 벌써 그 의미가
반대로 바뀌고 만다.
647) 이 건괘(蹇卦)의 회괘(悔卦)는 감괘☵로서 상효가 부드러움의 효(--)로 되어
있다. 감괘는 '험난함'의 의미를 갖고 있기 때문에, 이는 보행에서의 여의치
않음의 의미를 지닌 건괘(蹇卦)와 맥을 같이 한다고 할 수 있다. 그런데 이
상효가 굳셈의 효(—)로 바꾸면 이 괘는 전체가 점괘(漸卦)☶가 되어 버린다.
이 점괘의 의미는 '나아감'이기 때문에 이 역시 건괘(蹇卦)와는 벌써 그 의미가
반대로 바뀌고 만다.

가까운데서 가는 이들이 막는 이들과 친압(親狎)해지면 해이해져서 그만 풀리고 말기 때문이다. 건괘(蹇卦)䷦도 가운데 네 효들이 제자리를 제대로 차지하고 있다. 그런데 가인괘와는 달리 이 건괘는 부드러움으로써 이들을 기다리고 있다. 그 까닭은, 이들이 장차 천하에서 할 일을 하며 그 험난함을 해소할 것인데, 씩씩하게 몰아붙이게 되면 위태롭기 때문이다. 그러므로 가인괘가 가족 구성원들을 막아서 단속하는 상을 이루고 있음에 비해, 이 건괘(蹇卦)䷦는 보행하는 데서 마음대로 되지 않음의 이치를 띠고 있다. 각각에 마땅한 바가 있는 것이다. 이를 어떻게 활용하느냐는 『주역』을 공부하는 이들에게 달려 있을 따름이다.

蹇者非不行也, 行而後見其蹇焉; 擇利而蹈, 在平而若陂, 唯恐其顚越也. '西南', 高山危灘之鄕, 行者必畏愼; 若蹇以此道行之, 則利. '東北', 靑袞衍博之地, 可以快行, 將忘其蹇, 故不利. '大人'謂九五. 陽剛得中, 以居天位, 而有柔以相輔, 以敬愼柔和之道, 使各正者不忘險阻之戒, 見之則沐其德敎而利, 故爲天下所利見也. '貞吉'又統一卦而言, 當位得正, 雖無急見之功, 自有譽問而充碩, 蔑不吉也.

절름발이라고 해서 보행을 하지 못하는 것은 아니다. 보행을 해보고 난 뒤에야 절름거려서 잘 되지 않음을 알게 된다. 그래서 걷기에 이로운 쪽만 골라서 발걸음을 내딛고 평평한 곳을 걸으면서도 마치 비탈진 곳을 걷는 듯 하는 것은 오직 넘어지지나 않을까 두려워해서다. 중국에서 서남쪽은 고산지대와 물살이 빠른 여울이 많이 있는 지역이니 길 가는 이들은 반드시 두려워하며 신중하게 행보를 해야 한다. 만약에 절름발이가 이 길을 간다면 이롭다. 반대로 중국의 동북쪽은 청주(靑州)·곤주(袞

州)648)가 해당하는데, 이 지역은 아득하게 광활한 평야지대를 이루고
있다. 그래서 쾌속으로 갈 수 있다 하여 자신이 절름발이라는 것을
잊고서 속보로 가기 때문에 이롭지 않은 것이다.

'대인'은 구오효를 가리킨다. 이 구오효는 양(陽)이요 굳셈[剛]으로서 득중
한 채 하늘의 위(位)를 차지하고 있다. 그리고 부드러움[柔]들이 서로
보좌하고 있다. 이 구오효가 각기 올바르게 제자리를 차지하고 있는
이들에게 공경하고 삼감[敬愼]과 부드럽고 어울림[柔和]의 도(道)로써
험난함과 가로막힘에 대해 잊지 말도록 경계하고 있다. 그러므로 그를
만나면 그 덕스러운 교화를 받아들여 이로우니, 세상 사람들이 그를
만나면 이로운 것이다.

'올곧음이 이롭다'는 것은 또 이 건괘(蹇卦)䷦ 전체를 통틀어서 말한
것이다. 제자리를 마땅하게 차지하고 있는 효들이 비록 급하게 드러내는
결실은 없다 할지라도, 스스로에게 명예가 있어서 이를 크게 채우고

---

648) 청주(靑州)와 곤주(袞州)는 모두 구주(九州)의 하나에 속한다. 구주는 중국
전체를 아홉 개로 나눈 것이다. 이 가운데 청주는 산동성(山東省)에서 요령성
(遼寧省)에 이르는 지역으로서 요하(遼河)의 동쪽 부분을 일컫는다. 그리고
곤주는 산동성을 지칭한다. 그런데 왕부지는 『주역패소』에서 이 구절에 대해
서도 특별히 설명하고 있다. 이전의 주해들은 억측으로 중국의 서남쪽이
평이하고 동북쪽은 험조(險阻)하다고 하였으나 사실을 가지고 고찰해볼 적에
이는 오히려 반대라는 것이다. 그리고는 서남쪽에 있는 명산대천(名山大川)을
열거하며 이들이 모두 그 험난함을 드러내고 있다고 한다. 산으로서는 곤륜산
·파미르고원·아미산·점창산 등이 있고, 큰 강으로서는 약수(弱水)·유사
(流砂)·삼협(三峽)·반강(盤江) 등이 모두 서남쪽에 있다는 것이다. 이에
비해 동북의 청주(靑州)·곤주(袞州)는 평야지대가 수천 리에 걸쳐 벋어 있으
니, 결코 중국의 서남쪽을 평이하다고 하고 동북쪽을 험조하다고 해서는
안 된다는 것이다.

있으니 불길함을 없애버린다는 깃이다.

「象」曰: 蹇, 難也.

「단전」: '蹇(건)'은 어려움을 의미한다.

'難與『論語』"先難後獲"之難同. 不恃其道之正, 行而且止, 其難, 其愼也.

이 '험난함'은 『논어』에서 "먼저 어려운 것을 행하고 뒤에 거두어들인
다."[649]고 할 때의 어려움과 같은 의미다. 꼭 그 도의 올바름에만 의지하지
않고 행동하다가 또한 멈추기도 하니, 이는 어렵게 여김이고 신중히
함이다.

險在前也. 見險而能止, 知矣哉!

험난함이 앞에 있으니, 이 험난함을 보고서 멈출 수 있다는 것[650]은 지혜로운

---

649) 『논어』, 「옹야(雍也)」 편에 나오는 말이다. 공자는 여기서, "어진 사람은 먼저
    험난함을 행하고 뒤에 거두어들이니, 이래야 '어질다'고 할 수 있다.(仁者,
    先難而後獲, 可謂仁矣.)"라고 하였다.
650) 건괘(蹇卦)䷦를 취의설에 입각하여 풀이한 것이다. 건괘의 회괘(悔卦)인 감괘
    ☵는 험난함을 상징하고, 간괘☶는 멈춤을 상징하는데, 이를 이 「단전」에서는
    '험난함이 앞에 가로놓인 것을 보고 멈춤'으로 풀이하고 있다.

것이로다!

此贊卦德之美也. 以'艮'·'坎'二象釋卦名義, 補象之未及, 而意亦相
通. '險在前'者, 以上之柔, 故陽遂陷於陰中, 欲暢遂坦行而不得也. 險
者天下之必有, 以剛果之氣臨之, 則雖有險而不見其險; 以柔愼之心
處之, 則集木臨淵, 常存乎心目之間, 於是始終於柔, 止而不迫, 則天下
之情理無不得, 大知之所以善用其止也. 抑唯當位而貞, 則本無乖異
危疑紛亂之境須急於拯救, 故可以見險而遂止. 爲漢文帝之撫南粵,
而不爲唐太宗之征高麗; 爲竇融之束身歸漢, 而不爲馬援之據鞍上馬;
斯以爲知. 若時在陰陽交戰傾危之際, 畏難而不敢進, 則爲宋高宗之
稱臣於女直, 與持禄全身保妻子之張禹·胡廣; 又其下者, 閉戶藏頭,
禍將自至, 下愚不肖之尤者, 何稱知哉!

이는 이 건괘(蹇卦)䷦가 지닌 덕의 훌륭함을 찬미한 것이다. 간괘☶·감
괘☵의 두 상으로 괘 이름이 지닌 뜻을 풀이함으로써 괘사에서 언급하지
아니한 것을 보완하고 있는데, 의미가 서로 통한다. '험난함이 앞에
있으니'라 한 것은, 상육효의 부드러움 때문에 구오효의 양이 마침내
음 속에 함닉되어 버렸으니, 구오효로서는 번창하게 이루어서 탄탄대로
를 달리고 싶지만 그렇게 안 됨을 의미한다.
험난함은 세상 어디에도 꼭 있게 마련이다. 그런데 굳세고 과감한 기(氣)
로써 이에 맞서고자 하면 비록 험난함이 있다 하더라도 그 험난함을
보지 못한다. 이에 비해 부드럽고 삼가는 마음으로써 험난함에 대처하면,
마치 나무 엮은 것을 타고 연못물에 들어간 듯 험난함을 늘 마음과
눈에 둘 것이다. 그래서 처음부터 끝까지 부드러움으로 일관할 것이고,
멈추며 급박해 하지 않을 것이다. 이렇게 되면 온 세상의 실정과 이치를

환히 파악할 수 있다. 바로 이러하기 때문에 위대한 지혜는 그 멈춤을
제대로 잘 활용한다.

그런데 구오효는 오직 제 마땅한 위(位)를 차지하고서 올곧다. 그래서
본래 괴상한 상황이나 의구심을 갖게 하는 위태로운 상황 및 실타래처럼
얽힌 혼란한 상황을 당하더라도 꼭 돕고 구해야 한다고 덤비며 허겁지겁
해 하지 않는다. 그러므로 구오효는 험난함을 보고서 마침내 멈출 수가
있는 것이다. 이러함은 한문제(漢文帝)가 남월국을 어루만지던 것[651]에

---

[651] 남월(南粵)은 남월(南越)이라고도 쓰는데, 진(秦)나라 말기에 조타(趙佗)라는
인물이 세운 나라다. 오늘날 중국의 광동성(廣東省)·광서성(廣西省) 일대와
복건성의 일부를 근거지로 하였다. 진나라 말기의 혼란한 틈을 타 이 지역에
세워졌다. 그런데 진(秦)에서 한(漢)으로 바뀌는 동안 동탕하던 중원과는
달리, 이 지역 민초들은 그 폐해를 겪지 않을 수 있었다. 조타의 탁월한 영도력의
결과다. 그리고 한나라가 서고 난 뒤 이 남월국과 한나라는 선린 우호의
관계를 맺고 양립하게 되었다. 그러나 한고조가 죽고 나서 그 정비(正妃)인
여태후(呂太后)가 한나라의 실권을 장악하게 되자, 그녀는 남월국에 대해
극도로 적대적인 정책을 폈다. 군대를 파견하여 남월을 무너뜨리려고 했으나
대 참패로 끝나고 말았다. 우선 기후가 고온다습한 이곳에 한나라 병사들이
적응하지 못하고 대부분 풍토병에 걸려 죽어갔으며, 험준한 산령(山嶺)으로
되어 있는 곳이라 군사 작전을 펴기가 쉽지 않았다. 결국 그 변경인 남령(南岭)
조차 넘지 못하고 한나라 군대는 참패하고 만다.
이 여태후가 죽고 난 뒤, 유화정책을 펴 달라는 남월국 왕 조타(趙佗)의 서신을
받은 한문제는 조타가 원하는 것을 거의 그대로 들어준다. 그래서 조타도
한나라에게는 황제의 칭호를 버리고 신하의 나라로서 복속하는 관계로 돌아갔
다. 그래서 두 나라 사이의 관계는 다시 한고조 당시의 우호관계를 회복할
수 있었다. 이러한 우호관계는 문제의 아들인 경제(景帝)의 치세 때까지 지속되
었다.
왕부지는 이 건괘(蹇卦)☷의 「단전」풀이에서, 한문제가 남월의 기후와 지리적

해당하지, 당태종(唐太宗)이 고구려를 정벌하던 것652)에는 해당하지 않는다. 또 두융(竇融)이 자신을 추슬러서 한(漢)나라에 귀환하던 것653)

여건의 험난함 등 그 특수성을 감안한 나머지 침공하여 멸망시키려는 정책을 펴지 않고 오히려 유화 정책을 편 것을 끌어다 설명하고 있다. 이것이 지혜롭고 현명한 정책이라는 것이다.

652) 중국 역사상 가장 유명한 정관지치(貞觀之治)를 열었던 당태종이지만, 고구려를 침공했다가 참패를 당했던 사실만큼은 크나큰 실책이라 하지 않을 수 없다. 고구려 말년에 연개소문(淵蓋蘇文)이 영류왕(榮留王)을 죽이고 보장왕(寶藏王)을 왕으로 세운 뒤 스스로를 '대막리지(大莫離支)'에 봉하고 섭정을 하고 있던 것, 당나라와 맹방(盟邦)의 관계에 있던 신라와 이 연개소문의 고구려가 전쟁을 벌이는 것 등이 당태종에게 고구려와 전쟁을 벌이게 하는 빌미를 제공하였다. 그러나 이 고구려와의 전쟁에서 당태종은 수십만의 군대를 몰고 왔다가 겨우 그 1%만이 살아서 돌아가는 대 참패를 당하고 말았다. 자신도 종군 중에 종기를 앓는 등 악전고투를 겪었다. 그리고 죽으면서 그는 더 이상 고구려와의 전쟁을 말 것을 유훈으로 남기기도 하였다. 왕부지는 이 사실을 놓고 험난함이 앞에 있으면 멈출 줄을 하는 것이 지혜로움인데, 당태종의 고구려 정벌은 이와 정반대되는 사례라 하여 기술하고 있다.

653) 두융(竇融; B.C.16~B.C.62)은 동한 초기의 장군이다. 원래 경시제(更始帝)가 이끄는 녹림군에 속하였던 두융은 먼저는 외효를 섬겼으나 나중에는 광무제의 군대가 가장 막강하고 기율도 살아있는 것을 알고는 광무제에게 귀의하여 양주목(涼州牧)에 임명되었다. 광무제가 외효를 격파하기 위해 서정(西征)에 나서자 그는 다섯 군(郡)의 태수 및 서강(西羌)·소월씨(小月氏) 등 당시 소수민족의 보병과 기병으로 구성된 군사 수만 명을 거느리고 함께 참여하여 외효를 격파하는 데서 결정적인 기여를 하였다. 그 공로로 안풍후(安豊侯)에 임명되었다. 그리고는 수도로 올라가 기주목(冀州牧)·대사공(大司空)·대행위위사(代行衛尉事), 겸 장작대장(將作大將) 등을 역임하였다. 이후로 두씨 일문은 대대로 동한 황실의 총애를 받으며 온갖 부귀영화를 다 누렸다. 급기야 그의 증손녀가 장제(章帝)의 황후가 되어 이후 '두태후(竇太后)'로 불리며 중국 역사에서 커다란 역할을 하기도 하였다.

에 해당하지 마원(馬援)처럼 자신의 연치는 고려하지 않고 말안장에 걸터앉아 큰소리를 치던 것[654]에는 해당하지 않는다. 이렇게 해야 지혜로운 것이다.

그런데 이와는 달리 만약에 음·양의 두 기운이 교전하는 위태로운 상황에 처하여 나아가면 맞이할 험난함을 두려워한 나머지 감히 나아가지를 못한다면, 이는 남송의 고종이 여진족에게 신하로 불리던 것조차[655]

---

654) 마원(B.C.14~49A.D.)은 동한의 장군이다. 마원은 크고 작은 전공을 세워 호분중랑장(虎賁中郎將)에 임명되었고, 건무 17년(41년)에는 복파장군(伏波將軍)이라는 직위를 받았다. 그래서 사람들은 그를 '마복파(馬伏波)'라고 불렀다. 복파장군으로서 그는 두 번의 정벌을 성공적으로 수행하였다. 그리고 이제 신식후(新息侯)에 봉해져서 제후가 되었다. 그 뒤로 흉노족과 오환(烏桓)족이 침범하자 마원은 또, "사나이라면 마땅히 변방의 싸움터에서 죽어야 한다. 그러다 말가죽에 싸여 시체로 돌아올지언정 어찌 침상에서 아녀자와 함께 뒹굴겠는가!"라고 하며 출격을 자청하였다. 광무제는 그의 나이가 이미 고령임을 걱정하며 허락하지 않았다. 그러나 그가 말안장에 걸터앉아 아직 쓸 만하다는 것을 뽐내자 광무제는 마무(馬武), 경서(耿舒)와 함께 출정하도록 하였다. 광무제 건무(建武) 23년(47년), 무릉(武陵)의 오계(五溪) 지역에서 만족(蠻族; 오늘날의 土家族)의 노략질이 심하였다. 광무제는 그 이듬해에 이미 62세에 달한 노령의 마원을 또 여기에 출정시켰다. 출정한 지 채 1년이 안 된 건무 25년(49년) 3월, 마원의 군대는 호두산(壺頭山; 오늘날의 沅陵 동북쪽에 있는 산)에서 이들의 저항을 받고 악전고투하다 궤멸하였다. 이때 마원도 진중에서 죽었다. 그런데 광무제의 사위인 호분중랑장(虎賁中郎將) 양송(梁松)이 이곳으로 실태 조사를 나와 마원이 군사 작전에서 잘못을 범했고, 전쟁터에서 사사로이 수많은 진주를 거두어 들여 후송하였다고 보고를 올리고 말았다. 이 보고를 접한 광무제는 진노하여 그에게 수여한 '신식후'의 작위를 삭탈해버렸다.

655) 고종(1107~1187)은 남송의 개국 황제다. 그는 휘종(徽宗)의 아홉째 아들이자 흠종(欽宗)의 동생으로서 일찍이 '강왕(康王)'에 봉해졌다. 흠종은 북송의 마지

감수한 것에 해당한다. 그리고 녹봉을 유지하여 자신을 보전하고 처자들을 보호하려 하였던 장우(張禹)⁶⁵⁶⁾와 호광(胡廣)⁶⁵⁷⁾의 행위도 마찬가지

막 황제다. 이 흠종이 즉위한 첫해인 정강(靖康) 원년(1126년) 정월, 여진족의 금(金)나라 군대가 북송의 수도인 변경(汴京; 지금의 開封)을 침략하였을 적에 흠종이 그를 사신으로 내보내는 바람에 그는 가까스로 치욕을 면했다. 나중에 하북병마대원수(河北兵馬大元帥)가 되었는데 군사의 수가 자못 1만 명에 이르렀다. 이듬해인 정강(靖康) 2년(1127년), 금나라 군대가 재차 남하하여 변경을 함락하고 휘종·흠종 두 황제를 비롯한 황실의 남녀노소를 포로로 붙잡아 가버리자 북송 왕조는 멸망하였다. 역사에서는 이를 '정강의 치욕(靖康之恥)'이라 부른다. 이에 고종은 남경(南京)의 응천부(應天府)에서 황제로 즉위하였다. 그리고 건염(建炎)으로 연호를 고쳤다. 역사에서는 이를 '남송(南宋)'이라 부른다.

황제로 즉위한 뒤 그는 주전파의 항금(抗金) 투쟁 주장을 거절하고 수도를 임안(臨按; 오늘날의 杭州)으로 옮긴 채 현실에 안주하였다. 통치하는 동안 악비(岳飛)를 비롯한 장군들이 항금(抗金)을 주장하는 형세에 시달렸지만, 고종은 투항파인 진회(秦檜)를 중용하는 등 시종 주전파에 반하는 쪽으로 정사를 펼쳤다. 결국은 땅을 떼어주고 공납을 바치며 신하의 나라로 자처하겠다는 등 굴욕적인 조건으로 금나라에 화의를 애걸하여 현상을 유지할 수 있었다. 그리고 주전파인 악비의 목을 요구하는 금나라의 요구를 받아들여 악비를 살해한 뒤 그 목을 금나라에 보내기도 하였다. 소흥(紹興) 32년(1162년), 고종은 효종(孝宗)에게 황위(皇位)를 물려주고 자신은 태상황(太上皇)으로 물러나 앉았다. 고종은 붓글씨에 능했는데, 진서(眞書)·행서(行書)·초서(草書) 등에 두루 능하여 자못 왕희지에 버금간다는 평가를 받을 정도였다. 저서에 『한묵지(翰墨志)』가 있다. 유묵(遺墨)으로 『초서락신부(草書洛神賦)』가 전해진다.

656) 장우(?~B.C.5)는 서한(西漢)의 대신이요, 학자였다. 장우는 패군(沛郡)의 시수(施讎)에게서 『주역』을, 낭야(琅邪)의 왕양(王陽)·교동(膠東)의 용생(庸生)에게서 『논어』를 배웠다. 이를 다 익히고 난 뒤에는 자못 그를 따르는 인물들이 많을 정도로 학식과 명망이 높아졌고, 『주역』과 『논어』의 박사가 되었다.

원제(元帝) 때 태자에게 『논어』를 가르쳤는데 이를 기화로 장우는 광록대부(光祿大夫)가 되었고 몇 년 뒤에는 동평내사(東平內史)가 되었다. 이때 장우는 『노론(魯論)』을 기초로 하고 『제론(齊論)』을 참고하여 이들을 한 본으로 엮은 『논어장구(論語章句)』를 지어 바쳤다. 이것을 '장후론(張侯論)'이라 부르는데, 당시 유학자들에게서 이는 매우 높은 지지를 받았다고 한다. 후한 영제(靈帝) 때 희평석경(熹平石經)을 새길 적에도 이것을 저본으로 하였다. 오늘날 통용되는 『논어』 또한 이 『장후론(張侯論)』이다.

원제가 죽고 이 태자가 즉위하여 황제(成帝)가 되자, 황제의 스승이라는 이유로 이제 장우는 관내후(關內侯)·제리산기광록대부(諸吏散騎光祿大夫)·급사중(給事中)에 임명되었으며, 대장군 왕봉(王鳳)과 함께 영상서사(領尚書事)의 일을 수행했다. 그래서 B.C.25년 승상에 임명되었고 안창후(安昌侯)에 봉해졌다. 그 5년 뒤에 사직하였다. 사직한 뒤에도 장우는 황제인 성제에게 자문역할을 하며 막강한 영향력을 행사하였다. 죽은 뒤에는 성제로부터 '절후(節侯)'라는 시호를 받았다.

영시(永始; B.C.16~B.C.13)·원연(元延; B.C.12~B.C.9) 연간에 일식과 지진이 자주 발생하였다. 이에 불안해진 백성들은 상서를 올려 이러한 재이가 외척인 왕씨의 잘못된 정치 때문이라고 비난하였다. 성제 역시 이 거듭된 재이에 두려움을 느꼈고 민심에 동의하는 생각이 들어서, 외척인 왕씨를 정치 일선에서 배제하고 싶은 마음이 일었다. 그러나 뚜렷한 해결책이 없자, 친히 장우의 집을 방문하여 주변의 사람들을 물리친 채 장우의 견해를 물은 적이 있다. 이때 장우는 두 가지 점을 감안하여 대답하였다. 즉 자신은 벌써 연로하였는데 자손들은 아직 미약한 신분에 머물고 있다는 점과 자신의 묘소를 미리 마련하면서 외척 왕근(王根)과 불편한 관계를 이루었는데 아직도 그가 자신을 원망하고 있는 점이었다. 그래서 성제의 두려움과 민심에 동의하는 견해를 낸다면 이는 외척인 왕씨를 배제하자는 것이 되어 그 일가와 전면전을 치러야 할 것이고, 거기에서 자신이 패배하리라는 것은 명약관화(明若觀火)한데, 장우로서는 그 결과가 너무 두렵고 수용할 수 없었다. 그래서 장우는 당시 민심과는 반대되게, "『춘추』를 보면, 그 242년 동안 일식은 30여 차례 있었고, 지진은 다섯 차례 있었습니다. 그래서 제후들이 자살하기도 하고 이적(夷狄)들이 중원을 침략하기도 하였습니다. 그러나 재이의 변고란 심원하고도 알기 어려운 것이어서, 공자 같은 성인께서도 명(命)에 대해서는 드물게 말씀하셨고, 괴력난신(怪力亂神)에 대해서는 말씀하시지 않으셨습니다. 아울러 성(性)과 천도(天道)는 자공(子貢)과 같은 인물도 알 수 없었던 것이거늘, 하물며 보잘것없는 수준에 있는 천박한 유학자들이 입에 올릴 수 있는 것이겠습니까! 폐하께서는 이러한 재이에 대해서는 정사를 바로잡아서 응함으로써 아랫사람들과 함께 거기에서 오는 복택과 환희를 누리라는 것이 경전의 뜻입니다. 이제 일천한 배움의 길에 있는 유생들의 도(道)를 어지럽히고 사람을 오도하는 소리에 대해서는 믿지도 말고 귀 기울이지도 말아야 할 것이며, 이에 대해서는 의당 경전의 논리와 원리로써 물리쳐야 할 것입니다."라고 하였다. 성제는 이 논리정연한 장우의 말에 매우 믿음이 가서 외척인 왕씨들에 대한 의심을 털어버렸다고 한다. 그리고 왕씨들이 장우에 대해 환호한 것은 너무나 당연하였다. 그 결과 장우와 그 자손들의 입지는 더욱 확고하여졌다.

왕부지가 여기서 지적하고 있는 것은 바로 이 점이다. 눈앞의 두려움을 놓고서 자신과 처자들의 안위를 보전하기 위해 한 발 더 나아가지 않고 현실과 영합하는 발언을 하였다는 것이다.

657) 호광(1369~1418)은 명대의 유명한 학자다. 강서성(江西省) 출신이다. 명나라 제2대 건문제(建文帝) 2년(1400년)에 동향의 왕경지(王敬止)와 전시(殿試)에 응시하였는데, 본래 시험성적으로는 왕경지가 장원으로 결정된 것을 그의 외모가 마땅치 않다는 이유로 건문제가 2등으로 끌어내리고, 호광을 장원으로 하였다. 당시 건문제의 숙부 가운데 한 사람인 연왕(燕王; 나중에 건문제를 몰아내고 황제가 됨)이 정난(靖難)을 일으켜 시달리고 있던 건문제의 입장에서 호광의 답안 가운데 "천자의 친족인 번왕(藩王)이 너무 날뛰자 민심이 요동친다.(親藩坐梁, 人心搖動)"라고 한 말이 마음에 들었기 때문이다. 그래서 건문제는 호광의 이름을 '정(靖)'으로 바꾸어주기까지 하고 그에게 한림원 수찬(修撰)이라는 벼슬을 주었다.

연왕이 당시 수도인 금릉의 응천부(應天府)를 공격해 들어올 적에 왕경지·호광·해진(解縉)·오부(吳溥) 등이 모임을 가진 일이 있다. 이때 호광과 해진은 비분강개하며 연왕의 처사를 비판하였지만, 왕경지만은 한마디도 하지 않은

다. 물론 이보다 못한 이들은 문을 걸어 잠그고 외부의 일에는 일절 관계치 않는다 하며 책이나 파고들던가, 요리조리 숨고 피하며 제 입장은 드러내지 않은 채 책임을 회피할 궁리만 한다. 그러는 사이에 화란(禍亂)은 저절로 이르게 되니, 이렇듯 어리석음이 더욱 심한 이들을 어찌 지혜롭다고 할 수 있으리오!

채 훌쩍거릴 따름이었다. 이를 목격한 오부의 아들이, 아마 호광과 해진은 도성이 함락되면 건문제를 따라 순절(殉節)할 것이라고 하였다. 그러나 오부는 이를 부인하며 저들의 말은 빈말일 따름이고 진정한 충신은 왕경지라고 하였다. 실제로 우려했던 상황이 현실이 되자 왕경지는 자살하였지만, 호광과 해진은 언제 건문제의 명나라를 걱정하였느냐는듯 연왕에게 나아가 무릎을 꿇고 충실한 신하로 변절하였다.

왕부지가 여기서 지적하고 있는 '녹봉을 유지하여 자신을 보전하고 처자들을 보호하려 함'이란 바로 이 사실과 관련된 것이다. 음·양의 두 기운이 교전하는 위태로운 상황에서 나아가면 맞이할 험난함을 두려워한 나머지 감히 나아가지 못하고 일신의 안위를 위해 변절한 사실을 왕부지는 비판적으로 보고 있는 것이다.

이제 새로이 천자가 된 영락제(永樂帝)의 명나라에서 호광은 승승장구하였다. 건문제가 하사하였던 이름조차 아무 미련 없이 버리고 원래의 이름 '광(廣)'으로 바꾸었다. 그리고 영락제의 충실한 신하로서의 소임을 다하였다. 두 차례 북정(北征)에 나선 영락제가 그때마다 그를 데리고 나설 정도로 호광은 영락제로부터 두터운 신임을 받았다. 두 번째 북정에서는 역시 영락제를 따라나선 황손에게 경학과 사학을 가르치라는 명을 받기도 하였다. 영락 14년(1416년), 문연각(文淵閣) 대학사(大學士)가 된 호광은 이후 영락제가 필요로 할 적마다 자신의 학식을 총동원하여 글을 지어 바치며 영합하였다. 그러나『성리대전(性理大全)』이라는 불후의 대작을 만들어낸 호광의 업적만큼은 인정해야 한다.

‘蹇利西南’, 往得中也. ‘不利東北’, 其道窮也.

‘건괘는 서남쪽에는 이롭고’라는 것은 가서 득중하고 있기 때문이다. ‘동북쪽에는 이롭지 않다’는 것은 그 길이 막히기 때문이다.

> ‘往得中’者, 未嘗不行, 而自中其節, 不失其剛中之正. ‘其道窮’者, 恃正 而忘險, 道必有所窮矣.

> ‘가서 득중하고 있음’이란 일찍이 길을 나섰는데 그것이 저절로 절도에 맞으며 굳셈으로서 득중한 올바름을 잃어버리지 않음을 의미한다. ‘그 길이 막힘’이란 올바르다는 것만 믿고서 그것이 험난하다는 것을 망각하 면 그 길에 반드시 막힘이 있게 된다는 의미다.

‘利見大人’, 往有功也. 當位‘貞吉’, 以正邦也.

‘대인을 만남이 이롭고’라는 것은 가서 공을 세우게 된다는 것이다. 마땅한 위(位)를 차지하여 ‘올곧아서 길하다’는 것은 나라를 바로 세운다는 의미다.

> ‘柔嘉維則’, 大人之所以爲天下利見, 而見之者可與圖功矣. 位皆當可, 施之邦而咸正. 邦國之治, 唯正己而徐待民之自化, 與齊家之尙剛嚴, 其正同, 而道不可同也.

> ‘부드럽고 온화하며 선량할 뿐만 아니라 원칙도 있네’658) 라고 하니, 대인은 이렇게 하여 만나는 사람마다에게 이로움을 준다. 그래서 그를 만나는 이들마다 그와 함께 공(功)을 도모할 수 있다. 그의 위치는 어느

곳에서 있든 다 가능하며, 나라에 그의 덕을 베풀자마자 모두 올발라진다. 국가 공동체를 경영하는 올바른 길은 오직 먼저 자신을 바루고 천천히 백성들이 저절로 교화되기를 기다리는 것이다. 이를 '가정을 다스림[齊家]'과 비교해 보면, 가정을 다스림에서는 굳세고 엄함을 높이 치니, 그 '올바름'이라는 측면에서는 동일하지만 그 원칙과 방법은 같을 수가 없다.

蹇之時用大矣哉!

건괘(蹇卦)가 드러내고 있는 때와 작용은 크도다!

---

658) 『시경』, 「대아(大雅)」 편의 '증민(蒸民)'이라는 시에서 중산보(仲山甫·仲山父)의 덕을 찬양하는 구절이다.(保玆天子, 生仲山甫. 仲山甫之德, 柔嘉維則.) 중산보는 주나라 태왕(太王)인 고공단보(古公亶父)의 후예로서 그의 대에 이르러서는 평민의 신분으로 전락해 있었다. 중산보는 일찍이 농업과 상업에 종사하였는데 동업자들로부터 매우 두터운 신망과 존경을 받았다. 주나라 선왕(宣王) 원년(B.C.827)에 천거를 받아 왕실에 들어가서 경사(卿士)가 되었다. 이는 모든 벼슬아치들의 우두머리에 해당한다. 그리고 그는 '번(樊)'이라는 곳에 봉지를 받았기 때문에 나중에는 이것이 그의 성이 되었고, 나중에는 번씨의 시조가 되었다. 이 「증민」이라는 시는 그의 덕을 찬양하는 시다. 이 시에서는 그의 덕이 고상하여 남들의 본보기가 될 뿐만 아니라, 홀아비나 과부를 업신여기지 않고 강포(强暴)한 이들을 두려워하지 않으며 그가 왕명을 총람하였다고 하고 있다. 또 정령을 반포하고 천자에게 허물이 있으면 이를 바로잡아 주었다고 읊고 있다. 이 중산보의 훌륭한 보좌에 의해 주나라 선왕은 중흥을 한 것으로 후세에 일컬어진다.

當其欲行未行之際, 以熟審天下之機宜, 斟酌百年之治忽, 君子之大
用, 正於此而定也.

무슨 일을 행해야 할지 아니면 아직 미루어야 할지를 결정해야 할 때를
당해서는 그 시대의 사리와 적절함을 사려 깊게 살펴야 한다. 그리고
적어도 앞으로 100년 이상 그것이 작동할지 아니면 관심 소홀로 유야무야
(有耶無耶) 될지를 미리 요모조모 헤아려야 하는 것이다. 군자의 위대한
작용은 바로 이렇게 하는 데서 정해진다.

「象」曰: 山上有水, '蹇', 君子以反身修德.

「대상전」: 산 위에 물이 있음이 건괘니, 군자는 이를 본받아 제 자신에게로
돌이켜 덕을 닦는다.

山上之水, 幽細渟凝, 還以潤山, 而不急於流行. 君子之修德, 取法於
此. 爲之難, 言之訒, 闕疑而愼言其餘, 闕殆而愼行其餘, 欿然若不足,
意誠而身自潤矣.

산 위의 물은 사람들의 눈에 잘 띄지 않게 세류로 흐르고 한곳으로
모이기도 하며 산을 에둘러 흘러 윤택하게 하는데, 흘러가는 데서 전혀
급박해하지 않는다. 군자가 덕을 닦음도 바로 이러함에서 본보기를
취한다. 행하기 어렵고 차마 말하기 어려운 것들에 대해, 의심스러운
것을 만나면 함부로 논단하지 말고 미루어 두고 그 나머지만 신중하게
말하며, 또 위태로운 것을 만나면 함부로 행하지 말고 그 나머지 것들만

신중하게 행해야 한다.[659] 그래서 자만하지 않고 무엇인가 부족한 듯
여기면 뜻이 정성스러워지며 저절로 자신을 윤택하게 할 것이다.

初六, 往蹇來譽.

초육: 가서는 절름거리며 보행을 하는 어려움에 부닥칠 것이요, 와서는 명예를
얻을 것이다.

> 出而行於天下曰‘往’, 退而自正曰‘來’. 初・上之柔不欲行, ‘蹇之所以
> 爲道也. 二・四・初・上之柔, 蹇之而使來者也, 故皆曰往來. 舊說以
> 爲往則入於險中者, 未是. 如上六已出乎險, 何亦云‘往蹇’乎? ‘往蹇來
> 譽’者, 能蹇於往, 則來自得譽也. 初六柔靜而退居下, 無行之意, 以靜
> 俟其正, 則中四爻之美皆歸之, 不期譽而譽自至矣.

> 나가서 천하에 행세하는 것을 '가다(往)'라 하고, 물러나 스스로를 올바르
> 게 하며 수양함을 ‘오다(來)’라 한다. 이 건괘(蹇卦)䷦에서는 초・상효의

---

659) 『논어』, 「위정(爲政)」 편에 나오는 공자의 말을 원용한 것이다. 여기서 자장(子
張)이 벼슬을 구하기 위해 공부하는 것을 보고서, 공자는 "많이 듣되 의심스러운
것은 함부로 논단하지 말고 그 나머지 것들만 신중하게 말하면 허물이 적어진
다. 많이 보되 위태로운 것들을 함부로 행하지 않고 그 나머지 것들만 신중하게
행하면 후회가 적을 것이다. 말에 허물이 적고 행위에 후회함이 적으면 벼슬은
그 속에 있다."라고 말하였다.(子張學干祿. 子曰, "多聞闕疑, 愼言其餘, 則寡尤;
多見闕殆, 愼行其餘, 則寡悔. 言寡尤, 行寡悔, 祿在其中矣.")

부드러움[柔]들이 세상에 나가서 행세하려고 하지 않는다. 이것이 이 건괘(蹇卦)에 드러난 도(道)다. 육이・육사효, 초육・상육효의 부드러움 들은 어려움에 부닥치게 되며, 그래서 오도록 하는 것들이다. 그러므로 이들 효에서는 모두 '가다・오다'를 말하고 있다.[660] 이 초육효사에 대해 옛 주석들은 가면 험난함 속에 빠져 드는 것으로 여겼는데, 이는 옳지 않다. 예컨대 상육효는 벌써 험난함으로부터 벗어났는데 어찌 또한 "가서는 어려움에 부닥친다."라고 하겠는가? '가서는 어려움에 부닥 칠 것이요 와서는 명예를 얻음'이라는 것은, 가서 어려움에 부닥칠 수 있다면 와서는 저절로 명예를 얻을 수 있다는 의미다. 그리고 초육효는 부드러움[柔]으로서 고요히 물러나 아래에 거처하고 있으며 가고자 하는 뜻이 없다. 그래서 고요히 자신이 올발라지기를 기다리니, 가운데 네 효들의 아름다움이 모두 그에게로 귀결되어서 꼭 명예로움을 기대하지 않더라도 명예가 저절로 이르는 것이다.

「象」曰: '往蹇來譽' 宜待也.

「상전」: 가서는 절름거리며 보행을 하는 어려움에 부닥칠 것이요 와서는 명예를 얻을 것이다.'는 마땅히 기다려야 한다는 의미다.

---

660) 이 부분이 수유경서옥본(守遺經書屋本)・금릉본(金陵本) 등과 다르다. 이들 판본에서는 "2・4・초・상효의 세상에 나감은 절름거리며 세상에 처음으로 나가는 것이다. 그러므로 이들 효에서는 모두, '가서는 어려움에 부닥친다(二 ・四・初・上之出, 蹇之而始出者也, 故皆曰往蹇)."라 하고 있다. 그래서 의미 가 악록서사본과 좀 다르다.

人之亟於行者, 欲以徼譽, 而不知靜以居正, 不徼譽而譽自可待也.

사람이 가는 데 조바심을 내는 것은 명예를 얻고자 하기 때문이다. 그래서 그들은 고요히 올바르게 거처하고 있으면 굳이 명예를 바라지 않더라도 그 명예를 저절로 기대할 수 있다는 점을 모른다.

六二, 王臣蹇蹇, 匪躬之故.

육이: 왕과 신하가 절름거리고 또 절름거리며 보행을 하는 어려움을 거듭 만남인데, 이는 제 한 몸을 위하였기 때문에 온 것이 아니다.

'蹇蹇', 蹇而又蹇, 愼之至也. 六二遇九五剛健中正之君, 可以大有爲, 而猶有謙讓不遑之德; 若恃當位得中, 而急於自試, 則愛君之誠皆虛矣. 柔靜以與初六合德, 靖共詳審, 其難其愼, 思補過而無徼功求名之志, 斯以爲蹇道之純也.

'蹇蹇(건건)'은 절름거리고 또 절름거리듯 어려움을 만남이니, 삼감이 지극한 것이다. 이 건괘䷦의 육이효는 구오효라는 굳세고 씩씩하며 가운데 자리를 옳게 차지하고 있는 임금을 만났으니 크게 무슨 일을 벌일 수 있다. 그럼에도 불구하고 이 육이효는 오히려 한가로울 겨를이 없이 겸양의 덕을 발휘한다. 만약에 이와는 달리 이 육이효가 자신이 마땅한 자리를 차지하며 득중하였다는 것만 믿고 스스로를 시험해보기에 조급해 한다면, 그가 임금을 사랑한다는 충성(忠誠)이 모두 빈말이 될 것이다. 그런데 실제로는 이 육이효가 부드러움으로서 고요히 초육효와 똑같은 덕을 발휘하며 공손하게 삼가고 상세히 살피고 있다. 즉 이 육이효는 그 어려움을 당해 신중함을 다하며 자신에게 혹시라도 있는 허물을 보완하려고 생각할 뿐 공명을 바라지도 구하려는 뜻도 없다. 이렇게 함으로써 이 육이효는 건괘(蹇卦)의 도를 순수하게 실현하고 있다.

「象」曰: '王臣蹇蹇', 終无尤也.

「상전」: '왕과 신하가 절름거리고 또 절름거리며 보행을 하는 어려움을 거듭 만남'이니, 마침내 허물이 없다.

時已正而欲速於行, 則成乎過. 李沆以不用梅詢·曾致堯爲報國, 蓋得此意.

때가 벌써 무르익었다고 하여 속히 진행하려 하면 과오를 범하게 된다. 이항(李沆)[661]이 매순(梅詢)[662]과 증치요(曾致堯)[663]를 기용하지 않는

---

661) 이항(947~1004)은 북송의 명신(名臣)이다. 진사 갑과(甲科)에 급제하여 진종(眞宗)이 즉위한 뒤에는 호부시랑(戶部侍郎)·참지정사(參知政事) 등에 임명되었고, 함평(咸平) 원년(998년)에는 중서시랑(中書侍郎)으로 바뀌어 임명되었다. 또 나중에는 문하시랑(門下侍郎)·상서우복야(尙書右僕射) 등의 직함도 겸했다. 그의 성품은 밝고 정직하였으며 수양을 통해 튼실한 인격을 갖추고 있었다. 그래서 당시에는 그를 '성스러운 재상(聖相)'이라 부를 정도였다. 또 하도 과묵한 성품에 말이 없어서 사람들은 그를 '아가리 없는 박(無口匏)'이라 애칭하기도 하였다. 그는 보수적 성향이 매우 강하고 스스로도 이에 큰 자부심을 느낀 나머지, "내가 재상 노릇을 해내는 능력이 있다면 다른 것이 아니라

오직 조정의 법제를 바꾸지 않고 이를 이용해 나라에 보답하는 것뿐이다."라고
하였다. 그리고 진종이 그에게 나라를 어떻게 다스려 나아가야 할지를 물은
것에 대해서 "일 벌이기나 좋아하는 경박한 신진 인사들을 기용하지 않는
것, 이것이 가장 중요합니다."라고 대답한 적이 있다. 그러자 진종은 구체적으
로 그러한 사람들이 누구인가를 물었는데, 이때 이항은 "매순(梅詢)·증치요
(曾致堯)와 같은 인물이 바로 그러합니다."라고 대답하였다고 한다. 왕부지가
여기서, "이항이 매순(梅詢)과 증치요(曾致堯)를 기용하지 않는 것을 나라에
보답하는 것으로 여겼다."고 지적하는 것은, 바로 이 사실을 두고 하는 말이다.
이항은 진종을 보필하는 데 전심전력하였으며 진종이 백성들의 고통을 정치에
반영하게끔 온 힘을 기울였다. 아울러 유능한 인사가 적재적소에 임명될
수 있도록 천거하기도 하였다. 문학 방면에서 이항은 한유(韓愈)·류종원(柳宗
元) 등을 계승한다고 자부하였으며, 고문(古文) 운동을 이끌었다. 향년 58세로
병사하였는데, 북송의 진종은 그의 죽음에 매우 애통해 하였다고 한다. 저서에
『하동선생집(河東先生集)』이 있다.

662) 매순(964~1041)은 이항보다 17세 연하다. 26세가 되던 단공(端拱) 2년(989년),
매순은 진사시에 급제하여 이풍(利豊)의 감판관(監判官)을 지냈다. 그리고
진종의 함평 3년(1000년)에는 황제의 대면 시험을 거쳐 집현원(集賢院)의
일원으로 발탁되었다. 그는 여러 차례 상소를 올려 서북 변경의 일에 대해
진언하였는데, 나중에는 항주(杭州)의 통판(通判)으로 좌천되기도 하였다.
그러다가 소주(蘇州)·호주(濠州)·악주(鄂州)·초주(楚州)·수주(壽州) 등
여러 고을의 지사를 역임하였고, 양절(兩浙)·호북(湖北)·섬서(陝西) 등지의
전운사(轉運使)를 역임하였다. 명도(明道) 원년(1032년)에는 추밀원 직학사로
서 병주(幷州) 지사를 지냈고, 한림원 시독학사(侍讀學士)로 들어갔다가 급사
중(給事中)이 되었다. 향년 72세로 죽었다. 오늘날 그의 시 28수가 전해지고
있다.

663) 증치요(947~1012)는 이항과 동갑내기로서 무주(撫州)의 남풍(南豊) 출신이다.
37세가 되던 송 태평흥국(太平興國) 8년(983년)에 진사에 급제하여 비로소
벼슬길에 올라 부리(符離)의 주부(主簿)가 되었다. 그리고는 곧 흥원부(興元府)
사록(司錄), 광록시(光祿寺) 승(丞) 등을 지냈다. 증치요는 성품이 강직하고

것을 나라에 보답하는 것으로 여긴 것은, 아마 이러한 의미를 깨달았기 때문으로 보인다.

九三, 往蹇來反.

구삼: 가면 절름거리며 보행을 하는 어려움을 만나고 오면 돌이킨다.

솔직하여 눈에 보이는 세상의 비리를 참지 못한 나머지 황제에게 여러 차례 글을 올려 자신의 주장을 내세웠다. 그의 문장이 뛰어나 당시의 황제인 태종은 그를 매우 높이 평가하였다. 그래서 저작좌랑(著作佐郞)을 제수하였고, 용도각(龍圖閣) 직학사(直學士)를 주었다. 그리고 변하(汴河)의 조운(漕運)을 감시하게 할 만큼 그에 대한 태종의 신임이 두터웠다. 또한 비서승(秘書丞)과 양절(兩浙)의 전운사(轉運使)를 지냈다. 이때 간의대부(諫議大夫) 위상(魏庠)이 소주(蘇州)의 지사를 하고 있었는데, 그가 황제의 구은(舊恩)을 믿고 전횡을 부리며 한껏 비리를 저지르고 있었다. 증치요가 이를 탄핵하자 태종은 당시의 정세에서 감히 위상을 탄핵하는 것에 대해 매우 높이 평가하며 결국 위상을 파직하기도 하였다. 진종(眞宗)이 즉위하여서는 주객원외랑(主客員外郞)이 되었고, 염철구원(鹽鐵勾院)의 판관이 되었다. 진종이 이계천(李繼遷)과의 약속을 지킨다는 명분으로 은주(銀州)·하주(夏州)를 비롯한 다섯 주를 그에게 주려 하자 오직 증치요만이 주어서는 안 된다고 반대할 정도로 그의 성품은 강직하고 솔직하였다. 그의 이러한 인물됨을 높이 사 그에게 사직(詞職)을 주었고 한림원 지제고(知制誥)에 임명하였는데 여론이 좋지 않아 결국은 파직되었다. 이 여론의 형성에 이항의 주장이 결정적이었던 것으로 보인다. 향년 66세로 죽었다. 증치요는 저술에 능해『선부습익(仙鳧習翼)』,『광중태지(廣中台志)』,『청변전요(淸邊前要)』,『서수요기(西陲要紀)』,『위신요기(爲臣要紀)』등 비교적 많은 저작을 남겼다.

九三以剛居剛, 而爲進爻, 非無志於往者; 乃與上六相應, 上以柔道撫之, 則反以與二陰相合, 以成乎'艮'止. 故其往也, 亦能蹇也.

구삼효는 굳셈[剛]으로서 굳셈의 자리를 차지하고 있다. 그래서 나아감의 효로서 가는 데 뜻이 없지는 않다. 그러나 지금 이 구삼효는 상육효와 서로 응(應)하고 있는데 상육효가 부드러움[柔]으로서 그를 위무하니, 돌이켜 육이효와 서로 합하여 간괘☶의 머무름을 이루고 있다. 그러므로 가서는 역시 어려움을 만날 수 있다.

「象」曰: '往蹇來反', 內喜之也.

「상전」: '가면 절름거리며 보행을 하는 어려움을 만나고 오면 돌이킨다'는 것은 안으로 기뻐한다는 의미다.

初・二二陰, 志在柔靜, 三剛而能止, 故喜其反, 而相與愼持.

초육・육이효의 두 음은 부드럽고 고요함에 뜻을 두고 있으며, 구삼효는 굳셈으로서 그칠 수가 있다. 그러므로 구삼효가 돌이킴에 대해 두 음들이 기뻐하며 서로 함께 신중하게 부지(扶持)하고 있다.

六四, 往蹇來連

육사: 가면 절름거리며 보행을 하는 어려움을 만나고 오면 연대한다.

六四柔當位, 而以靜退爲德. 能蹇於往, 則安於其位, 與二陽相協而不
自失也.

육사효는 부드러움[柔]으로서 제 위(位)를 마땅하게 차지하고 있고, 고요
함과 물러남을 덕으로 하고 있다. 만약에 이 육사효가 어디를 간다면
절름거리며 보행을 하는 어려움을 만날 수 있다. 그래서 지금의 위치에
편안해 하고, 위아래의 두 양들664)과 서로 협심하며 제 모습을 잃어버리
지 않고 있다.

「象」曰: "往蹇來連", 當位實也.

「상전」: "가면 절름거리며 보행을 하는 어려움을 만나고 오면 연대한다."는
것은 제자리를 마땅하게 차지하고 있으며 그러함이 독실하다는 의미다.

自二以上皆當位, 而獨贊四之當位, 四以柔居柔, 安於蹇之至者也. '實'
謂養育其德, 令篤實也.

이 건괘(蹇卦)䷦에서는 육이효 이상의 효들이 모두 마땅하게 제 위(位)를
차지하고 있다. 그런데 유독 육사효에 대해서만 이를 찬양하는 것은,
육사효가 부드러움[柔]으로서 부드러움의 자리를 차지하고 있고, 이
건괘(蹇卦)의 덕에 편안해 함이 가장 지극하기 때문이다.665) '實(실)'은

---

664) 이 육사효를 위아래서 부지하고 있는 구삼·구오효 두 양효를 가리킨다.
665) 건괘(蹇卦)가 주는 메시지는 '절름거리듯 가다가 어려움을 만남'이다. 그래서

그 덕을 함양하며 독실하게 한다는 의미다.

九五, 大蹇朋來.

구오: 거대한 것이 절름거리며 보행을 하는 어려움을 당하고 있는데 벗들이 온다.

'大謂朋也. 九五以剛健之德, 居中正之位, 陽道之盛者也. 德與位皆可以大有爲矣, 而居二陰之中, 蹇而不速於行, 審之愈固, 居之愈謙, 智·名·勇·功, 皆所不尙, 以深體天下之險阻, 而凜匹夫勝予之懼, 是賢人君子所樂就以相益者也. 蓋人君位居人上, 已爲下之所憚, 而況才美道正, 則天下之欲效忠也愈難. 恃强智多聞, 以敏速剛斷自用, 則讒諂面諛之人至, 而善者退. 君無爲而善與人同, 相無技而寔能容, 唯'大蹇'而後'朋來', 朋來而道愈盛矣.

'大(대)'는 벗들을 말한다. 구오효는 굳셈·씩씩함의 덕을 지닌 채 중정(中正)한 자리를 차지하고 있으니, 양(陽)의 도(道)가 왕성한 이다. 그래서 덕성과 지위의 측면에서 모두 크게 무슨 일을 할 수 있다. 그러나 육사·상육효라는 두 음들 속에 자리 잡고 있는 바람에 이 구오효는 절름거리듯 가게 되어 가는 데서 빠를 수가 없다. 그래서 살피는 것이 더욱 견고하고

이 괘를 얻어서는 가지 않는 것이 상책이다. 이 구절이 의미하는 것이 바로 이것이다.

거처하는 것이 더욱 겸손하여, 자신의 지혜·명성·용기·공훈 등을 모두 높이지 않는다. 이렇게 이 세상의 험난함·가로막힘 속에 있음을 깊이 느끼며 필부들이 자신보다 낫다는 두려움 속에 있다. 이러한 사람은 현인·군자들이 기꺼이 나아가서 서로 도움을 주는 존재다.

그런데 이와는 달리, 인류 공동체의 우두머리라는 이가 사람들 위에 군림하면서 이미 아랫사람들에게 지탄의 대상이 되고 있는 터에, 더욱이 그 자질이 뛰어나고 가는 길이 올바르기까지 하다면, 세상 사람들이 그에게 충성을 드러내기가 훨씬 어렵다. 그는 자신의 해박한 지식과 견문을 내세우면서 다른 사람의 의견은 전혀 받아들이지 않는 채 신속하고 강단지게 자신이 옳다는 것을 시행하려 들 것이다. 이러한 경우에는 남을 헐뜯고 모함하거나 면전에서 아첨하는 이들만이 꼬이게 된다. 그리고 착한 이들은 뒤로 물러나게 된다.

그러나 지금 이 구오효는 임금으로서 직접 나서서 무슨 일을 하지 않고 남들과 잘 어울리며, 서로 무슨 재주를 부리기보다는 진실하게 남들을 포용할 수 있다. 이렇듯 오직 '거대함이 절름거리며 보행을 하는 어려움을 당한' 이후에 '벗들이 오고', 벗들이 와야 도(道)는 더욱 왕성해진다.

「象」曰: "大蹇朋來", 以中節也.

「상전」: "거대함이 절름거리며 보행을 하는 어려움을 당하고 있는데 벗들이 온다."는 것은 이 구오효가 가운데 자리를 올바르게 차지한 채 절제하고 있기 때문이다.

居中得位, 而資於初・上以節其剛, 故大而能蹇, 以致'朋來'之盛.

이 구오효는 가운데 자리를 마땅하게 차지하고 있으면서 초육・상육효에 힘입어 그 굳셈을 절제하고 있다. 그러므로 거대하면서도 건괘(蹇卦)䷦ 속에 드러난 의미를 잘 체현할 수 있다. 그래서 '벗들이 옴'의 왕성함을 이룬다.

上六, 往蹇來碩, 吉, 利見大人.

상육: 가면 절름거리며 보행을 하는 어려움을 만나고 오면 크게 이루어낸다. 길하다. 대인을 만남이 이롭다.

上六當陰陽各正之餘, 尤以柔道愼其終, 斟酌飽滿, 以釋回增美, 其道充實而博大, 無不吉. 以是而見九五之大人, 凡可以經綸天下者, 皆取諸懷而行之裕, 无不利也.

이 상육효는 건괘䷦의 효들이 각기 음・양의 올바른 위(位)를 마땅하게 차지하고 있는 뒷자리에서 더욱 부드러움[柔]의 도(道)를 발휘하며 그 끝마침을 신중히 하고 있다. 그리하여 한껏 취하도록 감상하며 자신의 본성을 아름답게 꾸며내고,[666] 그렇게 함으로써 사악함・편벽됨을 털어

---

666) 『사기(史記)』, 「악서(樂書)」 편에 나오는 말이다. 이곳에서는 음악의 위대한 작용에 대해 평가하면서 이 말을 쓰고 있다. 즉 음악이 연주되는 곳에 천자가 친히 임하여 감상하고 백성들은 그 연주를 들어서 사악함과 더러움을 씻어내

내며 아름다운 본성을 키워낸다.[667] 그 결과 그의 도(道)는 충실해지며 넓고 커져서 길하지 않음이 없다. 바로 이러한 이유 때문에 구오효가 상징하는 대인을 만나서는 무릇 천하를 올바르게 다스릴 수 있는 이들을 모두 가슴에 끌어안고서 너그럽게 행하니, 이롭지 않을 것이 없다.

「象」曰: '往蹇來碩', 志在內也. '利見大人', 以從貴也.

「상전」: 가면 절름거리며 보행을 하는 어려움을 만나고 오면 크게 이루어낸다'는 것은 뜻함이 안에 있다는 것이고, '대인을 만남이 이롭다.'는 것은 귀인을 좇는다는 의미다.

'志在內'者, 中四爻各得其正, 而相與彌縫其美也. '從貴', 謂上六之德

며, 한껏 취하도록 감상하여 그 본성을 아름답게 꾸며낸다고 하고 있다. 그래서 고아한 악곡을 듣고서는 백성들이 올발라지고, 부르짖는 악곡의 소리에 의해서는 병사들이 떨쳐 일어나며, 정(鄭)·위(衛)의 악곡을 듣고서는 마음이 음란해 진다고 한다. 나아가 아름다운 선율로 잘 어울린 음악은 짐승들조차 감동시킬 뿐만 아니라 사람의 도덕적 품성도 고양시킨다고 하고 있다.(『史記』, 「樂書」: 天子躬於明堂臨觀, 而萬民咸蕩滌邪穢, 斟酒飽滿以飾厥性. 故云雅頌之音理 而民正, 嘄噭之聲興而士奮, 鄭衛之曲動而心淫. 及其調和諧合, 鳥獸盡感, 而況 懷五常, 含好惡, 自然之勢也!)

667) 『예기(禮記)』의 「예기(禮器)」 편에 나오는 말이다. 이곳에서는 예(禮)의 순기 능을 이렇게 표현하고 있다. 그리고 글자 풀이는 정현(鄭玄)의 풀이를 따른다. (鄭玄注·陸德明音義·孔穎達疏, 『禮記注疏』, 「禮記」: 禮, 釋回, 增美質. 措則 正, 施則行. 「注」: 釋, 猶去也; 回, 邪辟也; 質, 猶性也; 措, 置也)

已純乎吉, 而資九五之尊以行之, 往無不蹇, 則行無不利, 推之天下國
家, 施之後世而皆正, 故曰, '蹇之時用大矣哉!'

'뜻함이 안에 있다'는 것은 이 건괘(蹇卦)䷦의 가운데 네 효들이 각기
올바름을 얻고서 서로 그 아름다움을 박음질하며 이루어내고 있다는
의미다. '귀인을 좇는다'는 것은 상육효의 덕이 벌써 순전히 길한데다가
구오효의 존귀함까지 힘입어서 행함으로써, 가면 절름거리며 보행을
하는 어려움을 만나지 않음이 없으니, 행하는 것마다 이롭지 않음이
없다는 의미다. 나아가 이를 온 세상에 미루어 나아가고 후세에 시행하더
라도 모두가 올바르다는 것이다. 그러므로 이 괘의 「단전」에서는 "건괘
(蹇卦)가 드러내고 있는 때와 작용은 크도다!"라고 하고 있다.

● ● ●

解卦坎下震上
해괘䷧

解. 利西南, 无所往, 其來復吉. 有攸往夙吉.

해괘: 서남쪽에 이롭다. 갈 일이 없어 돌아오면 다시 길하다. 어딘가를 간다면
일찍 서두름이 길하다.

'解者, 解散其紛亂也. 中四爻陰陽各失其位, 而交相間以雜處, 於是而

成乎疑悖. 解之之道, 使陰陽各從其類以相孚, 而君子小人各適其所
欲, 則雖雜處而不爭. 如雷動而興, 陽雖在下而升, 陰雖上凝而降, 則陰
陽交戰之患息矣. 以剛治之, 則愈睽. '睽雖治, 而陰有'喪馬'之憂, 陽有
'張弧'之戰. '解以柔撫之, 加意拊循, 矜其不正之過, 而小人樂得其欲,
君子樂得其道, 則陽不忿而陰不疑, 待其自相解散, 而治之也有餘. 故
上六可以'射隼', 而夫子曰'待時而動'也.

이 괘 이름에 쓰인 '解(해)' 자의 의미는 난마처럼 엉킨 혼란함을 풀어낸다
는 뜻이다. 이 해괘▦의 가운데 네 효들은 음·양이 각각 제 위(位)를
잃은 채 하나씩 엇갈리게 교접하며 뒤섞여 있다. 바로 이러함 때문에
서로 의심하며 사이가 어그러짐을 이루고 있다. 이런 혼란함을 풀어내는
원리와 방법이란, 다름 아니라 이들 음·양으로 하여금 각기 제 부류를
좇음으로써 서로 믿게 하고, 군자와 소인이 각기 제 하고 싶은 대로
하게 하는 것이다. 그러면 이들이 비록 한데 뒤섞여 있다 하더라도
다투지 않는다. 마치 우레가 움직이며 일어나는 것처럼 양(陽)이 비록
아래에 있다 하더라도 올라가고 음(陰)이 비록 위에서 엉겨 있다 하더라도
내려오게 되면, 음과 양이 서로 간에 싸울 우려가 사라지는 것이다.
그렇지 않고 굳셈[剛]의 뻣뻣함으로 다스린다면 더욱 어그러지게 된다.
그리고 비록 이 어그러짐이 바로잡아진다 할지라도, 음에게는 '말을
잃어버리는' 우환이 있고 양에게는 '활시위를 당기는' 싸움이 있다.
그런데 이 해괘▦에서는 부드러움[柔]으로써 어루만지고 더욱이 뜻을
두어 위무하며 그 부정한 잘못에 대해서까지 동정심을 갖고 안타까워하
니, 소인은 제 하고 싶은 것을 기꺼이 맘껏 할 수 있고 군자는 자신의
도를 기꺼이 실현할 수 있다. 그래서 양은 분노하지 않고 음은 의심을
내지 않으니, 그들이 저절로 서로 간에 풀어지기를 기다려 다스린다

할지라도 얼마든지 여유가 있다. 이러한 이유 때문에 상육효는 '송골매를 쏠' 수 있으며, 공자는 "때를 기다려 움직인다."[668]라고 하였던 것이다.

'利西南'者, 西南山川砢磊不平之地, 以'解'道行之, 則利也. 不言不利 東北者, '蹇'有平坦之道, 故以'爲防, 而'解'無之也. '无所往', 以柔道安 之, 則止而不争, 而自求其類以相孚, 初之所以免咎而吉也. '有攸往', 則解之而已豫, 待其自散而因治之, 上之所以'射隼', 獲之而吉也, 賢於 '睽'之迫於治而望'遇雨之吉'遠矣.

'서남쪽에 이롭다'는 것은, 중국의 서남쪽이 산줄기·물줄기가 겹겹이 중첩되어 있어 평탄하지 않은 지형을 이루고 있기 때문에, 이곳을 갈 적에는 해괘䷧에 드러난 '풀어냄'의 원리와 방법으로써 가면 이롭다는 의미다. 그런데 이 해괘에서 '동북쪽에는 이롭지 않음'을 말하지 않고 있다. 왜냐하면 건괘(蹇卦)에서는 평탄한 길이 있기 때문에 이를 방비하고자 이 말을 했지만, 이 해괘에서는 그러할 염려가 없기 때문이다.[669]

---

668) 「계사하전」에 나오는 말이다. 여기서는 이 해괘의 상육효사를 인용하며 "군자가 기구를 몸에 숨기고 있다가 때를 기다려 움직이니 어찌 불리함이 있겠는가!"라 하고 있다.(『易』曰, "公用射隼于高墉之上, 獲之无不利." 子曰, 隼者禽也, 弓矢者器也, 射之者人也. 君子藏器于身, 待時而動, 何不利之有! 動而不括, 是以出而有獲, 語成器而動者也.)
669) 건괘(蹇卦)䷦는 '절름거리며 보행을 하는 어려움을 만남'을 드러내고 있다. 따라서 이 건괘(蹇卦)의 상황에서는 험난함을 앞에 두었을 경우 멈추든가 신중하게 잘 살피며 가야 한다. 그런데 중국 동북쪽은 지형이 평탄하다. 그래서 건괘(蹇卦)의 상황임을 망각하고 속히 가려 하다 보면 낭패를 당하기

'갈 일이 없음'이란, 부드러움[柔]의 원리와 방법으로써 편안하게 해주면 이들이 그만두고 다투지를 않으며 스스로 제 부류를 찾아 서로 믿게 된다는 의미다. 이렇게 하기 때문에 초육효가 허물을 면하고 길한 것이다. '어딘가를 간다면'은 난마처럼 엉킨 혼란함을 풀어내버려서 벌써 즐거워 졌으니 그들이 저절로 흩어지기를 기다렸다가 다스린다는 의미다. 이렇 게 하기 때문에 상육효에서는 '송골매를 쏘아' 잡아서 길한 것이다. 이는 규괘(睽卦)䷥에서 치세를 이루는 데 절박감을 느낀 나머지 '다짜고짜 길을 나서서 비를 만나 길함'을 바라는 것보다[670] 훨씬 현명하다.

夫上下陰陽各失其道, 固宜剛以治之, 以清流品而定名分. '解'以柔道 静聽其自釋, 近於茸闒而莫能理. 然而'解'之往來皆吉者, 陰陽雖失, 而 猶相爲應, 則上下猶和, 而君子小人不相爭競. 故闕止・陳恆皆小人, 而爭於國, 則齊亂不已; 雒・蜀之黨皆君子, 而爭於廷, 則宋亂乃生. 斂驕氣以從容, 俟其以類相從, 而後徐施其治, 賢於迫束以激乖離者, 不亦遠乎! 以六三之不與上應, 而孤立必罹於災, 上亦以柔道制之, 而 隼爲我獲, 況其他乎! 此'解'之所以利而夙吉也.

때문에, 특별히 괘사에서 이를 경계하고 방비하기 위해 이 말을 하고 있다는 것이다. 건괘(蹇卦)의 괘사에서는 "서남쪽에는 이롭고 동북쪽에는 이롭지 않다(蹇. 利西南, 不利東北.)"고 하고 있다. 그러나 해괘(解卦)䷧의 경우는 '난마처럼 엉킨 것들을 풀어냄'의 의미를 갖고 있기 때문에 굳이 이러한 경계를 둘 필요가 없다는 의미다.

[670] 규괘의 상구효사를 인용하는 말이다. 정확하게는 '가다가 비를 만나면 길하다. (往遇雨則吉.)'로 되어 있다.

이 해괘䷟에서는 위아래의 음과 양이 각기 지켜야 할 도리와 길을 잃어버리고 있으니, 진실로 굳셈으로써 이를 다스려 품류(品類)와 등급(等級)을 밝히고 명분을 올바르게 정하는 것이 마땅해 보인다. 그런데도 이 해괘에서는 부드러움[柔]의 원리와 방법으로써 난마처럼 엉킨 혼란함이 저절로 풀리기를 고요히 기다리고 있으니, 마치 한없이 아둔하기만 하고 다스릴 줄을 모르는 것처럼 보인다. 그러나 이 해괘의 괘사에서 가든 오든 모두 길하다고 하고 있는 것을 보면, 효들의 음·양이 비록 제 마땅함을 잃어버리고는 있다 하더라도 오히려 서로 응하고 있기 때문에, 위·아래가 오히려 화합을 이루고 군자와 소인이 서로 다툼을 벌이지 않는다. 그러므로 감지(闞止)와 진항(陳恒)이 모두 소인으로서 저희들끼리 한 나라에서 다툼으로써 제(齊)나라에서는 혼란이 끊이질 않았고,[671] 낙당(洛黨)과 촉당(蜀黨)이 모두 군자들로서 그들끼리 조정에서 다툼을 벌였으니 송나라의 혼란이 이렇게 해서 생겨났다.[672] 그런데 이 해괘䷟의

---

671) 제(齊)나라 간공(簡公) 때의 일이다. 간공은 즉위하기 전 노(魯)나라에 있을 적부터 감지(闞止, 또는 監止)와 사귐이 돈독하였다. 그래서 즉위하고서도 그를 중용하여 진항(陳恒, 또는 田恆·陳成子)과 함께 좌상(左相)·우상(右相)으로 나란히 중용하였다. 당시의 대부 조앙(趙鞅)이 이러한 모양은 다툼과 경쟁을 유발한다는 측면에서 좋지 않다고 여기며 간공에게 둘 중 한 사람을 택하라고 건의하였다. 이에 간공은 감지를 택하였다. 그러나 진항의 세력이 너무 컸다. 이에 위협을 느낀 감지는 간공 4년(B.C.481)에 간공의 지지를 받으며 진항을 치려하였는데, 오히려 진항의 선제공격을 받아 죽임을 당하고 말았다. 진항은 도망가는 간공을 쫓아가 붙잡아서 죽였다. 그리고 간공의 동생을 제나라 임금으로 앉힌 뒤[齊平公], 스스로를 태재(太宰)라 하며 정권을 농락하였다. 공자는 『춘추』에서 이 사실을 극도로 나쁘게 기술하고 있다.
672) 송나라는 당쟁의 나라다. 300여 년간 지속된 양송(兩宋) 대에서 크고 작은 당쟁이 끊이질 않았다. 인종(仁宗; 1022~1062) 대에 경력신정(慶曆新政)이

976 • 주역내전 ❸
원리는 교만한 기운을 거두어들이고 고요히 있으면서 각기 같은 부류끼리 상종하기를 기다렸다가 서서히 그 다스림을 편다. 그러니 이는 결속에 절박한 나머지 서두르다가 오히려 자극하여 서로 괴리(乖離)하게 만드는 것보다 얼마나 더 현명한 처사인가! 아울러 육삼효가 위로 상육효와 응(應)하지 않고 고립한 나머지 필연적으로 재이를 맞게 되지만, 상육효

유발한 '경력당의(慶曆黨議)', 신종(神宗; 1067~1084) 대에 왕안석의 신법이 유발한 '신구당쟁(新舊黨爭)', 철종(哲宗; 1085~1099) 대에 왕안석의 신법을 철폐하고 구법으로 돌아가기 위해 벌인 '원우경화(元祐更化)'와 철종의 친정(親政)으로 말미암아 다시 신법으로 돌아가자면서 구당 일파를 철저히 몰아낸 '소성소술(紹聖紹述)' 및 구당파 내에서 벌인 '낙촉삭당쟁(洛蜀朔黨爭)', 휘종(徽宗; 1100~1125) 대에 동당벌이(同黨伐異)의 양상으로 전개된 '숭녕당금(崇寧黨禁)', 그리고 남송의 영종(寧宗; 1195~1224) 대에 한탁주(韓侂胄)가 주희(朱熹)를 대표한 사대부들을 누르기 위해 벌인 '경원당금(慶元黨禁)' 등이 그것이다. 이 가운데 철종의 원우(元祐) 연간에 벌인 '낙촉삭당쟁(또는 낙촉당쟁)'은 대표 주자들의 출신 지역을 따 명명(命名)한 것이다. 낙당(洛黨)은 이정(二程) 형제 가운데서도 특히 정이(程頤)를 영수로 한 파벌을 지칭한다. 촉당(蜀黨)은 소식(蘇軾) 형제의 일파를 지칭한다. 삭당(朔黨)은 사마광 일파를 지칭한다. 먼저 사마광의 삭당과 소식 형제의 촉당이 당쟁을 벌였고, 나중에는 촉당과 낙당이 당쟁을 벌였다.

낙촉당쟁은 장장(長長) 7년에 걸쳐 벌어졌다. 그런데 이들 두 당은 왕안석(1021~1086)의 신법을 반대하며 그 폐해로부터 빨리 회복해야 한다는 점에서는 입장이 같았다. 다만 철저하게 성현의 말을 근거로 하되 고례(古禮)와 고제(古制)의 회복을 주장하는 교조적 입장을 보인 것이 낙당이었고, 자유로운 입장에서 예제(禮制)를 시세에 맞게 변형시킬 것을 주장한 것이 촉당이었다. 그런데 이들을 뒷받침하며 섭정을 하던 선인(宣仁) 태후(太后)가 죽고(1094), 철종이 친정을 하며 장돈(章惇)·채경(蔡京) 등 신법당을 다시 끌어들여 선제(先帝)의 정책노선을 따르자(紹聖紹述), 정이와 소식 모두 유배를 가는 비운을 맞고 만다. 이렇게 하여 낙촉당쟁은 종지부를 찍었다.

는 역시 부드러움[柔]의 도(道)로써 이러한 상황을 제어하여 그(상육효)가 쏘아서 맞춘 송골매를 내(육삼효)가 얻게 되는데, 하물며 다른 효들이야! 이것이 바로 해괘가 이롭고 일찍 길을 나서는 것이 길한 까닭이다.

「象」曰: 解, 險以動, 動而免乎險, 解.

「단전」: 해괘는 험하면서 움직임이니, 움직여서 험함을 면한다. 이것이 해괘다.

此以'震'·'坎'之象言之. 然唯初之柔, 故知其險而不敢以易心臨之; 唯上之柔, 則動而無所窒以相競, 故能免乎險; 則與卦畫之義亦相通也.

이는 해괘를 이루고 있는 진괘☳·감괘☵의 괘상에 담긴 의미를 가지고 말한 것이다. 그런데 오직 초효의 부드러움만은 그 험난함을 알아서 감히 쉽게 여기는 마음으로 임하지 않는다. 그리고 오직 상육효의 부드러움만은 움직여서 거침이 없기 때문에 서로 경쟁하기 때문에, 험난함으로부터 면할 수가 있다. 이는 괘획의 의미와도 서로 통한다.

'解利西南', 往得衆也.

'서남쪽에 이롭다.'는 것은 가서 자신을 지지하는 많은 사람을 얻는다는 의미다.

以'解'之道而行乎人情險陂之中, 衆自悅而從之.

해괘䷧에 드러난 원리와 방법을 가지고서 사람들의 실정과 험난함 속에 행하는데, 대중들이 저절로 기뻐하며 그를 따른다.

'其來復吉', 乃得中也.

'돌아오면 다시 길하다.'는 것은 가운데 자리를 제대로 차지하기 때문이다.

以柔待之而不激, 故二·五各安其位.

부드러움(육오효)이 그(구이효)를 맞이하면서 자극하지 않기 때문에 구이효와 육오효는 각기 제 위(位)에서 편안함을 얻는다.

'有攸往夙吉', 往有功也.

'어딘가를 간다면 일찍 서두름이 길하다.'는 것은 가서 공을 세운다는 의미다.

上之欲治其紛亂也夙矣, 而柔以俟時, 則收功易.

상육효가 일찍부터 그 분란을 다스리고자 하면서도 부드러움으로서 때를 기다리고 있다. 그래서 공을 세우기가 쉽다.

天地解而雷雨作, 雷雨作而百果草木皆甲坼. 解之時大矣哉!

하늘과 땅이 풀리고 우레가 치며 비가 내리는데, 이렇게 우레가 치고 비가 내리자 온갖 과실과 초목들이 모두 껍질을 깨고 나온다. 해괘에서 드러내고 있는 풀림의 때가 이렇듯 위대하도다!

陰亢而乘剛, 故難結而不解. 其在天地之化, 則陰凝於上, 而陽伏不興, 結爲寒凍曀霾, 而草木不足以生. 乃柔和之氣動於上下, 雷乃以升, 雨乃以降, 晦蒙之氣消, 陰陽各從其類, 則百果草木之函鋼者皆啓, '解之功大矣, 唯其時也. 不言義用者, '解'以無用爲用, 而不執乎義也, 待其時而自解焉. 唯聖人爲能因時.

이 해괘䷧의 괘상을 겉으로만 보면, 음이 뻣뻣하게 자신을 내세우면서 위에서 굳셈을 올라타고 있다.[673] 그러므로 험난함이 맺혀서 풀리지가 않는 모습이다. 이것이 하늘과 땅의 지어냄造化에서는 음이 위에 응결하여 있고 양은 밑에 잠복하여 일어나지 않는 양상을 이룬다. 이러함에서는 딱 맺혀서 혹한의 엄동이 되기도 하고, 음산하게 구름이 낀 채 흙비가 내리기도 한다. 그래서 초목이 생겨날 수가 없다. 그런데 한편으로는 부드럽고 온화한 기(氣)가 위·아래에서 움직이니, 우레가 밑에서 올라오고 비가 위에서 내림으로써[674] 어둡게 들씌우고 있던 기(氣)가 사라지며 음과 양이 각기 제 부류를 좇는다. 그래서 온갖 과실과 초목들을 굳게 둘러싸고 있던 것들이 열리게 된다. 해괘가 드러내고 있는 '풀림'이

---

673) 이 해괘䷧는 육오효가 구사효를 위에서 올라타고 있고, 육삼효가 구이효를 위에서 올라타고 있다.

674) 해괘䷧는 정괘가 진괘☳다. 이는 우레가 땅속에서 위로 올라와 치고 있는 상이다. 그리고 회괘가 감괘☵니 이는 위에서 비가 내려 벌써 아래로 내려간 상이다. 이는 부드럽고 온화한 기가 위아래서 움직인 결과다.

이렇듯 거대한 것은 오직 그 '때'에 있다. 그런데 이 해괘에서 의로운 작용에 대해서 말하지 않은 까닭은, 해괘에서 드러내고 있는 풀림이 '특별한 작용이 없음[無用]'으로 작용하고 있고 의로움에는 집착하지 않기 때문이다. 그 때를 기다리기만 하면 저절로 풀린다는 것이다. 오직 성인만이 이렇게 때로 말미암아 무슨 일을 할 수가 있다.

「象」曰: 雷雨作, '解', 君子以赦過宥罪.

「상전」: 때에 맞추어 우레가 치고 비가 내림이 해괘니, 군자는 이를 본받아 과오를 범한 이들을 놓아주고 죄지은 이들을 너그러이 품는다.

'赦', 縱釋之. '宥', 寬之, 薄其刑. '過', 誤犯. '罪', 故犯也. 雷雨之作, 以釋蘊結凝滯之氣而蘇物. 然疾雷間作而不恆; 君子非常之恩, 間一用而已. 五陰乘陽而居中, 未至於邪, 有過之象; 三陰乘剛而陷陽, 則其罪也.

'赦(사)'는 놓아준다는 의미다. '宥(유)'는 관용을 베풀어서 그 형벌을 경감시켜 준다는 의미다. '過(과)'는 착오로 잘못을 범한 것이고, '罪(죄)'는 고의로 잘못을 범한 것이다. 때에 맞게 우레가 치고 비가 내림으로써 딱 맺혀서 응체해 있던 기(氣)를 풀어주고 만물을 소생시킨다. 그러나 매서운 우레가 사이사이 쳐서 항상스럽지 않으니, 이는 군자가 일정하지 않은 은혜를 사이사이 한 번씩 베풂일 따름이다.
육오효는 위에서 양(구사효)을 올라탄 채 가운데 자리를 차지하고 있다. 이는 아직 사악함에는 이르지 않고 그저 착오로 과오를 범한 상이다.

이에 비해 육삼효는 군셈(구이효)을 올라탄 채 양을 험난함 속에 빠뜨리고 있으니675), 이는 죄를 의미한다.

初六, 无咎

초육: 허물이 없다.

'解'之爲道, 以近相解. 如解結者, 先於其緒; 先其近而後其遠, 先其易而後其難, 則以漸而解矣. 故初以解二, 上以解五. 初應四, 而解之者必待朋至之孚; 上與三同道, 而解之者必有乘676)高之射. 初六柔以乘676)剛, 静以待動, 則二可安於中而不疑, 雖未有功, 自无咎矣. 占此者, 自省無過, 順以受物, 則吉. 道在无咎, 故其詞簡.

해괘▤가 드러내고 있는 도(道)는 '가까움으로써 서로 풂'이다. 마치 맺힌 매듭을 풀듯 먼저 그 실마리를 잡는 것이다. 그래서 가까운 것부터 먼저하고 먼 것은 뒤에 하며, 쉬운 것을 먼저하고 어려운 것은 뒤에 한다. 이렇게 하면 점차로 풀리는 것이다. 이러한 방식으로 초육효는 구이효를 풀고, 상육효는 육오효를 푼다. 초육효는 구사효와 응하지만 풀어내기 위해서는 반드시 벗들을 오게 하는 믿음성을 기다려야 한다.

---

675) 이 해괘의 정괘(貞卦)는 감괘▤다. 그래서 '험난함'을 상징하는데, 구이효가 그 가운데 빠져 있는 상을 이루고 있다. 이 감괘에는 또한 '빠짐·빠뜨림(陷)'의 의미도 있다.

676) 이 '乘(승)' 자는 '承(승)'으로 바꾸어야 의미가 통한다.

그리고 상육효는 육삼효와 같은 도를 지녔지만 풀어내기 위해서는 반드시 높은 데 올라가서 활을 쏨이 있어야 한다. 초육효가 부드러움으로서 굳셈을 위로 떠받들고 있으며 고요하게 움직임을 기다리고 있으니, 구이효는 가운데 자리에서 편안할 수 있고 의심을 갖지 않을 수 있다. 그래서 비록 아직 결과를 내지는 않았다 하더라도 저절로 허물이 없다. 점을 쳐서 이 초육효를 얻은 이라면 스스로 반성하여 과오를 없애고 순종하며 다른 것을 받아들여야 길하다. 원리상 허물이 없기 때문에 초육효사는 이처럼 간결하다.

「象」曰: 剛柔之際, 義无咎也.

「상전」: 굳셈과 부드러움이 교접함이니 의롭고 허물이 없다.

'際', 交也, 遇也. 以柔遇非正之剛, 自静處以寡過, 義當然也.

'際(제)'는 교접함을 의미하며 만남을 의미한다. 초육효가 부드러움으로서 올바르지 아니한 굳셈[677]을 만나는데 스스로 고요히 있음으로써 과오를 줄이고 있다. 이것이 의로움은 당연하다.

---

677) 구이효를 의미한다. 구이효가 굳셈으로서 부드러움의 위(位)에 와 있기 때문에 '올바르지 아니한 굳셈'이라 한 것이다.

九二, 田獲三狐, 得黃矢, 貞吉.

구이: 사냥을 나가서 여우 세 마리를 잡고 황색 화살을 얻는다. 올곧고 길하다.

狐之爲獸, 邪而善疑. 自三以上三爻, 皆失位而不安, 其象也. 九二剛中
自任, 因險立功, 有田而獲之之象. 得狐則且委其矢, 乃初以柔解之,
故不急於殺, 而矢不失. '黃', 中色也. 有獲狐之才, 而能聽解以不自喪,
則不失其貞而吉. '睽'·'解'中四爻之失位, 陰之僭以成乎陽之不平, 故
於陽無過責之辭.

여우라는 짐승은 사악하면서도 의심이 많다. 이 해괘䷧에서 육삼효
이상의 세 효는 모두 제 위(位)를 잃고 불안해하고 있다. 이는 바로
여우의 상이다. 그런데 이 구이효는 굳셈으로서 가운데 자리를 차지하고
있으니, 스스로 상황을 헤쳐 나아갈 책임감을 갖고 있으며 결국 험난함을
이겨내고 공을 세운다.[678] 그래서 이 구이효에는 사냥을 나가서 짐승을
잡는 상이 있다.

화살을 쏴서 여우를 잡았으면 그 화살은 내버려 둔다. 그런데 여기에서는
초육효가 잡은 여우 속에 박힌 화살을 부드러움으로써 풀어내주니,
이는 여우를 죽이기에 급급하지 않음이고 화살도 잃어버리지 않는다.
'황색'은 중앙의 색이다.[679] 이 구이효에게는 여우를 잡을 만한 재질이

---

678) 이 해괘䷧의 정괘(貞卦)인 감괘☵는 '험난함'을 상징하기도 한다. 그리고 이
구이효는 그 주효(主爻)가 되어 있다. 그래서 이렇게 말한 것이다.
679) 오행설에 입각한 말이다. 오행설에서는 색깔을 다섯 방위에 배당하여 동쪽은
청색(靑色), 남쪽은 적색(赤色), 서쪽은 백색(白色), 북쪽은 흑색(黑色), 중앙은

있고 초육효가 풀어헤침을 받아들임으로써 스스로를 상실하지 않는다. 그래서 그 올곧음을 잃어버리지 않고 길하다.

규괘☲와 해괘☷에서는 가운데 네 효들이 모두 제자리를 잃고 있는데, 이는 음들이 참람(僭濫)한 결과로서 양들에게는 뜻대로 할 수 없는 상황을 조성하고 있다. 그러므로 이들 괘에서는 양효들에게 허물을 책망하는 말[爻辭]이 없다.

「象」曰: 九二貞吉, 得中道也.

「상전」: 구이효가 올곧고 길한 까닭은 중도(中道)를 얻었기 때문이다.

獲之而又不窮其殺, 居中之道得矣.

여우 세 마리를 잡았는데 또한 그것들을 죽이기에 급급한 상황에 내몰리지도 않으니, 중앙을 차지할 수 있는 도(道)를 얻은 것이다.

六三, 負且乘, 致寇至, 貞吝.

육삼: 등에 짊어지고 날라야 할 신분의 사람이면서도 대부 이상이 타는 수레를 탔으니 외적들의 침입을 불러들인다. 올곧지만 아쉬워함이 있다.

황색(黃色)이라 한다.

'睽'・'解'失位之爻, 唯三爲尤妄. 上承九四之剛, 本屈居卑賤, 而下乘
九二之剛, 躁進憑陵, 是擔負之役人而乘軒矣. 兵自外至曰'寇'. 居非所
得, 寇必奪之, 道宜凶, 而僅曰'貞吝'者, 有上六高墉之射解其悖, 故可
悔過以保, 然而已吝矣.

규괘(睽卦)䷥와 해괘(解卦)䷧에서 제 위(位)를 잃고 있는 효들 가운데
오직 육삼효가 더욱더 망령된 것이다. 육삼효는 위로 구사효의 군셈을
받들고 있으니, 본래 비천한 위치를 비굴하게 차지하고 있는 존재다.
그런데 지금 아래로 구이효의 군셈을 올라타고서 조급하게 나아가며
그를 능멸하고 있다. 이는 등짐을 짊어지고 나르는 짐꾼이면서도 대부
이상이 타는 수레를 타고 있는 격이다. 군대가 외국에서 쳐들어온 것을
'寇(구)'라 한다. 그런데 이 육삼효는 자기가 있어야 할 곳이 아닌 곳을
차지하고 있기 때문에 외적들이 반드시 그것을 빼앗고 만다. 이렇게
보면 이치상 이 육삼효는 흉해야 마땅하다. 그런데 이 효사에서는 겨우
'올곧지만 아쉬워함이 있다'고 하는데 그치고 있다. 그 까닭은 상육효가
'높은 담장'에서 그 어그러짐을 활로 쏘서 풀어주기 때문이다. 그러므로
자신의 과오를 뉘우치며 보완할 수 있다. 하지만 이미 아쉬워함은 있다.

「象」曰: '負且乘', 亦可醜也. 自我致戎, 又誰咎也!

「상전」: '등에 짊어지고 날라야 할 신분의 사람이 수레를 탐'이니 역시 추하다
할 수 있다. 내 스스로 외적을 불러들인 것이니 또한 누구를 탓하리요!

承上六之解, 將不咎人而自咎, 猶得爲貞.

이 육삼효는 위로 상육효가 풀어줌을 받들면서 남의 탓을 하지 않고 스스로의 허물로 돌리니, 오히려 상황을 타개하며 올곧다.

九四, 解而拇, 朋至斯孚.

구사: 풀어주지만 엄지발가락으로 함이라. 벗이 와서 이에 믿음이 생긴다.

'拇', 足大指, 謂初也. 四與初爲正應; 四剛失其位, 有逼五之嫌, 初以柔解之, 而卑柔居下, 力弱而情殊, 固未能解, 如解結者不以手指而以足拇矣. 但二近初而聽解於初; 二本與四同道爲朋而相待者也, 兩陽交孚, 二解而四亦漸解, 勢不容以終自怗也.

'拇(무)'는 엄지발가락인데 여기서는 초육효를 가리킨다. 구사효와 초육효는 제대로 응함正應의 관계를 이루고 있다. 그런데 구사효는 굳셈으로서 마땅한 제 위(位)를 잃어버린 채 육오효를 핍박하는 혐의를 받고 있다. 이에 초육효가 부드러움으로써 이를 풀어주기는 하지만, 그의 처지가 낮고 부드러우며 또 맨 밑자리를 차지하고 있다. 뿐만 아니라 초육효가 힘도 약하고 상황도 둘이 서로 다르기 때문에 본디 완전히 풀어줄 수가 없다. 이는 맺힌 매듭을 풀어준다면서 손가락으로 하지 않고 발가락으로 하는 것과 같은 격이다. 다만 구이효가 이 초육효와 가까워서 초육효가 풀어주라고 하는 말을 받아들이고 있다. 그리고 구이효와 구사효는 같은 원리와 길을 따르는 관계로서 벗이 되어 서로 의지가 되어주는 사이다. 그래서 두 양이 믿음으로 사귀게 되어 구이효가 풀어주고 구사효도 점점 풀어내게 되는데, 이는 추세가 끝까지 제 스스로

만 믿으며 제멋대로 함을 용납하지 않기 때문이다.

「象」曰: ‘解而拇’, 未當位也.

「상전」: ‘풀어주지만 엄지발가락으로 함’이란 당위(當位)가 아니기 때문이다.

‘未當位’之文與‘位不當’異, 言解之者之未當位, 故如拇也. 解之不當位
者五, 獨言初未當位者, 惜其解之情得而權不足也. 如上六則當位而
有高墉之勢矣.

‘당위(當位)가 아니다’는 말은 ‘위(位)가 마땅하지 않다’는 말과 다르다.
여기서는 풀어주는 이가 당위(當位)에 있지 않음을 가리키고 있다. 그러
므로 엄지발가락과 같다고 한 것이다. 해괘䷧에서 당위(當位)에 있지
않은 효들은 모두 다섯 개다. 그런데도 여기서 유독 초육효에 대해서만
당위가 아님을 말하는 까닭은, 이 구사효로서 초육효의 풀어주고자
하는 마음은 얻었지만 그것이 권세가 부족하다는 것을 애석해하기 때문
이다. 이에 비해 상육효는 마땅한 위(位)를 차지하고 있고 높은 담장
위에 있는 위세를 지니고 있다.

六五, 君子維有解, 吉. 有孚于小人.

육오: 군자는 동여매고 있던 밧줄이 풀리는 격이니 길하다. 소인에게는 믿음이
있다.

‘君子’‘小人’以位言. 五居尊爲君子, 三則負且乘之小人也. 五以柔居
尊, 道不足, 而二以婞直自用, 則其憂疑不釋, 將激而與小人黨, 以犯上
醜正. 幸上之柔和不迫, 從容而解之; 維其有解, 是以吉. 君子既得解,
則且以道感乎小人, 而小人亦化矣. 五孚於三, 四孚於二, 陽不畸而陰
不戾, 初·上之爲功大矣. 蕭望之唯不知此, 恃其剛以與柔懦之元帝
爭得失, 而弘恭·石顯之忿媢愈烈. 郭子儀之處程·魚, 庶幾得之.

여기에서 ‘군자’니 ‘소인’이니 하는 것들은 위(位)를 가지고서 말한 것이다.
이 육오효는 존귀한 위치를 차지하고 있다. 그래서 군자가 된다. 이에
비해 육삼효는 등에 짊어지고 나르는 신분의 사람으로서 수레를 타고
있는 소인이다. 그런데 이 육오효는 부드러움으로서 존귀한 위치를
차지하고 있는지라 그 지위를 계속해서 꾸려 나아갈 도(道)가 부족하다.
게다가 육오효와 응(應)의 관계에 있는 구이효가 스스로 뻣뻣하고 오만함
을 사용하고 있다. 그래서 육오효로서는 그 우환과 의심이 풀리지 않는데,
장차 그들을 자극하여서는 소인들끼리 함께 당파를 이루고서 윗사람을
범하며 올바른 사람들에게 해를 끼치게 된다. 그런데 다행히도 상육효가
부드럽고 온화하여 핍박하지 않으면서 육오효를 이렇게 동여매고 있는
밧줄을 조용히 풀어준다. 그래서 동여매고 있던 밧줄이 풀리듯 하여
길하다. 이렇게 하여 군자가 이미 풀렸으면 또한 도(道)로써 소인에게
감화와 믿음을 주니 소인도 그 감화를 받아서 달라진다. 육오효는 육삼효
에게, 구사효는 구이효에게, 각기 믿음을 주기 때문에, 양들이 기이한
행위를 보이지 않고 음들도 어그러지지 않는다. 이렇듯 해괘☷에서는
초육·상육효가 공을 세움이 지대하다.
그런데 소망지(蕭望之)만은 유독 이러한 이치를 몰랐다. 그래서 자신의
강직함만을 지나치게 믿고서 유약하고 나약한 원제(元帝)와 국가의

득실을 도모하였으니 홍공(弘恭)·석현(石顯)과 같은 무리들의 분노와
시샘이 그만큼 더욱 격렬해졌다.[680] 이에 비해 곽자의(郭子儀)는 정원진
(程元振)과 어조은(魚朝恩)의 음험함에 적절하게 대처하여 거의 자신의

---

[680] 소망지(약 B.C.114~B.C.47)는 소하(蕭何)의 6세손으로서 동해(東海) 난릉(蘭
陵; 지금의 산동성 蒼山 蘭陵鎭 지역) 출신이다. 그는 한(漢)나라 선제(宣帝)·
원제(元帝) 때의 대신이며 유명한 경학자다. 그는 『제시(齊詩)』에 능했고,
경전에 대한 연구도 뛰어나서 『노론(魯論)』의 걸출한 전인(傳人)으로 불린다.
그의 후예는 수백 년 동안 산동 지역의 대족(大族)으로 행세하고 있다. 선제(宣
帝) 때 그는 흉노족과의 화친을 이끌어내 100여 년간 지속된 그들과의 무력
충돌에 종지부를 찍게 하였다. 그리고 태자의 태부(太傅)로서도 활약하였는데,
선제는 죽으면서 그에게 어린 태자를 부탁하였다. 그 태자가 즉위하여 황제元
帝가 되자, 소망지는 이 원제(元帝)에게서 대단히 중용되었다. 그도 충심으로
정사를 보필하였다. 그는 언제든지 궁궐을 드나들면서 의견을 개진할 수
있었고, 그가 천거하는 인사들을 원제는 중용하고는 하였다. 그리고 원제는
중요한 일이 있을 때마다 소망지의 견해를 물어 시행하였다. 이때 소망지는
유명한 학자 유향(劉向)과 광형(匡衡)을 천거하여 이들을 중임토록 하기도
하였다. 그런데 이 원제가 유약하고 머리가 나쁜데다가 아직 어려서 관문(官文)
조차도 제대로 이해할 줄 모른다는 데 큰 문제가 있었다. 이 원제는 소망지를
중심으로 한 대신들에게 의지하면서도 홍공(弘恭)·석현(石顯)과 같은 환관들
의 아첨의 굴레에서 벗어나지 못하고 있었다. 이들이 중서성을 장악하고
있었다. 소망지는 이들 환관 세력을 조정의 권력에서 몰아내고자 획책하였다.
그래서 소망지는 여러 차례에 걸쳐서 원제에게, 환관들이 지금처럼 중서(中書)
의 기구를 장악하게 된 것은 무제(武帝)가 후원에서 연회를 베풀어 즐기는
데서 이들이 필요했기 때문에 그렇게 한 것으로서 이것이 예부터 있던 전통적인
제도는 아니라 하며 이를 폐지할 것을 건의하였다. 그리고 이를 문관으로
대체하게 하였다. 그러나 나약한 원제는 이에 대해 쉽게 결정을 내리지 못했다.
그러던 중 홍공과 석현의 역습을 받아 소망지는 두 번째 투옥이 될 위험에
처하자 그 모욕을 참지 못하고 음독자살하고 말았다. 이만큼 소망지는 강직하
고 진솔하였던 인물로서 명유(名儒)로 꼽힌다.

뜻을 실현할 수 있었다.[681]

---

681) 곽자의(郭子儀697~781)는 곽령공(郭令公)이라고도 부른다. 당(唐)나라의 장군으로서 안사(安史)의 난을 비롯한 여러 반란과 외적의 침입을 물리침으로써 혁혁한 전공을 세운 인물이다. 현(玄)·숙(肅)·대(代)·덕종(德宗) 등 네 황제를 모신 인물이며 분양왕(汾陽王)에 봉해지기도 하였다. 그리고 역대 장원(壯元) 급제한 인물 가운데 무과의 장원으로 말미암아 관직에 오른 뒤 결국 재상에 오른 유일한 인물이기도 하다. 아울러 역시 역대 무과로 장원 급제한 인물 가운데 최고의 공을 세운 인물로 꼽힌다.

이 곽자의는 두 번에 걸쳐 환관들에 의해 누명을 쓰고 곤욕을 치렀다. 한 번은 그가 안사(安史)의 난을 평정하는 동안에 일어났다. 당시 당군(唐軍)이 사사명(史思明)·안경서(安慶緒)의 군대와 안양하(安陽河)의 북쪽에서 일전 일퇴를 벌일 적에(757~759년) 당나라의 60만 군대가 이들 연합군에 대패한 일이 벌어졌다.(鄴城之戰) 이때 당군을 지휘한 인물은 환관 어조은(魚朝恩)이었는데, 이 어조은은 전혀 군대를 통솔할 만한 능력이 못되었다. 그래서 그 패전의 책임이 응당 그에게 돌려져야 했지만, 오히려 그의 참훼(讒毁)에 의해 곽자의가 그 책임을 몽땅 뒤집어쓰게 되었다. 그래서 곽자의는 장안으로 압송되어 병권이 해제되고 한직에 처해졌다. 나중에야 당 숙종은 자신의 어리석음을 깨닫고 곽자의를 복권시켜 이 난을 평정케 함으로써 수습할 수 있었다.

또 한 번은 보응(寶應) 원년(762년)에 일어났다. 이때 태원(太原)과 강주(絳州)에서 군대가 반란을 일으켰는데 이때 곽자의는 분양왕에 봉해지며 이를 진압하라는 명을 받고 강주로 출전하게 되었다. 그런데 이때에도 그는 환관 정원진(程元振)의 이간에 의해 병권을 해제 당하는 고초를 겪게 된다. 그러나 이듬해 투르판의 군대가 위구르족 및 흉노족과 연합하여 당나라의 서쪽 변경을 침입하게 되자 당(唐)의 황제(代宗)와 조정은 이 위기를 수습할 인물로 그를 지목하여 다시 중임을 맡기게 된다. 실상 이 위기도 환관 정원진이 보고를 하지 않아 더욱 악화된 것이다. 이들 연합군이 장안의 턱밑에까지 쳐들어와서 수도가 함락될 위험에 처하자, 대종(代宗)은 그 동쪽인 섬주(陝州)로 도망가면서 곽자의에게 중책을 주어 이를 막게 한 것이다. 곽자의는 지금까지 자신의

「象」曰: 君子有解, 小人退也.

「상전」: 군자에게는 풀림이 있고, 소인은 물러난다.

'有解', 有解之者也. '退', 退聽命也.

'풀림이 있음'은 풀어주는 이가 있다는 의미다. '물러남'은 물러나서 명을 듣는다는 의미다.

풍부한 지략으로 이들을 물리치고 장안을 수복하여 대종으로 하여금 환궁하게 하는 공을 세웠다. 대종이 자신의 과오를 뉘우치며 "내가 경을 일찍 기용하지 않아 이 지경에까지 이르렀소!"라고 하였다고 한다.

이후로도 곽자의는 숱한 외적의 침입을 잘 무찌르며 혁혁한 공을 세워 무인(武人)으로서는 최고의 영예를 누린다. 그가 85세를 일기로 세상을 떠났을 적에 당시의 황제 덕종(德宗)은 너무나도 큰 슬픔을 느껴 전율하였으며 최고의 예우를 갖추어 장례를 치르고 묘지를 만들어 주도록 하였다고 한다.

이렇듯 곽자의도 환관들에 의해 두 차례 위기를 겪기도 하였지만 적절하게 그에 대처하여 결국 자신의 뜻과 포부를 실현할 수 있었다. 왕부지는 이 해괘䷧ 육오효사를 풀이하는 데서 이 점을 소망지의 경우와 비교하고 있다. 소망지는 자신의 강직함만을 지나치게 믿은 나머지 소인이라 할 수 있는 두 환관들의 음험한 계책에 효과적으로 대처하지 못해 자신이 죽임을 당하고 말았다면, 곽자의는 적절하게 처리하여 이들을 물리치고 자신의 뜻과 포부를 실현할 수 있었다는 것이다.

上六, 公用射隼于高墉之上, 獲之无不利.

상육: 공께서 높은 담장 위에 올라가 활로 송골매를 쏘아서 맞히니 그것을
얻으며 이롭지 않음이 없다.

'公', 三公; 坐而論道, 師保之尊, 臨君之上, 以解君子之眩惑者也. '隼',
鷙戾之鳥. '高墉', 居上之辭. 上以柔解紛, 而豈忘情於去陰慝以安善類
乎! 就密勿之地, 解君子之惑; 君子聽其解, 而以治小人也易矣. 以剛治
者, 始於剛而後且柔, '睽'上之所以'說弧'也. 以柔治者, 藏用於柔而乘
時以行斷, '解'上之所以'射'而'獲'也. 六三飛揚攫擊之志戢, 則陰陽之
爭不興, 无不利矣.

'公(공)'은 중앙의 최고 관직에 해당하는 삼공(三公)을 말한다. 이들은
앉아서 도(道)를 논하는 이들로서 태사(太師)·태보(太保)의 존귀함으
로 임금의 위에 임하여 군자들이 현혹된 것을 풀어주는 이들이다. '송골매'
는 사납고 매서운 새다. '높은 담장'은 위에 자리 잡고 있다는 말이다.
이 상육효가 윗자리에서 부드러움으로써 분란(紛亂)함을 풀어주는데,
음험하고 사특함을 제거하여 착한 부류들을 편안케 함에서 어찌 자신의
감정을 다스리지 못하고 함부로 하겠는가! 임금과 매우 긴밀한 지위에
나아가 군자의 현혹됨을 풀어주고, 군자는 그 풀어줌을 받아들이니,
이렇게 함으로써 소인을 다스리는 것이 쉬워진다. 굳셈[剛]으로써 다스리
는 이는 굳셈에서 시작하였다가 나중에는 부드럽게 한다. 이것이 규괘䷥
의 상구효가 '활시위를 놓아버리는'[682) 까닭이다. 이에 비해 부드러움으
로써 다스리는 이는 부드러움 속에 쓰임을 숨기고 있다가 때를 타고서
과단함을 행하니, 이것이 해괘䷧의 상구효가 송골매를 '활로 쏘아' '잡아버

리는' 까닭이다. 이렇게 하여 육삼효가 잘난 체 거들먹거리며 빼앗고 격파하려는 뜻을 거두어들이면, 음과 양 사이의 싸움이 일지 않고 이롭지 않음이 없다.

「象」曰: '公用射隼', 以解悖也.

「상전」: '공께서 활로 송골매를 쏘아서 맞힘'은 어그러짐을 풀어버림이다.

射之, 但以解其悖耳. 小人孚, 則不射可也.

활로 쏘는데, 이것은 단지 그 어그러짐을 풀어버리기 위한 것일 따름이다. 소인이 이를 믿게 되면 활을 쏘지 않아도 된다.

---

682) 규괘의 상구효사는 "괴리된 채 고독함이요, 돼지가 등에 잔뜩 진흙을 묻히고 있음을 보고서 수레 한 가득 귀신을 싣고 오는 것으로 여겨 먼저는 활시위를 당겼다가 나중에는 당기던 활시위를 슬그머니 놓는다.(睽孤, 見豕負塗, 載鬼一 車, 先張之弧, 後說之弧.)"이다.

●●●

損卦兌下艮上

손괘䷨

損. 有孚元吉, 无咎可貞, 利有攸往. 曷之用? 二簋可用享.

손괘: 믿음이 있고 원래 길하다. 허물이 없고 올곧음을 지킬 수 있으며, 어디를 감에 이롭다. 어찌 쓰리요? 두 개의 제기면 얼마든지 제물(祭物)을 담아 올릴 수 있는 것을.

'損'·'益'亦以'泰'·'否'之變而立名義者也. '泰'三之陽進而往上, 上之陰退而來三, 爲損. '否'四之陽退而來初, 初之陰進而往四, 爲益. 不言進退往來, 而謂之損益者, 卦畫一而函三, 三復函三而爲九, 陽全用之, 故其數一而九, 陰缺其中之一, 故二而六; 陽實而陰虛, 陽用有餘, 陰用不足, 理數之固然也. '泰'之外卦本陰也, 陽以三中之實, 補上之中虛, 而陽之數損矣. '否'之內卦本陰也, 陽損其四中之實, 以與陰於初, 而陰益矣. 損者, 陽之損也. 益者, 陰之益也. 陽本至足, 以損爲惜. 陰本不足, 以益爲幸. 故損歸陽, 而益歸陰. 內卦立本以定體, 外卦趣時以起用者也. 損陽之體, 益陰之用, 而陽損矣. 損陽之用, 益陰之體, 而陰益矣. 陽損陰益者, 皆自其立本者言之也. 起用者往而且消, 立本者來而且長者也. 內卦在下爲民, 外卦在上爲君. 內卦筮得在始爲質, 外卦後生爲文. 內卦在中爲情, 外卦在外爲事. 內卦方生爲德, 外卦立制爲刑. 損民以養君, 損質以尙文, 損情以適事, 損德以用刑, 皆損道也. 而'益'

反是. '損'·'益'者, 陰陽交錯以成化, 自然之理, 人心必有之幾, '損'不必凶, 而'益'不必吉也. '恒'不謂之損者, 損必損於已足之餘, 而'恒'損之於初, 則不知變通之用, 故'恒'多凶. '咸'不謂之益者, 益必益於實, 而'咸'以其餘相益, 則偶然之感, 而固非益也. '損'·'益', 天地之大用, 非密審於立本趣時之道者, 不足以與於斯. 故二卦之象辭極贊其道之盛焉.

손괘▦·익괘▦도 태괘(泰卦)▦·비괘(否卦)▦로부터 변했다는 관점에서 괘 이름과 그 의미를 부여하였다. 즉 태괘▦의 구삼효가 나아가서 상효로 가고 상육효의 음은 또 물러나서 3효로 온 것이 바로 손괘▦다. 이에 비해 비괘▦ 구사효의 양이 물러나서 초효로 오고 초효의 음은 나아가서 4효로 간 것이 바로 익괘▦다. 그런데 나아감과 물러남, 감과 옴으로 말하지 않고 이렇게 덜어내다·보태다는 의미에서 그저 '손(損)'·'익(益)'이라 한 까닭은 다음과 같다.

즉 괘의 획 하나가 셋을 포함하고 그 셋이 다시 각기 셋을 포함하여 '9'가 되는데, 양은 온전하여 이 전체를 다 사용하기 때문에 그 효의 획수는 하나(─)지만 그 숫자적 의미는 '9'가 되고, 음은 이 가운데 하나가 결핍되어 있기 때문에 그 효의 획수가 둘(--)로서 숫자적 의미는 '6'이 된다. 그래서 양은 실하고 음은 허하다.[683] 그리고 양은 넉넉한 것을

---

683) 괘의 획 하나가 셋을 포함하고 있는 것으로 보면 양의 획(─)은 '1×3'으로서 '3'이 되고, 음의 획(--)은 가운데가 비어 있어서 '2'가 된다. 그리고 이들 하나하나는 또 셋을 포함하기에 양의 획은 3×3으로서 '9'가 되고, 음의 획은 2×3으로서 '6'이 된다는 것이다. 이는 『역학계몽』 속에 드러난 여러 설들을 종합한 것으로서 왕부지의 견해라 할 수 있다. 자세한 것은 『역학계몽』 제3장 '명시책(明蓍策)' 장을 참고하라.

사용하고, 음은 부족한 것을 사용한다. 이는 이치와 수가 지닌 본디
그러함이다. 그런데 태괘의 외괘[貞卦]는 본래 음(☷)이다. 그래서 양이
구삼효 속의 실함을 가져다 상육효 속의 허함을 보완한 것이 이 손괘
다.684) 그래서 양의 수의 입장에서는 '덜어냄'이 된다. 비괘☶의 경우는
이와 반대다. 비괘는 내괘[悔卦]가 본래 음(☷)이다. 그래서 양이 구사효
속의 실함을 덜어내어 초효에 있는 음에게 갖다 준 것이다. 그래서
음의 입장에서는 보태짐이 된다. 그래서 손괘의 '손(損)'이란 양의 덜어냄
을 의미하고, 익괘의 '익(益)'이란 음에게 보태줌을 의미한다. 양은 본래
지극히 충족하므로 거기에서 덜어냄을 애석하게 여긴다. 이에 비해
음은 부족하니 보태줌을 행운으로 여긴다. 그러므로 '덜어냄'은 양의
입장으로 귀결되고 '보태줌'은 음의 입장으로 귀결된다.

『주역』의 괘들에서 내괘는 체(體; 몸)를 정하는 것이고 외괘는 때에
맞게 나아가 용(用; 작용)을 일으키는 것이다. 그런데 이 손괘☶에서는
양의 체를 덜어내서 음의 용을 보태주니, 양에게는 덜어냄이 된다. 이에
비해 익괘☶에서는 양의 용을 덜어내서 음의 체에 보태주니, 음에게는
보태줌이 된다. 이렇듯 '양에게서 덜어냄'·'음에게 보태줌'이란 모두
그 '근본을 세움'이라는 관점에서 말한 것이다. 작용을 일으키는 것은
가고 또 사라진다. 이에 비해 근본을 세우는 것은 오고 또 자라난다.
내괘는 아래에 있어 백성이 되고 외괘는 위에 있어서 임금이 된다.
내괘는 점을 치는 데서 먼저 얻어서 질(質; 바탕)이 되고 외괘는 나중에

---

684) 이렇게 되면 상효는 그 허함이 채워져 양효(━)가 되고, 4효는 그 실함에서
빠져 나갔기 때문에 이제 허하게 되어 음효(--)가 된다. 그 결과가 괘 전체로는
이 손괘☶가 된다. 즉 태괘☱로부터 손괘로 변한 것이다.

생겨나 문(文; 문채)이 된다. 내괘는 안에 있어서 '사람의 마음씀[情]'이
되고 외괘는 밖에 있어서 '사람이 하는 일[事]'이 된다. 뿐만 아니라
내괘는 이제 막 생겨난 것이어서 덕(德)이 되고 외괘는 제도를 수립한
것이어서 형(刑)이 된다. 백성들에게서 덜어내서 임금을 봉양함, 질(質)
에서 덜어내서 문(文)을 높임, 마음씀에서 덜어내서 하는 일로 나아감,
덕에서 덜어내서 형(刑)에게 씀 등은 모두 손괘䷨에 드러난 '덜어냄'의
원리들이다. 그러나 익괘에 드러난 '보태줌'의 원리는 이와 반대다.
이들 괘들에 드러난 '덜어냄'・'보태줌'이라 하는 것들은 음・양이 유기적
으로 엇갈리게 뒤섞이면서 만물을 지어내는 자연스러운 이치요, 사람의
마음에 반드시 있게 마련인 기미[幾]다. 그래서 손괘의 덜어냄이라 하여
꼭 흉(凶)이 되지는 않고, 익괘의 보태줌이라 하여 꼭 길(吉)이 되지
않는다. 그런데 항괘䷟에서 '덜어냄'을 말하지 않은 까닭은[685], 덜어냄이
반드시 이미 충족되고 남는 여유로움에서 덜어내야 하는데도 항괘에서
는 초효에서 덜어내버렸기 때문이다. 이는 변함과 통함의 작용을 모르는
소치다. 그러므로 항괘에서는 흉함이 많다. 그리고 이와 종(綜)의 관계에
있는 함괘䷞에서 '보태줌'을 말하지 않은 까닭은[686], 보태줌이 반드시
실질적인 측면에서 보탬이 되어야 함에도 불구하고 함괘에서는 그저
남는 것들을 가지고 서로 보태주기 때문이다. 이는 우연히 서로 감응한

---

685) 항괘도 태괘䷹로부터 변한 것으로서, 양(초효)에게서 덜어내서 음(4효)에게로
보태준 것이다. 그래서 이 손괘䷨와 비교하고 있는 것이다. 그런데 이 항괘에서
는 덜어냄・보태줌에 대해 말하지 않고 있다.
686) 함괘䷞도 비괘(否卦)䷋로부터 변한 것으로서, 양(상효)에게서 덜어내서 음(3
효)에게로 보태준 것이다. 그래서 익괘䷩와 비교될 수 있다. 그런데 이 함괘에서
는 덜어냄・보태줌에 대해 말하지 않고 있다.

것일 뿐, 본디 보탬이 되지 않는다. 이에 비해 손괘·익괘에 드러난 덜어냄과 보태줌은 하늘과 땅의 위대한 작용이다. 그래서 근본을 세움과 때에 맞게 나아감의 도(道)를 정밀하게 살피지 않은 이들로서는 결코 이러함에 함께하지 못한다. 이러한 까닭에 이들 두 괘의 「단전」에서는 그 도(道)의 융성함에 대해 극찬하고 있다.

'有孚'者, 初與二剛相孚, 四與五柔相孚, 陰陽交足於內, 自相信以爲無憂, 而後以其有餘者損下而益上·損剛而益柔, 陽固充實, 未喪其中位, 而陰已足以利其用, 非內不足而徇乎外者. 唯其有孚, 則'元吉'矣. 陽雖損, 而中道自得, 根本自固也. 以君民言之, 仰事俯育之有餘, 而貢賦將焉, 上亦虛以待之, 而置之有餘之地, 未嘗恃之以自養而迫於求. 以性情·學術·事功言之, 質已實, 情已至, 德已洽, 而不欲其太過, 乃損其餘以補之, 使文外著, 事有節, 刑有章, 而非虧本而侈其末也, 故'元吉'也. 以其損體而從用, 疑有咎也, 故又申言其'无咎'; 以其舍同類而趨於異, 疑於不可貞也, 故又申言其'可貞'. 如是, 則三之陽往而上, 和義而利物, 允矣. 聖人恐占者當損之時, 損以爲道, 而有疑於非吉利之事, 慮其爲咎而不可貞, 則無以應天地自然之理·人心簡宣之妙, 故備言其道之無不宜, 以使安於'損'焉. 觀於象傳, 而舊說之拘於一端, 其亡當多矣.

이 손괘▤의 괘사에서 '믿음이 있고'라 한 것은 초구·구이효 두 굳셈[剛]의 효가 서로 믿는다는 것이고 육사·육오효의 두 부드러움[柔]의 효가 서로 믿는다는 것이다. 그 결과 음과 양의 사귐이 안에서 충족되어 저절로 서로에게 믿음이 생기고 우려함이 없어진다. 이러한 뒤에 여유로움이 있다는 점에서 아래에서 덜어내 위에 보태주고 굳셈에서 덜어내 부드러움에 보태주니, 양은 본디 충실하여 그 가운데 위치를 잃어버리지 않고 음은 이미 충족된 채 그 작용을 이롭게 한다. 이는 결코 안이 부족함에도 불구하고 밖을 따름이 아니다. 그보다는 오로지 믿음이 있음을 바탕으로 한 것이다. 그래서 '원래 길하다'고 한 것이다.

양은 비록 덜어냈다고는 하여도 '알맞음의 원리[中道]'를 스스로 실현하고 있으니, 근본이 저절로 견고하다. 이를 임금과 백성이라는 관점에서 말하자면, 백성들은 임금을 우러러보며 섬기고 임금은 백성들을 굽어 살피며 삶의 조건을 보장해주는데, 모두 넉넉하다는 것이다. 그리고 백성들이 토공(土貢)과 부세(賦稅)를 바치게 되면, 임금은 위에서 마음을 비운 채 기다리고 있다가 넉넉한 곳에 존치해 두며, 결코 제멋대로 자기 자신을 위하여 쓰거나 절박하게 무엇을 구하지 않음이다. 또 이를 성정(性情)·학술·사공(事功)의 관점에서 말하면, 바탕[質]이 이미 튼실하고 마음씀[情]도 이미 지극하며 덕(德)도 벌써 윤택하기 때문에, 이러함을 너무 지나치게 하려고 욕심내지 않음이다. 그래서 그 여유가 있는 것을 덜어내서 보완해주니, 문(文)이 밖으로 현저하도록 하고, 하는 일에 절도가 있도록 하며, 형벌을 내림이 전장제도에 입각하여 분명하게 드러나도록 한다. 이는 결코 근본을 어그러뜨리며 말단을 사치스럽게 하는 것이 아니다. 그러므로 '크게 길하다'고 한 것이다.

이 손괘를 체(體)에서 덜어내 용(用)에 보태줌이라는 관점에서 보면, 얼핏 허물이 있지나 않을까 하고 의심이 생길 수가 있다. 그러므로 괘사에서 '허물이 없다'고 부연하여 거듭 말하고 있다. 그리고 이 손괘에서는 양효가 같은 부류를 버리고 다른 부류로 달려갔으니[687], 올곧음을 지켜서는 안 된다고 의심을 가질 수가 있다. 그러므로 또한 '올곧음을 지킬 수 있다'고 하여 이 점에 대해 부연해서 거듭 말하고 있다. 이와 같이 태괘에서 3효이던 양이 이 손괘에서는 위로 올라가서 상구효가 되어 의로움에 어울림을 이루며 물(物)들에게 이로움을 주고 있으니, 이는 참으로 합당한 것이다.

이『주역』으로 점을 치는 이들이 이 손괘를 얻을 경우에는 '덜어냄'만이 그 원리의 전부라 여긴 나머지 이것이 길하지도 이롭지도 않은 일에 해당한다고 의문을 품기도 하고, 또 자신에게 허물이 될 것임을 염려한 나머지 올곧음을 지킬 수 없을지도 모른다. 이렇게 되면 결과적으로 이들은 천지의 자연스러운 이치와 사람의 마음이 적절하게 조절하는 오묘함에 응하지 않게 될 것이다.『주역』을 만드신 성인들은 바로 이 점을 염려하였다. 그래서 성인들께서는 손괘의 원리가 적절하지 않음이 없음을 새삼 다 말하여서 손괘를 얻더라도 안도하도록 하고 있다.「단전」을 보기는 하였지만 이전의 설들은 한 쪽에 얽매였으니 그 잃어버림이 필연코 많은 것이다.

既以備言'損'道之美, 而更發明其用之善, 見損而非有傷也. '曷'者, 勸其用之辭. '二簋', 犧牲之饌, 祭饗之薄者也; 言當損而何弗損哉? 二簋可矣. 陽之居三者, 陽之餘也, 損之而不傷其實者也. 陽之數, 三其九而二十有七, 所損者三耳. 君足而民自餘, 文生而質自存, 事適而情自固, 刑用而德不衰也.

---

687) 지금 왕부지처럼 태괘를 본괘[經卦]로 이 손괘를 변괘[之卦]로 볼 경우, 태괘에서의 구삼효가 자기와 같은 양의 부류를 떠나 위의 음의 부류로 가서 함께하며 상구효가 된 나머지 손괘(損卦)를 이루게 되었음을 두고 하는 말이다.

이 손괘䷨의 괘사에서는 이렇게 '덜어냄'의 원리가 지닌 아름다움을 상세하게 말하고서는 다시 그 쓰임새의 훌륭함에 대해 밝히고 있다. 즉 덜어냄을 당했으나 손상이 되지는 않는다는 것이다. '어찌'라는 말은 그 쓰임을 권장하는 말이다. '두 개의 제기'는 희생을 담아서 올리는 기물인데 흠향하도록 올리는 제물치고는 박절하다고 할 수 있다. 그러나 '어찌'라는 이 말은 "당연히 덜어내야 하거늘 어찌 덜어내지 않을쏜가!"라는 의미를 담고 있다. 제기 두 개면 된다는 것이다. 양이 3효까지 차지하고 있는 것은 양이 남음을 의미하니, 그것을 덜어낸다고 하더라도 그 실질에 손상을 주지 않는다는 것이다. 태괘䷐에서 양의 수는 3×9로서 27이다. 지금 거기에서 덜어낸 것은 겨우 3일 따름이다. 임금이 풍족하면 백성들은 저절로 여유로워지고, 겉으로 빛을 발하는 문(文)이 생기면 질(質)은 거기에 저절로 존재한다. 또 일삼음이 적당하면 우리의 마음씀도 저절로 견고해지고, 형벌이 쓰인다 하더라도 덕이 쇠하지는 않는다.

「象」曰: '損', 損下益上, 其道上行.

「단전」: 이 손괘에서 '덜어냄'이라 한 것은 아래 것을 덜어내서 위 것에 보태준다는 의미다. 그 원리는 위에 있는 것이 감이다.

'上行', 上者行也. 三爲陽之上, 上爲陰之上. 上者處有餘之勢, 而道在進, 所宜行者也.

「단전」에서 '上行(상행)'이라 한 것은 위에 있는 것이 간다는 의미다. 태괘(泰卦)䷊에서 구삼효는 양(陽)들의 맨 위에 있고, 상육효는 음(陰)들의 맨 위에 있다. 위에 있는 이들은 넉넉함이 있는 추세에 처해 있으니, 그 원리는 나아감에 있다. 그래서 이들은 가는 것이 마땅하다.

損而有孚元吉, 无咎可貞, 利有攸往.

덜어냈으나 믿음이 있고 원래 길하다는 것이며, 허물이 없고 올곧음을 지킬 수 있다는 것이다. 그리고 어디를 감에 이롭다는 것이다.

唯其上行, 而不損其中之實, 故備此數美.

오로지 그 위에 있는 것이 가기 때문에 그 속에 있는 실질에 손상을 주지 않는다. 그러므로 이 몇 가지 아름다움을 갖추고 있는 것이다.

'曷之用? 二簋可用享', 二簋應有時.

'어찌 쓰리요? 두 개의 제기면 얼마든지 제물(祭物)을 담아 올릴 수 있는 것을'이란, 두 개의 제기일지라도 응함은 그러할 때가 있기 때문이라는 의미다.

陽道方盛, 損其餘而不憂; 陰道欲消, 益之以一陽而得固. 故二簋雖薄, 而人神賓主之情自應, 唯其時而已.

양(陽)의 도(道)가 한창 융성하고 있는 상황에서는 그 여유로움을 덜어낸 다손 치더라도 근심거리가 되지 않는다. 그리고 음(陰)의 도가 막 사라지

려는 즈음에 하나의 양을 보태주게 되면 견고해진다. 그러므로 두 개의
제기가 비록 박절하다고는 해도, 제물을 바치는 사람과 그것을 흠향하는
신(神) 사이에 손님과 주인의 정(情)이 저절로 응하는 것이다. 이는
오직 그 때가 그러하기 때문이다.

損剛益柔有時.

굳셈을 덜어내서 부드러움에 보태줌에는 때가 있다.

'乾'剛, '坤'柔, 損'乾'益'坤'也. '乾'道上行, 行者以時行而損; '坤'道下行,
益之以陽而情順也. '乾'・'坤'之交方泰, 以變通而益利其用, 乘其至足
而用其所餘, 則損剛益柔, 非以傷陽而䙝交於陰, 乃因可損之時而損也.

건괘☰는 굳세고 곤괘☷는 부드러우니, 손괘䷨는 건괘에서 덜어내서
곤괘에 보태준 것이다. 건괘의 원리는 위로 감인데, 가는 것이 때에
맞추어 감으로써 덜어냄이 된다. 그리고 곤괘의 원리는 아래로 감인데,
거기에 양을 보태주고 마음씀[情]이 따른다. 이는 건괘와 곤괘의 교접함이
한창 태평함을 이루고 있는 상황에서 변함・통함의 방식[688]으로써 그
쓰임에 이롭게 하고 보태줌이다. 그리고 그 지극히 충족함을 올라타고서

---

[688] 여기서 '변함'이라 한 것은 '상(常)'과 대(對)가 되는 말이다. 즉 일상적이거나
일정하지 아니한 방식으로 작용한다는 의미에서 '변함'이고, 그 결과가 서로
어긋나는 것이 아니라 통한다는 측면에서 '통함'이다.

넉넉히 남아도는 것을 씀이다. 그래서 굳셈에서 덜어내 부드러움에
보태주는 것이 결코 양에게 상처를 입히는 것도 아니고 음과 교접함을
더럽히는 것도 아니다. 덜어내도 되는 때라서 덜어내는 것이다.

損益盈虛, 與時偕行.

덜어냈다 보태주었다 함과 찼다 비었다 함은 때와 함께 행한다.

此極言'損'之密用, 而推必動之幾, 一皆自然之理也. 陽已盈則損, 陰極
乎虛則益; 損則盈者虛, 益則虛者盈矣. '與時偕行', 行於時之中, 變化
不測, 而時以不滯也.

이 구절은 '덜어냄'의 미묘한 작용을 역설하는 것으로서, 반드시 움직이는
기미[幾]들이 한결같이 '저절로 그러함'의 이치라는 것을 미루어서 말하고
있다. 그것은 다름 아니라 양이 이미 가득 찼으면 덜어내고 음의 허함이
극에 이르렀으면 보태준다는 것이다. 그리고 덜어내면 찼던 것이 비게
되고, 보태주면 빈 것이 차게 된다는 것이다. '때와 함께 행함'은, 때를
타고서 행하는데 그 변화를 가늠할 수가 없지만, 때를 타고서 그렇게
하는 것이기 때문에 어디에 지체하지 않는다는 의미다.

蓋嘗觀於四時之行矣: 春夏爲陽, 秋冬爲陰, 而非必有截然分界之期
而不相爲通. 陰‧晴, 寒‧暑, 於至盛之中早有互動之幾, 密運推移,
以損此之有餘, 益彼之不足. 薺麥冬榮, 靡艸夏死, 幾用其微, 一如二篇

之亨, 而陰陽之成質不虧, 生殺之功能自定, 則有孚而可貞者固然: 時
行其正, 損益行其權. 乃旣損旣益, 而時因以變遷, 則損益行, 而時因與
偕行也. 一元之開闔, 一歲之啓閉, 乃至一日之旦暮, 一刻之推移, 皆有
損益存乎其間, 而人特未之覺耳. 愚者見其虛而以爲損, 而不知其未
嘗損也; 見其盈而以爲不可損, 而不知其固損也. 苟明乎此, 則節宣順
其理勢, 調燮因其性情, 質文·刑德·哀樂·取舍無容執滯, 而節有
餘以相不足, 無一念之可廢其幾矣, 庶幾得'與時偕行'之大用與!

나는 일찍이 사계절의 운행을 관찰한 적이 있다. 그 결과 다음과 같은
사실을 발견하였다. 즉 봄·여름은 양이고 가을·겨울은 음이지만, 이들
사이에 딱 잘라서 경계를 나누는 시기가 꼭 있어서 서로 통하지 않는
것이 아니더라는 것이다. 그래서 흐림과 맑음, 추움과 더움 등이 지극히
왕성한 속에 일찌감치 서로를 움직이게 하는 기미[幾]가 있고 은밀하게
운행하며 밀고 나아가는데, 이것은 여기에 있는 여유로움을 덜어내서
저기에 있는 부족함에 보태주는 방식이었다.[689] 냉이와 보리는 겨울을
지나며 피고, 잎이 가느다란 풀들은 여름을 지나며 죽는다.[690] 그런데

---

[689] 흐림과 맑음, 추움과 더움 등 서로 대대(對待)·상반(相反)의 관계에 있는
것들이 각기 현재의 왕성함 속에서 대대의 짝을 움직여 미세하게 움트게
한다[幾]는 것이다. 즉 흐림이 왕성함 속에서 맑음을 미세하게 움티우고, 맑음이
왕성함 속에서 흐림을 움티운다는 것이다. 또 추움이 왕성한 속에서 더움을
움티우고, 더움이 왕성함 속에서 추움을 움티운다는 것이다. 이를 음·양으로
정리하면 음이 왕성한 속에서 양을 움티우고, 양이 왕성한 속에서 음을 움티운
다는 의미다. 왕부지는 이를 이 손괘䷨의 의미와 결부시켜, 현재 왕성한 것이
자신의 넉넉하고 여유로움에서 덜어내서 지금 부족한 상태에 있는 대대의
짝에게 보태줌이라 풀이하고 있다.

이들은 움틈에서 그 미미함을 사용하니, 이는 하나같이 두 개의 제기로 제물을 올리는 박절함과도 같다. 그래서 음·양이 질(質)을 이루고 있음이 어그러지지 않고 생함[生]과 죽임[殺]의 기능이 저절로 정해진다. 이들이 믿음성이 있고 올곧음을 지킬 수 있음은 이들 속에 본래 존재한다. 그래서 때가 올바름 그대로 알맞게 행하고, 덜어냄과 보태줌이 저울에 달듯 정확하게 행해진다. 그리하여 벌써 덜어내고 벌써 보태주니, 때는 그에 맞추어 변천해 간다. 즉 덜어냄·보태줌이 행해지면서 때는 그에 맞추어 함께 가는 것이다. 1원(元)691)의 열림과 닫힘, 1년의 열림과 닫힘, 나아가 하루의 아침과 저녁 및 1각(刻)692)의 추이에도 모두 덜어냄·보태줌이 그 사이에 존재하고 있다. 다만 사람이 이를 알아차리지 못할 따름이다.

어리석은 이들은 그 텅 빔을 보고서 덜어냈다고 여기며, 일찍부터 그것이 덜어낸 것이 아님을 알지 못한다. 또 그 가득 참을 보고서는 덜어낼

---

690) 『예기』, 「월령(月令)」 편의 '맹하지월(孟夏之月)'에 나오는 말이다. '미초(靡艸)'에 대해 정현(鄭玄)은 이전의 설[舊說]을 인용하며 냉이에 속하는 것들이라 하였고, 공영달은 "정현이 이전의 설을 인용한 까닭은 '미초'에 관해서는 다른 전적(典籍)들에서 언급하고 있는 것이 없기 때문에 이전의 설을 인용하여 밝힌 것이다. 두루미냉이·개냉이 등과 같은 붙이[屬]다. 그 가지와 잎사귀가 가느다랗기 때문에 '미초'라고 한다."고 풀이하고 있다.(鄭玄泣, 陸德明音義, 孔穎達疏, 『禮記注疏』권15, 「月令」: 舊説云者, 靡草無文, 故引舊説以明之, 葶·藶之屬, 以其枝葉靡細, 故云'靡草'.

691) '원(元)'은 오행이 서로 교체하며 우주가 한 바퀴를 도는 큰 수를 말한다. 4,617년을 주기로 한다. 『후한서(後漢書)』, 「율력지(律曆志)」 편에 그 근거가 있다. 한편 소옹(邵雍)은 『황극경세서』에서 129,600년을 1원(元)이라 하였다.

692) 1각(刻)은 하루의 $\frac{1}{100}$로서 약 15분(정확히는 14분 24초)에 해당한다.

수 없었다고 여기는데, 그것이 본디 덜어냄임을 알지 못한다. 진실로 이러한 원리에 밝으면 그 이치와 추세대로 알맞게 조절하고 그 성정(性情) 대로 음·양을 조절하니, 질(質)과 문(文), 형(刑)과 덕(德), 슬픔과 즐거움, 취함과 버림 등에서 어느 하나라도 집착함이 없을 것이다. 그래서 남는 것을 조절하여 부족함을 도와주며 어느 한 생각 짧은 순간에서라 할지라도 그 움틈機을 폐기할 수 없을 것이다. 이렇게 하여 '때와 함께 행함'의 위대한 작용을 이룰 수가 있으리라!

凡言時者, 皆在占『易』者之審身世而知通, 而學『易』者不可躐等而强合. 唯聖人德盛化神, 自無不偕乎時; 其立敎以示天下, 則使人知其理之固然, 而無容過爲憂疑以悖道爾.

무릇 '때'라 하는 것은 모두 『주역』으로 점을 치는 이들이 자기의 신세를 살펴서 그것이 통한다는 사실을 아는 데 있다. 그래서, 『주역』을 연구하는 이들로서는 이 '때'의 순차적으로 이어지는 계열을 뛰어넘어 억지로 합할 수 없다. 오직 성인만이 덕이 융성하고 교화함이 신묘하기 때문에 저절로 때와 함께한다. 그들이 이 때에 관한 가르침을 세워서 세상 사람들에게 보여주는 것은 사람들로 하여금 그 이치의 본디 그러함을 알게 하는 것이고, 우려와 의구심 때문에 과오를 허용함으로써 도를 그르침이 없도록 하고자 함일 따름이다.

「象」曰: 山下有澤, '損', 君子以懲忿窒欲.

「대상전」: 산 아래 연못이 있음이 손괘니 군자는 이를 본받아 성냄을 징치하고 욕구를 틀어막는다.

陽已過, 則亢而成忿; 陰已極, 則麛而成欲. 損陽之外發者以虛, 而悅
則忿息; 益陰之將衰者以剛, 而止則欲遏. 欲窒, 則志行高而如山之峙;
忿懲, 則惠澤行而如澤之潤. 山澤者, 自修之德; 風雷者, 爲學之功.
『老子』曰, "爲學日益, 爲道日損", 亦窺見此意與?

양이 이미 지나치게 되면 뻣뻣해지며 '성냄'을 이루게 되고, 음이 이미
극에 이르면 쇠잔해지며 '욕구'를 이루게 된다. 그런데 이 손괘▦에서는
양이 밖에서 발현하고 있는 것을 덜어내어 비게 하니[693] 이렇게 하여
기뻐지면 성냄이 가라앉는다. 그리고 음이 장차 쇠잔해지려 함에 보태주
어 굳세게 하니, 이렇게 하여 쇠잔해짐이 그치면 욕구도 막힌다. 그래서
욕구가 막히면 뜻함과 행실이 고결해져서 마치 산처럼 우뚝 서 있게
된다. 또 성냄이 징치되면 혜택이 행해져서 마치 연못처럼 윤택해진다.
산과 연못(손괘▦를 의미함)이란 제 스스로 닦아낸 덕을 상징하고, 바람과
우레(익괘▦를 의미함)란 학문을 하는 공력을 상징한다. 『노자』에서 "학문
을 하면 날마다 보태게 되고 도(道)를 행하게 되면 날마다 덜어낸다."[694]라

---

693) 이는 태괘▦의 구삼효를 의미한다. 그 구삼효는 태괘의 정괘(貞卦) 세 효▦
　　가운데 가장 밖에 자리 잡고 있던 효다. 그리고 손괘▦는 태괘에서 변해
　　온 것이라 함이 지금까지 왕부지의 설명인데, 다름 아니라 태괘의 이 구삼효를
　　덜어내서 상효에 보태줌으로써 손괘가 된다는 것이다. 그래서 태괘의 구삼효
　　가 상효로 가고 그 구삼효의 자리에 음효가 왔으니, 이를 두고 '덜어내어
　　비게 하니'라고 한 것이다.
694) 『노자』 제48장에 나오는 말이다. 노자는 여기서 학문을 하게 되면 앎의 내용이
　　나 업적이 날로 보태지고, 도(道)를 일삼게 되면 앎의 내용이나 업적, 즉

고 하는데, 노자도 이 손괘의 의미를 조금이나마 엿본 것이 아닐까?

初九, 已事遄往, 无咎, 酌損之.

초구: 일을 그만두고 빨리 감이 허물이 없으니, 헤아려서 덜어낸다.

損者三也, 受益者上也. 然盈虛之變, 非驟然而遽成, 必以漸爲推移, 而未變者已早變其故. 三損而'乾'剛已成'兌'說, 上益而'坤'柔已從'艮' 止, 非徒三·上之損益已也. 初·二之情已移, 而後三之行乃決, 故曰 '三人行', 明非三獨有損之志, 特所用者三爾. 初九以剛居剛, 而潛處於 下, 未有必損之情, 故於占此爻者戒之曰: 能輟其陽道潛藏之事, 而遄 往以益上, 則可'无咎'; 且申釋之曰: 非欲初之損也, 乃往而'酌所宜損 者損之'也. 損·益, 自然之理, 於德本無得失, 故但戒占者, 當其時位, 則思所以善處之焉. 與他卦之義例不同.

분별지·부분지들이 날로 덜어진다고 하였다. 그래서 덜어내고 덜어낸 나머지 궁극적으로 '특수하게 무엇을 함이 없음[無爲]'의 경지에 이르러야 무엇이든 하지 못하는 게 없다고 하였다. 즉 '특수하게 무엇을 함[有爲]'이 없어야 무엇이든 하지 않는 것이 없다는 것이다. 이는 도의 보편성을 의미한다고 할 수 있다.(爲學日益, 爲道日損. 損之又損, 以至於無爲. 無爲而無不爲. 取天下, 常以無事. 及其有事, 不足以取天下.) 그런데 왕부지는 노자에 대해 매우 비판적인 태도를 취하지만, 이 구절에 대해서만큼은 특별히 그 의의를 인정하고 있다. 이 『주역』의 손괘에 드러난 의미와 통한다고 본 것이다.

이 손괘▤에서 덜린 것은 육삼효이고 보태진 것은 상구효다. 그런데 찼다[盈] 비었다[虛] 하는 변함은 홀연히 일어나 급작스럽게 이루어지는 것이 아니다. 반드시 점진적으로 밀려가며 진행되는 것이니, 이러한 가운데 아직 변하지 않고 있는 것들이라 할지라도 벌써 일찌감치 그 이전 모습을 변화시키고 있는 것이다. 이 손괘는, 태괘(泰卦)▤에서의 구삼효를 덜어내어 건괘☰의 굳셈이 벌써 태괘(兌卦)☱의 기뻐함을 이루고 있고, 상육효에게 보태주어 곤괘☷의 부드러움이 벌써 간괘☶의 저지함을 따르고 있다. 그런데 이것이 꼭 3효와 상효 사이의 덜어냄·보태줌에 그치는 것이 아니다. 초효와 2효도 마음으로는 벌써 옮겨가고 있다가 3효가 간 뒤에 결행하게 되는 것이다. 그러므로 이 뒤의 육삼효사에서 '세 사람이 길을 가면'이라 한 것은, 3효에게만 유독 덜어내고자 하는 뜻이 있는 것이 아니고 단지 실제 덜어냄에 쓰인 것이 3효일 따름임을 명시하는 것이다.

이 초구효는 굳셈으로서 굳셈의 자리를 차지한 채 맨 아래에서 잠복해 있다. 그래서 아직은 꼭 덜어내야 할 상황은 아니다. 그러므로 이 효사에서는 점쳐서 이 효를 얻은 이들에게, 잠복한 채 양(陽)의 도(道)를 감추고 있는 짓을 그만두고 '빨리 가서' 상효를 보태주면 '허물이 없음'이 될 수 있다고 일깨우고 있다. 또 거듭 부연해서 풀이하기를, 초효에게서 덜어내려고 함이 아니니, 가서 마땅히 덜어내야 할 것을 '헤아려서' '덜어내라'고 하고 있다.

덜어냄·보태줌은 자연의 이치일 뿐, 덕으로서는 얻음도 잃음도 없다. 그러므로 단지 점친 이들에게, 이 손괘 초구효의 시(時)와 위(位)를 당한 경우에는 어떻게 하는 것이 잘 처리하는 것인지를 생각해보라고 일깨우고 있는 것이다. 이는 다른 괘들이 의미하는 것과는 예가 다르다.

「象」曰: ‘已事遄往’, 尙合志也.

「상전」: ‘일을 그만두고 빨리 가면’이라 한 것은 뜻함을 함께하기를 바란다는 것이다.

‘尙’, 庶幾也. 能‘已事’而‘遄往’, 則與三合志, 而不以損爲歉也.

‘尙(상)’이란 그렇게 되기를 바란다는 의미다. ‘일을 그만두고’서 ‘빨리 갈 수 있다면 육삼효와 뜻함을 함께할 수 있으니, 자신에게서 덜어냄을 꺼릴 필요가 없다는 것이다.

九二, 利貞, 征凶, 弗損益之.

구이: 올곧음엔 이롭고 정벌을 나가면 흉하다. 덜어내지도 보태주지도 않는다.

二居中而爲陽剛之主, 尸損之事者; 以剛居柔, 情不能自固, 則有急於損之心矣. 損者必有餘而後可損, 立本固而後可以趣時, 是以有孚乃吉; 故戒之以守正則利, 往損則凶. 二但固守其剛, 使充足於內, 則不待損而自有以益上矣, 亦戒辭也. 初退而二進, 初剛而二柔, 故一則勸其往, 一則止其征, 裁成之道也.

구이효는 가운데 자리를 차지한 채 양의 굳셈으로서 주체가 되어 있고 덜어냄의 일을 맡아서 하고 있는 이다. 그러나 굳셈으로서 부드러움의 위(位)를 차지하고 있으니 마음씀이 스스로 견고할 수가 없다. 그래서 덜어냄에 급박한 마음이 있는 것이다.

덜어냄이란 반드시 넉넉함이 있은 뒤에라야 덜어낼 수가 있고, 근본을 세움이 견고한 뒤에라야 때에 맞추어 나아갈 수 있다. 그래서 믿음이 있어야 길한 것이다. 그러므로 이 구이효에서는 올바름을 잘 지키고 있으면 이롭고, 가서 덜어내면 흉하다고 경계하고 있다. 그런데 구이효는 단지 그 굳셈을 고수하며 안에서 충족하고만 있다면, 굳이 덜어냄에 의거하지 않더라도 저절로 상효에 보태줌이 있다. 이 또한 그렇게 하라고 경계하는 말이다.

이 손괘䷨에서 초구효는 물러나 있고 구이효는 나아가며, 초구효는 굳셈의 위(位)를 차지하고 있고 구이효는 부드러움의 위를 차지하고 있다. 그러므로 하나는 가는 것을 권유하고, 하나는 그 정벌에 나섬을 제지하고 있다. 이는 딱 맞게 잘라서 이루어냄의 원리를 드러낸다.

「象」曰: '九二利貞', 中以爲志也.

「상전」: '구이효가 올곧음에 이로움'은 가운데에 있음을 지향하고 있기 때문이다.

位既中, 則當固守其中而不妄動, 以聽三之損.

구이효는 벌써 가운데 자리를 차지하고 있으니, 마땅히 그 중(中)을 굳게 지킬 뿐 망령되게 움직여서는 안 된다. 이렇게 하며 3효의 덜어냄을 받아들여야 한다.

六三, 三人行則損一人, 一人行則得其友.

육삼: 세 사람이 길을 가면 한 사람을 덜어내고, 한 사람이 길을 가면 그 벗을 얻는다.

'則者, 自然之辭, 言理數之必爾也. 卦之畫成於三, 三則盈矣. '三人行', 而數已盈, 氣已足, 則必損其一; 無俱損之理, 亦無不損之道也. '損一人', 則一人行矣; 而其行之一人, 則必得其友者, 而後損之而安也. 內卦本乾', 變爲'兌'者, 損其三中之一也. 三處有餘之地, 而旣損爲陰, 與四·五同道而相友, '坤道成焉, 損三而交得矣. 象旣成, 而有天包地外之象; 陽運乎外, 陰處乎中, 天地之化機於此而著. 占者得此, 則當斟酌彼己之宜, 利用其損, 情遂而事宜, 雖損而固無傷矣.

'則(즉)'은 저절로 그렇게 됨을 드러내는 말로서, 이치의 필연적 귀결을 말하는 것이다. 괘의 획은 세 효에서 이루어지는데, 셋이면 가득 찬 것이다. '세 사람이 길을 가면' 수(數)는 이미 가득 찼고 기(氣)도 벌써 충족되었으니, 반드시 그 가운데 하나를 덜어내야 한다. 한꺼번에 다 덜어내는 이치는 없고 또 하나도 덜어내지 않는 이치도 없기 때문이다. '한 사람을 덜어내면' 그 한 사람은 혼자서 길을 가게 된다. 그리고 그 혼자서 가는 한 사람은 반드시 자신의 벗을 얻은 뒤에라야 자신이 덜려졌음에 대해서 편안해질 것이다.

이 손괘䷨의 내괘(內卦)는 본래 건괘☰였다. 그런데 이것이 지금 변하여 태괘☱가 되었으니, 이는 그 셋 가운데 하나를 덜어낸 결과다. 3효는 여유로운 곳에 처해 있는데, 이미 덜려서 음이 되어 육사·육오효와 같은 원리를 지니고서 서로 벗이 되었다. 이렇게 하여 곤괘☷의 도(道)를 이루고 있다. 즉 3효에서 덜어냄으로써 이들 셋은 서로 사귐을 얻게 된 것이다.

그런데 이렇게 육삼·육사·육오효가 이미 곤괘☷의 상을 이루어 하늘이 밖에서 땅을 감싸고 있는 상을 이루게 되었으니, 양은 밖에서 운행하고 음은 가운데에 처해 있다. 하늘과 땅이 지어냄造化의 틀이 바로 여기서 드러나고 있다. 점치는 이가 이 효를 얻었으면 마땅히 상대방과 자신의 옳음을 헤아려서 그 덜어냄을 이롭게 사용해야 한다. 이렇게 함으로써 마음쓰는 것이 완수되고 일도 알맞게 이루어진다. 그래서 비록 덜어낸다고 하더라도 진실로 손상이 없는 것이다.

「象」曰: 一人行, 三則疑也.

「상전」: 한 사람이 가는 까닭은, 세 사람이 가면 의심을 일으키기 때문이다.

> 所以六三之獨損以往者, 以無三人俱損之理, 而所損者必其所宜損,
> 則損之而各得其情之所安. 初咨於損, 二志於損, 皆失理而疑; 六三行,
> 則亡疑, 所謂'二簋應有時'也.

육삼효만이 덜려서 가는 까닭은 세 사람 모두에서 덜어내는 이치가 없기 때문이다. 그런데 덜어내는 것이 반드시 마땅히 덜려야 할 것을 덜어낸 것이라면, 덜어내서 각기 그 마음씀이 편안함을 얻게 된다. 초구효는 자신이 덜림에 인색해 하고 구이효는 남에게서 덜어냄에 뜻을 두었으니, 이들은 모두 이치를 잃어버리고서 의심을 내고 있다. 이때 육삼효가 가면 이들의 의심이 사라진다. 이른바 「단전」에서 '두 개의 제기일지라도 응함은 그러할 때가 있기 때문이다'고 함이다.

六四, 損其疾, 使遄有喜, 无咎.

육사: 질병을 덜어내서 그로 하여금 재빨리 희열을 느끼게 함이다. 허물이
없다.

內卦本‘乾’體而三損, 使其不損, 則陽摭陰而陰乘陽, 四受其衝, 病矣.
三之損, 損四之疾也. 不待上之受益, 而早喜其居位之得安, 固相與相
得而爲友. 夫利彼之損, 而以柔相暱, 疑有咎也; 而四當位之柔, 靜正無
求益之心, 故无咎.

이 손괘䷨의 내괘☱는 태괘(泰卦)䷊일 적에 본래 건괘☰의 몸을 이루고
있었지만 3효의 양을 덜어낸 것이다. 만약에 그것을 덜어내지 않았더라
면 양은 음을 내치고 음은 양을 올라타리니, 육사효가 그 충돌을 받게
되어 병이 났을 것이다. 그러므로 육삼효에서 양을 덜어낸 것은 곧
육사효의 '질병'을 덜어냄이다. 구태여 상효가 보태줌에 의거하지 않더라
도 이 육사효는 일찌감치 제자리를 차지하고 있는 데서 얻은 편안함에
희열을 느끼고 있다. 그리고 본디 서로 함께하고 서로 얻어서 벗이
되었다.
그런데 상대방을 이롭게 하는 덜어냄이지만 부드러움[柔]으로써 서로
너무 거리낌이 없이 지나치게 친하니 허물이 있을지도 모른다고 의심하
게 된다. 하지만 육사효는 제자리를 마땅하게 차지하고 있는 부드러움으
로서 고요하고 올바르며 보태줌을 구하는 마음이 없기 때문에 허물이

없다.

「象」曰: ‘損其疾’, 亦可喜也.

「상전」: ‘질병을 덜어냄’이니 역시 기쁠 수가 있다.

喜而友之可也.

기뻐하며 벗이 됨도 가능하다.

六五, 或益之十朋之龜, 弗克違, 元吉.

육오: 어쩌다 조개 10쌍으로 된 보물을 보태 주는데 거절할 수가 없다. 원래 길하다.

言‘或’者, 三非五之正應, 五之所不望其益者也. 兩貝爲朋. ‘龜’, 守國之寶也. 三本損以益上, 非益五也. 乃卦本‘坤體, 三陰居外而欲消, 得上之益以止, 而安於尊位, 是五之寶也. ‘弗克違’者, 理數之自致. ‘元吉’, 無所待而自吉也.

여기에서 ‘어쩌다’라고 한 까닭은 육삼효가 육오효에게 제대로 응함正應의 관계에 있지 않고 육오효도 그가 보태줌을 바라지 않기 때문이다. 조개 한 쌍을 ‘朋(붕)’이라 한다.[695] ‘龜(구)’는 한 나라를 지켜낼 만한 값어치를 지닌 보물을 의미한다. 육삼효는 본래 덜어내서 상효에게 보태주려 하였지 육오효에게 보태주려 하지 않았다. 그러나 태괘(泰卦)일 적에는 본래 곤괘의 몸을 이루고서 세 음이 밖에 거주하며 곧 사라질 지경에 처해 있었는데, 상효가 3효로부터 보태줌을 얻는 바람에 이 사라지려함이 그치게 되었다. 그리고 이로 말미암아 육오효가 존귀한 자리에서 편안케 되었으니, 이는 육오효에게 보물이다. '거절할 수가 없다'는 것은 이치상 저절로 그렇게 된다는 것이다. 여기서 '원래 길하다'는 것은 전혀 기대하지도 않는데 저절로 길하게 된다는 의미다.

「象」曰: 六五元吉, 自上祐也.

「상전」: 육오효가 원래 길함은 위에서 복을 주기 때문이다.

'上'謂上九. '祐'者, 保其尊, 上受益, 而五承其祐矣.

여기에서 '위'는 상구효를 의미한다. '복'이란 그 존귀함을 보존할 수 있게 되었음을 의미하는데, 상효가 보태줌을 받는 바람에 이 육오효도 그 복을 입게 된 것이다.

---

695) 옛날에는 조개가 화폐의 역할을 하였다.

上九, 弗損益之, 无咎, 貞吉. 利有攸往, 得臣无家.

상구: 덜어내지 않고 보태줌을 받는다. 허물이 없다. 올곧아서 길하다. 어디를 감에 이롭다. 신하를 얻었는데 자신의 집이 없다.

『易』之文簡, 故多詞同而意異. 此言'弗損益之', 與九二之義異, 謂無所損而受益也. 上於下, 宜損己以益之, 而陰數止六, 有可益而無可損, 則於義无咎, 而守正以受益爲吉矣. 旣益, 則'利有攸往'矣. 上爲君, 下爲臣, 內卦損陽以益上, 忘家憂國之臣也. 而上與三正應而得之, 固分義之可受者也.

『주역』의 문장들은 간결하기 때문에 말은 같으나 의미가 다른 것들이 많다. 여기서 말하는 '弗損益之(불손익지)'는 구이효사에도 똑같은 말이 있지만 그 뜻은 사뭇 다르다. 여기서는 덜어냄이 없이 보태줌을 받는다는 의미다. 윗사람이 아랫사람에 대해서는 자기 것을 덜어내서 그에게 보태줌이 마땅하다. 그러나 음의 수는 6에 그치기 때문에 보탤 수는 있어도 덜어낼 수는 없다. 그래서 의리상으로는 허물이 없으니, 올바름을 지키며 보태줌을 받음으로써 길한 것이다. 이렇게 이미 보태주었으니 '어디를 감에 이로움'이 된다.[696] 윗사람은 임금이고 아랫사람은 신하다.

---

[696] 이곳 "음의 수는 6에 그치기 때문에 보탤 수는 있어도 덜어낼 수는 없다. 그래서 의미상으로는 허물이 없으니, 올바름을 지키며 보태줌을 받음으로써 길한 것이다. 이렇게 이미 보태주었으니 '어디를 감에 이로움'이 된다."고 한 구절은, 현재 이 손괘▤의 상구효 상태를 전제로 한 말이 아니라, 이 손괘로 변하기 이전 태괘(泰卦)▤일 적의 상육효를 전제로 한 말이다. 태괘의 상육효는

그런데 태괘(泰卦)에서 이 손괘로 변할 적에 내괘인 건괘☰의 양을 덜어내서 위에 보태주었으니, 그 결과로 이 육삼효는 집을 잃어버렸다. 그러나 이 육삼효는 나라를 걱정하여 상구효에게 보탬이 되는 신하라 할 것이다. 상구효는 이 육삼효와 제대로 응함(正應)의 관계를 이루고서 그를 얻었으니, 진실로 위·아래로 명분을 나누어 군신지의(君臣之義)를 받을 수가 있는 존재다.

「象」曰: ‘弗損益之’, 大得志也.

「상전」: ‘덜어내지 않지만 보태줌이 된다’는 크게 뜻함을 얻은 것이다.

得忘家之臣, 而安止以受益, 得志而利於行矣.

구삼효와 제대로 응함(正應)의 관계를 이루고 있다. 그래서 그가 구삼효에게 주어야 하지만 음이기 때문에 수가 6밖에 안 되어 그의 입장에서는 보탤 수는 있어도 덜어낼 수는 없다는 것이다. 그런데 윗사람 노릇을 제대로 하려면 구삼효에게 보태주어야 마땅하지만 현재의 수가 6밖에 안 되어 어쩔 수 없이 주지 못하는 것이니, 의리상으로는 허물이 없다는 것이다. 그래서 태괘 상육효의 입장에서 그저 음의 부드러움(柔)으로서 올바름을 지키고 있노라니 역으로 구삼효의 입장에서 넘쳐나는 양을 자신에게 준다는 것이다. 그 결과로 손괘의 상구효가 되었으니, 이는 덜어냄이 없이 보태줌을 받은 것이고, 그래서 길하다는 것이다. 그리고 ‘어디를 감에 이로움’이 된다는 것이다. 이렇듯 왕부지는 손괘 상구효사의 풀이를 태괘(泰卦)의 상육효가 구삼효로부터 보태줌을 받아서 상구효로 변했다는 관점에서 풀이하고 있다.

집안은 망했으나 나라를 걱정하는 신하를 얻었으니, 머물고 있음에 편안한 채로 보태줌을 얻는다. 뜻함을 얻어서 가는 데 이로운 것이다.

●●●

益卦震下巽上

익괘䷩

益. 利有攸往, 利涉大川.

익괘. 어디를 감에 이롭다. 큰 하천을 건넘에 이롭다.

‘益’亦損‘乾’之剛, 益‘坤’之柔, 而謂之‘益’, 不謂之‘損’者, 剛雖損於四以益陰於初, 而爲方生之爻, 陽道且立本而日長, 則陰益而陽亦益, 非若‘損’之損三以居上, 爲已往之爻, 寄居於天位之上, 實自損以益彼也. 華歸根而成實, 君自節以裕民, 文返樸而厚質, 志抑亢以善動, ‘利有攸往’, 允矣. ‘利涉大川’之義, 「象傳」詳之.

이 익괘䷩도 건괘☰의 굳셈[剛]을 덜어내서 곤괘☷의 부드러움[柔]에 보태준 것이다. 그런데 이 괘의 이름을 ‘益(익)’이라 하고 ‘損(손)’이라 하지 않은[697] 까닭은, 굳셈이 비록 4효에서 덜려 초효에 있는 음에게 보태줌으로써 막 생겨난 효가 되어 있지만[698], 이렇게 하여 양의 도(道)가 근본이 수립된 채 날로 자라나면 음에게 보탬이 될 뿐만 아니라 양에게도

보탬이 되기 때문이다. 이는 손괘䷨의 경우와는 다르다. 손괘의 경우는
태괘의 구삼효에서 덜어내어 상효의 자리를 차지하고 있는데, 이는
이미 가버린 효가 되어 하늘의 위(位)에서도 윗자리에 기거하고 있는
것으로서, 실제로는 스스로 덜어내어 남에게 더해줌이다. 이에 비해
이 익괘의 의미는 꽃이 뿌리로 돌아가 열매를 맺음이고, 임금이 스스로를
절제(節制)하여 백성들을 넉넉하게 해줌이며, 겉으로 드러나는 문(文)이
소박함으로 돌아가 질(質)을 두터이 함이다. 또 뜻함이 젠 체하는 뻣뻣함
을 억눌러 잘 움직이도록 함이다. '어디를 감에 이롭다'고 하니, 이는
진실로 맞는 말이다. '큰 하천을 건넘에 이롭다'의 의미에 대해서는
「단전」에서 자세히 풀이하고 있다.

「象」曰: 益, 損上益下, 民說无疆. 自上下下, 其道大光. '利有
攸往', 中正有慶.

「단전」: 보태줌이란 위에서 덜어내어 아래에 보태준다는 의미니 백성들이 기뻐

---

697) 건괘☰의 입장에서는 덜어냄이 되고 곤괘☷의 입장에서는 보태줌이 된다.
그래서 건괘의 입장을 살리면 '損(손)'이라 할 수 있고, 곤괘의 입장을 살리면
'익(益)'이라 할 수 있다. 그런데 이 익괘에서는 곤괘의 입장을 살려 '益(익)'이라
하였다는 것이다.
698) 왕부지는, 손괘(損卦)䷨와는 반대로, 이 익괘䷩는 비괘(否卦)䷋에서 변해온
것이라 여긴다. 즉 비괘의 구사효가 초효로 가고, 이와 엇갈리게 초육효는
4효의 자리로 간 결과가 익괘䷩라는 것이다. 이를 두고 왕부지는 굳셈이
4효에서 덜어내어 초효의 음에게 보태준 것이라 풀이하고 있는 것이다.

함이 끝이 없다. 위로부터 아래 것의 밑으로 내려오니 그 도(道)가 크게 밝다.
'어디를 감에 이롭다'는 것은 중정(中正)하여 경사가 있기 때문이다.

此通釋'利有攸往'之義. 益民而民說, 一義也. 陽自上而下, 返於初以消
'否', 正其志於內, 而光昭上行, 一義也. 陰居二, 陽居五, 各得中而正,
而四之益初, 二受其益, 外來之慶, 以贊其行, 一義也. 略言三義, 而益
之利於往者可推矣.

이 구절은 '어디를 감에 이롭다'의 의미를 통틀어서 풀이하고 있다.
그 의미는 세가지다. 첫째, 백성에게 보태주어서 백성이 기뻐한다는
것이 그 한 가지 의미다. 둘째, 양이 위에서 아래로 내려와 초효로 돌아감
으로써 비괘(否卦)▤의 비색함을 사라지게 할 뿐만 아니라 안에서 그
뜻함을 똑바로 하며 위로 올라감을 환히 비추어주고 있다. 이것이 또
하나의 의미다. 셋째, 음이 2효의 위(位)에 자리 잡고 양은 5효의 위(位)에
자리 잡음으로써 각기 가운데 자리를 차지한 채 올바르다. 그런데 비괘에
서의 구사효가 초효에게 보태주고 2효는 그 보태줌을 받으니 밖에서
온 경사가 그 행함을 도와주고 있다. 이것이 또 하나의 의미다. 대략
이 세 가지의 의미를 말하고 있으니, 익괘가 어디를 감에 이로움을
준다는 것을 미루어 알 수 있을 것이다.

'利涉大川', 木道乃行. 益動而巽, 日進无疆.

'큰 하천을 건넘에 이롭다'고 하니, 목(木)의 원리가 행해진다. 움직임에 보탬을
주고 공손하니 날로 끝없이 나아간다.

此通釋'利涉大川'之義. '木'謂巽也. 京房謂震·'巽皆屬木, 屈八卦以
就五行, 其說不通. '行', 動之使行也. 動之而'巽以行, 行以漸進而不遽,
爲舟行之象. 循涯日進, 而無遠不屆, 行舟之利所以不可禦也.

이 구절은 '큰 하천을 건넘에 이롭다'의 의미를 통틀어서 풀이하고 있다.
'목(木)'이란 손괘☴를 말한다. 경방은 진괘·손괘를 모두 목(木)에 속한
다고 하였는데, 이는 팔괘를 구부려서 오행에 갖다 맞춘 것으로서, 그
설이 통하지가 않는다. '行(행)'이란 움직여서 가게 한다는 의미다.[699]
움직이게 하고 손괘의 원리로서 공손하게 가니, 가는 것이 점진적이고
급작스럽지 않다. 이는 배가 가는 모습이다. 수평선 멀리를 좇아서
날마다 앞으로 나아가니 아무리 멀다 하여도 이르지 못함이 없다. 그렇기
때문에 배를 몰고 가는 이로움을 막을 수가 없는 것이다.

天施地生, 其益无方. 凡益之道, 與時偕行.

하늘은 베풀어주고 땅은 낳아주니, 그 보태줌이 끝이 없다. 무릇 보태줌의
도(道)는 때와 함께 행한다.

此推言益道之大, 爲乾'·'坤'合德之大用也. 陽之益初, 天之交於地以
施也. 陰之進而居四, 載陽以發生也. 凡天地之間, 流峙動植, 靈蠢華
實, 利用於萬物者, 皆此氣機自然之感爲之. 盈於兩間, 備其蕃變, '益

---

699) 이는 취의설에 입각한 풀이다. 취의설에 의하면 진괘☳는 '움직임[動]'을 상징한다.

无方'矣. 而其无方者, 唯以時行而與偕行, 自晝徂夜, 自春徂冬, 自來
今以泝往古, 無時不施, 則無時不生. 故一芽之發, 漸爲千章之木; 一卵
之化, 積爲呑舟之魚. 其日長而充周洋溢者, 自不能知, 人不能見其增
長之形, 而與寒暑晦明默爲運動, 消於此者長於彼, 屈於往者伸於來.
學『易』者而知此, 則天下皆取善之資, 而吾心無可弛之念, 其於益也,
不亦大乎!

이 구절은 '보태줌의 도[益道]'가 거대하며, 이것이 건괘·곤괘가 덕을
합한 위대한 작용임을 미루어 말하는 것이다. 양이 초효에 보태줌은
하늘이 땅과 교접하며 베풀어줌이다. 그리고 음이 나아가 4효에 자리
잡고 있음은 양을 실어주어서 피어나고 생겨나게 함이다.[700] 무릇 하늘과
땅 사이에서는 유동하는 동물과 제자리에 멈춰 있는 식물들이, 똑똑하거
나 아둔한 방식으로, 또 꽃을 피우고 열매를 맺는 방식으로, 만물들에서
이롭게 사용하고 있다. 그런데 이는 모두 저절로 그러한 기(氣)의 체제가
감응하며 하는 것이다. 이렇듯 기는 하늘과 땅 사이를 가득 채운 채
그 무성하게 변화함을 완비하고 있으니, '보태줌이 끝이 없다'고 하고
있다.

---

700) 여기에는 익괘☰☳가 비괘(否卦)☰☷로부터 변해 온 괘라는 것이 전제되어 있다.
비괘는 하늘을 상징하는 건괘☰와 땅을 상징하는 곤괘☷로 이루어져 있다.
이 비괘☰☷에서 건괘☰는 위에 곤괘☷는 아래에 자리 잡음으로써, 둘 사이에
전혀 소통이 이루어지지 않고 꽉 막힌 비색함을 이루고 있다. 그런데 이
비괘의 구사효가 초효에게로 와서 보태주고 초효에 있던 음은 나아가 4효의
위(位)에 자리 잡음으로써, 하늘과 땅, 건괘와 곤괘 사이에 교접이 이루어지는
데, 왕부지는 이를 하늘과 땅의 교접함 및 건괘·곤괘의 덕을 합한 위대한
작용으로 풀이하고 있다.

이 '끝이 없음'은 오직 때에 맞게 행하고 때와 너불어 행한다. 그래서 밤낮의 운행, 사계절의 순환, 지난 과거로부터 오늘날에 이르기까지, 어느 때인들 베풀어주지 않음이 없으니 어느 때든 생겨나지 않음도 없다. 그러므로 한 개의 씨앗이 터서 천 길의 거목이 되고[701], 한 개의 알이 부화해서 배를 삼킬 정도의 큰 물고기가 된다.[702] 이렇게 날로 자라나 두루두루 꽉 채우고도 남아 흘러넘칠 정도지만, 스스로는 이를 알 수가 없고 사람들은 그 증가하고 자라나는 형태를 보지 못한다. 그저 추위와 더위, 밝음과 어둠을 살며 묵묵히 움직이는데, 여기서 사라진 것이 저기에서 자라나고, 가느라고 굽힌 것이 오면서는 편다. 『주역』을 공부하는 이들이 이러한 사실을 안다면, 온 세상이 모두 우리가 선(善)을 취할 수 있는 바탕이 될 것이요, 우리들 마음도 어느 한 생각이라서 해이해질 수가 없을 것이다. 그러니 이 또한 보태줌에 크지 않으리오!

「象」曰: 風雷, '益', 君子以見善則遷, 有過則改.

「대상전」: 바람과 우레로 이루어진 괘가 익괘니, 군자는 이를 본받아 착함을

---

701) 이는 『사기(史記)』에 나오는 말이다. 『사기』에서는 물속에는 물고기들이 유영하며 살아가는 거대한 비탈이 있고, 산에는 거대한 나무가 자라고 있다고 하였다.(『史記』, 「貨殖列傳」: 水居千石魚陂, 山居千章之材.)
702) 『장자』에 나오는 말이다. 『장자』에서는 배를 삼킬 정도로 큰 물고기도 물을 떠나면 한갓 미물인 개미의 좋은 먹잇감이 될 뿐이라 하였다. 만물은 모두 상대적이며 자기 있을 곳에 있어야 한다는 의미다.(『莊子』, 「庚桑楚」: 吞舟之魚, 碭而失水, 則蟻能苦之.)

보면 곧바로 자신도 그리로 옮겨가고 과오가 있으면 곧바로 고친다.

陰凝於下而不上交, 陽來初以動之而改其過: 雷以震懼之象. 陽安於
上而不下交, 陰往四以順之而成其美: 風以導和之象. '則'者, 速辭. 風
雷, 至速者也. 改過遷善, 以速而益. 四之損·初之益, 皆在卦下, 速也.
益者, 學以益性之正; 損者, 修以損情之偏; 君子之善用'損'·'益'也.

비괘☷☶일 적에는 음들이 아래에서 엉겨 있는 채 위와 교접하지 않던
것이, 이제 익괘로 변하면서는 양[703]이 초효로 와서 움직여대니 그
과오를 고친다. 이는 우레가 나약함을 진동(震動)하는 상(象)이다. 또
비괘일 적에는 양들도 위에서 안주하며 아래와 교접하지 않았는데,
익괘로 변하면서는 음[704]이 4효의 자리로 가서 순종하며 그 아름다움을
이루고 있다. 이는 바람이 화목함을 이끌어내는 상이다. '則(즉)'이란
신속하다는 말이다. 바람과 우레는 지극히 신속한 것이다. 과오를 고침과
선으로 옮겨 감은 신속히 함으로써 보태줌이 된다. 4효의 덜림·초효의
보태짐 등이 모두 괘의 아래에 있으니[705] 신속하다. 보태줌이란 학문을
통해 성(性)의 올바름을 보탠다는 것이고, 덜어냄이란 수양을 통해 정(情)

---

703) 비괘일 적의 구사효를 지칭함. 왕부지는 이것이 초효로 가고 초효에 있던
    음효는 이 4효의 자리로 간 것이 익괘라 본다.
704) 비괘일 적의 초육효를 지칭함.
705) 비괘☷☶가 익괘☴☳로 변한 것을 보면, 비괘의 회괘(悔卦)인 건괘☰의 맨 밑에
    있는 구사효가 익괘의 정괘(貞卦)인 진괘☳의 맨 밑에 있는 초육효로 변한
    것임을 알 수 있다. 즉 4효의 덜림과 초효의 보태짐이 모두 회괘와 정괘의
    맨 밑에 있는 효들에서 발생한 것이다.

의 치우침을 덜어낸다는 것이다. 이것은 곧 군자가 손괘䷸와 익괘䷩에
드러난 의미를 잘 이용함이다.

初九, 利用爲大作, 元吉, 无咎.

초구: 이롭게 함이 크게 일어나니 원래 길하고 허물이 없다.

初旣受益, '乾'道下施而爲長子, 可以大有爲矣. 乃陽之下施以惠初, 非
徒利其生, 而實以成其能, 非體'乾'元之德以承天之祐, 則不足以勝其
任, 故必'元吉'而後无咎.

초효가 벌써 보태줌을 받았으니, 건괘☰의 도(道)가 아래로 베풀어져
맏아들이 된 것이다. 그래서 무슨 일을 크게 일으킬 수 있다. 그러나
양이 아래로 내려와 초효에게 혜택을 베푼 것이 단지 그 생겨남을 이롭게
하는 것만은 아니다. 실로 그 능력을 완성시켜 주기까지 함이니, 이는
건괘☰의 으뜸의 덕을 체득하여 하늘의 도움을 입지 않고서는 결코
감당할 수 없는 노릇이다.[706] 그러므로 반드시 '원래 길한' 뒤에라야
허물이 없다.

---

706) 비괘䷇가 익괘䷩로 변한 것인데, 이는 비괘의 회괘(悔卦)인 건괘☰의 맨 밑에
있는 구사효가 익괘의 정괘(貞卦)인 진괘☳의 맨 밑에 있는 초육효로 변한
것이다. 이를 두고 '건괘의 으뜸의 덕을 체득하여 하늘의 도움을 입음'이라
할 수 있다.

「象」曰: '元吉无咎', 不厚事也.

「상전」: '원래 길하고 허물이 없다'는 것은 일을 본격적으로 맡아서 두텁게 하지 못함이다.

其位在下, 力固不厚, 慮其奮興一時, 而不足以繼, 故戒而勉之. 此亦爲占得者言也.

초구효는 이 익괘䷩의 맨 아래에 있으니 힘이 본디 두텁지 못하다. 그래서 한때 떨쳐 일어나더라도 이어가기에는 부족함을 우려한다. 그러므로 이렇게 경계하며 면려(勉勵)하고 있는 것이다. 이것 역시 마찬가지로 점쳐서 이 익괘의 초구효를 얻은 이들에게 하는 말이다.

六二, 或益之十朋之龜, 弗克違, 永貞吉. 王用享于帝, 吉.

육이: 누군가가 조개 10쌍으로 된 보물을 보태주는데 거절할 수가 없다. 영원하고 올곧아서 길하다. 왕이 하느님께 제사를 지낸다. 길하다.

陽益於初, 以輔二而消其'否', 二之得益大矣, 故與'損'五同其象. 而六二柔中得位, 樂受陽施, 以保其正, 則其吉永固, 較損五爲尤吉焉. 有其德, 受其福, 而柔順不敢自居爲功, 乃以禋祀于上帝. 所謂天子有善, 讓之於天, 神斯享之, 尤其吉矣. 二上應五, 故有此象.

양이 초구효에게 보태줌으로써 이 육이효를 도와 그 비색됨을 사라지게 하니, 이 육이효가 보태줌을 얻음이 크다. 그러므로 손괘䷭의 육오효와 그 상(象)이 같다. 그러나 이 육이효는 부드러움[柔]으로서 마땅하게 가운데의 제자리를 차지하고 있으며 양이 베풂을 즐겁게 받아들인다. 그리고 그렇게 함으로써 그 올바름을 보존한다. 그래서 그 길함이 영원하고 견고하여 손괘의 육오효보다 더욱 길하다. 그런데 이러한 덕이 있고 이러한 복을 받지만, 정작 이 육이효는 부드럽고 순종적이어서 감히 그 공을 자신이 차지하려 하지 않는다. 그리고는 하느님께 인사(禋祀)[707]를 올린다. 말하자면 천자에게 훌륭한 점이 있다 하더라도 이를 하늘에게 양보하고, 신(神)은 이에 흠향하게 되어 더욱 길한 것이다. 육이효가 위로 구오효와 응하기 때문에 이러한 상이 있다.

「象」曰: '或益之', 自外來也.

「상전」: '누군가가 보태줌'은 밖에서 왔다는 의미다.

外謂外卦, '乾'也, 天所益也.

여기에서 '밖'이라 한 것은 외괘(外卦)를 의미하는 것으로서 건괘☰다.

---

707) '인사(禋祀)'는 고대 제천 의식의 일종이다. 먼저 섶을 쌓고서 거기에 불을 붙임으로써 하늘로 연기가 올라가게 하고는, 거기에 희생으로 바치는 제물이나 옥백(玉帛) 등을 올리고 다시 불을 살라 그 연기가 하늘로 올라가게 하는 방식이다. 『주례(周禮)』에 나온다.(『周禮』, 「春官, 大宗伯」: 以禋祀祀昊天上帝, 以實柴祀日月星辰, 以槱燎祀司中・司命・風師・雨師.)

1030 • 주역내전 ❸

하늘이 보태준 것이다.

六三, 益之用凶事, 无咎. 有孚中行, 告公用圭.

육삼: 보태줌이 흉사에 쓰임이라, 허물이 없다. 믿음이 있어서 그 가운데서
행함이다. 삼공(三公)에게 고하면서 홀[圭][708]을 쓴다.[709]

　‘益之用’, 資益以爲用也. ‘凶事’, 水火·兵戎·死喪之事. ‘孚’, 三與二
·四合德也. ‘中行’, 卦三陰而三當其中, 行以告而請益也. ‘公謂四.

[708) 여기서 말하는 ‘圭(규)’는 고대의 천자나 제후들이 조공(朝貢), 제사, 상장(喪葬)
등 매우 중대한 의식을 거행할 적에 사용하던 예식용 도구다. 옥으로 만들었다.
길고 가는 형태로 되어 있는데, 위는 뾰족하게 하여 ‘하늘의 둥긂[天圓]’을
상징하였고 아래는 네모지게 하여 ‘땅의 네모남[地方]’을 상징하였다. 그 명칭이
나 크기는 작위(爵位)와 용도에 따라서 각기 달랐다. 예컨대 천자가 사용하던
것은 ‘진규(鎭圭)’, 공(公)들이 사용하던 것은 ‘환규(桓圭)’, 후(侯)들이 사용하던
것은 ‘신규(信圭)’라 하였는데, 각기 길이와 두께 등이 달랐다. 『예기』, 「의례(儀
禮)」, 「빙례(聘禮)」 편에 관련 규정이 있다. 이것은 일종의 신분증명서의 구실을
하였고, 이것을 지닌 이들끼리는 서로의 믿음과 정성이 통했다. 왕부지는
이러한 점을 전제하고서 이 효사 풀이를 하고 있다.

709) 『주역패소』에서 왕부지는 이 익괘 육삼효사에 대해 특별히 주해하고 있다.
그는 『주례(周禮)』의 관련 구절을 인용하며 흉례(凶禮)는 우방국의 근심거리
를 함께 슬퍼하는 것이라 하고 있다. 그리고 ‘흉사(凶事)’란 흉례와 관련된
일이라 한다. 아울러 흉례의 종류로 상례(喪禮), 황례(荒禮), 조례(弔禮), 회례
(禬禮), 휼례(恤禮) 등 다섯 가지를 들고 있다. 그래서 나라에 흉사가 있으면
위로 천자에게 고하고 아래로는 우방에게 고하여, 그 조의금품의 보태줌을
받는다고 하고 있다.

四近九五尊位, 爲三公. '圭', 諸侯之聘圭, 以昭信也. 三比外卦而爲進
爻. 陰欲求益於陽, 而三行以請於四. 請而求益, 非君子之道. 唯水火有
分災之禮, 兵戎有救患之典, 死喪有賵襚之儀, 則與者非濫, 求者非貪,
可无咎也. 三望益, 而二陰與之同心, 乃行以告而抒其誠信, 有大夫承
命訴計之象. 憂患在己, 旣爲禮所宜請, 則上下同心而輸忱以往, 宜矣.
天王之求車求金, 貪也; 陳災而不告火, 慢也; 皆咎也.

'보태줌의 쓰임'이란 '보태줌'에 힘입어서 쓴다는 의미다. '흉사'는 수재나
화재, 병란, 상사(喪事)와 관련된 일을 말한다. '믿음'이라 한 것은, 육삼효
가 육이·육사효 등과 똑같은 음효로서 이들과 덕이 합치한다는 의미다.
'그 가운데서 행함'이란 이 익괘䷩의 세 음효에서 육삼효가 그 가운데에
해당하는데, 육사효에게 간다는 것을 알리고 보태줌을 청한다는 의미다.
'삼공(三公)'은 육사효를 가리킨다. 육사효는 구오효의 존귀한 위치에
가까우니 삼공이 된다. '홀'은 제후가 찾아뵈면서 손에 쥐던 도구인데,
이것을 가지고 있으면 믿을 수 있음이 확연하게 입증되었다.
이 익괘에서 육삼효는 외괘悔卦와 친밀한 관계로서 끼리끼리 어울리며
나아감의 효가 되어 있다. 음은 원래 양에게 보태줌을 구하고 싶은
것인데, 지금 이 육삼효는 육사효에게 가서 청하고 있는 것이다. 청하며
보태주기를 간구(干求)하는 것은 원래 군자의 도리가 아니다. 오직 수재
·화재를 당했을 적에 그 재난의 고통과 부담을 나누어서 지는 예(禮)가
있고, 병란을 당한 경우에 그러한 환란으로부터 구제하던 전고(典故)가
있으며, 상사(喪事)를 당했을 경우에 돈이나 옷가지 등을 부조하는 예제
가 있을 뿐이다. 이러한 경우에는 준다고 하더라도 외람되지 않고, 또
간구한다고 하더라도 탐욕이 아니다. 그래서 이 육삼효에게 허물이
없는 것이다. 지금 육삼효가 보태줌을 바라고 있고 육이·육사효 등의

두 음은 그와 한마음이 되어 있으니, 간다고 알리며 그 정성과 믿음을
쏟아내는 것이다. 그리고 이 육삼효에는 대부(大夫)들이 왕명을 받들어
부고를 알리는 상(象)이 드러나 있다.

우환은 자기에게 있지만 지금 예(禮)에 딱 들어맞게 청하니, 위·아래가
한마음이 되어 충심을 쏟으며 가는 것이다. 이는 마땅한 것이다. 이에
비해 천왕이 수레를 요구한다거나 금을 요구한 따위는 탐하는 것이다.
또 재난을 그대로 놓아둔 채 화재(火災)에 대해 알리지 않는 것은 태만한
것이다. 이들 모두는 허물이다.

「象」曰: 益用凶事, 固有之也.

「상전」: 보태줌을 흉사에 쓰는 것은 본디 있는 일이다.

固有其情, 固有其禮, 則可固有其事. 諸侯之禮, 凶必告訃, 而鄰益之.
通諸士大夫之於知交, 亦此禮也. 故士待外姻至而後葬.

본디 그러한 마음씀이 있고 본디 그러한 예제가 있으니, 본디 그러한
일이 있을 수 있는 것이다. 제후들 사이의 예(禮)에서는 흉사를 당하면
반드시 그 사실을 알리고 이웃들은 그에 대해 도움을 보냈다. 이는
사대부들의 사귐에서도 통하는 예였다. 그러므로 사(士)들은 상사(喪事)
를 당했을 경우 혼인으로 맺어진 친척이 오기를 기다렸고, 온 뒤에야
장사를 지냈다.

六四, 中行告公從, 利用爲依遷國.

육사: 가운데 있는 이가 가서 공(公)에게 고하니 공은 이를 따른다. 힘입어서 도읍을 옮김에 이롭게 쓴다.

> '中行告公從'者, 三來告而四從之, 因以其陽之固足者益初也. '遷國' 者, 陽下益初, 則陰遷居於此也. '依', 『本義』謂如'晉鄭焉依'之依, 是已. 四旣損陽以益初, 從三之告, 則與三同其柔德, 相比以奠其位而得所 居, 所謂'因不失其親'也. 與'損'三得友之義同.

'가운데 있는 이가 가서 공에게 고하니 공은 이를 따른다'는 것은 육삼효가 와서 고하니 육사효가 이를 따른다는 의미다. 이는 양이 본디 충족되어 있는 것을 가지고서 초효에 도움을 주었다는 것을 근거로 한 말이다. '도읍을 옮김'이란 양이 아래로 내려가 초효에게 보태주니 초효에 있던 음이 원래 양이 있던 이곳으로 거처를 옮겼다는 의미다.[710]
'依(의)' 자에 대해『주역본의』에서는, "진(晉)나라와 정(鄭)나라가 도읍을 옮기는 데서 도움을 주었다'고 할 적의 '依(의)' 자와 같은 의미다."라

---

710) 이 구절은 익괘䷩가 본디 비괘䷋로부터 변해 온 것임을 전제로 한 말이다. 비괘는 회괘(悔卦)가 건괘☰로서 세 효가 모두 양효로 되어 있으니, 이는 양이 충족된 상태를 나타낸다. 그런데 이 가운데 맨 밑에 있는 효인 구사효가, 정괘(貞卦)인 곤괘☷의 세 효가 온통 음효로만 되어 있음에 대해 애처로움을 느낀 나머지 초효에게로 가서 양으로써 보탬이 되는 도움을 준 것이 익괘라는 것이다. 그리고 비괘일 적의 초육효는 이제 자신에게 도움을 주려고 떠난 4효의 자리로 가서, 육이·육삼효와 함께 음효 셋이 한 무리를 이루게 되었는데, 왕부지는 이것이 도읍을 옮긴 사실에 해당한다고 보고 있다.

고 하는데, 내가 보기에도 맞다.711) 4효는 이미 양을 덜어내서 초효에게 보태주었고 육삼효가 와서 알려줌을 따르고 있으니, 육삼효와 그 부드러움의 덕을 함께하고 있다. 그리고 서로 끼리끼리 어울림을 이루어서 그 위치를 정하고 거처할 곳을 얻었다. 말하자면 '의지가 되는 이가 그 친함을 잃어버리지 않음712)이다. 이는 손괘䷨ 육삼효에서 벗을 얻는다고 하였던 의미와 같다.713)

---

711) 『주역본의』에서는, "『춘추좌씨전』에서 말하기를, '주나라가 동천(東遷)할 적에 진나라·정나라가 이에 도움을 주었다.'고 한다. 옛날에 도읍을 옮겨 아래에 보탬을 줄 적에는 반드시 의거가 되어 주는 도우미가 있고난 뒤에야 그렇게 할 수 있었다."(『傳』曰, "周之東遷, 晉鄭焉依." 蓋古者遷國以益下, 必有所依, 然後能立.")라 하고 있다. 이 『주역본의』에서 인용하고 있는 역사적 사실은 『춘추좌씨전』, 「은공(隱公)」 편 6년 조에 나온다.(鄭伯如周, 始朝桓王也. 王不禮焉, 周桓公言於王曰, "我周之東遷, 晉鄭焉依. 善鄭以勸來者猶懼不蔇, 況不禮焉! 鄭不來矣.") 주희는 『춘추좌씨전』 이곳의 '依(의)' 자와 이 익괘 육사효사의 '依(의)' 자가 같다고 보고 이를 인용하며 이렇게 풀이하였는데, 왕부지도 이에 동의하고 있는 것이다.

712) 『논어』, 「학이」 편에 나오는 유자(有子)의 말이다. 유자는 공자의 제자다. 그는, "둘 사이의 신의가 의로움에 가까우면 한 말을 실천할 수 있다. 서로간에 공손히 대하면서도 그것이 예에 가까우면 치욕을 당하지 않는다. 의지가 되는 이가 그 친함을 잃어버리지 않았다면 또한 존경할 수 있다.(信近於義, 言可復也; 恭近於禮, 遠恥辱也; 因不失其親, 亦可宗也.)"고 하였다. 그런데 주희는 왕부지가 여기서 인용하고 있는 구절의 '因(인)' 자를 '依(의)'자와 비슷하다고 하였다. 그리고는 이 구절을, "의지가 되는 이가 그 친함을 잃어버리지 않았다면 또한 존경하며 주인으로 따를 수 있다.(『朱熹, 『論語集註』, 「學而」: 因猶依也. …… 所依者不失其可親之人, 則亦可以宗而主之矣.)"라고 주해하였다. 이 '依(의)' 자는 지금 이 육사효사에 나오는 글자이기도 하다.

713) 손괘 육삼효사에서는 "세 사람이 길을 가면 한 사람을 덜어내고, 한 사람이 길을 가면 그 벗을 얻는다.(六三, 三人行則損一人, 一人行則得其友.)"고 하였

「象」曰: ‘告公從’, 以益志也.

「상전」: '공(公)에게 고하니 공은 이를 따른다'는 것은 뜻함에 보태주기 때문이다.

本有往益之志, 故告而必從. 蓋陽無不施之理, 唯陰亢而不求, 則陽有
所不能强施, 如瘠土之不受膏雨, 亦無如之何矣. 陰能仰承, 陽必下應,
施之而陽不爲損, 陽豈有吝情哉!

본래 가서 보태주고자 하는 뜻이 있었기 때문에 고하면 반드시 따르는
것이다. 양에게는 베풀지 않을 이치가 없다. 오직 음이 목을 뻣뻣이
내민 채 맞서며 구하지 않으니 양으로서도 억지로 베풀 수는 없는 것이다.
즉 마치 척박하기 그지없는 땅이 작물을 기름지게 할 장맛비를 받아들이
지 않음과 같아서 또한 도대체 어찌할 수가 없는 노릇이다. 그런데
이 육사효는 음으로서 우러러 받들 수가 있으니, 이에 양은 반드시
아래로 응해준다. 베풀더라도 양에게는 덜어냄이 되지 않는데, 양이
어찌 인색하게 굴 마음이 있겠는가!

다. 이에 대해 왕부지는 "3효는 여유로운 곳에 처해 있는데, 이미 덜려서
음이 되어 육사·육오효와 같은 원리를 지니고서 서로 벗이 되었다. 이렇게
하여 곤괘☷의 도(道)를 이루고 있다. 즉 3효에서 덜어냄으로써 이들 셋은
서로 사귐을 얻게 된 것이다."라고 주해하였다.

九五, 有孚惠心勿問, 元吉. 有孚惠我德.

구오: 믿음이 있고, 베풀려는 마음이니, 묻지도 않는다. 원래 길하다. 믿음이
있어서 나의 덕에 혜택을 줌이다.

五位天德, 其施惠於下以益陰之生者, 心固然也. 四本'乾'體, 與五同
德, 相孚而惠心一也. 告而卽從, 不待五之問焉, 黙承其意, 以資始之益
益下, 吉莫尙矣. '惠'者, 四往益初之德也, 而功歸於五, 則何待五之損
己而後益於物哉! 天之施萬物以生者, 四時五行之氣施之也, 而推其
德者曰天施, 王用享焉. 然則大臣承主意以惠天下, 而德歸天子, 君子
資聖訓以惠後學, 而德歸聖人, 德之至者不勞而惠行焉, '益'之所爲有
益而未嘗損也, 唯視其所孚者而已矣.

이 구오효는 하늘의 덕을 상징하는 위치에 자리 잡고 있으니, 그가
아래로 혜택을 베풀어서 음이 생겨남에 보탬을 주고자 함은 그의 마음속
에 본래 자리 잡고 있다. 그런데 4효는 원래 건괘≡의 몸을 이루고
있어서714) 구오효와 같은 덕을 지니고 있고, 서로 믿으며 베풀고자
하는 마음은 똑같다. 그래서 4효가 고하면 구오효는 곧 따르기 때문에,
굳이 구오효에게 물어보지 않더라도 암묵적으로 그 뜻을 승인받은 것으
로 보고 '막 생겨남에 도움을 주는 보태줌'으로써 아래에 보태주는 것이다.

---

714) 역시 이 익괘≣가 비괘≣로부터 변해 온 것이라는 전제에서 하는 말이다.
비괘에서는 회괘(悔卦)가 건괘≡를 이루고 있고, 4효도 양효로서 그 일부를
이루고 있었다. 그런데 지금은 그것이 초효로 가서 음의 생겨남에 대해 보태주
고 있고, 그가 떠난 4효의 자리에는 비괘의 초육효가 와서 자리 잡고 있다.

그래서 길함이 더할 나위 없이 크다.

'혜택[惠]'이란 4효가 가서 초효에게 보태주는 덕인데도 그 공(功)을 구오효에게로 돌리고 있다. 그러니 어찌 구오효가 자기에게서 덜어내기를 기다렸다가 그 뒤에 물(物)들에게 보태주겠는가! 실상 하늘이 만물에게 베풀어 생겨나게 함은 사계절과 오행의 기(氣)가 베푸는 것인데도 그 덕을 미루어서 '하늘이 베풂'이라 하고, 왕도 이러하다고 여겨 하늘에 제사지내는 것이다. 그렇다면 대신이 임금의 뜻을 받들어 천하에 베풀면서도 덕을 천자에게로 돌리고 군자가 성인들의 가르침을 바탕으로 후학들에게 베풀면서도 덕을 성인에게로 돌리니, 덕이 지극한 이로서는 굳이 수고롭지 않고서도 혜택이 행해진다. 익괘가 보탬을 주면서도 일찍이 자신에게서는 덜어냄이 없다는 것은, 오직 그 믿는 이를 보아서 그러한 것일 따름이다.

「象」曰: '有孚惠心', 勿問之矣. '惠我德', 大得志也.

「상전」: '믿음이 있고, 베풀려는 마음이니' 굳이 묻지도 않는 것이다. '나의 덕에 혜택을 줌'이란 큰 것이 뜻함을 이룸이다.

四旣合德以行惠, 可勿問矣. '大'謂陽. 益行而不勞, 得志可知.

육사효가 이미 구오효의 덕에 합치되게 시혜를 행함이니 굳이 묻지 않아도 된다. 여기서 '큰 것'이란 구오효의 양(陽)을 의미한다. 육사효가 자신의 행함에 보탬을 주어 자신은 굳이 수고하지 않아도 되니, 뜻함을 이룬다는 것을 알 수가 있다.

上九, 莫益之, 或擊之, 立心勿恒, 凶.

상구: 전혀 보태주지 않고 혹은 후려치기까지 한다. 마음을 세움이 항상스럽지 않다. 흉하다.

四損己以益下, 故有爲依之利. 五有惠心以孚四, 故歸德而獲享帝之報. 上九陽亢在上, 驕吝而無益物之心, 無所益於物, 物亦莫有益之者, 而或且擊之矣. 吝生於驕, 而驕吝者之心, 當其求益而畏擊, 則不能無望於人; 及其終不得益, 而未必有擊之者, 則又亢而自恃, 自以爲善揣人情, 而可以術馭; 而不知無恆者, 人之所厭惡, 而自絶於天也. '益'上與'損'初, 皆吝於損而無益者. '損'初位下而上承二, 故可勸勉之以往; '益'上已亢, 故決言其凶. 驕以成吝, 禍尤不可解也. 勿・无通.

이 익괘▤에서 육사효는 자기에게서 덜어내서 아래에 보태주기 때문에 도우미로서의 이로움을 지니고 있다. 구오효는 베풀려는 마음을 가지고서 이러한 육사효를 믿기 때문에, 덕이 자신에게로 귀결되며 제왕에게 갖다 바치는 보답을 얻는다. 이에 비해 이 상구효는 양으로서 목을 뻣뻣하게 세우고 젠 체하며 위에 자리 잡고 있다. 그리고 교만하고 인색하며 물(物)들에게 보태주려는 마음이 없고 실제 물들에게 보탬을 주는 바도 없다. 그래서 물들도 그에게 보태줌이 없고 경우에 따라서는 후려치기까지 한다.

인색함은 교만함에서 생긴다. 교만하고 인색한 이가 마음으로 당장에 보태줌을 구하면서도 후려칠까 두려워하니, 그에게는 남들에게서 바라는 것이 없을 수 없다. 그런데 끝까지 보태줌을 얻지 못하였고 꼭 후려치는 이도 없다. 그래서 또 목을 뻣뻣이 세운 채 자만심에 가득 차 으스대며 자신이 다른 사람들의 속마음을 잘 헤아리고 술수를 통해 부릴 수 있다고 여긴다. 그러나 항상됨이 없는 이를 사람들은 싫어한다는 사실을 알지 못하며 스스로 하늘과도 끊어버리고 만다.

익괘▦의 상구효와 손괘▦의 초구효는 모두 덜어냄에는 인색하여 남에게 보태줌이 없는 이들이다. 그런데 손괘의 초구효는 아래에 자리 잡고 있으면서 위로 구이효를 받들고 있기 때문에 그를 권면하여 가게 할 수 있음에 비해, 이 익괘의 상구효는 벌써 목을 뻣뻣이 세운 채 젠체하고 있으니 그것이 흉하다는 것을 결정적으로 말할 수가 있다. 이렇듯 상구효는 교만함으로써 인색함을 이루고 있다. 그래서 그 앙화를 더욱 풀 수가 없는 것이다. '勿(물)' 자는 '无(무)' 자와 통한다.

「象」曰: ‘莫益之’, 偏辭也. ‘或擊之’, 自外來也.

「상전」: ‘전혀 보태주지 않고’라는 것은 한쪽에서만 말한 것이다. ‘혹은 후려치기까지 한다.’는 것은 밖에서 온다는 의미다.

不言上不益物, 但言物‘莫益之’者, 從一偏言之, 以該其全理. ‘自外來’者, 卦中無相擊之爻, 而天下禍生不測, 則莫爲之益; 親戚且叛, 而兵戎自至, 發於其所不及防也.

이 상구효사에서 정작 상구효가 물(物)들에게 보태주지 않는다는 말은 하지 않고 단지 물들이 ‘전혀 보태주지 않고’라고만 말한 것은, 한쪽에만 치우쳐서 말하더라도 그 속에 전체의 이치를 다 갖추고 있기 때문이다. '밖에서 온다'는 것은 이 익괘▤ 속에는 후려침을 드러내는 효가 없지만, 천하에 앙화가 생기는 것은 가늠할 수가 없으니, 아무도 그에게 보태주지 않는다는 것이다. 친척들이 반란을 일으키기도 하고 외적이 저절로 침입해 오기도 하는데, 이러한 것들이 미처 방비하지 못함에서 발생한다 는 것이다.

●●●

夬卦乾下兌上

쾌괘▤

夬. 揚于王庭, 孚號有厲. 告自邑, 不利卽戎, 利有攸往.

쾌괘: 왕궁의 뒷궁궐에서 드날림이요, 믿음이 있어서 큰 소리로 위태로움이 있다는 것을 외쳐댄다. 자신의 본거지에 알리며 이롭지 않으면 곧 무력에 의존한 다. 어디를 감에 이롭다.

'夬'之爲言決也; 絶而擯之於外, 如決水者不停貯之, 決而任其所往, 求 其無相淹濡, 不復問所以處之也. 爲卦, 陽盛已極, 上居天位, 下協衆 志, 一陰尙留, 而處之於外. 陽已席乎安富尊榮, 而絶陰於無實之地, 以是爲剛斷之已至矣. 乃陰終乘其上而睥睨之, 陰固不能忘情乎陽, 陽亦豈能泰然處之而不憂? 故爻辭多憂, 而彖辭亦危.

'夬(쾌)' 자는 '툭 터버리다'는 뜻을 지닌 決(결) 자의 의미를 갖고 있다. 즉 무엇인가를 한사코 거절하며 밖으로 내침이 마치 물을 가두어 놓은 둑을 터서 물이 고여 있지 않게 하는 것과 같다. 그래서 툭 터서 물이 제멋대로 흘러가게 내버려 두며, 자신들을 적시지 않도록 애쓸 뿐, 다시는 어떻게 해야 함께 있을 수 있는지를 묻지도 않는 것이다.

이 쾌괘☱의 됨됨이를 보면, 양의 왕성함이 이미 극에 달해서 위로 하늘의 위(位)를 차지하고 있고 아래에서는 다중(多衆)이 자신들의 뜻함을 협력하고 있는데, 하나의 음이 아직 머뭇거리면서 밖에 자리 잡고 있는 모습이다. 그런데 양들은 벌써 편안함과 부유함, 존귀함, 영화로움 등을 차지한 채 음을 아무런 결실이 없는 땅으로 내몰고 있으니, 이렇게 함으로써 굳세게 결단함이 이미 극에 이르고 있다.

그러나 음은 마침내 이 양들의 위에 올라타고서 이들을 흘겨보고 있다. 그리고 이 음이 본디 양들에 대한 정(情)을 잊을 수가 없는데, 양들도 어찌 태평하게 안주하며 아무런 근심이 없겠는가! 그러므로 이 쾌괘의 효사들에서는 우려함이 많고 괘사도 위태로움을 내보이고 있다.

陰之爲德, 在人爲小人, 爲女子, 爲夷狄, 在心則爲利, 爲欲. 處女子·小人者, 置之於中而閑之, 處夷狄者, 抑之使下而撫之; 若使尤焉化外, 而徒擯之以重其怒, 則其爲憂危之府, 必矣. 以義制利·以理制欲者, 天理卽寓於人情之中. 天理流行, 而聲色貨利皆從之而正. 若恃其性情之剛, 遂割棄人情以杜塞之, 使不足以行, 則處心危, 而利欲之乘之也, 終因間而復發. 二者皆危道也. 故統帥群陽以擯一陰, 而且進且退, 終窒礙而不得坦然以自信焉.

음이 덕을 이루게 되면, 사람에게서는 소인이 되고 여자가 되며 이적(夷
狄)이 된다. 또 우리들 심리에서는 이로움과 욕구를 탐함이 된다. 여자와
소인에 대처하는 방법은 그들을 가운데 두고서 보호하는 것이다. 그리고
이적에 대처하는 방법은 그들을 억눌러서 아래가 되게 하고 어루만지는
것이다. 만약에 이들로 하여금 목을 뻣뻣이 세운 채 맞서게 해놓고
자신의 밖에 있는 존재로 보아 교화하려 들어 한갓 그들의 노여움을
가중시킨다면, 이것이 곧 우려와 위엄이 도사리고 있는 곳집이 되고
만다는 것은 필연이다.715) 이에 비해 의로움으로써 이로움을 제어하고
이치로써 자신의 욕구를 제어하는 사람에게서는 하늘의 이치가 곧 사람
들의 마음씀 속에 깃들이게 된다. 그래서 노래하고 여색을 밝히며 재화를
불리던 것조차 모두 천리가 유행함을 좇아서 올바르게 된다.716)
그렇지 않고 만약에 자신의 성정(性情)이 굳세다는 사실만 믿고서 마침내
사람들의 마음씀 따위는 완전히 무시한 채 꽉 틀어막아 버린 나머지
그들로 하여금 행하지 못하도록 한다면, 자신의 마음을 처리함이 위태롭

---

715) 이 구절은 공자가 "오직 여자와 소인은 기르기가 어렵다. 그들은 가까이하면
　　불손하고 멀리하면 원망한다.(『論語』, 「陽貨」: 子曰, "唯女子與小人爲難養也,
　　近之則不孫, 遠之則怨.")"라고 하였던 말을 떠올리게 한다.
716) 탕(湯)임금의 소행을 거론하는 말이다. 새로운 왕조 상(商)나라를 연 탕(湯)임
　　금은 하(夏)나라의 마지막 왕이자 폭군인 걸(桀)왕을 남소(南巢)라는 곳으로
　　내친 뒤, 자신의 이러한 소행 때문에 후세에 비판의 대상이 되어 사람들
　　입에 오르내릴 것을 염려하였다. 자신의 행위가 궁극적으로는 천명(天命)을
　　훼손한 것이 아니냐 하는 점을 염려한 것이다. 그러자 옆에 있던 중훼(仲虺)가
　　고하는 가운데 탕임금이 "노래와 여색을 멀리하고 재화를 불리지 않았다.(惟王
　　不邇聲色, 不殖貨利.)"는 사실을 거론하며, 걸왕을 내치고 새로운 왕조를 엶으
　　로써 천명을 계승할 정당성을 확보하고 있다는 점을 강조하고 있다.

고 이로움과 욕구가 이를 올라타게 된다. 그리하여 마침내 이들, 즉 이로움과 욕구가 그 틈을 타고서 다시 발현할 것이다. 이들 두 가지[717]는 모두 위험한 방식이다. 그러므로 뭇 양들을 통솔하고서 단지 하나의 음을 배척하며 나아갔다 물러났다 하면 마침내 틀어 막히고 말리니, 넓고 평온한 마음으로 스스로를 믿음이 불가능해질 것이다.

嗚呼! 天下豈有五陽同力, 而不能勝一陰者哉! 唯恃其盛而擯之以爲不足治, 乃不知彼之方逸居於局外, 以下窺我之得失也. 故三代以下, 爲王者不治夷狄之說, 自以爲道勝無憂, 而永嘉靖康, 憑陵禍發, 垂至於祥興, 海上之慘, 今古同悲. 野火之燎, 一爝未滅, 乘風而熾, 豈在大乎! 五王誅武氏, 而三思猶蒙王爵, 『要典』焚而馮銓猶以故相優游輦下, 皆此象也. 其在學者, 則三月不違之仁, 尤當謹非禮於視聽言動之著見. 伯禹戒舜, 罔若丹朱; 召公陳「旅獒」, 擬之商紂; 一私未淨, 戰戰慄慄, 尤在愼終, 可不戒夫! 是以知夫者, 憂危之府也. 日之朔, 月之望, 有薄蝕焉; 盛夏之榮, 有靡艸焉. 天地且然, 而況於人乎?

717) 위에서 유보적으로 거론한 것들로서, 하나는 이적(夷狄)을 잘못 처리함이고, 또 하나는 사람들의 마음씀을 잘못 처리하는 방식이다. 즉 이적(夷狄)들로 하여금 목을 뻣뻣이 세운 채 맞서며 자신의 밖에 있는 존재가 되고 하고서는 고화하려 들어 한갓 그들의 노여움을 가중시키는 것과 자신의 성정(性情)이 굳세다는 사실만 믿고서 마침내 다른 사람의 마음씀 따위는 완전히 무시한 채 꽉 틀어막고서는 그들로 하여금 행하지 못하도록 함을 가리킨다.

오호라! 이 세상에 어찌 다섯 양이 힘을 합하는데도 겨우 하나의 음을
이기지 못함이 있으리오! 이는 오직 자신들이 융성하다는 것만을 믿으며
이 음을 다스릴 만한 것이 못된다고 내치기 때문이다. 그리고 저 음이
국외(局外)에 편안하게 거처하면서 아래로 자신들의 득·실을 한창
엿보고 있다는 사실을 등한히 하기 때문이다. 그러므로 하(夏)·상(商;
殷)·주(周) 3대 이후로는 왕도를 실현하는 중원의 훌륭한 왕들은 이적을
다스리지 않는다는 설718)을 만들어 내며, 스스로 우리의 도(道)가 그들을
이기니 걱정할 필요가 없다고 여겼다. 그러나 영가의 난719)·정강의

---

718) 특히 춘추공양학파의 설이 그러하였다. 『춘추공양전』에서 노나라 은공(隱公)
2년 봄에 은공이 잠(潛)이라는 곳에서 융적(戎狄)과 회맹한 일을 기록하고
있음(二年春, 公會戎于潛)에 대해, 하휴(何休)는 "왕들은 이적을 다스리지
않는데, 여기서 융적과 관련된 일을 기록한 까닭은 '오는 이를 거절하지 않고
가는 이를 쫓아가지 않는다'는 원리에 따른 것이다."라고 풀이하고 있다.(何休
學, 『春秋公羊傳注疏』권2(은공 2년부터 4년까지): 王者不治夷狄錄戎于潛, 戎于潛者來者
勿拒去者勿追) 그런데 이후 북송 대에 이르러 소식(蘇軾)은 특별히 「왕들이
이적을 다스리지 않음을 논함(王者不治夷狄論)」이라는 글을 지어 이 문제를
정식으로 거론하였다. 그는 "이적들은 중국을 다스리는 방식으로는 다스릴
수 없는데, 그들에 대해 위대한 통치를 구현할라치면 반드시 큰 혼란에 이르기
때문이다. 선왕들은 이 사실을 알았다. 그러므로 '다스리지 않음'으로써 이들을
다스렸던 것이니, 이렇게 함으로써 이들을 깊이 있게 다스릴 수 있었다."(蘇軾,
『東坡全集』권40, 「論十二首」, 「王者不治夷狄論」: 夷狄不可以中國之治治也,
求其大治, 必至於大亂. 先王知其然, 是故以不治治之, 治之以不治者乃所以深
治之也.)라 하고 있다.

719) 영가(永嘉)의 난(亂)은 영가 5년(311년), 흉노족이 당시 서진(西晉)의 수도이던
낙양을 침략하여 회제(懷帝)를 포로로 잡아가 버린 사건을 말한다. 당시 서진은
장장 16년간에 걸친 동성(同姓) 황족들 간의 골육상쟁(八王之亂)으로 만신창이
가 되어 있었던 데다가 관료와 황족들의 부정부패가 극에 달해 국력이 매우

치욕[720] 등 이민족이 침입하는 화란(禍亂)이 발생하여 그 앙화가 상흥(祥
興) 연간에까지 미쳤으니[721], 해상의 비참함은 예나 지금이나 마찬가지
로 쓰라린 것이다.

온 들판을 태우는 들불도 작은 횃불 하나가 꺼지지 않고 있다가 바람을
타고 걷잡을 수 없이 타오른 결과려니, 그 불씨가 어찌 꼭 큰 것에만
있으랴! 5왕이 무씨(武氏)[722]를 실각시켰으나 무삼사(武三思)는 오히려

쇠약한 상태가 되어 있었다. 이러한 틈을 타 흉노족의 귀족 유연(劉淵)도
정식으로 황위(皇位)에 등극하여 자신을 황제라 칭하였다. 그리고 누차 석륵
(石勒) 등을 파견하여 남으로 서진을 침범, 서진의 군대를 연파하였다. 그의
아들(劉聰) 대에 이르러서는 다시 석륵·왕미(王彌)·유요(劉曜) 등을 파견하
여 10만의 서진 군대를 섬멸하였고, 태위(太尉) 왕연(王衍) 및 여러 왕공 귀족들
을 살해하였다. 아울러 낙양으로 치고 들어와서는 회제를 포로로 사로잡고
3만 명에 이르는 백성들을 살육하였다. 이것이 한족의 입장에서는 엄청난
수치요, 모욕으로 받아들여졌다. 특히 민족 모순에서 가장 큰 문제의식을
느끼고 있던 왕부지의 입장에서는 이것이 더 큰 상처로 다가왔다. 그래서
그는 자신의 저작 여러 곳에 걸쳐서 이에 대해 언급하고 있다.
720) 북송의 마지막 황제인 흠종의 즉위 이듬해(1127), 금나라 군대가 재차 남하하여
당시 북송의 수도 변경(卞京; 오늘날의 개봉開封)을 함락하고 휘종·흠종
두 황제를 비롯한 황실의 남녀노소를 포로로 붙잡아 가버린 사건을 말한다.
이때 황족, 후비(后妃), 관리 및 10만이 넘는 평민들이 이 앙화를 당하였다.
이렇게 하여 북송 왕조는 멸망하였다. 역사에서는 이를 '정강의 치욕靖康之恥'
이라 부른다. 물론 한족의 입장에서다. 그리고 '이하지변(夷夏之辨)'에 남다른
문제의식을 지닌 왕부지는 이를 더 큰 상처로 받아들였다. 그래서 앞의 '영가의
난'과 함께 이를 늘 병칭하며 치욕의 사건으로 거론하고 있다.
721) 상흥(祥興)은 남송의 마지막 황제인 단종(端宗)의 세 번째이자 마지막 연호다.
1278년에 개원하여 이듬해인 1279년에 끝났다. 따라서 왕부지는 정강의 치욕이
남송이 망할 때까지 계속 영향을 미친 것으로 보고 있다.
722) '무씨(武氏)'는 중국 역사상 여자로서는 유일하게 황제의 지위에 올랐던 인물,

왕의 작위(爵位)를 누렸던 사실723), 『삼조요전(三朝要典)』724)은 불살라

즉 측천무후(則天武后; 624~705)를 가리킨다. 그런데 이러한 인물에 대해 '무씨'라 칭하는 것만 보더라도 왕부지가 측천무후를 매우 탐탁지 않게 보았음을 알 수 있다. 무씨는 '무측천(武則天)', 또는 '무후(武后)'라고도 불린다. 당 고종 때 황후(皇后)가 되었다가(655~683), 중종과 예종 때는 황태후(皇太后)가 되었고(683~690), 그 뒤에는 스스로 즉위하여 '무주(武周)' 왕조의 황제가 되었다(690~705). 그리고 705년 오왕정변(五王政變)에 의해 강제로 퇴위한 뒤에는 태상황(太上皇)으로 불렸다. 중국의 역사에서 역시 유일한 여성 태상황이다. 측천무후는 당나라 개국공신의 하나인 무사확(武士彠)의 둘째 딸이다. 본명은 알려져 있지 않다. 14세 때 그 빼어난 미모로 궁궐에 들어가서 당 태종의 후궁이 되었다. 그래서 5품의 재인(才人)에 봉해졌고 태종의 사랑을 받으며 '무미(武媚)'라는 칭호를 하사받았다. 그래서 후세에는 측천무후를 '무미랑(武媚娘)'이라고도 부른다. 그런데 이때 측천무후는 태자이던 고종과 정분이 싹텄다. 고종으로서는 아버지의 여인을 범한 것이고, 측천무후로서는 여자의 정조를 버린 것이다. 태종이 죽은 뒤에는 당나라 후궁들의 관례에 따라 측천무후는 불문(佛門; 感業寺)에 귀의하여 승려가 되었다. 그리고 고종은 태종을 계승하여 당나라의 황제가 되었다. 이듬해(650년) 아버지 태종의 기일을 맞이하여 감업사로 제를 올리러 간 고종은 비구니가 되어 있던 측천무후와 재회하게 된다. 측천무후는 이를 예견하여 작심하고 비구니로서 발휘할 수 있는 아름다움을 한껏 발휘하고 있었다. 그래서 이들 사이에는 다시 정감이 싹트고 입궁하기로 결정되었다. 고종이 삼년상을 마친 뒤(651년), 다시 궁궐로 들어갈 적에 측천무후는 이미 고종의 아이를 잉태하고 있었다. 그리고 이후에는 그녀의 빼어난 미모와 총명함, 능수능란한 정치적 술수에 잔인무도함까지 더해 황후, 황태후, 황제, 태상황으로서의 영예를 누리게 되었다.

723) 측천무후의 장안(長安) 5년(705년), 그녀는 중병에 걸려 오랫동안 병상에서 일어나지를 못했다. 이때 그녀의 옆에는 장역지(張易之)·장창종(張昌宗) 두 형제만이 시립(侍立)하고 있었다. 이들은 소년 시절에 미모가 수려한 것으로 뽑혀 측천무후에게 총애를 받은 나머지 권력의 핵심에 있던 인물들이다. 측천무후의 이 와병을 틈타 재상 장간지(張柬之)와 좌우림장군(左羽林將軍)

경휘(敬暉), 우우림장군(右羽林將軍) 환언범(桓彦範), 시랑(侍郎) 최현위(崔玄暐), 사형소경(司刑少卿) 원서기(袁恕己) 등 5인이 마치 장씨 형제가 지금 모반을 꾸미고 있는 것처럼 위계를 꾸며 병변(兵變)을 일으켰다. 금군(禁軍) 500명을 이끌고 궁궐에 침입한 이들 5인은 장씨 형제를 살해하고, 측천무후가 기거하던 궁을 포위한 채 그녀에게 퇴위를 강박(强迫)하였다. 측천무후는 이에 응하여 퇴위하였다. 이것을 역사에서는 '오왕정변(五王政變)'이라 부른다. 이들 5인이 이 사건을 주도했다는 점에서다. 그리고 '신룡혁명(神龍革命)'이라고도 칭하는데, 그 까닭은 측천무후의 퇴위로 말미암아 황위에 오른 중종(中宗)이 국호를 '당(唐)'으로 되돌리고 연호를 '신룡(神龍)'으로 하였기 때문이다. 그래서 이해가 신룡 원년이기도 하다. 측천무후가 황위에 있을 적에는 국호가 '주(周)'였다.

그런데 측천무후가 퇴위를 하였지만 그 조카인 무삼사(武三思; ?~707)는 여전히 건재하였을 뿐만 아니라 권력의 핵심에서 정권을 농락하고 있었다. 새로 황제가 된 중종의 비(妃) 위황후(韋皇后)와 정을 통하고 있었기 때문이다. 이 위황후는 중종이 측천무후에게 내쫓김을 당해 극도로 궁핍하게 지내던 시절을 함께 보내며, 그를 위로하고 감싸 안았던 인물이다. 그래서 중종과는 고난의 시절을 함께 돌파한 정분으로 맺어진 '조강지처'에 해당하였다. 이제 황제가 된 중종은 그 보상 차원에서 그녀에게 맘껏 권력을 누리게끔 묵인하였다. 그런데 이 위황후가 매우 음탕하고 극단의 사치를 부리던 것이 문제였다. 결국 위황후는 그녀와 사돈지간인 무삼사와 사통(私通)하기에 이르렀고, 이러한 까닭에 측천무후의 몰락에도 불구하고 무삼사는 여전히 권력의 핵심에 있을 수 있었던 것이다. 위황후는 심지어 사위하고도 정(情)을 통했는데, 여전히 음탕함과 사치로 극히 문란한 생활을 하고 있던 그녀의 딸 안락공주(安樂公主)는 이러한 사실을 전혀 개의치 않을 정도로 음탕과 호사의 측면에서 어머니 못지않은 인물이었다. 심지어 안락공주는 조정 벼슬의 값을 매겨 놓고 공공연히 매관매직을 해댈 정도였다. 이 안락공주는 무삼사의 아들 무숭훈(武崇訓)의 처로서 무삼사에게는 며느리였다. 무삼사는 이렇듯 이들과 이런 인연 저런 인연으로 얽혀 있었다.

이들의 비리와 부패를 참다못한 신룡혁명의 다섯 주인공들이 중종에게 이의

시정을 간하였다. 그런데 중종은 매우 무능한 인물이었다. 그리고 당시 조정의
실권은 이미 위황후와 그 딸 안락공주 및 불세출의 궁녀 상관완아(上官婉兒)
등의 손아귀에 넘어가 있었다. 따라서 무능하기도 하거니와 실권도 없었던
중종은 이들 5인의 간언을 받아들이지 않았다. 이 빈틈을 타고 들어가서
무삼사는 이들을 모함하는 데 성공, 귀양 보낸 뒤에 살해해버렸다. 그리고
중종은 이들을 실각시킬 적에 먼저 그 실권을 빼앗고자 직책을 해제하며
군왕(郡王)에 봉하였다. 장간지는 한양군왕(漢陽郡王), 경휘는 평양군왕(平陽
郡王), 환엄범은 부양군왕(扶陽郡王), 최현위는 박릉군왕(博陵郡王), 위서기는
남양군왕(南陽郡王)이었다. 그래서 이들을 '오왕(五王)'이라 부른다.

왕부지는 여기서 5왕과 무삼사의 관계를 쾌괘의 5양과 상육효 1음에 유비하여
설명하고 있다. 5왕은 5양처럼 오직 자신들이 융성하다는 것만을 믿으며
무삼사를 아예 상종할 것이 못된다고 여겨 치지도외(置之度外)하고 있었다면,
1음으로서 무삼사는 그 국외(局外)에서 궁중 여인들에 둘러싸여 편안하게
거처하면서 이들 5왕의 득·실을 한창 엿보고 있다가 일격에 이들을 보내버렸
다는 것이다.

724) 『삼조요전』은 모두 24권으로 된, 만력(萬曆)·태창(泰昌)·천계(天啓) 등 명나
라 말기 세 조정의 관방문서 자료집이다. 처음에는 『종신홍편(從信鴻編)』이라
고도 하고 『삼대정기(三大政紀)』라고도 하였다. 천계 6년(1626년)에 급사중(給
事中) 곽유화(霍維華)가 동림당원들을 비판하며 올린 상소문을 바탕으로 위충
현을 추종하는 세력들이 만들어낸 작품이다. 당시 내각(內閣) 대신으로서
대학사(大學士)들이었던 고병겸(顧秉謙)·황극립(黃立極)·풍전(馮銓) 등이
공동 총재로서 책임을 맡아 완수해냈다. 해설과 고증 등 편찬자의 관점이
덧붙여져 있었다. 이는 원래 당시 황제 희종(熹宗)을 등에 업고 무소불위의
권력을 휘두르며 부정과 비리, 악행을 일삼던 환관 위충현(魏忠賢)이 자신을
반대하고 탄핵하던 동림당(東林黨)의 인물들을 더 빨리 제거하기 위해 벌인
편찬 사업의 결과물이었다. 그러나 희종이 죽고 숭정 황제가 즉위하자 이제
전세는 완전히 역전되어 '환관의 무리[閹黨]'를 타도하자는 분위기 속에서
이 『삼조여전』은 불살라지고 말았다. 숭정 황제는 이와 관련된 논의조차
금지시켰다. 나중에 남명(南明) 조정에서 이를 중수(重修)하려 하였으나 청나

졌으나 그것을 만든 풍전(馮銓)은 오히려 옛 고관대작이었다는 이유로
황제의 수레가 다니는 도성에서 여전히 유유자적하였던 사실725) 등은

라 군대에 쫓기면서 작파하였다. 청대의 『사고전서』 속에서 이 『삼조요전』은
불태워 없어진 서목(書目)에 열거되어 있다.

725) 풍전(1595~1672)은 순천(順天) 탁주(涿州; 오늘날의 하북성 탁주시) 출신으로
서 명조와 청조 두 대에 걸쳐 고관대작을 지냈던 인물이다. 그는 19세가
되던 명나라 만력(萬曆) 41년(1613년)에 진사가 되었다. 그런데 그의 아버지
풍성명(馮盛明)이 국가의 녹을 먹고 벼슬하는 이로서의 책임감이 부족하여
황태극(皇太極; 나중에 청나라의 태종이 됨)이 요양(遼陽)을 점령하자 자신의
직위를 내팽개치고 돌아와 버렸다가 파직을 당하는 바람에, 아들인 그의
관적 역시 회수되고 말았다. 천계(天啓) 4년(1624년), 당시 환관으로서 실권을
쥐고 조정을 농락하던 실세 중의 실세 위충현(魏忠賢; 1528~1627)이 탁주에
불공을 드리러 행차할 적에, 풍전은 길가에 무릎을 꿇고 앉아 위충현에게
충성을 맹세하며 자신을 거두어 줄 것을 간청하였다. 위충현은 이를 받아들였
다. 이후 풍전은 위충현의 주구노릇을 충실하게 수행하였다. 그러는 사이
풍전은 경연강관(經筵講官)을 거쳐 예부우시랑(禮部右侍郎) 겸 동각(東閣)
대학사(大學士)로 입각하였고, 그 3개월 뒤 마침내 예부상서 겸 문연각 대학사
로 승진하였다.(1625년, 31세) 그리고 이듬해 정월에 풍전은 고병겸(顧秉謙) ·
황립극(黃立極) 등과 함께 『삼조요전(三朝要典)』의 총재관으로 임명되어 이를
편찬해 내기도 하였다. 또 4월에는 소보(少保) 겸 태자태보(太子太保) · 호부상
서 · 무영전(武英殿) 대학사(大學士)가 되었다. 하지만 그는 뇌물을 밝히는
것이 너무나 심하여 그 2개월 뒤에 관직에서 쫓겨나고 말았다.(1627년, 33세)
그리고 숭정(崇禎) 초년에는 마침내 그의 뒤를 봐주던 위충현이 죽임을 당하고
만다. 실질적으로 황제 위에 또 하나의 권력을 형성하여 온 세상을 쥐고
흔들던 권력이 새 황제 사종(思宗)의 등극과 함께 스러지고 만 것이다. 이에
풍전도 함께 엮여 치죄를 당하고 평민으로 강등되어 버렸다. 그리고 그 14년
뒤인 숭정 14년(1641년) 복관을 꾀했지만 이루어지지 않았다.
왕부지가 여기서 지적하고 있는 말은 이 뒤의 상황을 지적하는 것 같다.
즉 그가 평민으로 강등되었음에도 불구하고, 이전에 고관대작이었다는 이유로

모두 이 상(象)에 드러나 있다.

이것이 배우는 이들에게서는 안연(顏淵)의 경우가 그 본보기라 할 것이다. 그는 그 빈곤함 속에서 석 달 동안이라도 행동거지가 인(仁)에서

여전히 황제의 수레가 다니는 명나라의 수도 북경(北京)에서 유유자적한 삶을 영위하고 있었다는 것이다. 그의 수괴 위충현은 죽임을 당하였지만 그는 구차한 목숨을 보지한 채 이렇듯 도성을 활보하고 있는 것이, 마치 양효 다섯 위에 얹혀 위태롭지만 여전히 자리를 보전하고 있는 쾌괘▤ 상육효의 상(象)이라는 것이다. 그러다 풍전은 이제 중원이 만주족의 세상이 되자 이에 편승하여 다시 영화를 누리며 한족의 입장에서 볼 때는 못된 짓을 하게 되는데, 이것이 숭정(崇禎) 왕조의 세상, 즉 다섯 양효의 왕성함이 상징하는 세상에서 그를 무시하고 살려 둔 결과라는 것이다. 말하자면 들불의 불씨를 완전히 소멸해버리지 않고 방임한 소치라는 것이다.

어쨌거나 중원을 지배하는 데 이용할 새로운 관리가 필요하였던 청나라 조정에서는 그를 징발하였고, 그는 "한 마음으로 두 임금을 섬길 수는 있지만, 두 마음으로 한 임금을 모실 수는 없습니다.(一心可以事二主, 二心不可侍一君.)"라고 하며 기꺼이 그 부름에 응하였다. 그래서 대학사의 직함을 회복하여 기무(機務)의 일을 담당하게 되었다. 그 뒤로 홍문원(弘文院) 대학사 겸 예부상서(1645년, 51세)를 역임하였다. 그 뒤 순치(順治) 6년(1649년, 55세)에는 소부(少傅) 겸 태자태부(太子太傅), 순치 15년(1658년, 64세)에는 소사(少師) 겸 태자태사(太子太師) 등의 직함이 거기에 더해졌다. 그러는 동안 그는 명나라 때의 표의제(票擬制)를 복원할 것을 소청하였고, 교사(郊社)와 종묘(宗廟)에 쓰이는 악장(樂章)을 정리하기도 하였다. 그리고 여러 차례에 걸쳐 탄핵을 받고 파직되었다가 복관(復官)이 되기를 반복하였다. 그리고 모친상을 당했을 적에는 미처 삼년상을 다 채우지 않은 채 업무에 복귀하였다가 순치제로부터 꾸중을 듣기도 하였다. 그의 됨됨이가 잘 드러나는 대목이다. 어쨌든 이러한 충성심이 청나라 조정에 반영된 때문인지, 그는 연로하여 업무 일선에서 물러난 뒤에도 조정(朝廷)의 고문(顧問)으로서, 또 옛 직함에 중화전 대학사의 직함이 더하여진 채, 여전히 원로로서 대우를 받았다. 78세를 일기로 죽은 뒤 '문민(文敏)'이라는 시호를 받기도 하였으나 곧바로 삭탈당하였다.

어긋나지 않았으며726), 더욱이 보고, 듣고, 말하고, 행동하는 데서 예(禮)
가 아닌 것에 대해서는 마땅히 삼갔던 것727)이 밝게 드러나고 있다.
아울러 백익(伯益)728)이 순임금에게 경계하기를 단주(丹朱)처럼 하지

---

726) 공자가 자신의 제자들 가운데서 안연(顔淵)의 인물됨이 이렇게 뛰어나다는
    것을 평가하여 말한 것이다.(『論語』, 「雍也」: 子曰, "回也, 其心三月不違仁,
    其餘則日月至焉而已矣.")
727) 역시 안연에 대한 이야기다. 안연이 공자에게 '인(仁)'이 무엇이냐고 묻자,
    공자는 '극기복례(克己復禮)'라고 대답하였다. 말하자면 우리들의 '내己'라는
    자기중심적 욕구를 억누름으로써 그에 의해 짓눌려 있던 예(禮), 즉 공동체
    구성원들의 공존을 가능하게 하는 체제를 회복시킴이 '인'이라는 의미다.
    그러자 안연은 또 공자에게 그 실천 절목이 무엇이냐고 물었다. 이에 대해
    공자는 예가 아니면 보지도, 듣지도, 말하지도, 행동하지도 말라고 하였던
    것이다. 그리고 안연은 이를 실천하는 데 힘쓰겠노라고 다짐한다.(『論語』,
    「顔淵」: 顔淵問仁. 子曰, "克己復禮爲仁. 一日克己復禮, 天下歸仁焉. 爲仁由己,
    而由人乎哉?" 顔淵曰, "請問其目." 子曰, "非禮勿視, 非禮勿聽, 非禮勿言, 非禮勿
    動." 顔淵曰, "回雖不敏, 請事斯語矣.")
728) 백익은 영(嬴)씨의 조상으로서 이름이 '익(益)'이다. 백예(伯翳)·백예(柏翳)·
    백익(柏益)·백예(伯鷖)라고도 하며 또 대비(大費)라고도 한다. 중국 전국시대
    의 진(秦)·조(趙)의 조상이다. 그는 목축과 수렵에 능했다고 하며, 우물을
    파는 기술을 발명했다고도 한다. 그래서 백익은 후세에 우물신으로 추앙받고
    있다. 이 백익은 우(禹)임금이 홍수를 다스리는 데서 큰 공을 세웠다. 그래서
    우임금은 그에게 나라를 물려주고자 하여 그를 전인(傳人)으로 삼았다. 그러나
    막상 우임금이 죽은 뒤에는 사방의 제후들이 우임금의 아들인 계(啓)가 왕위를
    계승하는 것을 더 바랐기 때문에 백익은 계에게 물려주고 기(箕)산의 남쪽
    기슭에서 은거하였다고 한다. 다만 『죽서기년(竹書紀年)』의 기록에서는, 우임
    금이 죽은 뒤 그와 계(啓) 사이에 왕위쟁탈전이 벌어졌으며 계가 승리하여
    왕위를 계승한 지 6년이 지나서 백익을 살해했다고 하고 있다. 『서경』, 「순전(舜
    典)」편과 『맹자』, 「등문공 상」·「만장 상」 편 등에도 이 백익에 관한 기록이
    나온다.

말라고 한 것이나729), 소공(召公)730)이 「여오(旅獒)」라는 글을 지어 상
(商)나라의 마지막 왕 주(紂)에게 갖다 대며 경계한 것731) 등에도 이
쾌쾌의 상에 드러난 교훈이 반영되어 있다. 즉 일말의 사사로움이라도
깨끗이 제거되지 않은 채 남아 있다면, 두려움에 젖어 식은땀이 나듯
하여 끝마칠 때까지 더욱 삼가야 한다는 것이니, 어찌 경계하지 않을

---

729) 『서경』, 「우서(虞書)」, 「익직(益稷)」 편에 나오는 말이다. 정확하게는 "단주처
럼 오만하지 말라(無若丹朱傲)!"로 되어 있다. 단주는 요(堯)임금의 10명 아들
가운데 맏아들이다. 전설에 의하면 요임금이 그에게 교육을 시키기 위해
바둑을 창안하여 가르쳤다고 한다. 그래서 단주는 바둑의 고수로 알려져
있고, 그의 이름을 따서 바둑을 '단주(丹朱)'라고도 한다. 요임금은 이 단주의
성격이 너무 뻣뻣하고 사나우며 정치적인 지혜도 부족한 것을 보고 그에게
왕위를 물려주지 않고 순(舜)임금에게 선양하였다고 한다.
730) 소공은 또 '소공(邵公)'·'소강공(召康公)'·'태보소공(太保召公)'이라고도 한
다. 이름은 '석(奭)'이다. 주나라 문왕의 아들이고 무왕·주공의 동생이다.
그의 채읍(采邑)이 소(召; 지금의 陝西省 岐山 서남쪽 지역)에 있었기 때문에
이렇게 부른다. 소공은 무왕이 은나라를 멸망시키는 데 도움을 준 공을 인정받
아 연(燕; 오늘날의 하남성 북부)의 제후로 봉해졌다. 주나라 성왕(成王) 때는
태보(太保)의 소임을 맡아서 섬(陝) 땅을 기준으로 동·서로 나누어 주공(周公)
과 나누어 다스렸다. 즉 섬 땅의 서쪽 지역은 주공이, 동쪽 지역은 그가 다스린
것이다. 그는 주공이 섭정하는 것을 지지하였고, '삼감의 난(三監之亂)'을 평정하
는 것에 대해서도 지지하였다. '삼감의 난'에 대해서는 주451)을 참고하라.
731) 『서경』, 「주서(周書)」, 「여오(旅獒)」 편에 나오는 내용이다. 무왕이 은나라를
멸망시킴으로써 이제 아홉 이족(九夷과 여덟 만족(八蠻)에까지 소통이 되며
그들이 모두 주나라의 품 안으로 들어오게 되었는데, 서융(西戎)의 하나인
여(旅)라는 나라에서 큰 개 오(獒)를 특산물로 보내왔다. 이에 착안하여 당시
태보(太保)로 있던 소공(召公)이 「여오(旅獒)」라는 글을 지어, 은나라의 마지막
왕인 주(紂)임금처럼 해서는 안 된다는 것을 경계하고 있다. 이것이 「여오」
편의 내용을 이룬다.

수 있으리오!

이렇게 보면 쾌괘에는 우환과 위험이 도사리고 있음을 알 수 있다. 음력 초하룻날 태양이 먹히는 것이나 보름날의 보름달이 먹히는 것[732], 한여름 초목이 무성할 적에 냉이과에 속하는 풀들은 시들어죽는 것에도 이것이 드러나 있다. 그런데 천지의 자연 현상에서도 이러하거늘 하물며 사람에게서야!

'揚'者, 相詡自安之貌. 宮中曰'庭'. '王庭', 王之後宮也. 陰居五之上而當位, 雖擯絶之, 猶安其所, 而乘其後以俯窺也. 如是, 則群陽相與交孚, 以號呼不寧, 而自見其危矣. 危則自治不可不飭, 故必'告自邑', 亟內治; 且憂群陽之不相下, 而必申命以有合也. 內治修, 則徐而制之, 專任能者以建威銷萌, 可矣. 若恃衆盛而以卽戎, 九節度之所以潰於相州也. '利有攸往', 內治得, 則率道以行, 陰自无號而消沮矣. 愼終之道, 憂危之吉也.

'揚(양)'은, 회동(會同)할 적에 서로 말을 민첩하게 하면서 기세를 드높이고 스스로 편안해 하는 모습이다. 궁중을 '庭(정)'이라 한다. 그리고 '王庭(왕정)'은 왕궁에서도 주되는 궁궐의 뒤쪽에 있는 궁궐을 의미한다. 이 쾌괘▤에서는 음효 하나가 다섯 양효들의 위에 자리 잡고 있는데

---

732) 일식과 월식은 지구와 달과 태양이 일직선 위에 있어야 하기 때문에 음력 초하룻날과 보름날에만 일어난다. 즉 초하룻날에는 태양이 달에 먹히고(일식), 보름날에는 달이 지구에 먹히는 것이다(월식).

지금 제자리를 마땅하게 차지하고 있다. 그래서 다섯 양들이 박절하게 물리치려 하더라도 이 음으로서는 오히려 제 거소에서 편안해하고, 이들 뒤를 올라타고서 굽어보며 그 득실을 엿보고 있다. 이와 같은지라 뭇 양들은 서로 믿음으로 사귀면서 지금의 상황이 결코 편안한 것이 아님을 큰 소리로 외쳐대니, 저절로 그 위태로움을 알게 된다. 위태로우면 스스로의 다스림에서 단단히 경계하지 않을 수 없다. 그러므로 반드시 '자신들의 본거지에 알리며' 내치(內治)를 서두르는 것이다. 그런데 뭇 양들이 서로 아래가 되려 하지 않음을 우려하여서는, 반드시 명령을 내림으로써 이들이 서로 화합하게 한다. 이렇게 하여 내치가 잘 이루어지면 서서히 상황을 통제하며 능력 있는 이에게 전적으로 맡겨서 자신의 위엄을 세우고 위협이 되는 싹을 아예 녹여버림이 가능해진다. 그렇지 않고 만약에 자신들이 지금 무리가 많아서 왕성하다는 것만 믿고서 곧 무력에 의존한다면, 아홉 절도사가 상주(相州)에서 궤멸하던733) 꼴을

---

733) 당나라 건원(乾元) 2년(759년), 이제 막 황위(皇位)에 오른 지 얼마 되지 않던 숙종은 '안사(安史)의 난'을 평정하기 위해 곽자의(郭子儀)・이광필(李光弼)을 포함한 9명의 절도사로 9군(軍)을 편성하여 파견한다. '안사의 난'은 755년에 같은 돌궐족 출신인 안록산(安祿山; 703~757)과 사사명(史思明; 703~761)이 연합하여 일으킨 반란을 일컫는다. 그런데 승승장구하며 낙양에 입성하여 대연황제(大燕皇帝)를 참칭하였던 안록산은 그의 아들 안경서(安慶緒)에 의해 살해당한다. 그리고 아버지를 죽인 안경서는 그 황제의 위(位)를 계승하며 업성(鄴城)에 웅거하고 있었다. 숙종은 바로 이 안경서의 반란군을 평정하라고 아홉 절도사의 군대를 연합하여 파견한 것이다. 그런데 곽자의와 이광필은 원훈(元勳)이 서로 비슷하여 이들 사이에는 상하관계를 확정할 수 없는 난점이 있었다. 그래서 숙종은 원수(元帥)의 자리를 비워둔 채 이 군대를 파견하면서 환관 어조은(魚朝恩)에게 관군용사(觀軍容使)라는 직함을 주어 이들을 통솔하게 하였다. 어조은이 군사와 병법에는 생판 문외한이었던 것은 물론이다.

당할 것이다.

'어디를 감에 이롭다.'는 것은, 내치가 잘 이루어지면 도(道)에 따라 이행함으로써 크게 외쳐대지 않더라도 음이 저절로 가로막던 것을 스러지게 한다는 의미다. 이렇게 마지막까지 신중하게 하는 도(道)를 따르니, 우환과 위태로움이 길함이 되는 것이다.

「象」曰: 夬, 決也, 剛決柔也. 健而說, 決而和.

「단전」: 夬(쾌)는 툭 터버림을 의미한다. 즉 다섯 양효의 굳셈[剛]이 한 음효의 부드러움[柔]을 툭 터서 밀어냄이다. 그런데 씩씩하면서 기뻐하고734) 툭 터서 밀어내지만 화목하다.

따라서 이 출병은 성공할 수 없는 요인을 일찌감치 안고 있었다. 악전고투 끝에 곽자의의 군대가 굴을 파서 업성의 진입에 성공하자 그렇잖아도 식량이 다 떨어져 견딜 수 없었던 안경서의 군대는 패배가 눈앞이었는데, 바로 이때 하북(河北)의 범양(范陽)에 할거하고 있던 사사명(史思明)의 군대가 재빨리 달려 와서 안경서를 구해내게 된다. 그리고 사사명의 군대는 아홉 절도사의 군대에게 궤멸적 패배를 안긴다. 그런데 싸움이 끝난 뒤에 어조은이 이 패배의 책임을 곽자의에게 돌렸기 때문에, 곽자의가 한때 궁지에 몰리기도 하였다. 왕부지는 이와 같이 아무런 책략이 없이 숫자가 많다는 것만 믿고 곧장 무력에 의해 해결을 보겠다고 하는 것에는 궤멸적 패배가 도사리고 있다는 예시로서 이 전투를 들고 있다.

734) 쾌괘䷪가 회괘(悔卦)는 태괘☱, 정괘(貞卦)는 건괘☰로 이루어져 있는데, 이를 취의설로 풀이한 것이다. 즉 태괘는 기뻐함을 의미하고, 건괘는 씩씩함을 의미한다.

健故決, 說故和. 決之不盡, 陰得以相說而遂與之和.

씩씩하기 때문에 툭 터서 밀어내고 기뻐하기 때문에 화목하다. 툭 터서 밀어냄이 완전히 다하지는 않기 때문에, 하나의 음이 다섯 양들과 서로 기뻐하면서 마침내 더불어 화목할 수가 있다.[735]

'揚于王庭', 柔乘五剛也.

'왕궁의 뒷궁궐에서 드날림'이란 상육효의 부드러움이 다섯 굳셈들을 올라타고 있다는 의미다.

乘剛, 故揚揚而自得. 陽旣盛, 五已據天位, 柔復乘於其上, 憂若在外, 實在內也.

굳셈들을 올라타고 있기 때문에 이 음은 의기양양하며 제 하고 싶은 대로 제멋대로 다할 수 있다. 비록 양효들이 다섯이나 되어 벌써 왕성하고, 게다가 구오효는 이미 하늘의 위(位)에 웅거하고 있는 형국이기는 하지만, 하나의 음인 상육효가 다시 그 위에 올라타고 있다. 그래서 우환이 밖에 있는 듯하지만 실제로는 안에 있다.

---

735) 쾌괘 전체로는 아래로 양들이 자라나면서 음을 툭 터서 밀어내고 있다. 그래서 다섯 양효가 이제 마지막 남은 하나의 음효를 툭 터서 밀어내고 있는데, 이는 아직 다 밀어내지를 못한 형국이다. 그래서 이 하나의 음효가 다섯 양효들과 기뻐하며 화목한다는 의미다.

'孚號有厲', 其危乃光也.

'믿음이 있어서 큰 소리로 위태로움이 있다는 것을 외쳐댄다'는 것은 그 위태로움이 환히 드러나기 때문이다.

知其危乃光大, 而不與陰爲緣.

그 위태로움이 환하고 크다는 것을 알기 때문에 다섯 양들은 하나의 음과 인연을 맺지 않는다.

'告自邑, 不利卽戎', 所尙乃窮也.

'자신의 본거지에 알리며 이롭지 않으면 곧 무력에 의존한다'는 것은 숭상받는 것이 곧 궁색해진다는 의미다.

以剛之盛爲尙, 而恃之以戰陰, 則窮.

굳셈들이 다섯이나 되어 왕성하니 이를 높이 산다. 그러나 그것을 믿고서 음과 싸움을 벌이면 궁색해진다.

'利有攸往', 剛長乃終也.

'어디를 감에 이롭다'는 것은 굳셈들이 자라나서 종식한다는 의미다.

進修其德而不已, 道勝於己, 陰乃終凶.

그 덕을 쉬지 않고 증진시키며 닦은 나머지, 행동을 결단하는 데서
자기의 사사로움과 욕구를 따르기보다는 도(道)를 따르게 되니 음도
마침내 흉함을 종식하게 된다는 것이다.

「象」曰: 澤上於天, 夬, 君子以施祿及下, 居德則忌.

「상전」: 연못이 하늘 위에 있음이 쾌괘다. 군자는 이를 본받아 아랫사람들에게
봉록을 베풀어주며, 덕을 자신이 차지하는 것을 금기로 여긴다.

'澤上于天, 勢必下降, '夬'之象也. 君子在上, 以祿待天下之賢者, 無所
吝留. 取法於此, 所由異於項籍之印刓不與也. 然澤者天之澤, 祿者天
之祿, 非君子以市恩而可居之爲德者也. 有居德之心則驕, 而士且不
以爲德, 故忌而戒之.

'연못이 하늘 위에 있'으면 형세상 반드시 아래로 내려오게 되어 있다.
이것이 쾌괘☱의 상(象)이다. 군자가 위에 있으면 녹봉으로써 천하의
현명한 이들을 대우하되 인색하거나 아낌이 없다. 여기서 본보기를
취하기 때문에 항우(項羽)가 임명하기 위해 도장만 새겨 놓고 정작
주지는 않던 것736)과는 근본적으로 다르다. 그러나 여기서 말하는 연못은

---

736) 항우(B.C.232~B.C.202)는 이름이 적(籍)이고 자가 우(羽)다. 어려서 아버지를
여의고 숙부인 항량(項梁)에 의해 길러졌다. 그래서 항량(項梁: ?~B.C.208)에게

항우는 아버지와 같은 정(情)을 느끼고 있었으리라 추측할 수 있다. 항우는 키가 8척이 넘을 정도였고 기골이 장대하였으며 힘이 장사여서 천근이나 되는 솥을 들어 올릴 정도였다. 어려서부터 꿈이 컸는데, 진시황이 순무(巡撫)하는 것을 보고서 자신이 그를 없애고 천하를 차지할 수 있다고 호언하기도 하였다. 그 스스로 "힘으로는 산도 뽑아버리고 기개로는 온 세상을 덮어버릴 만하다[力拔山兮氣蓋世]."라고 묘사하기도 하였다. 24살에 당시 진승(陳勝)과 오광(吳廣)의 농민군이 기의하여 세상이 어지러운 틈을 타서 항우도 기의하였다. 물론 처음에는 그의 숙부 항량을 따라서였다. 그러나 진승·오광의 농민군은 진(秦)의 장군 장함(章邯)에게 진압되었고, 전투 중에 항량도 장함에게 죽임을 당했다. 이에 항우는 더욱 의분을 느꼈다. 항우는 황하를 건너기를 망설이는 상장군(上將軍) 송의(宋義)를 살해하고 임전무퇴의 결의로 황하를 건너서 진나라 군대를 대파하였다.(B.C.207년, 鉅鹿之戰) 이때 항우의 나이 겨우 26세였는데, 항우는 옥쇄할 각오로 강을 건너기 전에는 자신들이 해먹던 밥솥을 부셔버렸고, 건넌 뒤에는 타고 간 배를 구멍 내어 침몰시켜 버렸다고 한다.(破釜沉舟) 그리고는 병사들에게 겨우 사흘 치 건량(乾糧)만을 주어서 전투에 임하게 했다고 한다. 항우는 여기서 대승한 여세를 몰아 파죽지세(破竹之勢)로 관중(關中)으로 들어가 항복하는 진왕(秦王) 자영(子嬰)을 살해하였고, 진나라의 수도 함양(咸陽)을 점령한 뒤 불살라버렸다. 그리고는 스스로를 '서초패왕(西楚霸王)'이라 불렀다.

그러나 항우에게는 치명적인 약점이 있었다. 다름이 아니라 너무 잔인·흉포하다는 점과 지나치게 인색하다는 점이 그것이다. 그는 의제(義帝)를 직접 죽였다는 오명을 지니고 있었을 뿐만 아니라 맹약을 배신했다는 오점도 지니고 있었다. 무엇보다 그는 6차례에 걸쳐 적병들과 민간인들을 다량으로 살해하였다. 그는 싸움에 이기고서도 투항하는 적장과 적병들을 생매장하는 방식으로 수십만씩 살해하였고, 적의 치하에서 그들을 돕던 민간인들 역시 싸움에서 승리한 뒤에 부지기수로 살해하였다. 심지어 이전에 시행하다 당시에는 사라졌던 것으로서 산 사람을 삶아 죽이는 형벌을 되살리기까지 하였다. 또 항우는 남들이 세운 공은 기억하지 않으면서도 남들이 지은 죄는 잊어버리는 법이 없었다. 그래서 부하들로서는 전쟁에 이기고서도 상을 받지 못하는 일이 하늘의 연못이고 봉록도 하늘의 봉록이다. 군자로서 남들로부터 훌륭하다는 말을 듣기 위해 사사로이 혜택을 베풀며 자신의 덕으로 차지할 수 있다고 여기는 것이 아니다. 자신의 덕으로 차지하려는 마음이 있으면 교만해진다. 그래서 선비는 이를 덕으로 여기지 않기 때문에 이를 금기로 여기며 경계한다.

비일비재하였고, 성을 함락시키고서도 봉지(封地)를 받지 못했다. 이처럼 항우는 도장을 새겨놓고서도 남에게 줄 줄을 모르고 재물을 쌓아두고서도 나누어줄 줄을 모를 정도로 사람됨이 각박하였다. 여기서 '도장'이라는 것은 벼슬과 봉지의 주인으로 임명한다는 의미를 지닌다. 그래서 사람들이 그를 배반하게 되었고, 현재(賢才)들은 그를 원망하게 되었다. 아울러 세상 사람들이 한(漢)나라로 기울게 되었다. 왕부지가 여기서 지적하는 항우의 인색함은 바로 이러한 것이었다.

이에 비해 유방은 항우가 진(秦)나라 멸망 후에 관중(關中)을 셋으로 나누어 세 왕에게 주었던 곳을 토벌하였을 뿐만 아니라, 명분에 입각하여 의제의 적들을 주살하였다. 싸움에 이긴 뒤에는 적병들을 거두어들였고, 성을 함락시키고서는 그 장수에게 다시 그곳을 맡게도 하였다. 재물을 얻은 것이 있으면 자신의 부하들과 함께 나누었을 뿐만 아니라 세상에 이로운 것이 있으면 모두 함께 나누었다. 그래서 호걸과 준재(俊才)들이 모두 그에게 기용되는 것을 기꺼워하였다.

따라서 이들의 싸움, 즉 초(楚)·한(漢) 전쟁의 승패는 이미 정해져 있었다고도 할 수 있다. 힘으로는 전혀 상대가 안 되었던 유방이 사면초가(四面楚歌)로 항우를 고립시키고, 항우는 간신이 탈출하여 오강(烏江)에서 자결하고 말았던 결과가 이들의 평소 됨됨이 속에 함축되어 있었다는 것이다. 왕부지는 여기서 이를 정확하게 지적하며 쾌괘의 풀이에 적용하고 있다.

初九, 壯于前趾, 往不勝爲咎.

초구: 앞발가락이 씩씩하여 나아가고자 함이 왕성하지만 가더라도 이기지 못하고 허물이 된다.

初居下位, 恃積剛之勢, 以剛居剛, 遽欲前以逼陰, 力弱而不相及, 不勝必矣. 不勝, 則陽之銳折, 而陰益安據於上, 所謂'與於不仁之甚者'也. 位未高, 道未盛, 而欲攻小人, 則一不勝而且折入於邪, 賈捐之是也. 德未充, 義未精, 而欲遏制人欲, 必且激而成乎妄, 佛·老是也. 皆以壯爲咎者也.

이 쾌괘䷪의 초구효는 이 괘에서 맨 아랫자리에 자리 잡고 있다. 그런데 이 쾌괘에서는 군셈[剛]들이 누적하여 세력을 이루고 있고, 초구효 자신 또한 군셈으로서 군셈의 자리에 있으니, 초구효는 이러한 점들만을 믿고서 급거 앞으로 나아가 맨 위에 달랑 하나 있는 음을 핍박하려든다. 그러나 자신의 힘이 미약하여 이에 미치지를 못하니, 이를 이겨내지 못하리라는 것은 필연이다. 그래서 이기지 못하면, 양의 그 예리함이 꺾이고 말며 음은 위에서 더욱 편안하게 터를 잡고 살아가게 된다. 이는 결과적으로 이른바 "어질지 아니한 이를 도와줌이 더욱 심하다."737)

---

737) 맹자의 말이다. 맹자는 어짊이 어질지 않음을 반드시 이기게 되어 있지만, 여기에는 어짊이 어질지 않음을 이길 만큼 충족되어 있어야 한다는 전제를 요한다고 하였다. 그렇지 않고 어짊의 양이 충족되지 않았는데도 섣불리 어질지 않음을 제거하려 들면 오히려 그 어질지 않음에 꺾이고 말아, 결과적으로 어질지 않음에게 더욱 확고하게 뿌리를 내리고 살아가도록 도와주는 꼴이

고 함에 해당한다. 이렇듯 지위도 높지 않고 지닌 도(道)도 성대하지
못한 채 소인을 공격하려 들면 한 번이라도 이기지 못할 뿐만 아니라
꺾여서 사악함으로 빠져들고 마는 것이니, 가연지(賈捐之)가 바로 이에
해당한다.738) 또 덕이 충분하지 않고 의로움에 대해서도 정심하게 살피지

되고 만다고 하였다. 즉 "어짊이 어질지 않음을 이긴다는 것은 마치 물이
불을 이기는 것과 같다. 그런데 지금 어짊을 행하는 이들을 보면, 마치 한
잔의 물을 가지고 한 트럭만큼의 땔나무에 붙은 불을 끄려 하는 꼴과 같다.
그런데 이들은 이렇게 해서 불이 꺼지지 않으면 이제 '물로는 불을 끄지
못한다.'라고 하니, 이는 또한 어질지 않음을 도와줌이 더욱 심한 것으로서
끝내는 반드시 없어져버리고 말 따름이다."(『孟子』, 「告子上」: 孟子曰, "仁之勝
不仁也, 猶水之勝火. 今之爲仁者, 猶以一杯水救一車薪之火也; 不熄, 則謂之水
不勝火, 此又與於不仁之甚者也, 亦終必亡而已矣.")라고 하였다. 왕부지는 초
구효가 섣불리 상육효의 음을 핍박하려 들었다가 오히려 꺾이고 말아, 결과적
으로는 상육효가 더욱 편안하게 자리 잡고 살도록 도와주는 꼴이 되었다는
의미에서 『맹자』의 이 구절을 끌어들이고 있다.

738) 가연지(?~B.C.43)는 자가 군방(君房)으로서 서한 시대의 저명한 정치가이자
학자다. 그는 또한 유명한 정치 사상가이며 문필가인 가의(賈誼; B.C.
200~B.C.168)의 증손자이기도 하다. 가연지는 당시 실세를 장악하고 있던
석현(石顯)의 단점을 자주 비판하였기 때문에 그의 미움을 사서 대조(待詔)에
머물렀을 뿐 벼슬을 얻지는 못하였다. 석현은 환관으로서 선제(宣帝)로부터
원제(元帝)에 이르는 기간 동안 노회한 권모술수를 발휘하여 황제들의 눈과
귀를 가리고 자신이 권력을 농단하고 있었다. 가연지는 늘 이러함을 못마땅하
게 여긴 나머지, 석현을 견제할 목적으로 그를 추천하는 글(「薦石顯奏」)을
올리고 또 장안령(長安令) 양흥(楊興)을 경조윤(京兆尹)으로 추천하는 상소
(「薦楊興奏」)를 올렸다. 그러나 오히려 석현의 노회한 술수에 의해 투옥되었다
가 살해되었다. 왕부지가 여기서 지적하고 있는 점이 바로 이것이다. 즉
능력도 안 되고 세력도 안 되는데 섣불리 객기를 부리며 불의를 제거하려다
이기지 못하고, 결국은 자신이 파멸에 이르고 말았을 뿐만 아니라 그 불의의

못한 채 사람들의 욕구를 틀어막으려 했다가는 반드시 그것을 자극하여
망령됨을 이루고 만다. 불가와 도가가 바로 이러하였다. 이들은 씩씩한
기상으로 덤볐다가 그것이 허물이 되고 만 경우다.

「象」曰: 不勝而往, 咎也.

「상전」: 이기지 못할 텐데도 가니, 허물이 되는 것이다.

量其不勝, 唯益自强於善則可矣.

그 이기지 못하리라는 것을 헤아려서는, 오로지 선(善)한 측면에서 자신
을 더욱 튼튼히 해야 할 뿐이다.

九二, 惕號, 莫夜有戎, 勿恤.

구이: 우려스러움에 외쳐댐이오, 이슥한 밤에 외적의 침입을 받게 되지만, 걱정하
지 말지어다.

九二剛中而居柔位, 强於自治而不暇與物競者也. '惕'者, 心之憂也.
'號'者, 戒群陽使自治也. 上六非二之應, 又相去疎遠, 其有戎心, 出於

세력에게는 더욱 편안함을 안겨 주었다는 것이다.

非意, '莫夜'之寇也. 害不及己, 勿恤焉可矣. 卦唯此爻爲得, 然謹愼自
持, 而不能恤陰之未去, 故'夬'之爲卦, 決而實不能決也.

이 구이효는 군셈[剛]으로서 가운데 자리를 꿰차고 있지만 부드러움[柔]
의 위(位)를 차지하고 있으니, 스스로를 다잡는 데 강박감이 들어 다른
것들과 다툴 겨를이 없는 이다. '惕(척)'은 마음의 우려를 나타내는 말이고,
'號(호)'는 뭇 양(陽)들에게 스스로를 다잡으라고 경계하는 의미를 지니고
있다.

이 쾌괘䷪의 상육효는 이 구이효와 응(應)의 관계에 있지도 않고 또
이들 사이의 거리도 매우 멀다. 그러하기 때문에 그가 침입해올 야심을
갖는 것은 의외의 상황에서 나온 것이다. 그래서 '이슥한 밤에 쳐들어오는
외적이 된다. 그러나 구이효에게는 그 피해가 미치지 않기 때문에 이에
대해서는 걱정하지 않아도 된다.

이 쾌괘에서는 오직 이 구이효만이 좋은 의미를 갖고 있다. 그러나
근신하며 스스로를 다잡고 있으니, 음(陰)이 아직 가지 않았다는 것에
대해서 걱정하지 않을 수 있다. 그러므로 쾌괘의 특징은 툭 터서 밀어내는
것이기는 하지만 실제로는 이렇게 할 수가 없는 것이다.

「象」曰: '有戎勿恤', 得中道也.

「상전」: '외적의 침입을 받게 되지만 걱정하지 말지어다'라고 하는 것은 중도(中
道)를 실현하고 있기 때문이다.

以剛居柔, 中而得其道矣. 道得, 則戎不能爲之傷, 故可勿恤.

굳셈으로서 부드러움의 자리를 차지하고 있는데 이것이 가운데 자리여서 그 도(道)를 제대로 실현하고 있는 것이다. 그래서 도가 제대로 펼쳐지니 외적의 침입도 그에게 상처를 입힐 수가 없다. 그러므로 걱정하지 않아도 되는 것이다.

九三, 壯于頄, 有凶. 君子夬夬, 獨行遇雨若濡, 有慍, 无咎.

구삼: 얼굴의 광대뼈에서 세참이니 흉함이 있다. 군자가 과감하게 결단하여 홀로 가다가 비를 만나 젖게 되어 성냄이 있지만 허물은 없다.

三與上應, 有比匿之嫌; 旣與爲正應, 情固不可絶, 而外必示之以不屈, 則小人且怨, 而難及之. 周顗之所以殺身, '壯頄'之凶也. 以剛居剛, 志非合汙, 則決然於'夬', 而以與諸陽竝進. 己獨遇上六, 有相霑濡之迹, 心慍結而不容不形於色, 則雖凶而'无咎'. 稱'君子'者, 諒其志之終正而爲君子.

이 구삼효는 상육효와 응하는 관계에 있으니 못된 사람과 친밀하게 지낸다는 혐의가 있다. 즉 구삼효는 상육효와 제대로 응함[正應]의 관계에 있을 뿐만 아니라 본디 그 정(情)을 뿌리칠 수도 없으며, 밖에서 굴복하지 않음을 반드시 드러낸다. 이에 소인은 또한 원망하게 되지만 그에 대해 어찌하기가 어렵다. 주의(周顗)가 자신을 죽음으로 몰고 간 까닭은 이 '얼굴의 광대뼈에서 세참'의 흉함을 보여준다. 즉 굳셈으로서 굳셈의 자리를 차지하고 있으며 뜻함이 더러움에 영합하지 않으니, 툭 터서 밀어낸다는 의미를 지닌 쾌괘의 덕을 실현함에서 결연하며 이렇게 여러

양(陽)들과 함께 나아가는 것이다.739)

---

739) 주의(269~322)는 자가 백인(伯仁)이며 서진(西晉) 및 동진(東晉) 시기의 고위
관료였다. 그의 인품이 공손하고 함부로 나대는 성격이 아니어서 어려서부터
그는 사람들 사이에서 평판이 좋았고 사랑을 받았다. 그는 서진의 안동 장군(安
東將軍) 주준(周浚)의 아들로서 성년이 되어서는 아버지의 무성후(武城侯)의
작위를 세습하였다. 벼슬이 상서좌복야(尚書左仆射)에까지 올랐다. 동진의
영창(永昌) 원년(322년)에 왕돈(王敦)이 형주(荊州)에서 거병하여 일단 성공하
자 원제(元帝)는 왕돈에게 굴복할 수밖에 없었다. 그래서 원제는 자신의 조정의
백관들에게 왕돈에게 가서 배알하라고 명하였다. 배알할 적에 주의는 왕돈의
위협에 전혀 거리낌이 없이 자신의 견해를 밝히기도 하였다. 이제 자신의
세상을 맞이한 왕돈은 주의의 됨됨이가 훌륭하고 사람들로부터 신망이 두터웠
기 때문에 그를 매우 꺼려하였다. 이때 호군장사(護軍長史) 학하(郝嘏)가
주의에게 왕돈을 피해 도망갈 것을 권유하였지만 주의는 이에 응하지 않고
동진 조정과 운명을 함께하기로 마음을 정했다. 왕돈은 자신의 친척인 왕도(王
導)에게 주의를 중용(重用)할 것인지 아니면 죽일 것인지를 물었다. 왕도는
묵묵부답이었다. 그래서 왕돈은 마침내 주의를 죽이기로 작정하였다. 왕돈의
군사들이 주의를 체포해가는 도중 태묘를 지날 적에 주의는 왕돈이 반역자라고
큰 소리로 외치며 진(晉)나라 황실의 조종(祖宗)들의 영혼이 있거들랑 재빨리
왕돈을 죽여 버려서 진의 조정이 왕돈에게 넘어지지 않도록 해달라고 하였다.
말이 미처 끝나기도 전에 압송해가던 군사가 주의의 입을 막기 위해 그 입에
창을 찔러 넣어버려 유혈이 낭자하였다. 그러나 주의는 안색 하나 변하지
않고 태연자약하였는데, 이를 지켜보던 사람들이 모두 감동하여 눈물을 흘렸다
고 한다. 주의는 끌려가서 결국 석두성(石頭城)의 남문(南門)에서 피살되었다.
향년 54세였다. 그 2년 뒤인 태령(太寧) 2년(324년), 왕돈의 반란이 평정되자
주의는 조광록대부(左光祿大夫)·의동삼사(儀同三司)에 추증되었고 '강후
(康侯)'라는 시호를 받았다.
왕부지는 여기서 주의의 죽음을 두고서 이 구삼효의 흉함을 풀이하고 있다.
그래서 "굳셈으로서 굳셈의 자리를 차지하고 있으며 뜻함이 더러움에 영합하
지 않으니, 툭 터서 밀어낸다는 의미를 지닌 쾌괘의 덕을 실현함에서 결연하며

이 구삼효가 홀로 상육효를 만나 서로를 적시는 자취가 있으니 이에 대해 마음으로 성을 내서 어쩔 수 없이 안색에 드러나게 된다. 그래서 비록 흉하기는 하지만 허물이 없다. 여기서 '군자'라고 칭한 까닭은, 그 뜻함이 마침내 올발라서 군자가 되기 때문이다.

「象」曰: '君子夬夬', 終无咎也.

「상전」: '군자가 과감하게 거듭 결단하여' 마침내 허물이 없다.

事雖凶而義自正, 唯其決於'夬'也.

일은 비록 흉하기는 하지만 의로움의 측면에서는 저절로 올바르니, 이는 오로지 쾌괘䷪의 '툭 터버림'에서 결연하기 때문이다.

九四, 臀无膚, 其行次且, 牽羊悔亡, 聞言不信.

구사: 볼기에 살집이 없음이니 그 다니는 것이 더디기만 하다. 양을 끌고 가서는 후회함이 없다. 남의 말을 듣고서는 잘 믿지를 않는다.

九四以剛居柔, 而爲退爻, 不能敏於'夬'者也, 故爲羸弱不能行之象. 然

이렇게 여러 양(陽)들과 함께 나아가는 것이다."라고 하고 있다.

使隨九五之後, 而獎九五以前進, 如牽羊者之從其後而鞭之, 則陰可消而悔亡. 乃與'兌'爲體, 聞上六之甘言, 而不信諸陽之同德, 則亦安能亡悔哉? 以其與陽爲類也, 故可有'牽羊'之德; 以其弱而易悅也, 故終於'不信'.

구사효는 굳셈[剛]으로서 부드러움[柔]의 자리를 차지하고 있으며 물러남의 효가 되어 있다. 그래서 툭 터버림에서 민첩할 수가 없다. 이러한 까닭에 이 구사효는 파리하고 연약하여 잘 나다닐 수가 없는 상을 이루고 있다. 그렇지만 구오효의 뒤를 따라가면서 마치 양떼를 몰고 가는 이가 양들의 뒤를 좇아가며 채찍을 휘두르듯 하여 구오효의 전진을 장려한다. 그래서 음(상육효)이 사라질 수가 있고 후회함이 없다. 그런데 이 구사효는 태괘☱의 몸을 이루고 있어서740) 상육효의 감언이설을 듣고서는 자신이 여러 양(陽)들과 함께 동일한 덕을 지니고 있다는 것을 믿지 않기도 한다.741) 그렇다면 또한 어찌 후회함이 없을 수 있으리오! 이 구사효는 다른 양들과 같은 부류이기 때문에 '양을 끌고 감'의 덕이 있을 수 있고, 약해빠져서 쉽게 기뻐하며 그에 넘어가기 때문에 마침내 '믿지 않음'으로 끝을 맺게 된다.

---

740) 이 쾌괘는 정괘(貞卦)가 건괘☰, 회괘(悔卦)가 태괘☱로 되어 있다.
741) 구사효는 태괘의 몸을 이루고 있는데 상육효 역시 태괘의 몸을 이루고 있다. 이에 비해 정괘(貞卦)인 건괘☰의 양효들은 이 구사효와 몸을 달리하고 있다. 그래서 구사효는 상육효의 감언이설을 듣고서 쉽게 넘어갈 수가 있고, 자신이 다른 양효들과 동일한 덕을 이루고 있다는 점을 망각할 수가 있다는 것이다.

「象」曰: ‘其行次且’, 位不當也. ‘聞言不信’, 聰不明也.

「상전」: ‘그 행차가 더디기만 함’은 이 구사효의 위(位)가 마땅하지 않기 때문이다. ‘남의 말을 듣고서는 잘 믿지를 않음’은 귀가 얇아서 들은 것에 대해 사리분별을 제대로 할 수가 없기 때문이다.

聽之能明, 辨其貞邪而已. 與邪合體, 則甘言得進而惑之.

들어서 사리분별을 분명하게 할 수 있다는 것은, 그것이 올바른지 사악한지를 가릴 줄 아는 것일 따름이다. 지금 이 구사효는 사악함(상육효가 상징함)과 함께하며 한 몸을 이루고 있다. 그래서 감언이설이 먹히고 그것에 미혹되게 된다.

九五, 莧陸夬夬, 中行无咎.

구오: 뿔이 가느다란 양(羊)들이 거듭 과감하게 결단함이며, 중도를 행하여 허물이 없다.

‘莧’, 細角羊, 不能觸者. ‘陸’, 平原之地, 羊所樂處也. ‘兌’本羊體, 而行於平原, 得其所安, 故有此象. 九五雖迫近上六, 有決於驅除之責, 而安居自得, 與之鄰而無戒心, 夬夬而實未決也. 以其得位居中, 而非暗於陰柔, 故亦可以无咎.

‘莧(현)’은 뿔이 가느다란 양이어서 무엇을 들이받을 수가 없다. ‘陸(륙)’은

평원의 땅으로서 양들이 즐기는 곳이다. 태괘☱는 본래 양(羊)의 형체를 띠고 있는데, 지금 이 양들이 평원에서 돌아다니면서 편안해 하고 있다. 그러므로 이러한 상을 지니게 되었다.742) 구오효는 상육효에 너무나

---

742) 이 '현(莧)' 또는 '현륙(莧陸)'에 대해서는 원래 제가의 주석들에서 '풀'을 의미한다고 하였다. 우리말에서는 이것이 '쇠비름'이나 '자리공'을 가리킨다. 왕필은 살지고 무른 풀이라 하였고 쉽게 갈라 터지기 때문에 이 효사에서 이를 끌어들여 '쾌쾌(夬夬)'라 한다고 주해하였다.(王弼, 『周易註』: 莧陸, 草之肥脆者也. 決之至易, 故曰夬夬也.) 순상(荀爽)도 잎이 부드럽고 뿌리가 단단한 풀로서 그러하기 때문에 이 쾌괘의 구오효사에서 적시하고 있다고 주해하였다.(李鼎祚, 『周易集解』.) 정이(程頤)도 '마치현(馬齒莧)'이라 하며, 이것이 햇빛에 내 놓아도 잘 마르지 않는 특성을 지녔고 음기에 감응함이 많은 풀이라 하였다. '마치현'을 우리말에서는 '쇠비름'이라 한다. 그런데 정이는 이것이 물러서 쉽게 갈라지고 터지기 때문에 이 쾌괘의 구오효사에서 적시하고 있다고 하였다.(程子, 『伊川易傳』: 원문 제시는 너무나 길고 번잡하여 생략함) 물론 주희는 이 정이의 설을 그대로 받아들여 주해하고 있다.(『周易本義』) 주진(朱震)은 '현괴(莧蕢)'라 하며 이것이 연못과 같은 물가에 나는 풀로서 잎이 부드럽고 뿌리는 작으며 견고하다고 하였다.(朱震, 『漢上易傳』) 이 외에 역시 송나라의 정여해(鄭汝諧, 『易翼傳』), 명나라의 래지덕(來知德, 『周易集註』) 등도 이렇게 주해하고 있다. 이처럼 상수학 계열의 학자들이든 의리역학 계열의 학자들이든 다수가 이 '현(莧)' 또는 '현륙(莧陸)'에 대해 풀이름으로 주해하였다.

그런데 송대(宋代)의 항안세(項安世)는 '현(莧)'을 양(羊)이라고 풀이하였다. 그리고 '륙(陸)'은 그것들이 무리 지어서 다니는 길이라고 풀이하였다. 이에 대해 원대(元代)의 오징(吳澄)은 '현(莧)' 자를 '艹+目+儿'으로 파자(破字)하며 이들이 각기 양의 뿔, 양의 눈, 양의 다리를 상징하는 것으로 풀이하였다. 그리고는 이전의 주석들에서는 '현(莧)' 자의 머리를 '초두(艸)'로 보고서 이를 풀이름이라고 주해하였는데, 항안세는 이를 '양들의 뿔(艹)'이라고 보며 '현(莧)' 자는 이러한 양들이 무리 지어서 산을 돌아다니는 모습을 형상화한 것이라 하였다. 아울러 양치기가 앞에서 이를 끌고 다님을 의미하는 것이 이 효사 '莧陸夬夬'의 의미라 하였다.(吳澄撰, 『易纂言』) 이는 『주역』 주석사에서 최초

가까이 붙어 있는데 툭 터서 그것을 몰아내야 할 책임을 지니고 있다. 그럼에도 불구하고 이 구오효는 이 넓고 평탄한 곳에서 제 뜻을 이룬 듯이 편안하게 거처하며 이웃에 대해 경계하는 마음이 없으니, 과감하게 결단한다면서도 실제로는 아직 완전히 결단하지 못하고 있다. 그러나 이 구오효는 가운데 자리를 제자리로서 마땅하게 차지하고 있으며 상육효의 음유(陰柔)함과 전혀 친압(親狎)하게 지내고 있지 않으므로 또한

로 '莧(현)' 자를 풀이름에서 양(羊)들이 무리 지어 다니는 모습으로 바꾸어 풀이한 예라 할 수 있다. 그러나 명대의 하해(何楷)는 이러한 점을 인정하면서도 『설문해자』의 '莧(현)' 자 풀이와 맹희(孟喜)의 주석을 좇아 자신은 한대(漢代) 역학자들이 풀이름이라고 주해한 것을 따르겠노라고 하고 있다.(何楷, 『古周易訂詁』) 그리고 청대의 모기령은 산양의 뿔과 풀이름을 절충하는 관점에서 주해하였다. 즉 다섯 양효가 높은 구릉을 상징한다면 그 위의 상육효는 미약한 것으로서 양의 뿔을 상징하는데, 이는 연못의 둔덕 위에 풀들이 돋아 있는 모습이라 하였다.(毛奇齡, 『仲氏易』)
왕부지는 항안세·오징의 주석과 같은 입장에 선다. 그는 『주역패소』에서 특별히 이에 대해 풀이하고 있는데, 이전의 주석들에서 '자리공'을 의미하는 '상육(商陸)'이라 한 것이나 '쇠비름'을 의미하는 '현채(莧菜)'라 한 것들은 모두 잘못이라 하였다. 자리공이든 쇠비름이든, 이들은 작은 풀로서 모가지가 드러나지 않고 더욱이 '땅'을 의미하는 '陸(륙)'과 부합하지 않으며 '과감하게 결단함'을 의미하는 '夬夬(쾌쾌)'의 의미에도 해당하지 않는다는 논거에서다. 그리고 그 역시 '莧(현)' 자의 머리를 '초두(艸)'가 아닌 '산양의 가느다란 뿔(卝)'이라 하였다. 그리고 이는 이 쾌괘의 회괘(悔卦)인 태괘☱가 양(羊)을 상징하는 것과도 부합한다고 하였다. 이 쾌괘는 아래로 다섯 양효들이 위로 하나의 음효를 머리에 이고 있는 상이니 그 음(陰)은 섬세하고 연약하다는 의미를 지니고 있고, 상(象)으로서도 갈라진 모습이니 이는 산양의 가느다란 뿔을 의미한다고 하였다. 그래서 이 산양들이 돌아다니다가 높고 평평한 곳을 만나 풀을 만나 맘껏 뜯어먹고 있으면서 다른 곳으로 잘 옮겨가려 하지 않음이 '夬夬'의 의미라 하고 있다.(王夫之, 『周易稗疏』)

허물이 없을 수 있다.

「象」曰: ‘中行无咎’, 中未光也.

「상전」: ‘중도를 행하여 허물이 없다’는 것은 그 중도가 아직 햇빛 아래 훤히 드러나지 않았다는 의미다.

與上比而共爲‘兌’體, 心繫於說, 僅以免咎而已. ‘夬’之九五與‘剝’之六五同, 故‘剝’五承寵而利, ‘夬’五夬夬而未光.

구오효는 위로 상육효와 나란히 붙어 있으면서 함께 태괘☱의 몸을 이루고 있다. 그래서 그 마음이 기뻐함에 얽매여 있으니[743] 겨우 허물을 면하기나 할 뿐이다. 이 쾌괘䷪의 구오효와 박괘(剝卦)䷖의 육오효는 한 괘에서 차지하고 있는 맥락과 처지가 동일하다. 그러므로 박괘의 육오효는 윗사람의 총애를 입어 이로움에 비해, 쾌괘의 구오효는 과감하게 결단한다면서도 아직 햇빛 아래 훤히 드러나지 않는다.[744]

---

743) 태괘(兌卦)☱가 취의설에서는 ‘기뻐함’을 의미하기 때문에 이렇게 풀이하고 있다.
744) 쾌괘의 구오효가 아래로 양효 넷과 연대하여 바로 위로 음효(상육효)를 머리에 이고 있듯이, 박괘에서도 육오효가 아래로 음효 넷과 연대하여 바로 위로 양효(상구효)를 머리에 이고 있다. 따라서 비록 음·양이 서로 바뀌기는 하였지만 이들은 처한 위치와 맥락이 동일하다. 그런데 왕부지는 쾌괘의 육오효에 대해서는 “이 육오효는 부드러움[柔]으로 중위(中位)의 존귀함을 차지하고 있으면서 위로 양을 받들고 있다. 그리고 이 괘에는, 양은 하나고 음은 많으니,

上六, 无號, 終有凶.

상육: 통곡하며 슬피 울어주는 이가 없으니, 끝내는 흉하다.

陰慝僭上, 雖有與之應而相比以說者, 時至則瓦解. 徐達師至通州而
妥懽宵遁, 不能望救於人也. 以群陽相率, 故必待其運之已窮, 而終乃
凶.『本義』謂"占者有君子之德, 則其敵當之, 不然反是."『易』不能爲
小人謀, 義固然也.

이 상육효는 음이 사특하게도 맨 윗자리를 범하고 있으니, 비록 그와
함께 응하는 것이 있고745) 서로 친하게 어울리며 기쁨을 주고받는 이가
있지만,746) 때가 이르면 와해되게 되어 있다. 서달(徐達)의 군대가 통주
(通州)747)에 다다르자 원나라의 마지막 황제인 타환(妥懽)은 밤을 타고
숨어들었는데, 전혀 다른 사람에게서 구원을 바랄 수가 없는 상황이
되고 말았다.748) 뭇 양들이 서로 견제하고 있기 때문이다. 그러므로

황후가 뭇 첩들을 통솔하며 군주의 총애를 나누어주는 상(象)이 있다."라고
풀이함으로써, 상구효를 천자에 비유하고 구오효는 황후로서 그 총애를 받는
것이라 하여 효사의 '이롭지 않음이 없다'를 풀이하고 있다. 쾌괘의 구오효와
박괘의 육오효가 처지와 맥락은 동일하지만 음ㆍ양이 바뀜으로 말미암아
갖는 의미가 이렇게 달라진다는 것이다.

745) 구삼효를 말함. 상육효와 구삼효는 제대로 응함[正應]의 관계에 있다.

746) 상육효의 바로 아래에 있는 구오효를 말한다. 상육효와 구오효는 둘이 나란히
있는 비(比)의 관계를 이루고 있다. 이는 도덕성과는 관련 없이 서로 친밀하게
지냄을 의미한다.

747) 통주(通州)는 북경(北京)의 옛 지명이다.

748) 서달(1332~1385)은 원나라 말기에서부터 명나라 초기에까지 활약한 무장(武

이미 기운 명운(命運)이 머지 않아 다하기를 필연코 기다려야 할 뿐이다.
흉하게 된다.

『주역본의』에서는 이 효사를 풀이하며 "점치는 이에게 군자의 덕이
있으면 그 적을 당해낼 수 있지만 그렇지 않으면 이와 반대된다."라
하고 있다. 『주역』이 소인들이 무슨 일을 도모하는 데 쓰일 수 없기

將)으로서 명나라의 첫째가는 개국공신이다. 자는 천덕(天德)이다. 주원장(朱
元璋)과 죽마고우의 관계인 그는 주원장을 도와 원나라를 무너뜨리고 명나라
를 세우는 데서 혁혁한 공을 세웠다. 개국 후에는 그 공로로 중서우승상(中書右
丞相)이라는 직위에 올랐고, '위국공(魏國公)'에 봉해져서 5천석의 식록(食祿)
을 받았다. 그리고 자기 딸을 성조(成祖)에게 시집보냄으로써 성조(成祖)의
장인이 되고, 인조의 외할아버지가 되는 인척관계를 맺게 된다. 물론 주원장과
는 사돈 관계가 되었다.

1364년 정월, 주원장이 스스로를 오왕(吳王)이라 칭하며 개국을 하고서는
서달을 좌상국(左相國)에 앉혔다. 그리고 그 4년 뒤인 홍무(洪武) 원년(1368년)
에 서달은 주원장의 명을 받고 상우춘(常遇春; 1330~1369)과 함께 북쪽으로
원나라의 정벌에 나섰다. 이들은 운하를 따라 북상한 뒤 통주(通州)에까지
이르러 함락시키고는 '북평(北平)'이라 개명하였다. 이때 원나라의 마지막
황제인 순제(順帝; 1320~1370. 재위 기간 1333~1368)는 후비(后妃)와 태자를
데리고 북쪽으로 도망을 갔다. 그리고 그 2년 뒤에 죽음으로써 원나라는
멸망하게 된다.

왕부지는 여기서 원나라의 순제(順帝)를 상육효에 비유하고 서달의 군대를
그 아래 다섯 양효에 비유하며, 결국은 상육효가 아래 다섯 양효의 핍박에
의해 운명이 다하는 것으로 설명하고 있다. 원나라의 제11대 황제인 순제
때에 이르러서는 원나라의 명운이 다해서 그 영(令)이 서지를 않았고, 순제
자신이 무능하고 방탕하여 도대체 국가로서의 기강이 서지를 않았다. 이에
관료들의 부정부패는 자심하여서 그에 견딜 수가 없었던 농민군들의 반란이
빈발하였고, 결국은 주원장의 군대에게 망하는 결과를 초래하였다. 이를 왕부
지는 이 괘괘▉의 상육효에 유비하고 있는 것이다.

때문에 의미가 본디 그러한 것이다.

「象」曰: ‘无號之凶’, 終不可長也.

「상전」: ‘통곡하며 슬피 울어주는 이가 없는 흉함’이니 마침내 오래갈 수가 없다.

爲君子者可以慰矣, 勿疑其乘人之上而不易拔也.

군자에게 위로를 할 수는 있겠지만, 그가 사람의 위에 올라타고 앉아 있어서 쉽게 뽑힌다는 것을 의심하지 말지어다.

● ● ●

姤卦 巽下乾上

구괘 ䷫

姤. 女壯, 勿用取女.

구괘: 여자가 드셀 정도로 왕성하니, 자신의 여자로 취하지 말라!

不期而會曰遇, ‘姤’之象也. 遇本艸次不以禮相見之辭, 而‘姤’乃女子邂

姤, 與男相遇之謂, 其爲不貞明矣. 陰之忽生於羣陽之下, 本欲干陽,
而力尙不能敵, 故巽以相入, 求以得陽之心, 而逞其不軌之志, 其貌弱,
其情壯矣. 卦本一陰爲主, 而卦之名義‧象‧爻, 皆爲陽戒, 小人之幸,
君子之不幸也. 若恤其孤弱卑下而容其遇, 則抑豈知其志之壯也! 目
中已無君子, 將入其腹心而爲之蟊賊哉! 故一陰而遇五陽, 志無適從,
與己悅者, 因而入之. 不幸而與之遇, 視其令色如戈矛, 聞其甘言如詛
呪, 得其厚賂如鴆毒, 堅剛不爲之動, 則無如我何. 女雖淫悍, 豈能傷不
取之人乎? 乃在不期而會之際, 陽方盛而二‧五皆未喪其中, 則忽之
以爲不足憂而乍然相喜者多矣. 戒之於早, 猶可不亂, 而非中人以下
所能無惑也.

기약하지 않았는데도 마주치는 것을 '우연한 만남[遇]'이라 하는데, 이것
이 바로 구괘(姤卦)☰의 상이다. 만남이 본래 창졸간에 이루어져 예를
갖추지 않고 서로 맞대면한다는 말이다. 구괘는 바로 여자가 해후하는
것으로서 남자와 서로 이렇게 만나는 것을 일컬으니, 이것이 부정(不貞)
하리라는 것은 분명하다.

이 구괘를 보면, 음이 홀연히 뭇 양들의 밑에서 생겨나온 모양이다.
그리고 이 음은 본래 양들에게 간여하려 하지만 아직은 힘이 미약하여
이들을 대적할 수가 없기 때문에 공손하게시리 양들에게로 들어가서[749]
이들의 마음을 얻으려 한다. 그렇더라도 이 음(초육효)은 결코 규범에

---

[749] 구괘는 건괘☰와 손괘☰로 이루어져 있다. 이 가운데 손괘가 정괘(貞卦)로서
먼저 이루어진 것이다. 그리고 그 음효는 이 구괘에서 맨 처음 생겨나온
것이다. 그런데 취의설에 의하면 손괘는 '공손함'과 '들어감'을 의미한다. 그래
서 왕부지는 여기서 이렇게 풀이하고 있는 것이다.

얽매이지 않는 의지를 갖고 제멋대로 구니 그 모습은 유약할지라도 의욕만큼은 드셀 정도로 왕성하다. 괘에 본래 하나의 음효가 있으면 그것이 한 괘의 주효(主爻)가 된다. 그런데 구괘에서는 괘 이름이 지닌 의미뿐만 아니라 괘·효사들이 모두 양들에게 경계하고 있다. 다름 아니라 이러한 만남이 소인에게는 행운이요, 군자에게는 불행이라는 것이다.

그런데 누군가는 이 음효가 외롭고 유약한 모습으로 낮은 자리에 처해 있다는 것만을 애처롭게 여긴 나머지 그 만남을 허용할지도 모른다. 그러나 그가 어찌 이 음의 의지가 드셀 정도로 왕성하다는 것을 알 리가 있으리오! 이 하나의 음효가 상징하는 이의 안중에는 이미 군자 따위란 없으니, 장차 그 속마음을 파고 들어가서 해충 노릇을 하며 해악을 끼칠 것이로다! 그러므로 하나의 음은 다섯 양들을 만나 이들을 따르겠다는 뜻이 전혀 없으면서도 자기에게 열락(悅樂)을 주는 이들 속으로 파고 들어간다.

그런데 불행스럽게 이러한 이와 만났다 하더라도, 그의 예쁘장한 얼굴을 마치 자기를 해칠 무기처럼 여기고, 그가 하는 듣기 좋은 소리를 마치 자신에게 하는 저주처럼 여기며, 그가 주는 후한 뇌물 또한 자신에게 치명상을 입힐 극독(劇毒)으로 여긴 나머지, 그 굳건하고 씩씩함에 전혀 동요를 일으키지 않는다면 나를 전혀 어쩌지 못할 것이다. 여인이 비록 음란하고 앙칼지다고는 하여도, 어찌 자신을 취하지 않는 이에게까지 상해를 입힐 수 있으리오!

그러나 기약함이 없이 갑자기 마주치는 이 시기에 양(陽)들은 한창 왕성하고 구이·구오효도 모두 그 중위(中位)를 잃어버리지 않고 있다. 그래서 이 음에 대해서는 걱정거리로 삼을 만한 것이 못된다고 여기며 소홀히 대한다. 그리고는 이 여인과의 홀연한 만남에서 서로 희열에 젖는 이가 많을 것이다. 이때 일찌감치 경계하여야 오히려 어지럽히지 않을 수 있는데, 됨됨이가 보통 이하인 사람들로서는 미혹됨이 없을 수가 없다.

「象」曰: 姤, 遇也, 柔遇剛也. '勿用取女', 不可與長也.

「단전」: 구괘는 만남을 드러내고 있다. 부드러움[柔]이 굳셈[剛]을 만나는 것이다. 그런데 "자신의 여자로 취하지 말라!"고 하니 이 여자와 함께는 오래갈 수가 없다.

乍然相得, 終必相亢, 豈可長哉! 宋與女直遇, 而欲恃之亡遼, 高麗主知, 而宋不知, 乃終以亡. 唐高宗納武氏之日, 豈知其滅唐之宗社哉!

홀연히 서로 만남에서 열락에 젖을지 모르지만 마침내는 반드시 서로 대적하게 되리니, 어찌 오래갈 수 있으리오! 송나라가 여진족과 만나 그에 의지하여 요(遼)나라를 멸망시키려 하였다. 그런데 고려는 이 여진족이 어떻다는 것을 잘 알았지만 송나라로서는 알지를 못했으니, 송나라가 끝내는 멸망하고 만 것이다. 마찬가지로 당나라의 고종이 승려가 되어 있던 무씨(武氏)를 받아들이던 날에 이 여인이 바로 당나라의 종묘·사직을 멸망시키리라는 것을 어찌 알았겠는가!750)

---

750) '무씨(武氏)'는 중국 역사상 여자로서는 유일하게 황제의 지위에 올랐던 인물,

天地相遇, 品物咸章也. 剛遇中正, 天下大行也.

하늘과 땅이 서로 만나니 만물이 모두 환히 드러난다. 굳셈[剛]이 중정(中正)하여 세상에 크게 행한다.

'姤'之爲時, 已極乎陽道之憂危, 而夫子推言天地之化, 以通大人正己格物之道, 抑豈必不相遇而始亨哉! 苟有其德, 則且與天地同其化機, 夷狄可使懷柔, 小人可使效命, 女子可使承順, 則雖姤而何傷於盛德! 如天之遇地而品物榮, 天不失其剛健中正之德, 則化無不行. 君子以剛建中正・率禮無違而遇之, 則小人順而天下無不服從. 然則越禮以取女者, 自始不終, 非必不與陰遇而始得行其志. 即食色而禮在, 即兵刑而仁行. 苗格於舞干, 贄御奄尹正於冢宰, 皆遇之以其道者也.

구괘(姤卦)䷫의 때는 이미 양(陽)의 도(道)가 자아내는 우려와 위험이 극에 이른 때다. 공자께서는 이 「단전」에서 하늘과 땅이 만나서 만물을 지어낸다는 사실이 곧 대인들이 자기 자신을 바로잡고서 물(物)들에게로 나아감의 원리와 통한다는 것을 미루어 말하고 있다.[751] 그러니 어찌 반드시 서로 만나지 않고서야 비롯하고 형통하겠는가! 진실로 사람에게 이러한 덕이 있으면 천지와 그 화육(化育)하는 체제가 똑같으리니, 오랑캐의 무리라도 부드럽게 품에 안을 수 있고, 소인들로 하여금 목숨을 바치면서까지 충성을 다하게 할 수 있다. 그리고 여자들에게도 받들고

즉 측천무후(則天武后; 624~705)를 가리킨다. 자세한 것은 앞 주722)를 참고하기 바란다.

751) 이 「단전」의 작자를 공자로 여겨서 하는 말이다.

순종하도록 할 수 있다. 이렇게 한다면 비록 구괘의 만남이라 하더라도 어찌 융성한 덕에 해를 입힐 수 있으리오! 예컨대 하늘이 땅을 만나고서야 만물이 피어남과 같으니, 하늘이 그 굳세고 씩씩하며 중정(中正)한 덕을 잃어버리지 않는다면 그 화육함이 행해지지 않음이 없는 것이다. 마찬가지로 군자가 굳세고 씩씩하며 중정한 덕을 지닌 채 조금도 예(禮)를 어김이 없이 만난다면, 그가 만나는 소인들은 그에게 순종하며 어디에서든 복종하게 마련이다. 그렇다면 예(禮) 따위는 아랑곳하지 않은 채 여자를 취한 그 사람이 이 여자와 만나서 어떤 좋은 결과도 얻지 못하였다고 하여, 꼭 음(陰)과 만나지 않았어야 비로소 그 뜻함을 실현할 수 있다는 것이 아님을 알 수 있다. 먹고 마시는 것과 남녀 간의 교접에도 곧 예(禮)는 자리 잡고 있고, 무력을 사용함과 형벌을 집행함에서도 곧 어짊[仁]은 시행된다. 순임금이 계단에서 무(武)를 상징하는 간무(干舞)를 추었음에도 삼묘(三苗)가 투항해 들어온752) 것이나, 임금을 가까이에서 모시는 환관의 총수가 백관의 우두머리인 총재(冢宰)에게 다스림을 받는 것들은 모두 그 올바른 도(道)로써 만나기 때문이다.

---

752) 『서경(書經)』, 「대우모(大禹謨)」 편에 나오는 말이다. 여기서는 순임금이 훌륭한 덕을 사방에 펼치고 양쪽 계단에서 간무(干舞; 武를 상징하는 춤으로서 방패를 들고 추는 춤)와 우무(羽舞; 文을 상징하는 춤으로서 깃과 일산을 들고서 추는 춤)를 추자, 70일 만에 삼묘의 백성들이 스스로 품에 안겨 왔다고 하고 있다.(帝乃誕敷文德, 舞干羽於兩階, 七旬, 有苗格.)

姤之時義大矣哉!

구괘가 드러내는 때와 의미는 크도다!

『本義』曰, "幾微之際, 聖人所謹." 當其時, 制其義, 非聖人不能. 然亦豈有他道哉? 以義制利, 以禮制欲, 以敬制怠, 則無不可遇之陰矣.

『주역본의』에서는 이에 대해 "무엇이 막 비롯되는 은미한 즈음에는 성인들께서 삼간다."라고 풀이하고 있다. 이러한 때를 맞이하여서는 그 시의적절함을 제정해야 하는데, 이것이 성인이 아니고서는 불가능하다. 그러나 여기에 어찌 또한 다른 길이 있으리오. 의로움으로써 이로움을 제어하고, 예(禮)로써 욕구를 제어하며, 경건함으로써 태만함을 제어해야 한다. 이렇게 하면 음(陰)과 만난다 할지라도 안 될 것이 없다.

「象」曰: 天下有風, '姤', 后以施命誥四方.

「대상전」: 하늘 아래에 바람이 있음이 구괘니, 제후들은 이를 본받아 조칙과 명령을 내려 온 세상에 널리 알린다.

天之所以資始萬物者, 非但風也; 而下施於物, 則暄風至而物皆生, 凉風至而物皆成, 物乃得以遇天之施矣. 王者之積德以爲天下父母, 而民或不喩其志, 則假誥命以詔之, 而天下喩焉, 取象於此. 顧其發爲王言, 必深切出於至誠, 以巽入於人之隱微, 非飾辭而人遂動也, 道配天而後化如風也. 然唯君道宜然, 以其所及者遠, 故必誥而後喩. 降此以

下, 唯務躬行, 以言感人, 則亦末矣. '姤'本不貞之卦, 而「大象」專取天
·風之義, 與象全別. 聖人不主故常, 觀陰陽之變, 而即變以取正. 故讀
『易』者不可以「大象」例象也, 類如此.

하늘이 만물의 바탕이 되어주고 비롯함이 되어주는 것에 꼭 바람만이
해당하는 것은 아니다. 그러나 바람이 아래로 물(物)들에게 베풀어줌을
보면, 봄에 따스한 바람이 불어서는 만물이 모두 소생하고, 가을에 차가운
바람이 불어서는 만물이 모두 이루어진다. 물(物)들은 이렇게 하여 하늘
의 베풂을 만날 수 있다.

그런데 인간 세상의 우두머리인 임금이 훌륭한 덕을 쌓아서 세상 사람들
의 부모가 된다 할지라도 백성들 가운데는 어쩌다 그 뜻함을 알아차리지
못하는 경우가 있다. 이러할 경우에는 조칙과 명령을 통해 알림으로써
세상 사람들이 알아차리게 된다. 구괘▬가 상을 취한 것은 바로 이러한
측면에서다. 임금의 말로 드러낸 것들을 살펴보면, 반드시 지극한 정성스
러움에서 준엄하게 나와서는 사람들의 은미함[마음] 속으로 공손하게
들어가야 한다. 이때 말을 듣기 좋게 꾸민다고 하여 사람들의 움직임을
이끌어내는 것은 결코 아니다. 이렇듯 임금이 펼치는 도(道)가 하늘과
짝을 이룬 뒤에라야 감화시킴은 마치 바람이 하는 것과도 같다.

그러나 오직 임금의 방식만이 마땅히 이와 같아야 한다. 그 까닭은
그 미치는 범위가 원대하기 때문이다. 그래서 반드시 조칙을 통해 알린
뒤에라야 모든 백성들이 모두 알아차리게 되는 것이다. 이 이하의 사람들
로서는 오로지 몸소 실천함에 힘쓰며 말로써 남을 감화시키게 되는데,
이는 역시 말(末)에 속하는 것이다.

구괘는 본래 부정(不貞)함을 드러내고 있는 괘다. 그러나 「대상전」에서
는 전적으로 하늘과 바람의 뜻만을 취함으로써 괘사의 의미와 완전히

별개의 것이 되게 하고 있다. 이는 성인들께서 상투적인 틀에 얽매이지 않고 그때그때 음·양의 변함을 살피되 그 변이(變異)에서 정확한 의미를 취한다는 것을 보여주는 예다.[753] 그러므로 『주역』을 읽는 이들로서는 「대상전」을 가지고서 괘사의 의미를 일반화할 수 없다는 것을 이 구괘의 예에서 알 수 있을 것이다.

初六, 繫于金柅, 貞吉, 有攸往, 見凶. 羸豕孚蹢躅.

초육: 수레바퀴의 쇠로 만든 멈춤 장치에 얽어매어 둠이니, 올곧아서 길하다. 어디를 가서는 흉함을 당하게 된다. 굶주려서 파리한 돼지가 돼지 그대로 바스대며 잠시도 가만히 있지 못함이다.

'柅', 所以止車者. '見凶', 天下遇其凶也. 初六孤陰卑下, 故曰'羸豕'. 牝豕之淫走也必羸. '孚', 如期而不爽. '蹢躅', 行而不止也. "繫于金柅貞吉", 以戒陰而喩之以吉道也. 一陰而遇一陽, 與二相守, 則不失其貞吉矣. 若不繫而逞, 遇所宜從者而前進, 則將干亂羣陽, 而天下遇其毒矣, 以戒陽之宜爲防也. 又從而申之曰, 金柅之繫, 豈可必哉! 其爲羸豕矣,

---

753) 이 구괘의 「대상전」을 변이(變異)의 예로 보는 것이다. 즉 '부정(不貞)'은 나쁜 결과를 초래하는 것이 일반적인데, 이 구괘의 「대상전」에서는 지금 오히려 좋은 결과를 낳는 것으로 보고 있다는 것이다. 즉 바람이 만물을 생하고 이루는 것처럼, 임금이 조칙을 통해 사방의 백성들에게 자신의 도(道)를 알리고, 그럼으로써 백성들의 마음속에 임금의 도(道)가 스며들도록 할 수 있는데, 이를 이 구괘의 「대상전」에서 드러내주고 있다는 것이다.

則必將躑躅而不爽矣, 而可不早制之乎!

'柅(니)'는 수레를 멈추게 하는 장치다. '흉함을 당함'이란 이 세상 어디를 가든 흉함을 당한다는 의미다. 초육효는 이 구괘▤에서 단 하나 있는 음효로서 외롭게 맨 밑에서 낮은 지위를 차지하고 있다. 그래서 '파리한 돼지'라고 한 것이다. 암돼지가 음란하게 달려 다니다 보면 파리해짐은 필연이다. '孚(부)'는 기대에 조금도 어긋나지 않는다는 의미다. '躑躅(척촉)'은 바스대며 잠시도 가만히 있지 못함이다. "수레바퀴의 쇠로 만든 멈춤 장치에 얽어매어 둠이니, 올곧아서 길하다."는 것은 음(陰)에게 경계하면서 어떻게 하면 길한지를 깨우쳐 주는 것이다. 그래서 하나의 음으로서 하나의 양을 만나 이 구괘에서처럼 구이효와 서로 올바름을 지키고 있다면 그 '올곧아서 길함'을 잃어버리지 않는다는 것이다. 그런데 이와는 달리 만약에 얽매이지 않고 제멋대로 하며 따라가기에 알맞은 이를 만나 앞으로 나아가게 된다면, 장차 뭇 양(陽)들을 혼란에 빠트리게 될 터이고 세상 사람들은 그 폐해를 입게 된다. 그래서 이 양들의 따라가기 알맞음에 대해 방비해야 한다고 경계하고 있는 것이다. 한 걸음 더 나아가 '쇠로 된 멈춤 장치에 얽어맴'이라고 부연하여 풀이하고 있으니, 어찌 꼭 그렇게 할 수 있으리오. 더욱이 굶주려서 파리한 돼지라면 틀림없이 장차 바스대며 잠시도 가만히 있지 않으리니, 이는 한 치도 어긋남이 없는 돼지 그대로일 것이다. 그러니 어찌 일찌감치 이를 통제하지 않을 수 있으리오!

「象」曰: ‘繫于金柅’, 柔道牽也.

「상전」: ‘쇠로 된 멈춤 장치에 얽어맴’이란 부드러움이 따라야 할 원리가 견제됨을 의미한다.

柔之道, 以制於剛爲正. 小人順於君子, 夷狄賓於中國, 女子制於丈夫, 皆道之固然, 故以繫而止之爲貞.

부드러움이 따라야 할 원리에서는 굳셈에게 통제됨을 올바름으로 여긴다. 그래서 소인은 군자에게 순종하고, 변방의 국가들은 중국에게 손님이 되며, 여자는 장부에게 통제된다. 이 모두는 원리적으로 본디 그러함이다. 그러므로 부드러움을 얽어매어 그치게 함을 올곧음으로 삼는다.

九二, 包有魚, 无咎, 不利賓.

구이: 물고기를 받아들여 품에 안고 있음이나 허물이 없다. 손님들에게는 이롭지 않다.

‘魚’, 陰物. ‘包’, 受而懷之也. 初六出而求與陽遇, 邂逅即欲適願, 得受之者, 則有所繫而止其淫邪; 二雖非正應, 而以剛居中, 直任天下之咎於己, 則固无咎矣. 若不任其責, 而委之於他, 使浸淫及上, 則害無所止. ‘賓’之不利, 二亦不利也. ‘賓’謂三以上諸陽.

‘물고기’는 음(陰)의 성질을 지닌 것이다. ‘포(包)’는 받아들여 품에 안고 있다는 의미다. 이 구괘▤의 초육효가 출현하여서 양들과 만남을 구하는 데, 만나자마자 곧바로 상대방 남자의 마음에 쏙 들기를 바란다. 그리고 자신을 받아들인 이에게는 얽매여서 이제 그 음란하고 사악함을 멈춘다. 그런데 이 구이효는 비록 초육효와 제대로 응함正應의 관계는 아니지만, 군셈剛으로서 가운데 자리를 차지한 채 온 세상의 허물을 곧장 자기가 짊어지고자 한다. 그래서 본래는 허물이 없다.

만약에 이 구이효가 그 책임을 자신이 떠안지 않고 다른 사람에게 내맡긴 나머지 초육효의 음란함이 점점 위로 올라가게 한다면, 그 해로움은 결코 그치지 않을 것이다. '손님들'이 이롭지 않음은 구이효에게도 이롭지 않다. '손님들'이란 구삼효 이상의 여러 양효들을 말한다.

「象」曰: '包有魚', 義不及賓也.

「상전」: '물고기를 받아들여 품에 안고 있음'이란 의로움에서 손님들에게 미치도록 하지 않음이다.

陰之遇陽, 卒然而起, 介然而合, 本無擇於應之正與不正, 得所附而有道以止之, 則其害猶可止息. 二不幸而正與之遇, 則慨然以身任撫馭之責, 二之義也. 爲名敎受過, 爲義命受責, 譏非不避, 而害不蔓延矣. 若遷延避咎, 推不美之名, 使人分任之, 則禍自己延, 雖欲沽淸剛中正之名, 其可得乎? 推此義之盡, 則孔子謂昭公爲知禮, 亦此而已矣.

음이 양과 만남은 홀연히 일어나고 또 흔들림이 없이 굳게 합한다. 그래서 심지어는 그 응함이 제대로 된 것인지 제대로 된 것이 아닌지조차 본래 가리지 않는데, 의지할 이를 얻어 이치에 맞게 멈추게 되면 그 해로움을 오히려 그치게 할 수 있다. 그런데 이 구이효는 불행히도 이 초육효를 딱 마주치게 되었으니, 의기가 솟아올라 주저함이 없이 이 초육효를 어루만지며 통제해야 할 책임을 몸소 떠맡는다. 이것이 구이효의 의로움이다. 그래서 명교(名敎) 때문에 과오를 받아들이고 자신에게 주어진 의로움이자 하늘의 명(命)으로 여겨 책임을 받아들인다. 아울러 잘못되었다고 비방을 받는 것조차 피하지 않는다. 그래서 그 해로움이 퍼져 나아가지 않는다. 그러나 이렇게 하지 않고 만약에 책임을 다른 사람들에게 떠넘기며 허물을 피하려 한다거나 좋지 않은 이름을 뒤집어쓰리라는 것을 미루어서 다른 사람들과 나누어 떠맡으려 한다면, 화(禍)는 저절로 퍼져 나아가게 될 것이다. 이렇게 될 경우 비록 자신이 맑고 강직하며 중정(中正)하다는 이름을 팔려고 한들 가능하겠는가? 바로 이와 같은 의미를 완전히 꿰뚫어 보았기에 공자께서는 소공(昭公)이 예(禮)를 안다고 말했던 것이니754), 그 의미가 바로 이와

---

754) 『논어』, 「술이」 편에 나오는 내용이다. 공자가 진(陳)나라에 갔을 적에 그 나라의 사패(司敗; 司寇) 벼슬을 하는 이가 공자에게 노(魯)나라의 소공(昭公)이 과연 예(禮)를 아는 인물인가를 물은 적이 있다. 왜냐하면 소공이 오(吳)나라에서 자기와 동성(同姓)의 부인을 맞이했을 뿐만 아니라 이 사실을 덮기 위해 부인을 '오희(吳姬)'라고 부르지 않고 '오맹자(吳孟子)'라고 불렀기 때문이다. 노나라와 오나라는 모두 '희(姬)'씨 성으로서 동성(同姓)이다. 그래서 질문한 이로서는 공자가 예(禮)를 잘 아는 사람으로 알려져 있고 또 예의 실현을 강조하며 열국(列國)을 주유(周遊)하고 있는 마당이니, 마땅히 이러한 공자로부터 이에 대한 명쾌한 견해를 듣고자 하였던 것이다. 그런데 막상 이 질문자의 기대와는 달리 공자는 "소공은 예를 아는 사람이다."라고 대답하였다. 이에 이 질문자는 소공이 명백하게 예에 어긋나는 행위를 했음에도 공자가 제

같을 따름이다.

九三, 臀无膚, 其行次且, 厲, 无大咎.

구삼: 볼기에 살집이 없음이니, 그 다니는 것이 더디기만 하다. 위태롭기는
하지만 큰 허물은 없다.

三與'巽'爲體, 未嘗不浼濫而聽陰之入, 故與夬四同象. 然以剛居剛, 則
能嚴厲自持, 而可免於陰之汙染, 故无大咎.

고국의 선왕이었던 소공의 허물을 덮어주려 한 것이라 여겨, 이는 '사사로이
제 편을 듦[黨]'이라 간주하였다. 그러나 공자에게 직접 대놓고는 못하고 공자가
퇴장하기를 기다렸다가 그 제자인 무마기(巫馬期)에게 "나는 군자는 사사로이
제 편을 들지 않는다고 들었는데, 군자도 제 편을 듭니까? 소공이 오나라에서
동성(同姓)의 부인을 맞이해 놓고서도 동성(同姓)이라는 사실을 감추기 위해
'오맹자'라고 불렀는데, 이러한 소공이 예를 안다고 할 것 같으면 그 누가
예를 모른다 하겠습니까?'라고 비판하였다. 이에 말문이 막힌 무마기가 공자에
게 이 사실을 알리자, 공자는 고국 선왕의 허물을 감추어주기 위해 스스로
과오를 무릅쓰게 되었다는 취지로 답하고 있다. 즉 스스로 잘못을 범하여
사람들에게 널리 알려지게 함으로써 소공의 잘못은 덮어지게 하였다는 것이
다.(『論語』,「述而」: 陳司敗問昭公知禮乎, 孔子曰, "知禮." 孔子退, 揖巫馬期而
進之, 曰, "吾聞君子不黨, 君子亦黨乎? 君取於吳爲同姓, 謂之吳孟子. 君而知禮,
孰不知禮?" 巫馬期以告. 子曰, "丘也幸, 苟有過, 人必知之.") 왕부지가 여기서
구괘 구이효사의 의미에 대해 적용하고 있는 것은 바로 공자의 이러한 고사다.

구삼효는 이 구괘䷟의 정괘(貞卦)인 손괘☴의 몸을 이루고 있는데, 일찍이 번잡스럽고 소란스러우며 불안하지 아니함이 없지만 음(陰)이 들어오는 것을 받아들인다. 그러므로 쾌괘䷪의 구사효와 같은 상(象)을 이루고 있다.[755] 그러나 이 구삼효는 굳셈[剛]으로서 굳셈의 자리를 차지하고 있으니 엄격하고도 매섭게 자신을 다잡을 수 있으며, 음이 더럽히고 물들이는 것을 모면할 수 있다. 그러므로 큰 허물은 없다고 한 것이다.

「象」曰: '其行次且', 行未牽也.

「상전」: '그 다니는 것이 더디기만 하다'는 말은 다니는 데서 견제당하지 않는다는 의미다.

雖次且而固行矣, 則不爲陰所牽矣, 故无大咎.

이 구삼효는 다니는 것이 비록 더디기는 하지만 본디 다니기는 다니는 것이니, 음(陰)에게 견제 받지 않는다. 그러므로 큰 허물은 없는 것이다.

---

755) 쾌괘 구사효사와 이 구괘 구삼효사 가운데 "볼기에 살집이 없음이니 그 다니는 것이 더디기만 하다.(臀无膚, 其行次且)"라는 효사의 일부가 같다는 의미다. 이들 두 괘는 왕부지의 『주역』 풀이 틀에서 종(綜)의 관계를 이루고 있기도 하다.

九四, 包无魚, 起凶.

구사: 물고기가 없는데도 품에 안고 있음이니 흉함을 일으키게 된다.

四與初爲應, 欲包初爲己有, 而二已受陰之遇. 四能與陽同升, 而不以
初爲志, 則得靜正之道. 乃以剛居柔, 而爲退爻以就下, 有强合於陰而
不能之象. 无魚矣, 又從而包之, 本可不凶, 而挑起禍端, 凶道也.

이 구사효는 초육효와 응함의 관계를 이루고 있다. 그래서 초육효를
품에 안아 자신의 소유로 하려고 하는데, 구이효가 벌써 이 음(陰)과의
만남을 받아들이고 있다. 이러한 상황에서 구사효는 다른 양효들과 함께
상승할 수 있으니 초육효에 뜻을 두지 않는다면 '고요하여 올바름[靜正]'의
이치를 실현할 수 있다. 그러나 지금 이 구사효는 굳셈으로서 부드러움의
자리를 차지하고 있고 물러남의 효(爻)를 이루고 있는데도, 아래로 내려가
서 억지로 초육효의 음(陰)과 합해보려 한다. 이는 불가능한 상(象)이다.
또 물고기가 없는데도 쫓아가서 품에 안으려 하니, 본래는 흉하지 않을
수도 있지만, 화단(禍端)을 불러일으키게 된다. 흉함의 이치다.

「象」曰: 无魚之凶, 遠民也.

「상전」: 물고기가 없는 흉함은 백성들로부터 멀어졌음을 의미한다.

陰爲民, 民不懷己, 而欲强應之, 不得則必爭. 民心愈離, 生起禍端,
無寧日矣.

음(陰)이 백성이 되는데, 지금 이 백성들이 자신을 마음으로 받아들이지 않고 있다. 이러한 상황에서 억지로 응하려 하다가는 안 될 경우에 필연코 쟁변이 일게 된다. 그럴수록 백성들의 마음은 자신으로부터 더욱 멀어지고 화단(禍端)을 불러일으키게 되니, 편할 날이 없을 것이다.

九五, 以杞包瓜, 含章, 有隕自天.

구오: 고리버들로 짠 그릇으로 오이를 잘 싸서 저장하고 있음이니, 속에 아름다운 덕을 품고 있음이며, 하늘로부터 떨어지는 것이 있다.

'杞', 柜柳, 其條可編爲器以貯物. '瓜', 易潰之物, 包之密則不潰. 九五剛健中正, 盡道自己, 而不憂陰慝之作, 以具曲成萬物之德, 包妄起妄遇之陰, 陰輯其潰亂而使化爲美, 唯含容之道盛, 則陰交陽以成品物之章, 始於不正而終於正矣. 是豈陰之德足以致之哉? 容蓄裁成之功, 自天隕而得之意想之外. 瓜之不潰, 杞護之, 固非瓜之能爾也.

'杞(기)'는 고리버들인데, 그 가지를 엮어 그릇을 만들어서 물건을 저장할 수 있다. '오이'는 쉽게 썩는 물건이지만 잘 싸서 보관한다면 썩지 않는다. 이 구오효는 굳세고 씩씩하며 중정(中正)한 덕을 지니고 있다. 그리고 자신의 길을 제대로 갈 뿐 음(陰)의 사특함이 일어나는 것을 두려워하지 않는다. 이 구오효가 지금 만물을 구석구석까지 세심하게 살펴서 이루어내는 덕을 갖춘 채, 망령되게 일어나고 망령되게 만나게 된 이 구괘의 음(초육효)을 품에 안아주고 있다. 그래서 이 음도 그 썩어 문드러짐을 거두어들여 아름다움으로 변화시킨다.

이렇듯 오직 포용함의 도(道)가 왕성하기 때문에 음이 양과 사귀며
낱낱 물(物)들의 아름다움을 이루어낸다. 그래서 비록 올바르지 않음(不
正)에서 시작하였지만 끝은 올바름으로 맺는다. 그러나 이 어찌 음(陰)의
덕으로서 족히 이룰 수 있는 것이리오! 오직 가슴속에 받아들이고 마름질
하여 이루어주는 구오효의 공력이[756] 하늘로부터 떨어짐에, 음으로서
생각지 못한 것을 얻었을 따름이다. 즉 오이가 썩지 않음은 고리버들이
보호해주기 때문이지, 본디 오이가 이렇게 할 수 있는 것은 아니다.

「象」曰: 九五含章, 中正也. ‘有隕自天’, 志不舍命也.

「상전」: 구오효의 속에 아름다운 덕을 품고 있음은 중정(中正)하기 때문이다.
“하늘로부터 떨어지는 것이 있다.”는 것은 그 뜻함이 주어진 명(命)을 내버려두지
않기 때문이다.

‘舍, 置也. 陰消極而必生, 理數之自然, 命也. 九五以含章爲志, 不委之
於命, 而必欲護之以止潰亂, 乃大人立命之德. 唯剛健中正足以當之,
人而天矣.

‘舍(사)’는 내버려둔다는 의미다. 음(陰)이 사라지다가 극에 이르러서는
반드시 생겨남은, 우주의 이치가 지닌 저절로 그러함이며 명(命)이기도
하다. 이 구오효는 아름다운 덕을 가슴속에 품는 데 뜻을 두고 있고,

자신에게 다가오는 명(命)을 내버려두지 않는다. 그리고 반드시 그것을 보호하여 썩어 문드러짐을 방지하려고 한다. 이는 곧 대인(大人)이 자신에게 주어지는 명(命)을 받아들이고 그것을 즐기며 살아가는 데서 드러내는 덕이다. 그리고 이는 이 구오효처럼 오직 굳세고 씩씩하며 중정(中正)해야만 해낼 수 있는 것이다. 이는 사람이 하는 것이기는 하지만 사실은 하늘이 하는 것이다.

上九, 姤其角, 吝无咎.

상구: 그 뿔을 만남이니, 아쉬워하지만 허물이 없다.

'姤其角'者, 陰陽方遇, 而上爲其角, 既非其應, 又與絶遠, 則吝於遇矣. 吝不足以章品物, 而能自守不渝, 則无咎.

'그 뿔을 만남'이란 음과 양이 바야흐로 만났는데 상구효가 그 뿔이 되어 있으니, 이들 사이에는 응함도 일어나지 않을 뿐만 아니라 멀리 떨어져 있기까지 하다. 그래서 만남에 아쉬워하는 것이다. 그러나 이렇게 아쉬워하기만 해서는 낱낱의 물(物)들을 아름답게 가꾸어낼 수 없다. 이를 깨닫고 자신을 잘 지켜 변하지 않게 할 수 있다면, 허물이 없다.

「象」曰: '姤其角', 上窮吝也.

「상전」: '그 뿔을 만남'이란 위에서 궁해지고 아쉬워함이다.

上處窮極之地, 陽道將衰, 不容不亢, 則吝而非咎.

상구효는 지금 궁극의 곳에 처해 있다. 그래서 그것이 지닌 양(陽)의 도(道)가 곧 쇠미해지려하니, 어쩔 수 없이 고개를 빳빳이 쳐들고 자신이 처한 상황에 맞설 수밖에 없다. 그리하여 아쉬워하기는 하지만 허물이 되지는 않는다.

●●●

萃卦坤下兌上

췌괘䷬

萃. 亨. 王假有廟, 利見大人, 亨利貞. 用大牲吉, 利有攸往.

췌괘: 형통하다. 왕이 이르러 종묘에 있음이니, 대인을 만남에 이로우며, 형통하고 이롭고 올곧다. 커다란 희생을 씀이 길하고 어디를 가는 데 이롭다.

艸之叢生曰'萃'. 澤地者, 艸叢生之藪也, 而叢生必各以其類; 此卦三陰聚於下, 二陽聚於上, 各依其類以相保, 故謂之'萃'. 然陽之能聚於上者, 唯陰聚於下, 不散處以相間. 陽旣在上, 嫌於將往而消, 而上六復覆其上, 保陽而使不往, 以萃於其位, 則陽之得萃, 陰之順而說者成之. 陰雖群處致用之地. 高居最上之位, 而皆以保陽, 故六爻皆言'无咎'.

풀들이 더부룩이 무더기로 자라남을 '萃(췌)'라 한다. 연못가[757]는 풀들이 이렇게 더부룩이 무더기로 자라나는 늪지대다. 더부룩이 무더기로 자라나는 것들은 반드시 각기 무리를 짓기 마련이다. 이 췌괘에서는 세 음들이 아래에 모여 있고 두 양들은 위에서 모여 있으면서 각기 그 무리 지음에 의거하여 서로를 보존하고 있다. 그러므로 '萃(췌)'라고 한 것이다. 그런데 두 양효가 위에서 모여 있을 수 있는 까닭은, 오직 음들이 아래에 모여 무리를 이룬 채 흩어지지 않고 거주하면서 서로 이웃하고 있기 때문이다. 아울러 양들이 이미 위에 있기 때문에 곧 가서 사라져버릴지도 모른다는 혐의가 있다. 그런데 상육효가 다시 그 위에서 덮어주며 양들을 보호하여 가지 않도록 함으로써 이들의 위(位)에 모여 무리를 이루고 있게 한다. 그러니 이 췌괘에서 양들이 모여 무리를 지을 수 있음은 음들이 순종하며 기뻐함이 이루어낸 것이다.[758] 이 췌괘의 음들은 비록 일상생활에서 활용될 곳에 무리 지어 거주하고 있기도 하고, 또 가장 높은 자리에 거주하고 있기도 하지만, 모두들 양들을 보호하고 있다. 그러므로 이 췌괘의 경우는 여섯 효에서 모두 '허물이 없다'고 하고 있다.

---

757) 이는 췌괘를 취상설의 관점에서 풀이한 것이다. 취상설에 의거하면, 췌괘는 회괘(悔卦)가 태괘☱로서 '연못(澤)'을 의미하고 정괘(貞卦)는 곤괘☷로서 '땅[地]'을 의미한다. 그래서 번역하여서는 '연못가'라고 하였다.

758) 이는 췌괘를 취의설의 관점에서 풀이한 것이다. 취의설에 의거하면, 췌괘는 정괘(貞卦)가 곤괘☷로서 '순종함'을 의미하고, 또 회괘(悔卦)는 태괘☱로서 '기뻐함'을 의미한다.

‘萃亨', 程子以'亨'爲羨文. 然上言'亨'者, 通'萃'之德而言之; 下言'利見
大人亨'者, 則就見大人而言其亨之繇也. 陽聚於其位, 陰順於下而奉
之, 嘉之會也. ‘王假有廟'者, 群陰聚順於下, 四贊九五而以承事乎上
六; 上爲宗廟, 王者聚群心以致孝享, 而神可格, 所謂合萬國之歡心,
‘萃'之盛者也. ‘利見大人亨', 言三陰聚以從六二而應九五, 見之而上下
各安其位, 志無不通也. 應以正, 合義而永貞, 故曰'利貞'. ‘大牲', 特牲,
牛也. ‘用大牲吉, 利有攸往'者, 言聚順以事天則受福, 而行焉皆利也.

‘萃亨(췌형)'의 ‘亨(형)' 자에 대해 정자(程子)는 필요 없이 군더더기로
들어간 글자라 하고 있다.[759] 그러나 위에서 말한 ‘亨(형)' 자는 이 췌괘䷬
전체의 덕을 통틀어서 말한 것이고, 아래에서 “대인을 만남에 이롭고
형통하며”라 한 것은 대인을 만난다는 점에 나아가 그 형통함의 까닭을
밝히고 있는 것이다.
양(陽)들이 그 위(位)에 모여 있고 음(陰)들이 아래에서 순종하며 이
양들을 받들고 있으니, 이는 아름다움의 모임[760]이다. ‘왕이 이르러 종묘
에 있음'이란 뭇 음들이 아래에 모여서 순종하고 있고 구사효가 구오효를

---

759) 정이(程頤)는 이에 대해, “‘萃(췌)' 자 다음에 있는 ‘亨(형)' 자는 필요 없이
군더더기로 들어간 글자다. 아래에서 ‘亨(형)' 자는 저절로 제자리를 잡고
있다. 환괘(渙卦)䷺와는 다른데, 환괘에서는 먼저 괘의 재질을 말하고 있음에
비해, 이 췌괘䷬에서는 먼저 괘의 의미를 말하고 있다. 각각의 「단전」에 매우
분명하게 드러나 있다.”(程頤, 『易傳』, 萃卦: 萃下有亨字, 羨文也. 亨字自在下.
與渙不同. ‘渙'則先言卦才, ‘萃'乃先言卦義. 象辭甚明.) 췌괘와 환괘는 괘사의
전반부가 똑같다(亨, 王假有廟). 그런데 정이는 이처럼 구별하고 있는 것이다.
760) ‘아름다움의 모임'이란 건괘(乾卦)䷀의 「문언전」에 나오는 말이다. 이 「문언전」
에서는 형통함에 대해 이렇게 풀이하고 있다.(亨者, 嘉之會也)

보필하는데 이러함으로써 상육효를 받들어 모신다는 의미다. 상육효는
종묘가 된다. 그래서 왕은 제가 이끄는 뭇 백성들의 마음을 모아서 효성에
넘치게 여기에 제사를 지내고 있으니, 신(神)들이 강림할 수가 있다.
이른바 "모든 나라 백성들의 기뻐하는 마음을 합함"761)으로서, 이는 무더
기로 무리 짓는다는 '萃(췌)'의 왕성함을 드러낸다.

'대인을 만남에 이롭고 형통하며'라는 것은, 정괘(貞卦)인 곤괘☷의 세
음들이 모여 육이효를 따르면서 구오효에 응하는데, 이들이 만나서는
위·아래가 각기 그 위(位)에서 편안해지고 뜻하는 것 모두가 통하지
않음이 없다는 말이다. 그리고 올바름으로써 응하고 의로움에 합치하여
영원히 올곧기에 "이롭고 올곧다."라고 한 것이다.

'커다란 희생'이란 특별한 희생물로서 소를 의미한다. 그래서 '커다란
희생을 씀이 길하고 어디를 가는 데 이롭다.'는 것은, 모여서 순종하며
하늘을 섬기니 복을 받고 행하는 것 모두가 이롭다는 말이다.

蓋太極之有兩儀也, 在天則有陽而必有陰, 在地則有剛而必有柔, 在
人則有君子而必有小人·有中國而必有夷狄, 唯凌雜而相干, 斯爲大
咎. 乃陰以養陽, 柔以保剛, 小人以擁戴君子, 夷狄以藩衛中國, 陰能安

---

761) 『효경(孝經)』, 「효치(孝治)」 편에 나오는 말이다. 여기서는 공자의 말을 빌려,
"옛날에 훌륭한 왕들은 효성으로써 천하를 다스리며 감히 작은 나라의 신하들
조차 제외하지 않았던 것이니, 하물며 공·후·백·자·남작들이야! 그러므
로 모든 나라 백성들의 기뻐하는 마음을 얻어서 선왕들을 모셨던 것이다.(子曰:
昔者, 明王之以孝治天下也, 不敢遺小國之臣, 而況於公侯伯子男乎? 故得萬國
之歡心, 以事其先王.)"라 하고 있다.

於其類聚, 而陽自聚於其所當居之正位, 交應而不雜, 則陰雖盛而不
爲陽病. 鬼神以是不亂於人, 而祐人以福; 愚賤以是自安其類, 而貴貴
賢賢得以彙升, 此萃之所以集衆美也. 故象歷言其亨利貞・吉焉. 陽
雜乎陰, 而小人始疑; 陰雜乎陽, 而君子始危. 免此而綏人神, 利行藏,
何弗宜哉!

태극에는 양의(兩儀)가 있다. 그래서 하늘에는 양이 있음에 반드시 음이
있고, 땅에는 굳셈[剛]이 있음에 반드시 부드러움[柔]이 있다.[762] 그리고
사람 세상에는 군자가 있음에 반드시 소인이 있고, 중국이 있음에 반드시
변방의 소수 민족 국가들이 있다. 그런데 이들이 각기 자기다움을 유지하
지 않고서 마치 쌀과 소금이 뒤섞여 있듯 하여[763] 서로 간에 침범하여
어지럽힌다면 이것이 곧 큰 허물이 된다. 그러나 지금 이 췌괘䷬의
경우는 음들이 양을 부양하고 부드러움이 굳셈을 보호하고 있다. 또
소인이 군자를 껴안고 추대하며 변방의 소수 민족 국가들이 중국을

---

762) 「설괘전」 제2장의 말을 원용하고 있는 구절이다. 거기에서는 하늘의 도를
    세우는 것을 음과 양이라 하고, 땅의 도를 세우는 것을 부드러움과 굳셈이라
    하며, 사람의 도를 세우는 것을 어짊과 의로움이라 하고 있다.(立天之道,
    曰陰與陽; 立地之道, 曰柔與剛; 立人之道, 曰仁與義.)
763) '凌雜(능잡)'을 이렇게 번역하여 보았다. 이는 『사기』, 「천관서」 편에 출전이
    있는 말이다. 뜻은, 자질구레한 것들이 너저분하게 뒤섞여 있다는 의미다.
    쌀은 쌀대로 소금은 소금대로 모여 있어야 하는데, 이들이 색깔과 모양이
    비슷한 것 때문에 구별되지 않은 채 뒤섞여 있다는 의미다. 『사기』에서는
    당시의 제후들이 합종(合縱)・연횡(連衡)하는 것을 이렇게 표현하고 있다.
    (『史記』, 「天官書」: 近世十二諸侯七國相王, 言從衡者繼踵, 而臯・唐・甘・石
    因時務論其書傳, 故其占驗凌雜米鹽.)

에워싸고 호위해 주고 있다. 그래서 음들은 제 부류대로 모여 삶에 편안해질 수 있고, 양들도 저절로 그들이 마땅히 자리 잡고 살아야 할 올바른 자리에 모이게 된다. 그리하여 서로 교접하며 응하기는 하되 뒤섞이지는 않으니, 음들이 비록 왕성하다고 할지라도 결코 양들에게 두통거리가 되지 않는다. 이러한 까닭에 귀신은 사람들에게 어지럽히지 않고 복을 주어서 돕는다. 그리고 어리석고 비천한 이들은 이러한 연유에서 자신들의 무리에서 저절로 편안해지며, 귀한 이들은 귀하게 되고 현명한 이들은 현명하게 되어, 무리 지어 올라가게 된다. 이것이 바로 췌괘가 뭇 아름다움들을 집적하고 있는 까닭이다. 그러므로 괘사에서 그 형통함, 이로움, 올곧음, 길함에 대해 하나씩 하나씩 말하고 있는 것이다. 그런데 이와는 달리 양이 음에게 뒤섞이면 소인들이 비로소 의심을 품게 되고, 반대로 음이 양에게 뒤섞이면 군자들이 비로소 위태로워진다. 이러한 상황을 면하여 사람과 귀신을 편안하게 하는 것이라든지, 또 세상에 나아가 자기 구실을 함과 물러나 은거함을 이롭게 하고 있다. 그러니 어찌 마땅치 않다 하겠는가!

「象」曰: 萃, 聚也, 順以說, 剛中而應, 故聚也.

「단전」: 췌괘는 모여듦을 드러내고 있다. 순종하며 기뻐하고, 굳셈이 득중하여 응하기 때문에 모여드는 것이다.

陰安聚於下, 則成乎坤順. 陽得位於上, 而陰衛其外以不消, 則說. 五得位而二應, 雖類聚群分, 而志不相違, 斯以成乎聚而致亨也.

이 췌괘䷬에서는 음들이 아래에서 편안하게 모여 있으면서 곤괘☷의 순종함을 이루고 있다. 그리고 양들이 위에서 자신들의 위치를 차지하고 있는데, 상육효의 음이 그 밖을 에워싸서 사라지지 않게 하니, 기뻐하는 것이다. 구오효는 마땅하게 자기 자리를 차지하고서 육이효와 응하는데, 비록 이들이 각기 같은 부류대로 모여 있으면서 무리대로 나뉘지만 서로 뜻함을 거스르지 않는다. 이러하기 때문에 모여듦을 이루고 형통함을 불러오는 것이다.

'王假有廟', 致孝享也.

'왕이 이르러 종묘에 있음'이란 효성을 다해 조상들에게 제사를 지냄이다.

'孝'者順德, 合群心之順以致於上, 廟中之象也. 順者陰也, 致亨者九五之陽也. 然能聚下之順, 而後順乎親者大也.

'효'는 순종함의 덕이다. 그런데 자신이 이끄는 국가의 백성들이 자신의 조상들에게 순종하는 마음을 합하여 위로 치성을 올리고 있으니, 이는 종묘 속에서 이루어지는 모습을 드러낸다. 순종하는 이는 원래 음인데, 이 췌괘䷬에서는 효성을 다해 조상들에게 제사를 지내며 순종하는 이가 구오효라는 양이다. 그러나 이 구오효는 아랫사람들의 순종함을 모을 수 있고, 그러한 뒤에 조상들에게 순종하니 크다.

'利見大人亨', 聚以正也.

'대인을 만남에 이롭고 형통하며'라는 것은 올바름으로써 모여듦을 의미한다.

二位各當位, 得剛柔之正, 而四從五聚, 初·三從二聚, 唯其正, 是以群心附之.

육이효와 구오효가 각기 마땅하게 제자리를 차지하여 굳셈[剛]·부드러움[柔]의 올바름을 얻고 있는데, 구사효는 구오효를 좇아서 모여들고 초육·육삼효는 육이효를 좇아서 모여들고 있다. 육이효와 구오효가 오로지 올바르기 때문에 군중들의 마음이 이들에게 쏠리는 것이다.

'用大牲吉, 利有攸往', 順天命也.

'커다란 희생을 씀이 길하고 어디를 가는 데 이롭다.'는 것은 하늘의 명(命)을 따름이다.

五居天位, 天所命也. 下群聚以順之, 則可升中以享帝.

구오효가 하늘의 위(位)를 차지하고 있음은 하늘이 명(命)한 것이다. 그리고 아래에서 군중들이 모여들며 순종하니, 구오효는 높은 산에 올라가서 공덕이 이루어졌음을 알리며 하느님께 제사를 지낼 수 있다.

觀其所聚, 而天地萬物之情可見矣.

그 모여 있는 양상을 살피면 하늘과 땅, 만물의 실정을 알 수가 있다.

陽必聚於上, 陰必聚於下, 陰保陽以不散, 陽正位而陰不離, 理氣之必
然, 天地萬物莫能違也. 非是, 則雖聚而非其情之所安.

양은 반드시 위에서 모이고 음은 반드시 아래에서 모이는 것, 그리고
음은 양을 보호하며 흩어지지 않고 양은 제자리를 올바르게 차지하여
음이 떠나지 않는 것, 이러한 것들은 리(理)와 기(氣)가 빚어내는 필연이
다. 그래서 하늘과 땅, 만물, 그 어느 것이든 이를 어길 수가 없다.
만약에 이렇지 않다면, 비록 모여 있다고 할지라도 마음들이 편안할
수가 없다.

「象」曰: 澤上於地, '萃', 君子以除戎器, 戒不虞.

「대상전」: 땅 위에 연못(저수지)을 만들어 놓음이 췌괘니, 군자는 이를 본받아
병장기를 정비하여 예기치 못한 사태를 대비하며 경계한다.

水本流於地中, 而浚地爲澤, 瀦水以防水旱, 而不使旁流散漫, 時雖未
需水, 而畜之無用以待用, 蓋積以待價也. 君子不居無用之貨, 唯戎器
則除治之於安寧之日, 以待不測之用, 則聚而不嫌於不散.

물은 본래 땅 가운데를 흘러가는 것인데, 땅을 파서 연못(저수지)을

만들어 물을 담아 놓음으로써 수재(水災)와 한재(旱災)를 방지한다. 그래서 물이 다른 데로 그냥 흘러가버리도록 하지 않고, 지금은 비록 물이 필요한 때가 아니라 하더라도 이렇게 소용되지 않을 적에 모아두었다가 나중에 쓰이는 데 충당하는 것이다. 이는 곧 축적해두었다가 다 떨어졌을 때를 대비함이다. 군자는 쓸모없는 재화를 자기 것으로 차지하지 않는데, 오직 병장기만은 한가한 날들에 잘 정비하여 예기치 않은 병란이 발생했을 때를 대비한다. 이는 곧 모아두고서 흩어지지 않도록 함에 대해 꺼리지 않음이다.

初六, 有孚不終, 乃亂乃萃. 若號, 一握爲笑, 勿恤, 往无咎.

초육: 믿음이 있는 이들과 끝까지 함께하지 않음이니, 혼란을 일으키기도 하고 함께 모이기도 한다. 만약에 큰 소리로 불러댄다면 한데 단단히 얽혀 웃음꽃을 피울 수도 있겠지만, 이를 마음에 담아두지 말지어다. 가서 허물이 없다.

初六與二・三二陰本相孚同志, 而與九四爲正應, 則又有舍其所萃以就所應之心. 乃兩端交戰, 不能自決, 而究爲二陰所暱, 若將號呼固黨, 相握爲一, 以爲歡笑, 則溺於私而失順陽之義. 唯勿以此爲恤而往奉四以聚於五, 庶幾无咎. 以其卑弱處下而無定志, 故有此象; 而不失其應, 則可獎之以無私繫, 而免於咎也.

이 초육효는 육이・육삼 두 음효와 본래 서로 믿음을 나눈 동지(同志)다. 그러나 초육효는 또한 구사효와 제대로 응함[正應]의 관계에 있기도 하다. 그래서 이 초육효에게는 한편으로 믿음을 나눈 동지들과 함께

무리 지어 있음으로부터 떠나서 구사효와의 응함에로 나아갈까 하는 또 하나의 마음이 있다. 이렇듯 초육효에게는 두 마음이 서로 교전을 벌이며 갈등하고 있는데, 제 스스로는 결단을 내리지 못하다가 마침내 두 음효들의 손아귀로부터 벗어나지 못하고 그들과 한통속으로 어울리기도 한다. 그래서 만약에 큰 소리로 서로를 불러대며 제 당파를 공고히 하고 서로 단단히 얽혀 하나가 되어 환호작약(歡呼雀躍)한다면, 사사로움에 빠져서 양(陽)에게 순종하는 의로움을 잃어버리게 된다. 오직 이러함을 마음에 담아두지 말고 가서 구사효를 받들면서 함께 구오효에게로 모이게 되면 아마 허물이 없으리라. 초육효는 비천하고 허약한 채로 아랫자리에 있고 뜻함이 딱 부러지게 정해지지 않았기 때문에 이러한 상(象)이 있다. 그러나 구사효와의 응함을 잃어버리지 않는다면, 그를 도우며 사사로움에 연계되지 않을 수 있고 허물을 면하게 된다.

「象」曰: '乃亂乃萃', 其志亂也.

「상전」: '혼란을 일으키기도 하고 함께 모여 있기도 한다.'는 것은 그 뜻함이 혼란을 겪음이다.

物雖不齊以相感, 而豈能亂貞人之志哉! 志先亂, 則苟且懷安而失正耳.

세상에 존재하는 것들이 비록 들쭉날쭉 똑같지 않은 채 서로 느끼며 어울린다고 하지만, 그렇다고 하여 어찌 마음을 굳게 지키며 바꾸지 않는 사람의 뜻함을 어지럽힐 수 있으리오! 뜻함이 먼저 어지럽혀진다면, 구차하게 안일을 탐하며 올바름을 잃어버릴 따름이다.

六二, 引吉无咎, 孚乃利用禴.

육이: 이끌고 감이 길하며 허물이 없다. 믿음이 있어서 약(禴) 제사를 지냄에 이롭다.

六二爲'坤'順之主, 柔中得位, 初·三二陰之所恃以聚也. 能引之以應 乎剛, 而陰陽上下各以類相從而安, 則无咎. 乃初與三皆懷自固其黨 之心, 二必誠意相應, 使初·三深信其相引之爲吉, 乃克同寅協恭, 以 戴陽於上, 然後上下各得而利. 蓋非信友則不能獲上, 與聚順以事祖 考之理同, 頌奏假者所以貴乎靡争也. 六二之道, 豈易盡哉! '引吉'而後 '无咎', '孚'乃'用禴'而'利', 有其難其愼之戒焉. '禴', 夏祀, 特而不祫. 二 專應九五, 故言禴.

이 육이효는 췌괘䷬의 정괘(貞卦)인 곤괘☷의 주효(主爻)다. 그래서 부드 러움[柔]으로서 가운데 자리를 차지하여 제대로 된 위치에 자리 잡고 있으며, 초육·육삼효의 두 음효는 이 육이효에 의지한 채 모여 있다. 육이효로서는 능히 이들을 이끌고 가서 구오효의 굳셈[剛]에 응함으로써 음·양이 위·아래에서 각기 무리를 이루어 서로 따르고 편안해진다. 그래서 허물이 없는 것이다.

초육효와 육삼효는 모두 자신들의 당파를 견고히 하려는 마음을 품고 있는데, 육이효가 반드시 성의를 다해 서로 응하면서 이들 두 효로 하여금 서로 이끌어줌이 길하다는 것을 깊이 믿게 한다. 이렇게 하여 다함께 공경을 다할 수 있고,764) 양(陽)들을 위로 추대한다. 그러한 뒤에 위·아래가 각기 원하는 것을 이루어 이롭다.

벗들을 믿지 않으면 윗사람의 마음을 얻을 수 없는데, 이는 왕이 백성들의

순종함을 모아서 조상신들을 모시는 이치와 같다. 이것이 바로 『시경』,
「상송(商頌)」편의 「열조(烈祖)」라는 시에 나온다. 거기서는 신령을
강림케 할 적에 다툼을 벌이지 않음을 귀하게 여긴다.765) 그러니 육이효
의 도리를 어찌 쉽게 다할 수 있으리오!

이 육이효가 이처럼 초육·육삼효 둘을 '이끌고 가서 길하'니 그러한
뒤에라야 '허물이 없고', 이들 사이에 '믿음'이 있어야 '약(禴) 제사를
지내며' '이롭다'는 것이다. 여기에는 어렵다는 것과 삼가야 한다는 경계
함이 들어 있다. '약 제사'는 여름에 지내는데,766) 이는 특별한 것으로서

---

764) '동인협공(同寅協恭)'을 이렇게 번역하여 보았다. 이 말은 『서경』,「고요모(皐
陶謨)」편에 나오는 말로서 고요(皐陶)가 순임금 앞에서 우(禹)에 대해 한
말이다. 뜻은 모든 신료와 전문가들이 다함께 공경을 다하며 조화롭게 훌륭한
정치를 해보자는 것이다.(百僚師師, 百工惟時, 撫于五辰, 庶績其凝. 無敎逸欲
有邦, 兢兢業業. 一日二日萬幾. 無曠庶官. 天工人其代之. 天敍有典, 勅我五典
五惇哉. 天秩有禮, 自我五禮有庸哉. 同寅協恭, 和衷哉.)

765) 원문은 "奏假無言, 時靡有爭"으로 되어 있다. 조상신들을 강림케 하고 그
신령이 강림하였을 적에 비록 어떠한 말도 없지만, 참여한 모든 이들은 도리어
신령의 위엄에 눌려 숙연해지며 어떠한 다툼도 없이 공경을 다한다는 의미다.
『중용』에서도 이를 인용하며 강조하고 있다.(『중용』: 『詩』曰, "奏假無言, 時靡
有爭." 是故君子, 不賞而民勸, 不怒而民威於鈇鉞.)

766) 왕필은 이 약(禴) 제사에 대해, 은(殷)나라 때 천자나 제후가 봄에 지내는
제사라 하고 있고(王弼,『周易注』: 禴, 殷春祭之名也, 四時祭之省者也.), 공영
달도 "약 제사는 은나라 때 봄 제사의 명칭이다. 사계절에 지내는 제사들
가운데서 올리는 제물이 가장 간소한 것이다.(孔穎達,『周易正義』: 禴, 殷春祭
之名也. 四時之祭, 最薄者也.)"라고 함으로써 왕필의 견해에 동의하고 있다.
그런데 『시경』,「소아(小雅)」편의 「천보(天保)」라는 시에서 "禴祠烝嘗."이라
한 것에 대해,『모전(毛傳)』에서는 "봄 제사를 사(祠), 여름 제사를 약(禴),
가을 제사를 상(嘗), 겨울 제사를 증(烝)이라 한다.(春曰祠, 夏曰禴, 秋曰嘗,

합사(合祀)하지는 않는다. 육이효는 전적으로 구오효에게만 응하기 때문에 '약 제사'를 말한 것이다.

「象」曰: '引吉无咎', 中未變也.

「상전」: '이끌고 감이 길하며 허물이 없다.'는 것은 가운데 자리를 차지한 채 변하지 않기 때문이다.

> 三陰聚而二爲之主, 勢足以背上而自固, 自非大順之貞, 其心易變. 能引之以用禴, 則心可諒於天下. 言'未變'者, 危辭也. 陰聚於內, 非上六則成'否', 故其辭危.

이 췌괘의 정괘(貞卦)는 세 음효가 모인 것인데 육이효가 그 주체다. 이들은 세력으로는 충분히 위에 있는 양효들을 배반하고 스스로를 공고히 할 수 있다. 그래서 스스로 크게 순종하는 올곧음을 지니지 않는다면 그 마음이 쉽게 변한다. 그런데 지금 이 육이효는 약(禴) 제사를 지내는 데 사용하는 마음으로써 이들을 이끌고 가니 그 마음이 온 세상에 믿음을 줄 수 있다. '변하지 않음'이라 한 것은 위태로움을 경계하는 말이다. 이 췌괘䷬는 안에 음효 셋이 모여 있기 때문에 상육효가 아니면 비괘(否卦)䷋가 되어 버린다.[767] 그러므로 그 말이 위태로움을 드러내고 있는

冬曰烝.)"고 주해하고 있다. 왕부지는 『모전』의 견해를 취한 것으로 보인다.
767) 췌괘의 상육효가 양효로 변하면 췌괘가 비괘(否卦)가 되어버린다는 의미다. 비괘는 비색됨을 나타내는 괘로서 좋지 않은 의미를 담고 있다. 이를 막아주는

것이다.

六三, 萃如嗟如, 无攸利. 往无咎, 小吝.

육삼: 모여 있기도 하고 탄식하기도 한다. 이로울 바가 없다. 가더라도 허물이
없지만, 소인들에게는 아쉬워함이 있다.

> 六三與二陰聚處, 不當位而有躁進之情, 不自安於下, 小人所以長戚
> 戚也. 以其承剛而爲進爻, 能往戴二陽使聚於上, 可得无咎. 陰之情本
> 鄙固, 而怗其黨, 吝也, 未可必其往也, 故爲兩設之辭, 使占者各自擇
> 焉. '小吝', 小者吝也, '小'謂陰.

이 육삼효는 다른 두 음효들과 함께 모여 있는데, 지금의 자리가 자신의
마땅한 자리가 아니기 때문에 급하게 나아가려 하는 마음이 있다. 그래서
아래에서 스스로 편안하지 못하다. 이러한 상황에 처하면 소인들은
오래도록 근심에 근심을 하게 된다. 그런데 이 육삼효는 위로 군셈[剛]을
받들고 있고 나아감의 효(爻)이기 때문에 가서 두 양효를 추대하여
위에서 모이게 할 수 있다. 이렇게하여 허물이 없을 수 있다. 그러나
음(陰)들이 마음 쓰는 것은 본래 비루하고 자신들만을 위하는지라 제

것이 바로 상육효인데, 이 상육효를 정괘(貞卦)인 곤괘☷의 가운데 자리에서
다잡고 있는 것이 이 육이효라는 의미다. 즉 육이효가 음효들을 잘 다잡고서
이끌고 가기 때문에 상육효도 그대로를 잘 유지할 수 있다는 논리다.

당파만을 믿고 으스대니 아쉬워함이 있게도 된다. 그런데 지금 육삼효는 꼭 간다고만은 할 수가 없다. 그러므로 이 효사에서는 두 가지 상황을 아울러 제시하여서 점친 이들로 하여금 각자 스스로 택하게 하고 있다. '小吝(소린)'이란 소인들이 아쉬워함이다. 여기서 '小(소)'는 음(陰)을 지칭하는 것이다.

「象」曰: '往无咎', 上巽也.

「상전」: '가더라도 허물이 없음'이란 위로 공손하기 때문이다.

'上'謂外卦二陽. '巽', 順而入也. 謂上承剛以相得也. 虞翻互卦以三・上合四・五爲'巽'卦, 說亦可通, 然不可爲典要以施之他卦.

여기에서 '위'라 한 것은 외괘인 태괘☱의 두 양효들을 가리킨다. 그리고 손괘☴는 순종하며 들어감을 의미한다. 말하자면 이 육삼효가 위로 두 굳셈[剛]의 효들을 받들어서 서로가 이득이 됨이다. 우번(虞翻)의 호체설에 따르면, 이 췌괘의 육삼효는 위로 구사・구오효와 합하여 손괘☴를 이룬다. 그래서 호체설로도 통한다고 할 수 있다. 그렇다고 하여 이 호체설을 일정불변한 해석 틀로 만들어 다른 괘들에도 일률적으로 적용해서는 안 된다.

九四, 大吉, 无咎.

구사: 크게 길하여 허물이 없다.

九四本非吉也, 以上與剛中之君相保, 下有聚順之民相戴, 則藉之以
得'大吉'; 非其德之能然, 所處之時爲之也. 因而與五相聚以安, 亦得无
咎, 如宋張俊之保其祿位是已.

이 구사효는 본래는 길한 것이 아니다. 다만 위로는 굳셈[剛]으로서
득중하여 임금을 상징하는 구오효와 서로 보조하는 관계에 있고, 아래로
는 순종하는 백성들이 서로 추대함을 모으고 있기 때문에, 이를 바탕으로
하여 '크게 길함'을 얻은 것이다. 그러나 이는 결코 자신의 덕으로서
능히 그렇게 할 수 있는 것이 아니고, 지금 이 구사효가 처한 시대적
의미 때문에 이렇게 된 것이다. 그래서 구오효와 서로 모여 편안함을
누리고 있고 허물이 없음을 얻고 있다. 마치 남송의 장준이 그 녹봉과
지위를 보지(保持)하던 것이[768] 이와 같을 따름이다.

---

768) 장준(1086~1154)은 남송 시기의 무장이다. 그는 비적(匪賊) 출신의 가문에서
태어나 어려서부터 활쏘기·말타기 등에 능했고, 16세 때 궁전수(弓箭手)로
군문에 발을 들여 놓았다. 그래서 송 휘종(徽宗)의 선화(宣和) 연간(1119~1125)
에 크고 작은 전공을 세워 하급 군관으로 승진하였다. 나중에 남송의 고종(高宗)
이 되는 조구(趙構)와 북송 말부터 인연을 맺기 시작하여 고종이 즉위한
뒤에는 전군통제(前軍統制)로 임명되기도 하였다. 금나라 군대에 쫓긴 고종이
양자강을 건너와 갓 남송 정부를 세우고는 묘부(苗傅)·유정언(劉正彦) 등에
의해 유폐된 일이 있다. 그러자 장준은 한세충(韓世忠) 등과 함께 이 사변을
평정하였다. 이 공으로 장준은 어전우군도통제(禦前右軍都統制)로 승진하였
고, 절도사(節度使)에 임명되었다. 이후 초토사로 농민기의군을 진압하였으
며, 금나라의 괴뢰정권인 유제(劉齊; 僞齊)의 남침을 저지하기도 하였다. 나중
에는 악비(岳飛)·한세충 등과 함께 '3대장(三大將)'으로 불렸는데, 그의 군대
를 '장가군(張家軍)'이라 칭하기도 하였다.
그러나 금나라와 이제 화의(和議)하자는 화의파에 영합하여 장준은 자청해서

「象」曰: '大吉无咎', 位不當也.

「상전」: '크게 길하여 허물이 없다'는 것은 구사효의 위(位)가 마땅하지 않기 때문이다.

　使非遇大吉之時, 其能免於咎乎?

　병권(兵權)을 해제하였고, 추밀사(樞密使)에 제수되었다. 그리고 악비를 모략하는 진회(秦檜)의 말에 힘을 실어주기 위해 악비에 관하여 위증을 함으로써, 악비가 억울하게 옥사하는 데서 결정적인 구실을 하였다. 악비는 이전에 장준의 막하에 있었다. 그래서 명나라 때 세워진 악왕묘(岳王廟; 杭州의 西湖 서북쪽에 자리 잡고 있음)에는 이 악비의 피살에서 주도적인 역할을 한 진회(秦檜)ㆍ왕씨(王氏)ㆍ만사설(萬俟卨)ㆍ장준(張俊) 등 네 사람이 무릎을 꿇린 채 자신의 죄상을 적어 가슴에 걸고 있는 동상을 조각해 놓고 영원히 사람들로부터 욕을 먹게 하고 있다.

그런데 사실 금나라와의 화의(和議)는 고종이 몹시 갈망하는 것이었다. 고종은 더 이상 금나라로부터 시달리지 않고 양자강 이남에서나마 자신의 권력을 유지하고 싶었기 때문이다. 그리고 뛰어난 장군으로서의 악비의 자질을 높이 평가한 금나라가 화의조건으로 그의 목을 요구하였는데, 진회ㆍ장준 등이 이를 수행하여 고종의 갈망을 해결해주었기 때문에 장준에 대한 고종의 총애는 더욱 깊어졌다. 그래서 특별히 그의 집을 친히 방문할 정도였다. 장준은 소흥 21년(1151년) 10월, 중국 역사상 가장 큰 것으로 기록되는 연회를 고종에게 베풀어주기도 하였다. 장준은 재물에 대한 욕심도 대단하여 1년 수확이 쌀 60만 곡(斛)에 이르는 거부(巨富)를 축적하기도 하였다.

이러한 장준에 대해, 왕부지는 여기서 아랫사람들의 순종하는 마음을 모아 고종의 갈망을 해결해주고 떠받듦으로써 고종도 편안해지고 자신도 편안해진 것으로 풀이하고 있다. 이러한 풀이 속에는 양자강 남쪽에 치우친 채로나마 정국이 안정됨으로써 백성들도 편안해졌음을 감안하고 있다고 본다.

크게 길함의 때를 만나지 않고서도 허물로부터 벗어날 수 있겠는가!

九五, 萃有位, 无咎. 匪孚, 元永貞, 悔亡.

구오: 모여 있는 데서 제 지위를 차지하고 있음이니 허물이 없다. 믿음이 가는 관계는 아니지만 본래 영원하고 올곧다. 후회함이 없다.

五雖與四萃聚於上, 爲四陰所保, 然陽亦孤矣. 且輔之者, 非其才之能堪, 尤危道也. 但以居尊而不失其尊, 故可无咎. 且二之應己, 雖各自爲聚, 不與陽同德, 而非其所孚. 然當位之柔, 本體坤'順之貞以效順, 則無所疑而'悔亡'. '永貞'與坤'用六'文同, 言'坤'德也. '元', 謂其本然.

이 구오효는 비록 구사효와 함께 췌괘䷬의 위에 모여 있으면서 이 괘 전체로 네 음효에 의해 보호를 받고 있지만, 이 양(陽)들은 역시 고독하다. 아울러 보조하고 있는 구사효도 그 재질로서 충분하게 이 상황을 감당할 수 있지 않으니, 더욱 위태로움의 이치를 담고 있다. 다만 이 구오효가 존귀한 자리를 차지한 채 그 존엄함을 잃지 않고 있기 때문에, 허물이 없을 수가 있다. 또 육이효가 이 구오효에게 응함을 보더라도, 이들이 각기 스스로 모여 있으면서 양(陽)과 똑같은 덕을 지닌 것이 아니어서 믿음이 가는 관계는 아니다. 그러나 비록 그렇다고는 하더라도 육이효는 제자리를 마땅하게 차지하고 있는 부드러움[柔]으로서 본래 곤괘☷의 순종함이 지닌 올곧음을 체현하여 이 순종함을 드러내고 있다. 그래서 그에 대해 의심할 바가 없어 '후회함이 없는' 것이다. '영원하고 올곧다'는 것은 곤괘䷁ '용육(用六)' 효사의 문구와 똑같은 것으로서 곤괘의 덕을 말하고 있다. '元(원)'은 그것이 본래 그러함을 말하는 것이다.

「象」曰: '萃有位', 志未光也.

「상전」: '모여 있는 데서 제 지위를 차지하고 있음'이기에 뜻함이 아직 빛을
보지 못하고 있는 것이다.

> 群陰方盛, 擁尊位, 則有危心, 不能光大以施德教, 所賴以亡悔者, 陰之
> 永貞耳.

> 뭇 음들이 한창 왕성한 속에서 이 구오효를 존귀한 지위에 옹립한 것이니,
> 이 구오효에게는 위태로움을 느끼는 마음이 있다. 그래서 광대하게
> 덕과 교화를 베풀 수가 없다. 이 구오효에게 의지가 되어 후회함을
> 없게 하는 것은 음들의 영원한 올곧음일 따름이다.

上六, 齎咨涕洟, 无咎.

상육: 탄식을 하고 눈물 콧물을 흘리며 울지만 허물이 없다.

> 三陰萃於下, 二陽萃於中, 上獨孤處而無與萃, 能無憂乎? 然上之在外,
> 所以奠陽於五而不使之消, 則身危而主安, 義无咎也.

> 이 췌괘䷬에서는 세 음효가 아래에 모여 있고 두 양효는 가운데 모여

있는데, 이 상육효만이 외롭게 있으면서 더불어 모여 있는 이들이 없다. 그러니 근심이 없을 수 있겠는가? 그러나 이 상육효가 밖에 있음으로써 양이 5효에 자리를 잡아서 사라지지 않게 한다. 그래서 이 상육효로서는 몸은 비록 위태롭기는 하지만 주인인 임금은 편안한다. 그러므로 의리가 있어서 허물이 없는 것이다.

「象」曰: ‘齎咨涕洟’, 未安上也.

「상전」: ‘탄식을 하고 눈물 콧물을 흘리며 울지만’이란 윗자리에 편안하지 않음을 의미한다.

居上而孤處不安, 其情必戚戚. 當憂之時, 亦何能遽望其安乎! 身不安 而義自正.

윗자리를 차지하고는 있지만 고독하게 있으면서 편안하지 아니하니, 그 정서가 필연적으로 근심스럽고도 근심스러운 것이다. 이렇게 우려가 되는 때에 어찌 급거히 그 편안함을 바랄 수 있으리오! 몸은 편안하지 않지만 의리의 측면에서 스스로 올바르게 한다.

●●●

升卦巽下坤上
승괘䷭

升. 元亨. 用見大人勿恤, 南征吉.

승괘: 으뜸되고 형통하다. 대인을 만나는 데 쓸 것이며 근심하지 말지어다. 남쪽으로 원정을 가서 길하다.

自庭徂堂, 歷階而上曰'升'. 賓嘉之禮, 主賓交相揖, 迭相讓, 互相升, 於是乎情洽而禮成. 此卦二陽讓陰以登於上, 初六之陰, 讓陽以登於二‧三, 更迭相延, 從容而進, 陰升陽, 陽升陰, 賓賓乎從容不迫, 巽順而相應, 故謂之升. '元亨'者, 陽爲初陰所升, 得中而爲主於內, 陰爲陽所升, 居尊而爲賓於外, 陽爲主而道行, 故不失其德之元, 而自成乎嘉之會也. '用見大人勿恤'者, 陰爲賓, 而下應乎九二, 用是以見大人, 可不以陰亢陽卑爲嫌也. '南'者嚮明之方; 陰旣爲陽所升, 則志協於陽, 而柔順之道, 以近光而行, 其吉宜矣. '升'之爲卦, 本泰之初變陽而成, 上下旣交, 而又得初六之陰以巽乎陽, 則不以法撤陰於外, 而與陰迭相讓以進, 道之尤美者也. 故三陰不終爲小人, 以初之能承陽於下, 而上六雖陰之窮, 猶忘軀命以進於善, 則唯陽之進之也以禮, 而无不順也. 卦亦陰爲主, 而陰道之得, 於斯盛矣.

뜨락에서 대청으로 갈 적에는 계단을 거쳐서 올라가게 되어 있다. 그래서 이 괘 이름을 '升(승)'이라 한 것이다. 손님을 맞이하는 예절에서는 주인과 손님이 교대로 서로 읍(揖)을 하고 번갈아가며 서로 양보한다. 그리고 서로 간에 올려 준다. 이렇게 하는 데서 서로 간의 정(情)은 깊어지고 예(禮)는 이루어진다. 이 승괘䷭는 두 양(陽)이 음(陰)들에게 양보하여 위로 올라가게 하고, 초육효의 음은 또 두 양에게 양보하여 2효·3효로 올라가게 하고 있다. 이렇게 거듭 번갈아가며 서로 끌어 주면서 느긋하고 법도가 있게 나아간다. 그래서 음은 양을 올려주고 양은 음을 올려주는데, 전혀 급박함이 없이 느긋하고 여유로운 가운데 손님을 대하는 예가 빛난다. 그래서 공손하고 순종하며 서로 응하기 때문에 괘 이름을 '升(승)'이라 한 것이다.

괘사에서 '으뜸되고 형통하다'라고 한 까닭은 다음과 같다. 우선 보면, 이 승괘에서는 구이효의 양(陽)이 초육효의 음에 의해 올려져서 득중한 채 안에서 주인이 되어 있고, 육오효의 음은 양에 의해 올려져서 존귀한 지위를 차지한 채 밖에서 손님이 되어 있다. 그래서 양이 주인이 되고 도(道)는 행해지기 때문에 그 덕의 으뜸됨을 잃지 않으며 저절로 아름다운 모임을 이루는 것이다.

"대인을 만나는 데 쓸 것이며 근심하지 말지어다."라고 한 것은 육오효의 음이 손님이 되어 아래로 구이효에게 응하고 있으니, 이러한 태도로 대인을 만나면 음이 뻣뻣하게 목을 세운 채 양이 낮은 자리에 있음에 맞선다는 혐의를 벗을 수 있다는 것이다.

'남쪽'은 밝음을 향하는 방위다. 그런데 음이 이미 양에 의해 올려졌으니, 이 음은 양에 협화(協和)하는 데 뜻을 둔다. 그래서 부드럽고 순종하는 방식으로 밝음에 가까이 가며 뜻함을 행한다. 그래서 딱 길하게 되어 있다.

승괘는 본래 태괘䷹의 초효가 양(陽)을 변하게 하여 이루어진 것이다. 그 결과 위·아래가 교접할 뿐만 아니라 또한 초육효의 음(陰)을 얻어서 양(陽)에게 공손하게 대하고 있다. 그래서 법 따위에 의거하여 음을 밖으로 내치지 않고 음과 번갈아 서로 양보하면서 나아가니, 이들이 이루어내는 도(道)가 더욱 아름다운 것이다. 그러므로 외괘(☷)의 음효 셋은 끝내 소인으로 마치지 않고, 초효는 아래에서 양을 받들 수 있다. 그리고 상육효는 비록 음의 궁벽함에 처해 있지만, 오히려 자신의 운명 따위는 잊고서 선(善)으로 나아간다. 그래서 오직 양이 예(禮)에 맞게 나아가니, 음들로서는 순종하지 않음이 없다. 괘도 또한 음이 주체가 되어 있다. 이렇게 하여 음의 도(道)가 실현되며 왕성해진다.

「象」曰: 柔以時升.

「단전」: 부드러움[柔]이 때를 타고서 올라감이다.

待有升己者而後升焉, 則升以其時矣, 所謂進以禮也.

누군가 자기를 올려주기를 기다렸다가 올라가니, 그 때에 맞게 올라감이다. 이른바 "벼슬에 나아감은 예에 맞게 한다."[769]고 함이 이것이다.

---

769) 공자의 벼슬에 나아감과 물러남의 원칙에 대해 맹자가 평한 말이다. 즉 맹자는, "공자는 벼슬에 나아감은 예에 맞게 하였고, 벼슬에서 물러남은 의로움에 따라서 하였다."(『孟子』, 「萬章上」: 孔子進以禮, 退以義, 得之不得曰, "有命")고 하고 있다.

巽而順, 剛中而應, 是以大亨.

공손하면서도 순종하고 굳셈[剛]이 득중한 채로 응하기 때문에 크게 형통한
것이다.

初陰升陽而成乎'巽'入, 外卦受命於陽以升而成乎'坤'順, 九二剛中不
喪其主道, 而五下應之, 故大善而亨通.

초육효의 음이 양을 올려주며 손괘☴의 '들어감'을 이루고 있다. 그리고
외괘는 양에게서 명령을 받고 올라가서 곤괘☷의 '순종함'을 이루고
있다. 구이효는 굳셈으로서 득중한 채 그 주인으로서의 도(道)를 잃어버
리지 않고 있는데, 육오효가 아래로 이에 응한다. 그러므로 크게 선하며
형통하다.

"用見大人勿恤", 有慶也,

"대인을 만나는 데 쓸 것이며 근심하지 말지어다."라는 것은 경사가 있다는
것이요,

陰雖非位, 而陽志與之應, 則所遇者榮也.

육오효의 음이 비록 제 자신에게 마땅한 자리를 차지하고 있지는 않지만
구이효의 양이 그에 응하는 것으로 뜻을 두고 있으니, 그를 만나게
되면 영화(榮華)가 있는 것이다.

"南征吉", 志行也.

"남쪽으로 원정을 가서 길하다."는 것은 뜻함이 행해진다는 의미다.

陰受陽升, 主賓道合, 志無不行矣.

음이 양의 올려줌을 받아들여 주인과 손님이 도(道)에서 합치하니, 뜻함
이 행해지지 않는 것이 없다.

「象」曰: 地中生木, '升', 君子以順德, 積小以高大.

「대상전」: 땅속에서 나무가 생겨남이 승괘다. 군자는 이를 본받아 순종함의
덕을 발휘하고 작은 것들을 알뜰하게 모음으로써 높고 커진다.[770]

---

770) 왕부지는 『주역패소』에서 「대상전」의 '順(순)' 자에 대해 풀이하면서 특별히
주희(朱熹)와는 다른 견해를 제시하고 있다. 그는 『주역본의』에서 주희가
이 '順(순)' 자를 마땅히 '愼(신)' 자로 써야 한다고 한 것에 대해, "지금 이
「대상전」에서 '땅속에서 나무가 생겨남'이라고 한 것을 놓고 보면 여기에는
'愼(신)'과 같은 '삼감'의 상(象)이 없다. 나무는 뿌리에서 줄기로, 그리고 줄기에
서 가지와 잎사귀로 생겨 나아가니, 그 한켜한켜 쌓아감이 순서적이다. 곤괘☷
는 순종함을 상징한다. 그리고 손괘☴도 순종하며 들어감을 상징한다. 그런데
군자가 덕을 이루어가는 과정을 보면, 아래로 일상생활과 관련된 기초 단계의
것부터 배워 나아가 위로 이 세상의 가장 오묘한 이치까지를 통달함[下學而上
達]의 방식이니, 이는 순서를 좇으며 순종함의 덕을 발휘함이다. 만약에 일거에
높고 큰 것을 이루고자 도모하며 그 작은 것들을 홀시하게 된다면, 순서를
건너뛰는 것으로서 이는 '순종함[順]'과는 반대되는 '거스름[逆]'이다. 그러니

變風言'木'者, 風生於空, 無在地下之理. 聖人取象, 必物理之所有, 非
若京房之流, 强合八卦五行而違其實也. '順德', 順其序也. 謹於微而王
事備, 愼於獨而天德全, 皆木生地中, 日積而爲喬林之象.

바람에 변화를 주어 '나무'라고 한 까닭은, 바람은 공중에서 생기며
땅속에 있는 이치가 없기 때문이다.[771] 성인들께서 상(象)을 취하시던
데서는 반드시 자연계 만물의 이치에 있는 것을 근거로 하였던 것이니,
이는 경방(京房)[772]의 부류와는 전혀 다르다. 이들은 팔괘와 오행을
억지로 갖다 맞추어서 그 실질에 어긋나기 때문이다. '순종함의 덕'은
그 자연계의 순환 순서에 순종한다는 의미다. 은미한 것을 정성을 들여
삼가는 데서 조빙(朝聘) · 회맹(會盟) · 정벌(征伐) 등과 같은 왕조의 대
사가 갖추어지고, 홀로 있는 데서 삼감으로부터 천부(天賦)의 덕이 온전
해진다. 이는 모두 나무가 땅속에서 생겨나와 날로 자라남이 쌓여가서
거대한 나무숲을 이루는 상이다.

이곳은 마땅히 글자 그대로 보아야 한다."고 하고 있다.

771) 취상설에 의하면 이 승괘(升卦)는 땅과 바람으로 이루어져 있다. 회괘(悔卦)인
곤괘☷가 '땅'을 상징하고, 정괘(貞卦)인 손괘☴가 '바람'을 상징하기 때문이다.
그런데 지금 이 「대상전」에서는 이 손괘의 상징을 '바람'이라 하지 않고 '나무'라
하였다. 이에 대해 왕부지는, 만약에 이 승괘를 곧이곧대로 풀면 땅속에 바람이
있다는 것이 되어 자연계의 이치에 부합하지 않으므로 이렇게 변화를 주었다고
하고 있다.

772) 경방에 대해서는 앞의 주73)을 참고하라.

蓋嘗論之, 君子之於德也, 期至於高明廣大之域, 一也. 而言學者, 或從
而分爲二道. 皆成德之功, 而倚於一偏, 則各有所失. 或以爲道本高大,
而局之近小, 則徇末而忘本; 或以爲道在卑邇, 而頓希乎高大, 則志廣
而事疏. 游・夏俱承聖教, 而互相非, 況後世之言德性, 言問學者, 相爭
不息乎! 夫聖人之學『易』, 垂訓以詔後學者, 非一卦之足以該全學. 各
有所取而竝行不悖, 聖學之所以大中至正而盡乎人性之良能也. 守卑
邇以求漸至, 是欲變糓率以使企及也. 務高大而忽於微, 是不待盈科
而求盈溝澮也. 夫君子於『易』也, 取法各有其時. 時者, 莫能違者也.
當志學之始, 而致知以適道, 必規恢乎極至之域. 故『大學』之始, 即求
知止乎至善, 而天之命人之性・聖之所以達天而知化, 雖未至焉, 必
期以爲準繩, 而不謂登天之難, 姑孳孳於近小. 及其志之已定, 學之已
正, 然後優而柔之, 馴而習之, 小節必謹, 細行必矜, 造天地之道於夫婦
之知能, 立萬物之命於宮庭之嚬笑, 以克副乎大無外・小無間之大德.
故顔子之心"三月不違仁", 而後夫子使即視聽言動以審於幾微, 此非
可與仲弓以下所亟言也. 觀象於'升', 而'積小以高大'者, 順德之事也.
德豈易順者哉! 有成德於心而後察於其序, 序已察而後可順焉. 然則
子游之舍小以求大, 君子憂其德之不純; 而子夏後倦於高大, 固非中
道而俟能者之方. 故曰, "君子於『易』各有取, 於學各有時." '積小以高
大'者, 成德以後之功也, 順也, 豈初學之以自畫者所得託哉!

이 승괘䷭ 「대상전」이 담고 있는 의미와 관련하여 나는 일찍이 다음과
같이 논하였다. 군자라면 누구나 덕에 대해서 고명(高明)・광대(廣大)한
경지에 이르기를 기약한다는 점에서는 똑같다. 그러나 막상 그들의
학문 과정을 보면, 좇아 나아가는 과정이 두 길로 나뉘기도 한다. 그런데
이 두 길이 모두 덕을 이루는 공력임에는 틀림없지만, 어느 한쪽에

치우치고 그에 기대다 보면 각기 잃어버리는 측면이 있게 된다. 그래서 어떤 이는, 도(道)는 본래 높고 크다고 여기면서도 막상 이룬 국량은 보잘것없는 채 작은 정도에 머물며, 지엽말단에나 해당하는 것을 좇으면서 학문의 근본은 잊고 있다. 이에 비해 또 어떤 이들은, 도(道)는 우리들 가까이 일상생활 속에 있다고 여기면서도 문득 높고 큰 경지에 이르기를 희구(希求)한다. 이러한 이들은 뜻함은 광대하지만 막상 하는 일은 거칠기 짝이 없다. 자유(子游) · 자하(子夏) 같은 이들도 모두 성인[공자]의 가르침을 직접 받든다고 하면서도 서로 간에 비난해 마지않았거늘773), 하물며 후세의 덕성(德性)을 말하고 문학(問學)을 말하는 이들이야 쉼 없이 서로들 다투었으니774) 말해 무엇하랴!

---

773) 자유와 자하가 서로 비판함은『논어』,「자장(子張)」편에 나온다. 먼저 자유가 자하의 문인들은 청소하는 것, 손님맞이하는 것, 나아감과 물러남 등 자질구레한 일에나 능할 뿐 근본이 되는 공부에는 무능하다고 비판하였다. 이를 들은 자하는 자유의 말이 지나치다고 하면서 먼저 할 것과 나중에 할 것을 구분하는 것은 성인의 경지에나 해당할 뿐, 보통 사람의 경우에는 그러한 구별 없이 모든 것을 진실하게 공부해야 할 따름이라고 하였다.(子游曰, "子夏之門人小子, 當洒掃應對進退, 則可矣, 抑末也. 本之則無如之何?" 子夏聞之, 曰, "噫! 言游過矣! 君子之道, 孰先傳焉? 孰後倦焉? 譬諸草木, 區以別矣. 君子之道, 焉可誣也? 有始有卒者, 其唯聖人乎!")

774) '존덕성(尊德性)'과 '도문학(道問學)'은『중용』에 나오는 말이다. 이들은 유가 학문 방법의 양대(兩大) 축으로서, '존덕성'은 사람이 태어날 적에 하늘로부터 받은 사람됨으로서의 성(性)을 받았으니 그 속에 함유된 덕을 높이 드러내는 것이고, '도문학'은 의심나는 것들에 대해 정성들여 자세하게 살피고 탐구하는 방식을 따르는 것이다. 그래서『중용』에서는 "군자는 태어날 적에 하늘로부터 받은 자신의 덕성을 높이 드러내고 의심나는 것들에 대해서는 정설들여 자세하게 탐구하는 방식을 따라야 한다.(君子尊德性而道問學)"고 함으로써, 군자의 자질로서 이 둘을 다 요구하였다. 그리고 이 두 가지 방법을 통해 군자가

성인들께서 지으신 배움으로서의 『주역』은 가르침을 베풀어 후세의
학자들을 밝히 깨우치고자 한 것이다. 그런데 어느 한 괘만으로써 전체
배움을 다 포괄할 수 있는 것이 아니라 64괘 각각에 나름대로 취한
바가 있다. 그래서 이것들이 병행하며 서로 어긋나지 않는다. 이것이
바로 유가의 배움이 크게 중도를 지키고 지극히 올바르면서[大中至正],
사람의 됨됨이로서 성(性) 속에 있는 양능(良能)775)을 다하는 까닭이다.

고명(高明)·광대(廣大)한 경지에 이를 수 있는 것으로 말하고 있다.(『中庸』:
君子尊德性而道問學, 致廣大而盡精微, 極高明而道中庸.)

그런데 주희는 『중용』의 이 구절을 풀이하면서 군자의 학문 방법으로서 이들
둘 중 어느 하나라도 없어서는 안 될 것으로 말하였지만(朱熹, 『中庸章句集注』:
尊者, 恭敬奉持之意; 德性者, 吾所受於天之正理 …… 尊德性, 所以存心而極乎
道體之大也; 道問學, 所以致知而盡乎道體之細也. 二者修德凝道之大端也. 不
以一毫私意自蔽, 不以一毫私欲自累, 涵泳乎其所已知.), 후세의 학자들은 대부
분 주희가 '도문학(道問學)'에 치우친 것으로 평가한다. 특히 주희와 동시대를
살았던 논적 육구연(陸九淵)과 명대의 그 계승자 왕수인(王守仁)은 주희가
'도문학(道問學)'에만 치우친 것으로 보고 비판하였다. 심지어 육구연은 주희에
대해, "이미 자신의 성(性) 속에 함유된 덕을 높이 드러내는 것[尊德性]조차
모르는데 어찌 의심나는 것들에 대해 정성들여 자세하게 살피고 탐구하는
방식을 따름에 대해 말하는가?(陸九淵, 『象山語錄』: 既不知尊德性, 焉有所謂
道問學?)"라고까지 신랄하게 비판하였다. 그런데 후세인들은 이들 육왕(陸王)
의 학문 방법이 '존덕성(尊德性)'에 치우친 것으로 평가한다. 그리고 이들
육왕의 태도는 다시 망국의 학문으로 지목되며 명말청초(明末淸初)의 세
유노(遺老) 왕부지(王夫之), 황종희(黃宗羲), 고염무(顧炎武) 등에 의해 혹독하
게 비판을 받았다.

775) '양능(良能)'은 맹자가 한 말이다. 맹자는 사람이 선천적으로 '양지(良知)'와
'양능(良能)'을 가지고 태어난다고 하였다. 양지는 도덕적인 것을 자각할 수
있는 능력이고, 양능은 도덕적 행위를 할 수 있는 능력이다.(『孟子』, 「盡心上」:
人之所不學而能者, 其良能也; 所不慮而知者, 其良知也.) 이 사람에게 양지·

그런데 일상생활과 관련된 하찮은 것들만을 묵수하면서 점점 더 나아간
경지를 추구함은 마치 활시위를 당기는 정확한 정도를 변경시키고서
명중하기를 바라는 것과 같다.776) 그리고 높고 큰 경지에 이르는 데만
애를 쓰면서 작은 것들에 대해 소홀한 것은, 차례대로 구덩이를 채워
나아가지 않으면서 수로에 물이 가득 차기를 추구하는 것과 같다.777)
군자가 『주역』에서 준칙을 취함에는 각기 알맞은 때가 있는데, 이 때란
결코 어길 수가 없다. 애당초 배움에 뜻을 두었을 때부터 앎을 이루면서
올바른 길로 나아가고, 반드시 궁극의 경지까지 영역을 넓혀야 한다.

양능이 있다는 것은 그가 주장하는 성선설(性善說)의 방증이기도 하다.
776) 역시 맹자가 한 말이다. 맹자는 "위대한 장인은 솜씨 없는 목수를 위해 먹줄을
고치지 않고, 전설적인 궁수 후예(后羿)는 서툰 궁수를 위해 활시위를 당기는
정확한 정도[彀率]를 바꾸지 않는다."고 하였다.(『孟子』, 「盡心上」: 大匠不爲拙
工改廢繩墨, 羿不爲拙射變其彀率.) 먹줄과 구율(彀率)은 기준이기 때문에 이
것을 고치거나 변경해버리면 절대로 정확하게 톱질을 하거나 명중을 시킬
수가 없는 것이다.
777) 역시 맹자가 한 말이다. 서자(徐子)라는 제자가 맹자에게, 왜 공자가 그렇게
자주 물을 끌어들이며 말했는지, 도대체 공자는 물에서 어떤 점을 취했는지를
물은 데 대해 이렇게 답한 것이다. 즉 발원지라는 근본이 있는 곳에서 흘러나오
는 물은 밤낮을 쉬지 않으면서 만나는 구덩이마다 하나씩 하나씩 채워 나아가며
마침내 바다에 이르는데, 이는 근본이 있기에 가능하다고 하며 그래서 군자는
이러함을 취한다고 하였다. 이에 비해 근본이 없는 경우는 마치 7·8월에
집중 호우가 쏟아질 적에 홍수가 논밭 사이의 물길을 가득 채우고 흘러넘치지만
그것이 잠깐이면 말라버리는 것과 같으니, 명성이 실제보다 과장되게 난
것도 이와 같아서 군자라면 부끄러워한다고 하였다.(『孟子』, 「離婁下」: 徐子
曰, "仲尼亟稱於水, 曰'水哉, 水哉!' 何取於水也?" 孟子曰, "原泉混混, 不舍晝
夜, 盈科而後進, 放乎四海. 有本者如是, 是之取爾. 苟爲無本, 七八月之間雨集,
溝澮皆盈; 其涸也, 可立而待也. 故聲聞過情, 君子恥之.")

그러므로 『대학』의 첫머리에서는 곧 지고의 선함에 머무를 줄 앎을 추구하고 있다. 그리고 하늘이 명(命)한 사람의 성(性)이나 성인들께서 하늘의 법칙을 명료히 이해하고 사물의 변화 이치를 환히 깨달았던 경지에까지는 비록 아직 이르지 못했다 할지라도, 반드시 그것을 내 삶의 기준으로 삼을 것을 기약해야 한다. 결코 하늘에 오르는 것만큼이나 어렵다고 하지 말고 일상생활과 관련된 작은 것에서부터 부지런히 힘써 익혀 나아가야 한다.778) 이렇게 해 나아가다 자신의 뜻함이 이미 정해지고 배움이 이미 올바르게 된 수준에 이른 뒤에는 조용히 제 스스로 탐구해 나아가며779) 반복적으로 익혀야 한다. 그래서 비록 작은 절목(節

---

778) 이 또한 『맹자』에 나오는 말이다. 주750)과도 관련되어 있다. 공손추(公孫丑)가 맹자에게 "도(道)는 높고도 아름답지만, 마치 하늘에 오르는 것과도 같아서 미칠 수가 없을 듯이 보입니다. 그렇다면 어찌 저 배우는 이들로 하여금 미칠 수 있도록 해가지고서 날마다 부지런히 애쓰도록 하지 않겠습니까?'라고 문제를 제기하였다. 즉 보통 사람들의 입장에서는 도(道)에 이르는 길이 마치 하늘에 오르는 것만큼이나 어려워보여서 아예 포기할지도 모르니, 도(道)에 이르는 길을 변경함으로써 보통사람들로서도 충분히 가능한 것처럼 보이게 하여 그들로 하여금 날마다 매진하게 하라는 권유다. 이에 대해 맹자는 "위대한 장인은 솜씨 없는 목수를 위해 먹줄을 고치지 않고, 전설적인 궁수 후예(后羿)는 서툰 궁수를 위해 활시위를 당기는 정확한 정도(彀率)를 바꾸지 않는다. 군자는 당장이라도 활시위가 튀어 나갈듯이 활시위를 잔뜩 끌어당긴 채 발사하지는 않으면서 어떻게 쏘는지 보여주기만 하는 것인데, 제대로 된 모습만을 이렇게 보여주면 능력 있는 이는 충분히 따라온다."(『孟子』, 「盡心上」: 公孫丑曰, "道則高矣, 美矣, 宜若登天然, 似不可及也; 何不使彼爲可幾及而日孳孳也?" 孟子曰, "大匠不爲拙工改廢繩墨, 羿不爲拙射變其彀率. 君子引而不發, 躍如也, 中道而立, 能者從之.")라고 답하였다.
779) 진(晉)의 두예(杜預)가 한 말로서, 스스로 조용히 학문을 탐구하고 깊이 음미하며 나아가라는 의미다.(杜預, 『春秋左傳集解』, 「序」: 優而柔之, 使自求之; 饜而

目)이라 할지라도 반드시 삼가고, 자질구레한 행위라 할지라도 반드시
긍정적으로 행해야 한다. 천지의 도(道)는 부부의 지(知)와 능(能)에서
비롯되고780), 만물의 명(命)은 궁정에서 왕이 찡그리느냐 웃느냐에 의해
서 세워지니, 이렇게 함으로써 크기로는 더 이상 큰 것이 없고 작기로도
더 이상 작은 것이 없는 거대한 덕에 부합할 수 있다. 그러므로 안자(顏子)
의 마음은 "3개월 동안이라도 어짊을 어기지 않았다."781)고 하는데,
이러한 뒤에 공자는 안자로 하여금 보기·듣기·말하기·행동하기 등
을 막 비롯되는 기미에서부터 살피게 하였다.782) 이는 중궁(仲弓) 이하의
사람들과 더불어 느닷없이 할 수 있는 말이 아니다.

승괘(升卦)䷭의 상(象)을 살피건대, '작은 것들을 알뜰하게 모음으로써

饒之, 使自趨之.)

780) 『중용』에 나오는 말이다. 『중용』에서는 "군자의 도는 부부에서 비롯되는데
궁극에 이르러서는 천지에 대해 살핀다."라고 하였다.(君子之道, 造端乎夫婦;
及其至也, 察乎天地.) 그리고 지(知)와 능(能)을 건괘·곤괘의 양대 기능으로
보는 것은 『주역』, 「계사상전(繫辭上傳)」편 제1장에 그 출전이 있다.('乾'知大
始, '坤'作成物. '乾'以易知, '坤'以簡能.)
781) 『논어』, 「옹야(雍也)」편에 나오는 말로서 공자가 안회를 칭송하는 말이다.
782) 공자가 그의 최고 제자 안연(顏淵)에게 어짊을 실천하는 절목으로서 준 말이다.
안연이 어짊이 무엇인지를 묻자, 공자는 '자기의 욕구를 이기고 예를 회복함[克
己復禮]'이라 하였다. 그리고 이것이 자기 자신에 의해 행해질 수 있는 것이지
결코 남에 의해 행해질 수 있는 것이 아니라 하였다. 그러자 안연은 공자에게
이를 실천할 수 있는 절목에 대해 물었는데, 이에 대해 공자는 예가 아니면
보지도, 듣지도, 말하지도, 행동하지도 말라고 하였다.(『論語』, 「顏淵」: 顏淵問
仁. 子曰, "克己復禮爲仁. 一日克己復禮, 天下歸仁焉. 爲仁由己, 而由人乎哉?"
顏淵曰, "請問其目?" 子曰, "非禮勿視, 非禮勿聽, 非禮勿言, 非禮勿動." 顏淵曰,
"回雖不敏, 請事斯語矣.")

높고 커진다'는 것은 순종함의 덕이 하는 일이다. 그런데 덕이 어찌
쉽게 순종할 수 있는 것이겠는가! 마음에서 덕이 이루어진 뒤에라야
그 순서에 대해 살피는 것이고, 순서를 이미 살핀 뒤에라야 순종할
수 있는 것이다. 그래서 자유(子游)가 자질구레한 일들은 제쳐두고 큰
것만을 추구한 것에 대해 군자는 그 덕이 순수하지 않을까 우려하는
것이다. 이에 비해 자하(子夏)는 높고 큰 것에 대해서는 뒤로 미루어
두었는데, 진실로 중도(中道)가 아니어서 할 수 있는 정도가 되기를
기다린 것이다. 그러므로 "군자는 『주역』에서 각기 취함이 있고, 배움에
는 각기 때가 있다."고 하였다. '작은 것들을 알뜰하게 모음으로써 높고
커진다'는 것은 덕을 이룬 뒤에 발휘하는 공력이고 순종함이다. 어찌
이제 갓 배움의 길에 들어선 이가 나는 딱 이것을 하겠다고 스스로를
구획지어 놓고 의탁할 수 있는 바이겠는가!

初六, 允升, 大吉.

초육: 정성스럽게 올려줌이니 크게 길하다.

'允', 誠也. 初六自處於卑柔. 以承陽而升之, 使爲主於內, 讓賢能, 進君
子, 出於至誠. 故'升'德之吉, 莫吉於初, 群陰方伸而獨屈於'巽'也.

'允(윤)'은 정성스러움이다. 승괘䷭에서 이 초육효는 스스로 낮고 부드러
움(柔)에 자리 잡고 있다. 그래서 양(陽)을 받들면서 올려주어 내괘에서
주체가 되게 하고 있으며, 현명하고 능력 있는 이에게 양보하고 군자를
나아가게 하는데, 모두 지극한 정성스러움에서 나온다. 그러므로 이

승괘의 덕이 지닌 길함 중에 이 초효보다 더 길한 것이 없다. 뭇 음들이 막 펼쳐지는 데서 오직 이 초육효만이 손괘☴의 공손함에 굴복하고 있다.

「象」曰: ‘允升大吉’, 上合志也.

「상전」: ‘정성스럽게 올려줌이니 크게 길하다’는 것은 위와 뜻함이 합치하기 때문이다.

> ‘上’謂外卦三陰, 居上而順應乎剛, 虛中以待陽之升. 本有其志, 而必藉初之屈於下以承進之. 初與合德, 而志行焉, 是以大吉.

> ‘위’라는 것은 외괘[悔卦]의 세 음을 가리킨다. 이들은 위에 자리 잡은 채 아래로 구이·구삼효의 굳셈[剛]에 순종하며 응하고 있는데, 속을 비운 공손한 자세로 양들이 올라오기를 기다리고 있다. 이들에게는 본래 그 뜻함이 있다. 그런데 반드시 초육효가 아래에서 굴복하면서 받들고 나아가게 함에 기대는 것이다. 이 초육효가 이들과 덕을 합치시키는 데서 뜻함이 행해진다. 그래서 크게 길하다.

九二, 孚乃利用禴, 无咎.

구이: 믿음이 있어서 약(禴) 제사를 지냄에 이롭다. 허물이 없다.

象與'萃二同而意異. 延陰以升者, 三也. 二處三之下, 位遠於陰, 雖受
初之升, 而不當位, 無能爲主, 唯'孚'合乎三, 乃以升陰而利. 有孚, 則位
雖不當而无咎.

이 구이효의 상(象)은 췌괘䷬의 육이효와 같다. 그러나 뜻은 다르다.
음효들과 연접하여 올라가는 것은 구삼효다. 이 구이효는 구삼효의
아래에 있기 때문에 위치가 그만큼 음효들로부터 멀다. 그래서 비록
초육효의 올려줌을 받고는 있다 하여도 자리가 마땅한 제자리가 아니어
서 주체가 될 수 없다. 오직 '믿음'이 구삼효에 합치하니, 이에 음을
올라타고서 '이로운' 것이다. 그리고 믿음이 있으니, 자리는 비록 마땅한
제자리가 아니지만 허물이 없는 것이다.

「象」曰: 九二之孚, 有喜也.

「상전」: 구이효의 믿음은 기쁨이 있게 한다.

喜得三以成相升之美.

기뻐하며 구삼효를 얻어 서로 올라가는 아름다움을 이룬다.

九三, 升虛邑.

구삼: 텅 빈 읍으로 올라감이다.

凡'升'之道, 主賓相得以成禮, 君臣相獎以成治, 故升人者必自升也. 九三剛得位而爲進爻, 以推陰而升之. 陰旣升, 則三亦升矣. 陽實陰虛, '坤'爲國土. 陰旣升, 則虛中以待陽之進, 而與爲治, 故有'升虛邑'之象. 不言其利, 而固無不利矣.

무릇 승괘☷의 원리는 주인과 손님이 서로 만나 예를 이루고 군주와 신하가 서로 장려하며 치세를 이룸이다. 그러므로 남을 올려주는 이는 반드시 스스로도 올라가게 되어 있다. 이 구삼효는 굳셈[剛]으로서 제 마땅한 자리를 차지하고 있고 나아감의 효가 되어 있다. 그래서 음들을 밀면서 올라간다. 그리하여 음들이 다 올라갔으면 이 구삼효도 올라가는 것이다. 양은 속이 차있고 음은 비어 있는데, 이 승괘의 외괘를 이루고 있는 곤괘☷는 국토를 상징한다. 그리고 음들은 다 올라가서는 속을 비운 공손한 자세로 이 구삼효의 양이 올라오기를 기다렸다가 함께 나라를 훌륭하게 다스린다. 그러므로 '텅 빈 읍으로 올라감'의 상(象)이 있다. 그런데 여기서 '이로움'에 대해서는 말하지 않지만 본디 이롭지 않음이 없다.

「象」曰: '升虛邑', 无所疑也.

「상전」: '텅 빈 읍으로 올라감'은 의심할 바가 없기 때문이다.

初允之, 二孚之, 三陰闢門以待之, 豈復有所疑沮哉!

초육효는 이 구삼효에게 정성스럽고, 구이효는 이 구삼효에게 믿음을

주며, 위의 세 음효들은 문을 활짝 열어젖힌 채 이 구삼효가 올라오기를
기다리고 있으니, 어찌 다시 가로막힘을 의심할 바가 있겠는가!

六四, 王用亨于岐山, 吉无咎.

육사: 문왕이 기산(岐山)에서 산천에 제사를 지냄이니, 길하며 허물이 없다.

四非天位, 而謂之‘王’者, 爲群賢所推進, 文王之象也, 周公於追王後尊
稱之. 岐山, 文王封內之山. 四升而上賓於神祇; 臨其上者陰也, 故爲地
祇. 登山而修祀事, 雖未受命, 而郊神饗其德矣. 於事旣吉, 於義亦不失
諸侯祀境內山川之禮. 柔順而當位, 升以其宜, 故无咎也.

육사효의 위(位)는 하늘의 위(位)가 아니다. 그런데도 이 효사에서 ‘왕’이
라 칭한 것은 뭇 현인들이 추대하여 나아가게 하였기 때문이다. 바로
문왕의 상이다. 그 아들인 주공이 그를 왕으로 추봉(追封)한 뒤에 존숭하
여 ‘문왕’이라 불렀다. 기산(岐山)은 문왕의 봉토 안에 있는 산이다.
육사효는 올라가서는 위에서 천지의 신령들에게 손님이 된다. 그런데
이 육사효의 위에 임하고 있는 것은 음이기 때문에 땅의 신령이 된다.
이에 문왕이 산에 올라가 제사 지내는 일을 말끔히 닦으니, 비록 그가
아직 하늘의 명(命)은 받지 않았다 하더라도 교외의 신(神)들은 그 덕의
향응을 받는다. 그래서 하는 일에서 길할 뿐만 아니라, 의로움에서도
제후로서 경내의 산천에 제사 지내는 예(禮)를 잃어버리지 않는다. 그리
고 부드럽고 순종하며 제자리를 마땅하게 차지하고 있으니, 올라감
자체가 적절하다. 그러므로 허물이 없는 것이다.

「象」曰: '王用亨于岐山', 順事也.

「상전」: '문왕이 기산에서 산천에 제사를 지냄'은 하는 일에 순종함이다.

以時升而安於侯度, 其事順矣. 柔當位而爲退爻, 讓不遽升天位, 文王之道也.

때에 맞게 올라가서 제후의 법도에 편안해하니 그 일이 순조롭다. 부드러움[柔]으로서 제 마땅한 자리를 차지하고 있고 물러남의 효가 되어 있으며, 양보할 뿐 급작스럽게 하늘의 위(位)로 올라가지 않는다. 바로 문왕이 했던 원리와 방식이다.

六五, 貞吉, 升階.

육오: 올곧고 길하다. 계단을 올라감이다.

升者至階而止, 升之位也. 六五爲坤順之主, 非有自尊之意, 以貞而爲陽所樂推, 二與應而延之上升. 先言'吉', 後言'升階'者, 六五柔順爲志, 不自以升爲吉也.

올라가는 이가 계단에 이르러 멈춤은 올라감의 위(位)이기 때문이다. 이 육오효는 외괘인 곤괘☷의 순종함의 주체로서 스스로를 높이고자 하는 의도가 없이 올곧다. 그래서 양들에 의해 즐겁게 추대된다. 그리고 구이효는 이에 응하여 함께 위로 올라간다. 그런데 이 효사에서 먼저

"길하다."고 말하고 뒤에 "계단을 올라감이다."라고 말한 까닭은, 육오효가 부드러움[柔]으로서 순종함에 뜻을 두고 있으며 스스로 올라감을 길하게 여기지 않기 때문이다.

「象」曰: '貞吉升階', 大得志也.

「상전」: '올곧고 길하다. 계단을 올라감이다.'는 것은 큰 것이 뜻함을 얻음이다.

'大謂陽也. 陽本樂推五而升之; 五雖貞順, 而時至必升, 升之者之心愜矣.

'큰 것'이란 구이효의 양을 말한다. 이 양은 본래 즐겁게 이 육오효를 추대하여 올라가게 하는데, 육오효는 비록 올곧고 순종적이면서도 때가 이르면 반드시 올라간다. 그래서 올려준 이의 마음이 상쾌해지는 것이다.

上六, 冥升, 利于不息之貞.

상육: 아득하게 올라감이다. 쉼이 없는 올곧음에 이롭다.

升者至階而止, 上六尤進而往, 則且即乎欲消之位, 而返入於幽冥, 昧於升矣. 然上之進處於高危, 所以延陽而安之於內, 則雖瀕於消謝, 而貞志不移. 此貞臣志士不以險阻危亡易其志者也. 貞不息, 而允合於義矣.

올라가는 이가 계단에 이르러서 멈추는데, 이 상육효는 더욱 나아가며 계속 간다. 그래서 곧 사라지려 하는 위(位)에 있다가 오히려 그윽하고 아득함 속으로 들어가 버린다. 그가 올라감에 어둡기 때문이다. 그러나 이 상육효는 높고 위태로운 지경으로 나아가 자리 잡고서 양을 맞아들여 속에서 편안하게 하고 있으니, 비록 곧 사라져갈 곳의 끝자리에 있다고는 하여도 정절과 뜻함을 옮기지 않는다. 이는 정신(貞臣)·지사(志士)들이 상황이 딱 틀어 막혀 위태롭고 곧 망할 지경이라 하더라도 그 뜻함을 바꾸지 않음을 상징한다. 이렇듯 올곧음을 쉬지 않으니 진실로 의로움에 합치하는 것이다.

「象」曰: 冥升在上, 消不富也.

「상전」: 아득하게 올라가서 위에 있음은 사라져서 부유하지 않음을 의미한다.

‘不富’, 陰也. ‘消不富’, 言陰之且消, ‘冥升’之不利也. 然君子以合義爲利, 當危亡之世, 出身以求濟難, 受高位而不辭, 死亡非其所恤, 文文山以之.

‘부유하지 않음’은 음(陰)이기 때문이다. 그리고 ‘사라져서 부유하지 않음’이란 음이 문득 사라져 ‘아득하게 올라가’ 이롭지 않음을 말한 것이다. 그러나 군자는 의로움에 합치함을 이로움으로 여기니, 나라가 곧 멸망하려는 상황을 맞이하여서는 제 한 몸을 바쳐 그 어려움을 구제하려 들고, 비록 높은 관직이라도 마다하지 않으며 죽음조차도 염두에 두지 않는다. 문문산이 바로 이러하였다.783)

●●●

困卦坎下兌上

곤괘䷮

困. 亨. 貞大人吉, 无咎, 有言不信.

곤괘: 형통하다. 올곧은 대인이 길하다. 허물이 없다. 말을 하더라도 믿지 않는다.

---

783) 문문산(1236~1283)은 문천상(文天祥)을 가리킨다. 그는 초명(初名)이 운손(雲孫)이었다. 그런데 공사(貢士)에 선발된 뒤 이름을 '천상(天祥)'으로 바꾸고, 자(字)도 '리선(履善)'으로 바꾸었다. 그리고 남송 보우(寶祐) 4년(1256)에 장원급제한 뒤에는 다시 자를 송서(宋瑞)로 바꾸었다. 나중에 문산(文山)에 거주하게 된 것을 기화로 스스로 호를 '문산(文山)'이라 불렀다. 또 호를 '부휴도인(浮休道人)'이라고도 한다. 그는 남송 리종(理宗) 때 진사가 되어 서주(瑞州)·공주(贛州) 등의 지사를 지냈다. 덕우(德祐) 원년(1275), 원나라 군대가 남하할 적에 그는 황제의 명을 받고서 군사를 일으켜 남송 왕조를 보위하고자 애썼다. 남송이 결국 원나라에 멸망한 뒤에는 기의군(起義軍)을 조직하여 복건(福建)·강서(江西)·광동(廣東) 등지를 전전하며 멸망한 왕조를 되살리려 혼신의 힘을 다하였다. 그러나 끝내는 중과부적으로 이 기의(起義)가 성공하지 못하였고, 그는 포로로 잡혀 연경(燕京)에서 무려 3년이 넘게 투옥되어 있었다. 이 기간 동안에 원(元)의 세조(世祖)가 높은 벼슬자리와 많은 봉록으로 그를 유인하며 투항하기를 권하였지만, 그는 차라리 죽을지언정 굽히지 않겠다는 굳은 정절(貞節)의 태도를 유지한 채 묵묵히 의로움의 길을 걸었다. 그래서 문천상은 '충렬(忠烈)'이라는 이름으로 후세에 전하며, 육수부(陸秀夫)·장세걸(張世傑) 등과 함께 '송말3걸(宋末三傑)'로 불린다. 왕부지가 이 상육효사에서 문천상을 거론한 것은 포로가 된 뒤에 그가 보여준 이러한 태도를 높이 샀기 때문이다.

卦象有天化, 有人事, 有兼天化人事而立名者. 若'困'之類, 則專取象於
人事, 非天道之有困也. 陰陽之迭相進退, 人物之情見險阻焉, 各因乎
其時會與其情才, 而非必以困於人, 特當之者志道不與時位相値而見
困耳. 陰揜陽而謂之困, '賁'陽遏陰而不謂之困者, 陽道本伸, 而屈則
困. 共・驩自售其姦, 非必困舜・禹, 而舜・禹困; 王驩・淳于髡自逞
其佞, 非必困孟子, 而孟子困. 剛不可揜, 揜之而道窮, 故唯柔揜剛而曰
'困'也. 若君子遏惡以抑小人, 使安其分而不逞, 非困之也. 以學者言
之, 曰'生知', 曰'學知', 曰'困學'. 所謂'困'者, 非魯鈍不敏之謂也; 天性之
良欲見, 而利欲揜之, 力爭其勝, 交持而艱危之謂也. 若使無求達其良
知良能之心, 而一用其情才於利欲, 則固輕安便利而捷得. 然則淸剛
者困, 而柔濁者無困, 審矣. 故陽遏陰不言'困', 而陰揜陽言'困'也.

『주역』의 괘들이 함유하고 있는 상징에는 하늘이 지어냄[造化]을 반영한
것도 있고, 사람의 일을 반영한 것도 있다. 또 이 둘을 겸하여 이름을
지은 것도 있다. 그런데 이 곤괘(困卦)와 같은 부류는 오로지 사람의
일에서만 상징을 취한 것이다. 하늘의 운행 원리에는 이러한 곤고함이
없기 때문이다. 하늘의 운행에서는 음・양이 서로 번갈아가며 나아갔다
물러났다 하는데, 사람과 물(物)들의 상황은 이러한 속에서 험함과 막힘
을 드러내게 된다. 그러나 이는 각기 그 만난 때와 마음씀 및 자질로
말미암아 그렇게 된 것이다. 그리고 이것이 꼭 사람이면 누구에게나
곤고한 것이 아니라, 특별히 이와 만난 사람이 제대로 된 세상을 이루어보
고자 뜻한 것과 그의 시(時)・위(位)가 서로 들어맞지 않아서 곤고함으로
드러나는 것일 따름이다.

음이 양을 가림을 '곤고함'이라 한다. 이에 비해 비괘(賁卦)䷕는 양이
음을 틀어막고 있는데, 이를 '곤고함'이라 하지 않는다.784) 양의 원리와

방식은 본래 펼치는 것이다. 그런데 이렇게 곤괘(困卦)䷮에서는 굽히고 있으니 곤고한 것이다. 공공(共工)과 환두(驩兜)는 그들 스스로 간사함을 판 것이고 꼭 순임금과 우임금을 곤고하게 한 것은 아니지만, 이 때문에 순임금・우임금은 곤고에 빠졌다.785) 왕환(王驩)786)과 순우곤(淳于

─────────────────

784) 비괘(賁卦)䷕는 이 곤괘(困卦)䷮와 착(錯)의 관계를 이루고 있다. 이들 괘의 여섯 효 낱낱이 서로 반대되는 역치의 관계에 있기 때문이다. 그래서 곤괘(困卦)가 음(陰)들이 양(陽)을 가리고 있다고 한다면, 비괘(賁卦)는 반대로 양들이 음을 가리고 있다고 할 수 있다. 그래서 왕부지는 이 둘을 비교하며 '곤고함'이 되고 안 되고를 구별하는 것이다.

785) 공공과 환두는 요순시대에 악명을 떨치던 '4흉(凶)' 가운데 두 사람이다. 4흉에는 이들 이외에도 삼묘(三苗)와 곤(鯀)이 있다. 이들은 각 부족을 이끌던 우두머리였다. 순(舜)임금이 이들을 축출함으로써 천하 사람들의 마음을 얻었다고 한다.(『書』, 「舜典」: 流共工於幽州, 放驩兜於崇山, 竄三苗於三危, 殛鯀於羽山, 四罪而天下咸服.) 그런데 『춘추좌씨전』에서는 '4흉'으로 혼돈(渾敦), 궁기(窮奇), 도올(檮杌), 도철(饕餮)을 들고 있다.(『春秋左氏傳』, 「文公」 十八年條 : "舜臣堯, 賓於四門, 流四凶族渾敦・窮奇・檮杌・饕餮, 投諸四裔, 以禦魑魅. 是以堯崩而天下如一, 同心戴舜以爲天子, 以其擧十六相, 去四凶也.) 이에 대해 채침(蔡沈)은 궁기는 공공, 혼돈은 환두, 도철은 삼묘, 도올은 곤(鯀)일 것이라 하면서도 판단을 유보하고 있다.(蔡沈, 『書集傳』 : 『春秋傳』所記四凶之名與此不同, 說者以窮奇爲共工, 渾敦爲驩兜, 饕餮爲三苗, 檮杌爲鯀, 不知其果然否也.)

786) 왕환(王驩)은 자(字)가 자오(子敖)였다. 제선왕(齊宣王; B.C.319~B.C.301) 때의 대신이다. 그의 됨됨이는 아첨에 능한 것이었다. 그래서 제선왕의 총애와 믿음을 얻었다. 그는 개읍(蓋邑; 지금의 산동성 沂水縣 서북쪽 지역)의 대부를 지냈고, 나중에는 벼슬이 제(齊)나라의 우사(右師)에 이르렀다. 우사는 예(禮)를 관장하는 직책이다. 『맹자』에는 왕환과 맹자에 관련된 일이 세 차례에 걸쳐 언급되어 있다. 공행자(公行子)의 아들 장례식장에서 제선왕의 총신인 왕환에게 대부분의 사람들이 아첨을 떨었지만 맹자는 예법에만 따를 뿐 이를 무시하는 광경이 있고(「離婁下」), 맹자가 자신의 제자인 악정자(樂正子)가

髡)787)도 자신들의 아첨하는 재주를 한껏 발휘한 것일 뿐 꼭 맹자를 곤고하게 한 것은 아니었지만, 맹자는 곤고함를 당하였다. 굳셈[剛]은 가릴 수가 없지만 역으로 가려져서는 도(道)가 궁색해지진다. 그러므로 오직 부드러움[柔]이 굳셈[剛]을 가리는 경우에만 '곤고함'이라 한다. 만약에 군자가 악을 틀어막음으로써 소인을 억제하여 그들이 분수에 편안해

왕환을 쫓아다니는 것을 꾸짖는 장면이 있다(『離婁上』). 이밖에도 둘이 등(滕)나라에 문상 사절로 다녀오면서 맹자가 왕환을 완전히 무시한 일에 대해 언급하고 있다. 맹자가 당시 제나라에서 경(卿)의 직책에 있을 적에 왕환은 개읍의 대부에 불과하였다. 그래서 둘이 등(滕)나라에 문상 사절로 가면서 왕환이 맹자를 보좌하게 되어 있었는데, 왕환이 제멋대로 일을 처리하자 돌아오는 길에 맹자가 그에게 한 마디도 건네지 않고 무시하였다고 하고 있다.(『公孫丑下』)

787) 순우곤(약 B.C.386~약 B.C.310)은 전국시대 제(齊)나라의 정치가, 사상가다. 제나라 위왕(威王)의 객경(客卿)으로서 박학다식하였고 언변이 뛰어났다. 당시 위왕이 주색에 빠져 정사를 돌보지 않음으로써 나라의 멸망이 경각에 달린 위기 상황에 처하자 순우곤은 풍자하는 말로 위왕을 깨우쳐 그로 하여금 현군(賢君)의 길로 들어서게 하였다. 그래서 위왕은 정치를 혁신하여 제나라를 강한 나라로 바꾸어 놓았다. 순우곤은 특히 사신으로 파견되었을 적에 그의 능력을 한껏 발휘하고는 하였다. 초(楚)나라가 침입하였을 때 그가 조(趙)나라에 사신으로 가서 10만의 원군을 끌어오자, 그 소문을 들은 초나라가 싸워보지도 않고 철군한 것은 유명한 일화다. 정치사상적으로 순우곤은 나라에 이익을 주고 백성들에게 이익을 주는 것이면 좋다는 공리주의(功利主義)파에 속한다고 할 수 있다. 맹자와 인(仁)·예(禮)의 문제를 놓고 벌인 두 번의 토론에서 순우곤은 자신의 이러한 입장을 명확하게 드러내고 있다. 사마천(司馬遷)은 『사기(史記)』에서 순우곤을 높게 평가하고 있다. 이 순우곤이 『왕도기(王度記)』를 지었다고 하나 오늘날에는 전하지 않는다. 그런데 여기서 왕부지는 유가의 인의 도덕보다는 공리주의에 기울었다는 이유로 순우곤을 비판적으로 끌어들이고 있다.

하며 제멋대로 날뛰지 못하게 하는 것이라면, 이는 곤고하게 함이 아니다. 이를 배움의 등급에 적용하여 말해 보자. 흔히들 '배우지 않더라도 태어나면서부터 앎[生知]', '배워서 앎[學知]', '곤고하여서 배움[困學]788) 등으로 구분한다. 그런데 여기서 말하는 '곤고함'이란 노둔하고 민첩하지 않다는 것을 일컫는 것이 아니다. 우리들 천성(天性)의 훌륭함789)이 드러나려 하는데 이욕(利欲)이 이들을 가리고 나서자 이제 둘이 힘껏 승부를 다투면서 서로 버티는 나머지 간고해지고 위태로워짐을 의미한다. 만약에 그 양지ㆍ양능의 마음을 활짝 피어냄을 추구하지 않으며 한결같이 이욕에만 마음을 쓰고 재질을 발휘하도록 할 것 같으면, 진실로 가뿐하고 편안하게 이욕으로만 흘러서 재빨리 얻을 것이다. 이렇게 보면 맑고 굳센 것이 곤고해지는 것일 뿐, 부드럽고 탁한 것은 곤고해짐이 없다는 것을 잘 알 수 있을 것이다.

'困'爲君子憤悱求達之情, 則其道之亨, 不待事之遂而早已遠乎吝, 故曰'困亨'. '貞大人'者, 言大人之處困, 亦唯以貞爲道; 而貞固大人之貞, 非小貞也. 大人者, 言不必信, 行不必果, 化裁通變, 順應而不窮於用.

---

788) 이는 공자의 분류다. 공자는 생지(生知)를 최상, 학지(學知)를 그다음, 곤학(困學)을 또 그다음이라 한 뒤, 곤고하면서도 배우려 들지 않는 것을 가장 아래 등급이라 하였다.(『論語』, 「季氏」: 孔子曰, "生而知之者上也, 學而知之者次也, 困而學之, 又其次也. 困而不學, 民斯爲下矣.") 그리고 자신은 생지(生知)의 단계에 속하는 사람이 아니라 배움에 민첩한 사람이라고 하였다.(『論語』, 「述而」: 子曰, "我非生而知之者, 好古敏以求之者也.")
789) 양지(良知)ㆍ양능(良能)을 말한다.

乃當其處困, 則靜正以居, 居處恭, 執事敬, 與人忠, 之夷狄而不棄, 此
大人之唯以貞爲道, 退守乎君子之塞, 智有不施, 勇有不用, 唯貞而後
全其爲大人也. 然其貞爲大人之貞者, 不尙介然之操, 以與陰爭勝負
榮辱, 而成乎硜硜之小節也. 貞大人而必'吉'者: 時當其困, 陰邪挾其智
力, 乘勢而相揜, 始而億我之沮喪, 已而疑我之別有機權以相勝; 乃本
無可勝之機, 而權有所不用, 雖小人之恔害, 亦豈復有求勝之心哉! 唯
退守乎君子之貞, 初無心於御變, 而小人遂已莫窺其際; 然而時俄頃
而已遷, 事不期而自至, 靜以待之, 旁通而厄解. 此理數之必然, 特躁於
求通者不能待耳, 待之而自無不吉. 故紂不能殺文王, 匡人終不能害
孔子. 凡若此者, 持之以志, 守之以約, 退藏於密, 而行法以俟命, 豈容
言哉! 豈暇言哉! 言出而群情益疑矣. 知其言之必不信也, 故無言也.
非大人其能無不平之鳴乎! 以'兌'有口說之象, 故終戒之.

이 곤괘(困卦)䷮에서 드러내고 있는 것은, 군자가 마음에서 통하지 않아
애가 닳고 입으로 표현이 안 되어 답답한 나머지[790) 창달(暢達)하려고
하는 실정이다. 그래서 이 곤괘의 원리로 형통하다는 것은 꼭 일이
완수되기를 기다리지 않더라도 벌써 아쉬워함과는 먼 것이다. 그러므로
이 괘사에서 "곤괘는 형통하다."고 한 것이다. '올곧은 대인이 길하다'는
것은 대인의 처지가 곤고하면서도 또한 오직 올곧음을 자신의 나아갈

---

790) 공자가 한 말이다. 공자는 배우는 이가 "마음에서 통하지 않아 애달아하지
않으면 가르쳐주지 말고, 입으로 표현이 안 되어 답답해하지 않으면 가르쳐주
지 마라!'고 하였다.(『論語』, 「述而」: 不憤不啓, 不悱不發) 이는 역자가 주희의
주석(朱熹, 『論語集注』: 憤者, 心求通而未得之意; 悱者, 口欲言而未能之貌.)
을 바탕으로 번역한 것이다.

길로 삼고 있다는 것을 의미한다. 그러나 이 올곧음이란 본래 대인의
올곧음으로서 결코 자질구레한 것에 올곧음이 아니다. 대인이란 자신이
한 말에 대해서 남들이 꼭 믿어주지 않더라도 거기에 구애받지 않고
한 일에 대해서 꼭 결과를 내야 한다는 데 구애받지 않는다.791) 그저
넘치는 것을 마름질하여 딱 들어맞게 하고 다양한 상황들에서 융통성
있게 대처하며792), 순응하되 쓰는 데 궁색함이 없다. 당장 곤고한 상황에

---

791) 말과 믿음, 행위와 결과의 연관성에 대한 문제는 이미 공자에 의해서 제기되었
고, 같은 취지가 맹자에 의해서 계승되었다. 공자의 고제(高弟) 가운데 한
사람인 자공(子貢)이 '사(士; 당시 귀족의 최하층 계급으로서 평민과 귀족의
중간 단계에 속하는 신분의 사람들. 이들은 오늘날로 말하면 전문 지식인에
해당하는데 당시 사회 경영의 중추를 맡았다.)'의 품격에 대해 공자에게 물은
적이 있다. 그러자 공자는 '자신을 위한 일을 하고서는 부끄러움을 느낄 줄
알며 다른 나라에 사신으로 가서는 나라의 품격을 욕되게 하지 않는 이(行己有
恥, 使於四方, 不辱君命)'를 최상으로, '같은 집안의 사람들은 효성스럽다고
칭찬하고 같은 고을 사람들은 어른을 공경할 줄 안다고 칭찬하는 사람(宗族稱
孝焉, 鄕黨稱弟焉.)'을 그다음으로, 그리고 '한 말에 대해서는 꼭 믿음을 지키려
하고 한 행위에 대해서는 꼭 결과를 내려고 하는 이(言必信, 行必果)'를 가장
낮은 단계로 쳤다. 그런데 이 셋째 단계의 인물에 대해서는 전혀 융통성이
없이 고집불통이라는 측면에서 소인이라 하였다. 그러나 남에게 큰 해악을
끼치지는 않는다는 측면에서는 긍정적으로 평가하고 있다.(『論語』, 「子路」:
硜硜然小人哉! 抑亦可以爲次矣.) 맹자는 이러한 취지를 이어서 대인(大人)이
라 하면 자신이 한 말에 대해서 남들이 꼭 믿어주지 않더라도 거기에 구애받지
않고 한 일에 대해서 꼭 결과를 내야 한다는 데 구애받지 않는다고 하며,
오로지 의로운가만을 살펴서 행동한다고 하였다.(『孟子』, 「離婁下」: 孟子曰,
"大人者, 言不必信, 行不必果, 惟義所在.") 왕부지도 지금 이러한 취지에 동의하
여 풀이하고 있다.

792) 『周易』, 「繫辭上傳」 편 제12장에 나오는 "化而裁之謂之變, 推而行之謂之通."라
는 말을 근거로 하는 말이다.

처하여서는 고요하면서도 올바르게 살아가는데, 평소 집안에 거처할 적에는 공손하게, 일을 처리하는 데서는 경건하게, 다른 사람을 대할 적에는 진심에서 우러나오게 행동한다. 그리고 이러한 태도는 이적(夷狄)의 땅에 가서 살더라도 버리지 않는다.793) 이는 대인이 오직 올곧음만을 갈 길로 여기며 군자의 요새로 물러나 지키고 살아가는 태도다. 그래서 이러한 상황에서는 지혜를 펼쳐내지 않고 용기를 사용하지 않으며 오로지 올곧음만으로 살아간 뒤에라야 온전히 그가 대인이 된다. 그러나 이러한 올곧음이 대인의 올곧음이 되는 까닭은, 전혀 흔들리지 않는 태도로 굳게 자신의 입장을 고수하면서 음(陰)의 세력들과 승부와 영욕을 다투는 것을 높이치지 않기 때문이고, 또 고집불통으로 작은 절목들에 얽매여 살아감을 높이치지 않기 때문이다.

여기에서 올곧은 대인이어서 반드시 '길하다'고 하는 까닭은 다음과 같다. 즉, 당장 곤고한 시대를 맞이하여 음(陰)의 사악한 무리들이 그 지력(智力)을 이용하며 세를 타고서 온 세상을 암울하게 뒤덮고 있는 상황에서, 이들이 처음에는 내가 낙담하여 의기소침하였다고 미루어 짐작하였다가 얼마 지난 뒤에는 마치 내가 따로 특별한 기제(機制)나 수단을 갖추고 있어 그들과 맞장을 뜨는 정도가 되지 않을까 하고 의심을 낸다. 그러나 본래 이들을 이겨낼 수 있는 기제도 없고 수단도 부리지 않으니, 비록 소인들로부터 각박한 피해를 입고 있다 하더라도 어찌 다시 그들을 이겨볼까 하는 마음을 가지리오! 오로지 물러나 군자의

---

793) 공자의 말을 원용한 것이다. 공자의 고족제자(高足弟子) 가운데 한 사람인 번지(樊遲)가 어짊이 무엇인지를 묻자 공자는 꼭 이와 같이 대답하였다.(『論語』, 「子路」: 樊遲問仁. 子曰, "居處恭, 執事敬, 與人忠. 雖之夷狄, 不可棄也.")

올곧음을 지키며 애당초 변란을 다스리는 데는 마음을 두지 않으니, 이렇게 하며 시간이 지나다 보면 소인들도 마침내 그 동정을 규찰(窺察)하지 않게 된다.

그러나 잠깐이면 벌써 상황은 변하고 자신이 할 일은 꼭 예기치 않는다 하더라도 저절로 이르리니, 조용히 기다리고 있노라면 두루 통하며 액운이 풀리게 된다. 이는 자연의 이치가 담고 있는 필연적인 귀결이지만, 특별히 통하기를 구하는 데 조급해 하는 이들로서는 기다릴 수가 없을 따름이다. 그러나 기다리면 저절로 길하지 않음이 없다. 그러므로 주왕(紂王)이 문왕(文王)을 살해할 수 없었던 것이고, 광(匡) 땅의 사람들이 끝내 공자를 해칠 수 없었던[794] 것이다. 무릇 이와 같이 하는 사람들은 뜻함을 가지고서 서약한 것을 지키며 은밀함 속으로 물러나 자신을 드러내지 않은 채[退藏於密] 법대로 행하면서 명(命)을 기다린다. 그러니 어찌 자신에 대해 이러쿵 저러쿵 말을 하게 하며, 또 어느 겨를에 자신이 세상에 대고 말을 하리오! 말을 하면 할수록 뭇 정황들이 더욱 의심을 살 것이다. 그리고 자신이 한 말에 대해서 틀림없이 믿지 않을 것이기 때문에 말을 하지 않는 것이다. 그런데 대인이 아니고서야 어찌 불평에 젖은 외마디를 하지 않을 수 있으리오! 이 곤괘(困卦)를 이루고 있는 회괘(悔卦)가 태괘☱인데, 이 태괘에 입으로 말함의 상(象)이 있다. 그러므로 괘사의 끝에 가서는 이를 경계한 것이다.

---

794) 자세한 것은 주66)을 참고할 것.

「象」曰: 困, 剛揜也.

「단전」: 곤괘(困卦)는 굳셈[剛]이 가려진 것이다.

剛爲柔所揜也. 上揜五・四, 三揜二, 初復從下揜之, 進不能, 退不可,
而困於中. 揜者, 或以勢揜, 而其志不伸; 或以情揜, 而其道且枉. '劓刖'・
'酒食' 皆揜也. '井'亦剛揜而不爲揜者, '井'九三進而濟險, '困'九四退而
入險, 是以異也.

굳셈이 부드러움에 의해 가려졌다는 의미다. 이 곤괘▦에서는 상육효가
구오・구사효를 가리고 육삼효는 구이효를 가리는데, 초육효는 다시
이들을 좇아 아래에서 가리니, 굳셈들로서는 나아갈 수도 없고 물러날
수도 없어 가운데서 곤고함을 당하고 있는 것이다. 그런데 이렇게 가리는
것이 세(勢)를 가지고 가리는 경우에는 굳셈으로서 그 뜻함을 펼 수가
없고, 상황을 가지고 가리는 경우에는 자신이 가진 원칙으로서의 도(道)
가 굽히고 만다. 구오효에서 '코를 베임・발뒤꿈치를 베임'이라 한 것이나
구이효에서 '주식(酒食)'이라 한 것들은 모두가 가려짐이다. 그런데 정괘
(井卦)▦도 굳셈들이 가려졌지만 가려짐이 되지 않는 까닭은, 정괘의
구삼효가 나아가서 험난함을 구제하기 때문이다. 이에 비해 이 곤괘(困
卦)의 구사효는 물러나서 험난함 속으로 들어가 버렸다. 그래서 정괘(井
卦)와는 다른 것이다.

險以說, 困而不失其所, 亨, 其唯君子乎!

기뻐함으로써 험난함에 대처하니 곤고하지만 제가 있어야 할 곳을 잃어버리지

않는다. 그래서 형통하다. 그 오직 군자인지고!

知命則樂天, '險'而'說'矣. 剛中正位, 則不失其所, 唯君子能因困而善用之, 故亨.

제 운명을 아니 하늘이 하는 일에 대해 즐긴다. 그래서 '험난함'이지만 '기뻐하는' 것이다. 이 곤괘(困卦)䷮에서는 굳셈(구오효)이 득중한 채 옳게 자리를 잡고 있으니, '제가 있어야 할 곳을 잃어버리지 않는다'고 한 것이다. 오직 군자만이 곤고한 상황을 좋게 쓸 수 있다. 그러므로 형통하다.

'貞大人吉', 以剛中也.

'올곧은 대인이 길하다'는 것은 굳셈이 득중하였기 때문이다.

二ㆍ五皆剛, 大人之純乎健也. 剛則莊敬日强, 中則不競不絿. 大人以此, 不期於吉而自吉.

이 곤괘(困卦)䷮에서는 2효와 5효가 모두 굳셈이다. 이는 대인이 순수하게 씩씩하다는 것을 드러낸다. 굳세니 장중함ㆍ경건함이 날로 강해지고, 득중하였으니 각축을 벌이지도 조급해 하지도 않는다.[795] 대인은 바로

---

795) 『시경』, 「상송(商頌)」 편의 '장발(長發)'이라는 시에 나오는 구절이다. 탕(湯) 임금의 성품을 칭송하는 구절이다.

이러하기 때문에 길함을 꼭 기대하지 않고서도 스스로 길하다.

'有言不信', 尙口乃窮也.

'말을 하더라도 믿지 않는다'는 것은 제 언변을 크게 치며 믿다가 궁색해짐이다.

言既不爲人所信, 而猶尙之, 能無窮乎! 凝神定志, 內省而信以天, 困乃
不窮.

말이 벌써 다른 사람들에게 믿기지 않는데도 자신은 오히려 높이 치니, 궁색해지지 않을 수 있겠는가! 자신의 신명을 응집하고 뜻함을 정하여 속으로 반성하고 하늘이 하는 일로써 믿어야 한다. 그래야 곤고하더라도 궁색해지지는 않는다.

「象」曰: 澤无水, '困', 君子以致命遂志.

「대상전」: 연못에 물이 없음이 곤괘(困卦)니, 군자는 이를 본받아 목숨을 바쳐서까지 뜻함을 완수한다.

水在坎中, '澤无水'矣. 澤不停水, 乃自窮也. 君子非無君可事, 無民可
使, 而不欲爲陰所揜, 於是安於阨窮, 困其身而必不辱, 困其志而必不
降, 去其膏潤, 安其枯槁, 推致於命之極屯, 而皆受之以遂其志, 必無求
通之心, 以'困'爲道者也.

물이 구덩이 속에 있음이 '연못에 물이 없음'이다. 연못이 물을 정체시키지 않아 스스로 궁해진 것이다. 이는 군자에게 섬길 만한 임금이 없다거나 부릴 수 있는 백성이 없다는 것이 아니다. 단지 음(陰)의 세력들에게 가리어지고 싶지 않아서 틀어 막힌 곤고함 속에서 마음 편안하게 있는 것이다. 그래서 몸을 곤고하게 하면서도 기필코 욕을 당하지 않으며, 그 뜻함을 곤고하게 하면서도 기필코 항복하지 않는다. 기름지고 윤택하게 사는 생활을 버리고 마치 초목이 물기가 없이 말라비틀어진 것처럼 파리하게 야위어 가는 삶에 편안해 하며, 제 운명의 극히 어려운 상황으로까지 내몰리면서도 모두 받아들이면서 그 뜻함을 이루어낸다. 그리고 현재의 곤고함을 통하게 할 길을 찾는 마음이 필연코 없다. 이 곤고함을 자신의 갈 길로 삼고 있는 것이다.

初六, 臀困于株木, 入于幽谷, 三歲不覿.

초육: 엉덩이가 나무 그루터기에서 곤고함을 겪고 있음이고 깊은 골짜기로 들어감이라. 3년이 되어도 볼 수가 없다.

'困', 柔困剛也. 然困人者未有不自困者也. 其始也, 處心積慮, 所以窘辱正直者, 夢寢不寧, 萬棘叢於胸臆. 乃剛正之士, 方且處困而不失其所, 而困之之術又窮. 及其後, 直道終伸, 則欲避譏非而終不可挽, 欲全利祿而法紀不可逃. 故'困'卦三陽雖受困, 而'有慶'·'有終'·'有說', 皆免於咎, 唯三陰之凶咎徒深. 困人者, 人不困而先自困, 此理數之必然. 而聖人因象示占, 以獎君子之亨, 而以凶咎警小人, 情見乎辭矣. '株木', 木被伐, 徒莖而無枝葉者. 初六居下, 無剛之可揜, 而柔方乘剛,

使不得進, 初復以柔沮之於下, 使不得退. 乃剛志在進, 初無欲退之心, 徒自勞困, 坐於株木以守之, 縮項鼠伏, 懷邪而暗處, 未能困剛, 祗以自困; 至於三歲, 剛終不屈, 而慙伏自匿, 姦而愚矣. 占者遇此, 雖有小人懷暗害之心, 不足爲慮, 聽其自爲消阻閉藏而已.

이 곤괘䷮는 부드러움[柔]이 굳셈[剛]을 곤고케 함을 드러내고 있다. 그러나 남을 곤고하게 하는 사람치고 스스로를 곤고하게 하지 않는 이가 없다. 그 시초에 남을 곤고케 할 것을 마음에 담아두고 오래도록 초려(焦慮)하니, 올바르고 곧은 사람을 속박하고 능욕하는 사람은 꿈에서도 잠자리가 편치 않으며 가슴속에서 온갖 가시덤불이 우거진다. 그러나 강직하고 올바른 선비들은 한창 곤고함을 당하는 속에서도 제자리를 잃지 않으므로, 그를 곤고케 하는 술수들도 결국은 다하게 된다. 그리고 그 뒤에는 곧음의 도(道)가 마침내 활짝 펴지니, 그때 가서는 그를 곤고케 했던 사람들이 나무람과 비방을 피하고자 하여도 끝내 어찌해볼 도리가 없다. 또 자신의 이익과 봉록을 온전히 하려 해도 법과 기강으로부터 벗어날 수가 없다. 그러므로 이 곤괘(困卦)의 세 양효들이 비록 곤고함을 당하고는 있지만 '경사가 있음'·'다 끝남'·'기뻐함이 있음' 등으로 모두 허물로부터 벗어나 있다. 오직 세 음효들만이 흉하고 허물 있음이 한갓 깊을 따름이다. 이는 이치상 필연적인 귀결이다. 성인들께서는 상(象)을 통해 점치는 이들에게 제시하여, 군자의 형통함을 장려하고 소인들에게는 흉함과 허물로써 경계하고 있다. 이러한 마음씀이 이 곤괘의 괘·효사들에 드러나 있다.

'주목(株木)'은 나무가 벌목을 당하여 줄기의 끝부분만 남고 가지와 잎사귀는 없어져버린 것을 말한다. 이 초육효는 곤괘(困卦)의 맨 아래에 자리 잡고 있으므로 그가 가릴 수 있는 굳셈[剛]이 없다. 그리고 육삼효의

부드러움이 한창 구이효의 굳셈을 올라타고서 나아갈 수 없도록 하고
있는데, 이 초육효는 다시 아래에서 부드러움으로써 구이효를 저지하여
물러날 수도 없게 하고 있다. 그러나 굳셈으로서 구이효의 뜻함은 나아감
에 있으니, 초육효로서 물러나고자 하는 마음이 없다 한들 한갓 스스로만
곤고하게 할 뿐이다. 그래서 나무 그루터기에 엉덩이를 붙이고 걸터앉아
서 지킨다고 하고 있으나, 목을 잔뜩 웅크린 쥐새끼가 모습을 드러내지
않고 마음속으로 사악한 생각을 품은 채 어두운 곳에 있는 모습이다.
그래서 결코 굳셈을 곤고하게 할 수는 없으며 단지 스스로만 곤고하게
할 따름이다. 3년이 지나도록 굳셈이 끝내 굴복하지 않으니, 이 초육효는
부끄러움에 그만 얼굴을 내밀지 못하고 엎드려 스스로의 모습을 감추고
만다. 이는 간사하면서도 어리석은 모습이다.

점친 이가 이 효를 얻었거든, 비록 어떤 소인이 암암리에 자신을 해칠
마음을 먹고 있다 할지라도 염려할 것이 못된다. 가만히 있으면 그가
저지하던 것을 제 스스로 해소하고서는 빗장을 딱 걸어잠근 채 숨어있다
는 소리를 듣게 될 따름이다.

「象」曰: '入于幽谷', 幽不明也.

「상전」: '깊은 골짜기로 들어감'이란 그윽하여 보이지 않는다는 의미다.

不明於理, 則亦不明於勢, 守株自困, 可坐待其斃也.

이치에 분명하지 않으니 세상 돌아가는 추세에 대해서도 밝지 않다.
나무 그루터기에서 지키고 앉아 자신을 곤고하게 하고 있으니, 앉은

채로 죽기나 기다릴 수 있다.

九二, 困于酒食, 朱紱方來, 利用享祀, 征凶, 无咎.

구이: 술과 먹는 것에 의해 곤고함이다. 붉은색 폐슬(蔽膝)을 드리운 관복을
입은 이가 바야흐로 오니, 제사를 지냄에는 이롭고 원정을 나가서는 흉하다.
허물이 없다.

柔之困剛, 非能與剛亢而抑之也, 有富人貴人之權, 餌而陷之也. 九二,
下則初六承之, 以酒食糜之而不使退; 上則六三乘其上, 而將以爵祿
羈之. 於斯時也, 欲峻拒之而禮有所不可卻, 欲受之而固非剛中者直
道必伸之志. 君子所遇之困, 困此者也. 彼之猶有禮也, 以禮接之; 其敬
而不與之瀆也, 以鬼神之道待之. 如孔子之於陽貨, 尙矣. 抑不然, 而必
欲自伸以求往, 則觸其惡怒而凶, 雖非待小人之道, 而於義固无咎. 祭
祀者, 大人之道; '征凶'者, 貞士之守. 兩說之, 使占者自擇焉.

부드러움이 굳셈을 곤고하게 함에서는, 결코 뻣뻣하게 굳셈에 맞서가지
고는 억누르지 못한다. 부자의 재력이나 귀인의 권세가 있어야 그것들을
던져 주며 무너뜨릴 수 있다. 지금 이 구이효의 아래에서는 초육효가
그를 받들고 있으면서 술과 음식으로 얽어매서 물러나지 못하도록 하고
있고, 위에서는 육삼효가 그 위를 올라타고서 장차 작록으로 그를 옭아매
려 하고 있다. 이러한 상황에서는 구이효가 준렬하게 거절하고자 하더라
도 예(禮)의 측면에서 물리칠 수가 없다. 그래서 받아들이고자 한다면
이는 진실로 굳셈으로 득중한 이가 올곧음의 도(道)를 발휘하여 반드시

펼치고자 하는 뜻함과 맞지 않는다.

군자가 맞닥뜨린 곤고함이란 바로 이러한 곤고함이다. 저들이 오히려 예를 갖춤에는 예로써 접대하고, 공경하며 자신을 모독하지 않음에는 귀신을 섬기는 도(道)로써 저들을 대해야 한다. 이는 공자가 양화(陽貨)에 대해서 높았던 것처럼 하는 것이다.[796] 만약에 이렇게 하지 않고 반드시 스스로를 펼쳐 구하려 간다고 할 것 같으면, 그의 악랄한 노여움을 촉발하여 흉하게 된다. 그런데 이것이 비록 양화와 같은 소인을 대하는 방식은 아니라 할지라도, 의로움의 측면에서는 본디 허물이 없다. 제사를 지내는 일은 대인에게 해당하는 도(道)다. '원정을 나가서는 흉하다'는 것은 올곧은 선비가 지켜야 할 점을 말하는 것이다. 그런데 여기서는

---

[796] 양화(陽貨)는 춘추시대 계씨(季氏)의 가신이었던 양호(陽虎)로서, 노(魯)나라의 국정을 농락했던 인물이다. 이러한 그가 사람을 보내 공자를 보자고 하였다. 자신이 하는 일을 공자에게 맡기려는 심산이었다. 그러나 공자는 그의 됨됨이와 현재 하는 짓이 마음에 들지 않아 이에 응하지 않고 있었다. 그러자 양호는 암퇘지 1마리를 잘 삶아서 공자에게 보냈다. 이렇게 되면 예(禮)에 따라 공자가 자신에게 고맙다는 인사를 하러 와야 하기 때문이다. 그러나 공자는 그가 집에 없는 틈을 타 그의 집을 방문하여 고맙다는 표시를 하는 것으로 이에 대처하였다. 그러다가 우연히 길에서 둘이 마주치게 되었다. 그러자 양호는, "가슴에 보배를 품고서도 그 나라가 혼란에 빠짐을 보고만 있는 것을 어질다고 할 수 있는가!", "좋은 일을 이루고자 한다면서도 자주 시기를 놓친다면 지혜롭다고 할 수 있는가!", "지금 이 순간에도 세월은 가며 결코 이 세월이 우리를 위해 기다려주지 않는다!"라고 에둘러 말하면서 공자에게 일을 맡아 달라고 청하였고, 공자는 이를 수락하였다고 한다.(『論語』, 「陽貨」: 陽貨欲見孔子, 孔子不見, 歸孔子豚. 孔子時其亡也, 而往拜之, 遇諸塗. 謂孔子曰, "來, 予與爾言." 曰, "懷其寶而迷其邦, 可謂仁乎!" 曰, "不可." "好從事而亟失時, 可謂知乎!" 曰, "不可." "日月逝矣, 歲不我與!" 孔子曰, "諾, 吾將仕矣.")

이 두 가지, 즉 공자가 양화를 대하던 방식과 스스로를 펼쳐 세상을 구하려 가는 방식을 제시해 놓고, 시초점을 친 이로 하여금 스스로 선택하게 하고 있다.

「象」曰: '困于酒食', 中有慶也.

「상전」: '술과 먹는 것에 의해 곤고함'이란 도중에 경사가 있다는 의미다.

以剛得中, 故小人不敢即加害, 而慶之以酒食朱紱. 不言朱紱者, 畧擧以該之. 「象傳」之有偏釋, 皆準此.

이 구이효는 굳셈으로서 득중하였기 때문에 소인들이 감히 그 즉시 해를 입히지는 못하고 술과 음식, 붉은 폐슬을 드리운 관복을 주어서 경사가 있게 한다. 그런데 이 「상전」에서 특별히 '붉은 폐슬'에 대해서는 언급하지 않은 까닭은, 대략만 들더라도 그 의미를 다 포괄하기 때문이다. 「상전」에서 효사의 일부만 들어서 풀이하고 있는 것들은 모두 이와 같은 예다.

六三, 困于石, 據于蒺藜, 入于其宮, 不見其妻, 凶.

육삼: 돌에 의해 곤고함이다. 남가새에 본거지를 두고 있음이며 그 궁궐에 들어감인데, 그 아내를 만나지 못한다. 흉하다.

九二剛介如石, 奠位於中, 三欲困之, 力竭而莫能動, 先自困也. 以柔居
剛, 所處不安, 還以自傷. 欲望上六之應己, 與爲匹耦, 而上六已困于葛
藟臲卼之中, 不能相助. 小人之自困且如此, 何足懼哉! 三位剛, 上位
柔, 故有夫妻之象.

이 곤괘(困卦)䷮에서는 구이효가 돌처럼 굳세고 단단함으로 가운데서
자리를 잡고 있다. 그래서 이 육삼효가 그를 곤고하게 하려 하지만
힘에 부쳐서 움직이게조차 할 수 없으며, 먼저 스스로가 곤고해진다.
그리고 육삼효는 부드러움으로서 굳셈의 자리를 차지하고 있으니, 자리
잡은 곳이 편안하지 못하며 도리어 스스로가 그에 의해 상처를 입고
만다. 위로 상육효가 자신에게 응하여 더불어 짝이 되어주기를 바라지만
상육효도 벌써 칡과 등나무 넝쿨에 얽힌 채 높고 뾰족한 곳에 위태롭게
걸쳐 있으므로 서로 도움을 줄 수가 없다. 소인들이 이와 같이 스스로
곤고함에 빠져 있으니, 뭐 그리 두려워할 것이 있겠는가! 그런데 3효의
위(位)는 굳셈의 자리고 상효의 위(位)는 부드러움의 자리다. 그러므로
이들 사이에는 부부의 상(象)이 있다.

「象」曰: ‘據于蒺藜’, 乘剛也. ‘入于其宮不見其妻’, 不祥也.

「상전」: ‘남가새에 본거지를 두고 있음’은 굳셈을 올라타고 있기 때문이다.
‘그 궁궐에 들어감인데, 그 아내를 만나지 못한다.’는 것은 상서롭지 않다는
의미다.

六之居三・乘九二者不一卦, 而此獨爲‘蒺藜’者, 以其據之以困陽也.

'不祥'者, 犯天下之不祥, 凶必及之.

『주역』의 64괘 가운데 '6'으로서 3위(位)를 차지한 채 구이효를 올라타고 있는 괘는 한둘이 아니다. 그런데 이 곤괘(困卦)▤에서만 유독 '남가새'에 본거지를 두고 있음이 되는 까닭은, 그 본거지로 삼고 있는 것이 양을 곤고하게 하기 때문이다. '상서롭지 않다'는 것은 온 세상의 상서롭지 않은 것들을 범하여 흉함이 필연코 이른다는 의미다.

九四, 來徐徐, 困于金車, 吝有終.

구사: 오는 것이 느리고 느리다. 금속으로 만든 수레에 곤고함이 생기는데, 아쉬워하나 유종의 미를 거둔다.

'金', 剛. '車', 所以行者, 謂五也. 九四以剛居柔, 而爲退爻, 不急於求伸, 故與上六遠, 而卽不爲其所揜. 所困者, 五欲進而困; 五不能行, 則亦與之俱止, 而所行吝也. 然承五以待時而動, 柔豈能終揜之哉? 必有終亨之道矣.

'금속'은 굳세다. '수레'는 탈것으로서 구오효를 가리킨다. 이 구사효는 굳셈으로서 부드러움의 자리를 차지하고 있고 물러남의 효가 되어 있기 때문에 자신을 펼쳐냄에 대해 급급해 하지 않는다. 그러므로 상육효와는 멀리 떨어져 있어서 곧바로 그것에 의해 가려지지 않는다. 여기서 곤고함을 당하는 것은 구오효가 나아가고자 하다가 곤고해짐이다. 그런데 구오효가 갈 수 없게 되면 이 구사효도 더불어 멈춘다. 그래서 가려고

했던 것에 대해서는 '아쉬워함'이 있는 것이다. 그렇지만 구오효를 받들어
서 때를 기다렸다가 움직이니 부드러움을 어찌 끝내 가릴 수 있겠는가!
그래서 반드시 마침내는 형통하게 되는 원리가 있다.

「象」曰: '來徐徐', 志在下也, 雖不當位, 有與也.

「상전」: '오는 것이 느리고 느리다'는 것은 뜻함이 아래에 있기 때문이다. 비록
마땅히 제자리를 차지하고 있는 것은 아니라도 함께함이 있다.

內難未靖, 不可圖外. 志在靖六三之難, 待其定而後足以進, 處困之善
術也. 在困者, 唯寡與之足憂. 有九五之'金車'足恃, 雖與之俱困, 固必
'有終'. 居位不安, 自足以無患. 卦唯此爻之受困也輕, 遠小人而近君子
也. 處困而不與正人君子交, 未有能免於凶咎者也.

안의 어려움이 아직 다스려지지 않았으면 밖을 도모할 수가 없다. 그래서
이 구사효의 뜻함은 육삼효의 어려움을 다스림에 있고, 그것이 진정(鎭
靜)되기를 기다렸다가도 그 뒤에 얼마든지 나아갈 수 있다. 이것이
바로 곤고함에 대처하는 좋은 술책이다. 곤고함을 당하고 있는 사람에게
는 오로지 자신과 함께하는 이가 적은 것만이 근심할 만한 것이다.
그런데 이 구사효에게는 구오효의 '금속으로 만든 수레'가 있어서 얼마든
지 믿을 만하니, 비록 일시적으로 더불어 곤고함을 겪고는 있다 하더라도
본디 반드시 '유종의 미를 거둠'이 담겨 있다. 그래서 지금 차지하고
있는 자리가 불안하기는 하지만, 우환이 없다고 여기며 스스로 만족한다.
이 곤괘(困卦)䷮에서 오직 이 구사효만이 당하는 곤고함이 가볍다. 그

까닭은 소인으로부터는 멀리 떨어져 있고 군자에게는 가깝기 때문이다.
곤고함에 처하여서도 올바른 사람이나 군자들과 교접하지 않는다면
흉함과 허물로부터 벗어날 수가 없다.

九五, 劓刖, 困于朱紱, 乃徐有說, 利用祭祀.

구오: 코를 베이고 발뒤꿈치를 베이는 형벌을 당한다. 붉은색 폐슬(蔽膝)을
드리운 관복에 의해 곤고함을 당한다. 그러나 서서히 벗어나게 되고 제사를
지냄에 이롭다.

> 上六從上而'劓'之, 六三從下而'刖'之, 處困而受傷, 不足爲君子之困.
> 所困者, 柔不明加以劓刖, 以'赤紱'相縻繫耳. 欲說此者, 未可遽也. 敬
> 以自持, 而以神道感格之, 理極勢窮, 小人且悔罪而相釋矣. 象與九二
> 略同, 而居尊當位, 說於困則大行, 故無征凶之戒. '赤紱', 朱紱; 文偶變
> 而義同. 詩'朱芾斯皇'・'赤芾金舄', 皆諸侯之命服.

상육효가 위에서 '코를 베어' 버리고 육삼효는 아래에서 '발뒤꿈치를
베어' 버리니, 이 구오효는 곤고함에 처하고 상처를 입는다. 그러나
이 정도로는 군자에게 곤고함이 될 수가 없다. 곤고케 하는 것은 부드러움
[柔]들이 현명하지 못하여 코를 베는 형벌과 발뒤꿈치를 베는 형벌을
자행하며 '붉은색 폐슬(蔽膝)을 드리운 관복'으로써 얽어매는 것일 따름
이다. 그런데 이로부터 벗어나려 함이 급작스레 이루어질 수가 없다.
경건함으로써 자신의 몸가짐을 다잡고 신명의 도(道)로써 감격하여
이르게 해야 하는 것이다. 이렇게 하면 자신을 곤고케 하던 이치가

극에 달하며 그 추세도 막다르게 된다. 그래서 소인들이 또한 자신들의
죄를 뉘우치고 풀어주게 된다.

이 구오효의 상은 구이효와 대략 같다. 존귀한 지위를 마땅하게 차지하여
곤고함으로부터 벗어나니, 이제 크게 행하게 된다. 그러므로 원정을
나가서는 흉하다고 경계함이 없다. '赤紱(적불)'과 '朱紱(주불)'은 글자가
우연히 바뀌었지만 의미는 같다. 『시경』에서 "모두들 붉은색 폐슬을
드리운 관복들이 휘황찬란하구나!"797), "붉은색 폐슬을 드리운 관복과
황금색을 곁들여 꾸민 붉은 신발이여!"798)라고 표현한 구절들은 모두
제후들이 입고 있는 관복을 묘사한 것이다.

「象」曰: '劓刖', 志未得也. '乃徐有說', 以中直也, '利用祭祀',
受福也.

---

797) 『시경』, 「소아(小雅)」 편의 「사간(斯干)」이라는 시에 나오는 구절이다. 주나라
    선왕(宣王)의 자식들이 제후든 천자든 모두 붉은색 폐슬을 드리운 관복을
    입고 한데 있으니 그 모습이 휘황찬란하다는 것이다. 이 시는 궁실의 낙성식을
    계기로 이 궁실의 아름다움을 찬미하고 그 주인공을 위하여 축원하는 내용으로
    이루어졌다.

798) 역시 『시경』, 「소아・남유가어지십(南有嘉魚之什)」 편의 「차공(車攻)」이라는
    시에 나오는 구절이다. 붉은색 폐슬을 드리운 관복과 황금색을 곁들여 꾸민
    붉은 신발을 의미한다. 이 시는 주나라 선왕이 내치와 외교에 뛰어난 능력을
    발휘하여 옛 문・무왕 시절의 영토를 수복하고 동도(東都)에서 다시 제후들과
    회맹(會盟)을 한 것을 노래한 것이다. 이 구절은 이 회맹에 참여한 이들이
    입은 관복과 신발의 화려함을 묘사하고 있다.

「상전」: '코를 베이고 발뒤꿈치를 베임'은 뜻함을 얻지 못함이다. '그러나 서서히 벗어나게 됨'은 가운데서 곧기 때문이다. '제사를 지냄에 이롭다'는 것은 복을 받음을 의미한다.

剛健當位, 中道本直, 豈憂終困哉? 受福者, 行法俟命, 鬼神自祐, 小人自解. 貞大人之亨, 若出於意外, 而固不爽.

굳세고 씩씩하면서도 제자리를 마땅하게 차지하고 있고 중도(中道)를 지키면서 본래 곧으니, 어찌 근심이 끝내 곤고케 하리오! 복을 받는다는 것은, 법에 맞게 행동하고 하늘의 명을 기다리니[799] 귀신이 저절로 돕고 소인들도 곤고케 하던 것을 저절로 풀어버린다는 의미다. 여기서 올곧은 대인의 형통함이라는 것이 뜻밖에 나온 것처럼 보일지 모르지만, 이는 본디 조금도 어긋나지 않는 것이다.

上六, 困于葛藟, 于臲卼, 曰動悔有悔, 征吉.

상육: 칡과 등나무 넝쿨에 얽혀 곤고함을 당하면서 높고 뾰족한 곳에 위태롭게 걸쳐 있으니, 이에 움직여서는 후회하고 또 뉘우침이 있다. 원정을 나가서는

---

[799] 맹자가 요·순임금과 탕·무왕을 칭송하면서 한 말이다. 이들은 예(禮)·덕(德) 및 법(法)에 맞게 행동함으로써 인위의 최선을 다하고 경건하게 하늘의 명(命)을 기다렸다는 것이다.(『孟子』,「盡心下」: 孟子曰, "堯舜, 性者也; 湯武, 反之也. 動容周旋中禮者, 盛德之至也; 哭死而哀, 非為生者也; 經德不回, 非以干祿也; 言語必信, 非以正行也. 君子行法, 以俟命而已矣.")

길하다.

'葛藟', 皆柔韌纏延之蔓艸. '臲卼', 高峻崎嶇之地. '曰', 爰也, 于也. 陽道
之伸, 亦何損於陰哉? 而必欲揜之, 勞心苦形, 以縈冒不已, 是自入于葛
藟之中也. 且其所居者又高危不安之地, 於是而陰亦可以悔矣. 于其
動而止自困也, 乃有悔之心焉, 因釋剛不揜, 而自遠以行, 則君子之難
解, 而己亦吉矣. 上六柔居柔位, 居上欲消, 故賢於初·三, 而諒其能
悔, 許之以吉.

'칡나무·등나무'는 모두 부드러우면서도 질기고 다른 것들을 칭칭 휘감
으며 벋어 나아가는 풀이다. '臲卼(얼올)'은 높고 뾰족하며 험준한 지형을
말한다. '曰(왈)'은 '이에'를 의미하는 '爰(원)'·'于(우)'와 같다. 양(陽)의
도(道)가 펼쳐진다고 하여 또한 어찌 음(陰)에게 손상을 주리오! 그런데도
음으로서 반드시 이 양의 펼침을 엄폐하고자 한다면 스스로 마음을
태우고 몸을 고달프게 하며 끝없이 동여매고 옭아매야 한다. 그러다
보면 자기도 저절로 칡넝쿨·등나무넝쿨 같은 것 속으로 빨려 들어가고
만다. 뿐만 아니라 이 상육효가 자리 잡고 있는 위치는 또 높고 뾰족하여
불안한 곳이니, 이를 엄폐하려 들다가는 음(陰)도 후회할 수밖에 없는
것이다. 이에 음은 그 움직임을 멈추어 곤고하게 하던 것을 스스로
그치게 한다. 그리고 후회하는 마음이 들어서 가리고 있던 굳셈을 풀어주
며 스스로 멀리 가니, 군자의 어려움이 풀리면서 자신도 길하게 된다.
상육효는 부드러움으로서 부드러움의 자리를 차지하고 있고 또 맨 윗자
리에 자리 잡고 있어서 곧 사라지게 되어 있다. 그러므로 똑같은 부드러움
의 효라도 초육효나 육삼효보다는 현명하며 진실한 마음으로 뉘우칠
수도 있다. 그래서 길하다고 한 것이다.

「象」曰: '困于葛藟', 未當也. '動悔有悔', 吉行也.

「상전」: '칡과 등나무 넝쿨에 얽혀 곤고함을 당함'은 아직 마땅치 않다는 의미다. '움직여서는 후회하고 또 뉘우침이 있다'는 것은 어디를 감에 길하다는 의미다.

以其不當位, 而未有傷陽之志, 故僅言'未當'. '吉行'者, 行則吉也. 上六行將何往哉? 退處於卦外無用之地而已. 楊惲唯不知此, 是以與息夫躬同禍.

마땅하지 않은 자리기는 하지만 아직 양(陽)의 뜻함에 상처를 입히지 않았기 때문에 '아직 마땅치 않다'는 정도로만 말하고 있다. '吉行(길행)'이란 어디를 가는 데 길하다는 의미다. 그런데 상육이 간다고 하더라도 장차 어디로 가겠는가? 괘 밖의 쓸모없는 곳으로 물러나 있을 따름이다. 그런데 양운(楊惲)은 오직 이를 몰랐다.[800] 그래서 식부궁(息夫躬)과

---

800) 양운(?~B.C.54)은 서한 시대의 인물이다. 사마천의 외손이고 승상 양창(楊敞)의 아들이기도 하다. 그는 외삼촌의 영향을 받아 역사에 흥미가 있었다. 중랑장(中郎將)이 되어 벼슬길에 나섰는데, 이 직책에서 뛰어난 업적을 내 선제(宣帝)의 신작(神爵) 원년(B.C.61)에는 제리광록훈(諸吏光祿勳)으로 발탁되었다. 이후 그는 곽광(霍光)의 모반을 고발하고 한나라 황실로부터 곽씨 일가를 몰아내는 데서 공을 세웠기 때문에 평통후(平通侯)에 봉해졌다. 곽광은 한무제가 죽은 뒤로 조정의 정권을 장악하고 황제를 갈아치우며 정권을 농락하던 인물이다. 그리고 양운은 선제(宣帝)를 설득, 외할아버지인 사마천이 쓴 『사기』를 공개적으로 발행하게 해 세상 사람들이 읽을 수 있게 하였다. 그러나 태복(太僕) 대장락(戴長樂)과 틀어지는 바람에 양운은 몰락의 길을 걷게 되었다. 대장락은 선제가 민간인 신분일 적부터 함께한 절친이었다. 선제는 이 둘의 불화와 상호 고발로 골머리를 앓다가, 이 둘을 동시에 삭탈관직

똑같이 화를801) 당했다.

하여 민간인 신분이 되게 하는 방식으로 처리하였다. 그리고 이것이 공평하다고 여겼다.

그런데 양운이 민간인 신분이 된 뒤로도 자숙하지 않은 것이 문제였다. 그는 민간인이 된 뒤에도 스스로 가업을 일으키고 사람들과 교유하며 선제에 대한 불평과 비판을 숨기지 않았다. 그리고 이를 그의 절친 손종회에게 보내는 편지(「報孫會宗書」)에서 드러내고 말았다. 이 때문에 그는 "황제를 희롱하고 말들이 패악하며 반역에 가깝다.(以主上為戲, 語近悖逆)"는 죄목으로 참시되었다.(『前漢書』, 「公孫劉車王楊蔡陳鄭傳」) 왕부지가 여기서 원용하고 있는 것은 양운이 민간인이 된 뒤로 보인 소행에 대해서다. 쓸모없는 곳으로 물러나 조용히 살아갔어야 하는데, 물러난 뒤에도 여전히 자신의 활동반경을 넓히고 황제에 대해 비판과 불만을 토로한 것이 화근이라는 것이다.

801) 식부궁(?~B.C.2)은 자(字)가 자미(子微)였으며, 하내(河內)의 하양(河陽) 출신이다. 그는 언변이 뛰어났는데, 사람됨이 간사하고 음험하여 명리(名利)를 취하는 데서 수단을 가리지 않는 인물이었다. 그러나 용모가 수려하였다고 한다. 그는 당시 황제 애제(哀帝)의 장인(孔鄉侯 傅晏)과 끈끈한 관계를 맺고서 조정의 실세가 될 기회를 노렸다. 그러다 당시 무염(無鹽) 지방에 일종의 지진 현상을 일어난 것을 이용해, 동평왕(東平王) 유운(劉雲)과 부인 오알(伍謁)을 모함하여 죽게 하고 그 공으로 의릉후(宜陵侯)에 봉해졌다. 사실 동평왕 부부는 이러한 재이 현상을 멈추게 해달라고 제사를 지냈던 것인데, 식부궁은 이들이 애제를 일찍 죽게 하고 그래서 자신이 황제가 되게 해달라고 하늘에 제사 지내는 것으로 모함하였던 것이다. 동평왕은 취조를 받다가 자살하였고 그의 부인 오알은 기시(棄市) 당하였다. 이 일로 식부궁은 애제로부터 총애를 받게 되었다. 그래서 이제 그의 달변으로 조정을 장악하여 뭇 사람들의 두려움과 질시를 샀다. 그러나 결국 이것이 지나쳐서 그는 세를 잃게 되었는데, 승상과 어사들이 들고 일어나 그가 충량(忠良)한 신하들을 모함하였고 조정을 그르쳤다는 사실들을 들추어냈다. 여러 가지 죄증(罪證)이 드러나자 애제는 대노하여 그를 삭탈관직하고 경도(京都)로 송환하였다. 일시에 몰락한 식부궁은 이제 거처할 집조차 없어서 빈 정자에 기거하게 되었다. 그런데 한 무리의

도적들이 그가 고관대작 출신이니만큼 틀림없이 부유하리라고 여겨 매일 밤 그 주변을 돌며 빼앗아갈 기회를 노렸다. 누군가 이들을 막을 수 있는 비방을 알려주자, 식부궁은 그가 일러준 대로 매일 밤 머리를 산발한 채 손에는 나무로 만든 비수를 쥐고서 북두칠성에게 도적들을 저주하는 말을 읊조렸다. 그런데 또 누군가 이를 보고서 "식부궁이 관직을 삭탈당한 데 대해 한을 품고서, 매일 밤 손에 비수를 든 채 저주를 하며 천자에게 재앙을 내려달라고 하늘에 빕니다."라고 하는 상소를 올렸다. 애제는 대노하여 그를 하옥시켰다. 식부궁은 나름대로 억울하여, 하늘을 보고 크게 울부짖으며 코피를 쏟고 눈을 부릅뜬 채로 죽었다. 마치 그에 의해 억울한 죽음을 당한 동평왕과 그 부인이 원귀가 되어 그의 목을 비트는 것과 같았다. 그의 어머니도 이전에 동평왕 부인이 그랬던 것처럼 기시(棄市)당하였고, 남은 가족들은 오늘날의 광동(廣東) 지방으로 쫓겨났다. 왕부지는 여기서, 식부궁이 삭탈관직당한 뒤 기거하던 정자에서 매일 밤 보인 행동을 양운의 소행과 연관시켜 이 곤괘(困卦) 상육효사의 의미를 풀이하고 있다.

지은이

왕부지(王夫之)

　　1619년 9월(음): 중국 호남성(湖南省) 형주부(衡州府; 오늘날의 衡陽市) 왕아평(王衙坪)의 몰락해가는 선비 집안에서 아버지 왕조빙(王朝聘; 1568~1647)과 어머니 담씨(譚氏) 부인 사이에 3남으로 태어났다. 어려서의 자(字)는 '삼삼(三三)'이었고, 성장한 뒤의 자(字)는 '이농(而農)'이었다. '부지(夫之)'는 그 이름이다. 왕부지의 호는 대단히 많다. 대표적인 것만을 소개하면, 강재(薑齋), 매강옹(賣薑翁), 쌍길외사(雙吉外史), 도올외사(檮杌外史), 호자(壺子), 일호도인(一瓠道人), 선산노인(船山老人), 선산병수(船山病叟), 석당선생(夕堂先生), 대명전객(大明典客), 관아생(觀我生) 등이다. 호는 20개가 넘는데, 스스로는 '선산유로(船山遺老)'라 불렀다. 왕부지와 함께 명조(明朝)의 세 유로(遺老)로 불리는 황종희(黃宗羲; 1610~1695)보다는 9살 아래고, 고염무(顧炎武; 1613~1682)보다는 6살 아래다. 동시대에 활약한 대학자 방이지(方以智; 1611~1671)보다는 8살 아래다.

　　1622년 4세): 자신보다 14살 연상의 큰형 왕개지(王介之; 1605~1687)에게서 글을 배우기 시작하다. 왕개지는 그의 자(字)를 좇아 '석애(石崖)선생'으로 불렸는데, 경학(經學)에 조예가 깊은 학자로서 『주역본의질(周易本義質)』과 『춘추사전질(春秋四傳質)』 등의 저술을 남겼다. 왕부지는 9살 때까지 이 왕개지로부터 배우면서 많은 영향을 받았다. 그런데 왕부지는 7살에 13경을 다 읽을 정도여서 '신동(神童)'으로 불렸다.

　　1628년(10세): 아버지에게서 경전을 배우기 시작하다.

　　1637년(19세): 형양(衡陽)의 재야 지주인 도씨(陶氏)의 딸에게 장가들다. 이해부터 숙부 왕정빙(王廷聘)에게서 중국의 역사를 배우기 시작하였다.

　　1638년(20세): 장사(長沙)의 악록서원(嶽麓書院)에 입학하다. 동학인 광붕승(鄺鵬升) 등과 함께 '행사(行社)'라는 독서 동아리를 만들어 경전의 의미와 시사(時事)에 대해 토론하였다.

　　1639년(21세): 관사구(管嗣裘)・곽봉선(郭鳳躚)・문지용(文之勇) 등 뜻이 맞는 벗들과 함께 '광사(匡社)'라는 동아리를 꾸려 정권의 잘잘못과 예측 불가능할 정도로 급변해가는 시사에 대해 토론하며 대안을 세웠다.

　　1644년(26세): 청나라 세조(世祖)가 북경에 천도하여 황제로 즉위하고 청나라 왕조를 세웠다. 왕부지는 명나라 멸망에 비분강개하며 『비분시(悲憤詩)』 100운(韻)을 짓고 통곡하였다. 그리고 형산(衡山)의 쌍길봉(雙吉峰)에 있는 흑사담(黑沙潭) 가에 초가집을 짓고 거처하며 '속몽암(續夢庵)'이라 불렀다.

1646년(28세): 비로소『주역』을 공부할 뜻을 세우고『주역패소(周易稗疏)』4권을 지었다. 아버지로부터『춘추』를 연구하여 저술을 내라는 명을 받았다. 도씨(陶氏) 부인과 사별하였다.

1647년(29세): 청나라 군대가 형주(衡州)를 함락시키자 왕부지 일가는 흩어져 피난길에 올랐다. 이 도피 생활 중 그의 아버지가 서거하였다.

1648년(30세): 왕부지는 형산(衡山) 연화봉(蓮花峰)에 몸을 숨긴 채『주역』공부에 더욱 매진하였다. 그러다가 기회를 타서 벗 관사구(管嗣裘)·하여필(夏汝弼)·성한(性翰; 승려) 등과 함께 형산 방광사(方廣寺)에서 거병하였다. 그러나 이 의병활동이 실패로 돌아가자 밤낮으로 험한 산길을 걸어가 당시 조경(肇京)에 자리 잡고 있던 남명정부 영력(永曆) 정권에 몸을 맡겼다. 병부상서 도윤석(堵允錫)의 추천으로 한림원 서길사(庶吉士)에 제수되었으나 부친상이 끝나지 않은 이유로 사양하였다.

1649년(31세): 왕부지는 조경(肇京)을 떠나 구식사(瞿式耜)가 방어하고 있던 계림(桂林)으로 갔다. 그리고는 다시 계림을 떠나 청나라 군대의 수중에 있던 형양(衡陽)으로 돌아와 어머니를 모시고 살게 되었다.

1650년(32세): 부친상을 마친 왕부지는 당시 오주(梧州)에 자리 잡고 있던 남명 정부를 다시 찾아가 행인사행인(行人司行人)의 직책을 맡게 되었다. 그런데 조정의 실세인 왕화징(王化澄)의 비행을 탄핵하다 그의 역공을 받아 투옥되었다. 농민군 수령 고일공(高一功; 일명 必正)의 도움으로 간신히 죽음을 면한 왕부지는 계림으로 가서 구식사(瞿式耜)의 진영에 합류하게 되었다. 그러나 청나라 군대가 계림을 핍박하는 바람에 다시 피난길에 올라 산간 오지에서 나흘을 굶는 등 갖은 고초를 겪었다. 이해에 정씨(鄭氏)부인과 재혼하였다.

1654년(36세): 상녕(常寧)의 오지 서장원(西莊源)에서 이름을 바꾸고 복식을 바꾼 채 요족(瑤族)에 뒤섞여 살았다. 이때의 경험으로 왕부지는 중국 소수민족들의 생활상을 알게 되었고, 이들에 대한 인식을 바꾸게 되었다. 그리고 명나라 멸망으로부터 얻은 교훈을 정리하는 저술활동에 몰두할 결심을 굳힌다.

1655년(37세): 진녕(晉寧)의 산사(山寺)에서『주역외전』을 저술하였고,『노자연(老子衍)』초고를 완성하였다.

1657년(39세): 4년 가까이 지속된 도피생활을 마치고 서장원에서 돌아와 형산 쌍길봉(雙吉峰)의 옛 거처 속몽암(續夢庵)에서 기거하게 되었다. 그리고 유근로(劉近魯)의 집을 방문하여 6천 권이 넘는 장서를 발견하고는 그 독파에 시간가는 줄을 몰랐다.

1660년(42세): 속몽암으로부터 형양(衡陽)의 금란향(金蘭鄕; 지금의 曲蘭鄕) 고절리(高節里)로 거처를 옮겼다. 수유당(茱萸塘) 가에 초가집을 짓고 '패엽려(敗葉廬)'라 부르며 기거하였다.

1661년(43세): 정씨부인과 사별하였다. 정씨부인의 이해 나이는 겨우 29세였다. 아내의 죽음에 깊은 상처를 받은 왕부지는 그 쓰라린 감정을 애도(哀悼) 시로 남긴다.

1662년(44세): 남명(南明)의 영력제(永曆帝)가 곤명(昆明)에서 오삼계(吳三桂)에게 살해당했다는 소식을 듣고 『삼속비분시(三續悲憤詩)』100운(韻)을 지었다.

1665년(47세): 여전히 패엽려에 기거하며 『독사서대전설(讀四書大全說)』전 10권을 중정(重訂)하였다.

1669년(51세): 장씨(張氏)부인을 세 번째 부인으로 맞이하였다. 이해에 30세부터 써오던 근고체 시집 『오십자정고(五十自定稿)』를 펴냈다. 그리고 『속춘추좌씨전박의(續春秋左氏傳博議)』상·하권을 지어서 부친의 유명(遺命)에 부응하였다. 수유당(茱萸塘) 가에 새로이 초가집 '관생거(觀生居)'를 짓고 겨울에 이사하였다. 그 남쪽 창가에 유명한 "六經責我開生面(육경책아개생면), 七尺從天乞活埋(칠척종천걸활매)"라는 대련(對聯)을 붙였다. 뜻은 "육경이 나를 다그치며 새로운 면모를 열어 보이라 하니, 이 한 몸 하늘의 뜻을 좇으며 산채로 묻어 달라 애걸하네!" 이제부터는 육경 공부가 하늘의 뜻인 줄 알고 거기에 온 생애를 걸겠다는 다짐으로 보인다. 중국 산천을 이민족에게 내준 것, 자신이 그것을 만회하기 위해 애썼지만 결국 부질없음으로 돌아간 것 등이 모두 하늘의 뜻이라 여기며, 이제 자신의 갈 길을 육경 공부로 정하였다는 것이다. 이것이 스스로 자부하는 문화민족으로서 한족(漢族) 지식인에게 허락된 길이라는 깨달음을 반영한 것으로 보인다.

1672년(54세): 『노자연(老子衍)』을 중정(重訂)하였다. 그러나 불행히도 그의 제자 당단홀(唐端笏)이 이것을 빌려갔다가 그 집이 불타는 바람에 그만 소실(燒失)되고 말았다. 지금 전해지는 것은 그가 37세 때 지은 초고본이다.

1676년(58세): 상서초당(湘西草堂)에 거처하기 시작하다. 『주역대상해(周易大象解)』를 지었다.

1679년(61세): 『장자통(莊子通)』을 짓다.

1681년(63세): 『상종락색(相宗絡索)』을 지었다. 그리고 제자들의 요청에 의해 『장자(莊子)』 강의용 『장자해(莊子解)』를 지었다.

1685년(67세): 병중임에도 제자들의 『주역』 공부를 독려하기 위해 『주역내전』 12권과 『주역내전발례』를 지었다.

1686년(68세): 『주역내전』과 『주역내전발례』를 중정(重訂)하였고, 『사문록(思問錄)』 내 · 외편을 완성하였다.

1687년(69세): 『독통감론(讀通鑑論)』을 짓기 시작하다. 9월에 병든 몸을 이끌고 나가 큰형 왕개지(王介之)를 안장(安葬)한 뒤로 다시는 바깥출입을 하지 않았다.

1689년(71세): 병중에도 『상서인의(尙書引義)』를 중정(重訂)하였다. 이해 가을에 「자제묘석(自題墓石)」을 지어 큰아들 반(攽)에게 주었다. 여기에서 그는, "유월석(劉越石)의❶ 고독한 울분을 품었지만 좇아 이룰 '명'(命)조차 없었고❷, 장횡거(張橫渠)의 정학(正學)을 희구했지만 능력이 부족하였다. 다행히 이곳에 온전히 묻히나❸ 가슴 가득 근심을 안고 세상을 하직하노라!"❹라고 술회하고 있다.

1690년(72세): 『장자정몽주(張子正蒙注)』를 중정(重訂)하였다.

---

❶ 유곤(劉琨: 271~318)을 가리킨다. '월석(越石)'은 그의 자(字)다. 유곤은 서진(西晉) 시기에 활약했던 인물이다. 그는 건무(建武) 원년(304년) 단필제(段匹磾)와 함께 석륵(石勒)을 토벌하게 되었는데, 단필제에 농간에 의해 투옥되었다가 죽임을 당하였다. 나중에 신원되어 '민(愍)'이라는 시호를 추서 받았다. 이처럼 자기도 모르는 사이에 진행된 일 때문에 정작 이적(夷狄)을 토벌하려던 입지(立志)는 펴보지도 못하고 비명에 간 유곤의 고분(孤憤)을 왕부지는 자신의 일생에 빗대고 있다.

❷ 이해는 명나라가 청나라에 망한 지 벌써 48년의 세월이 흐른 뒤이다. 왕부지는 명조(明朝)의 멸망을 통탄해 마지않았고, 끝까지 명조에 대한 대의명분을 지키며 살았다. 이처럼 한평생을 유로(遺老)로 살았던 비탄(悲嘆)이 이 말 속에 담겨 있다.

❸ 이 말은 그와 더불어 청조(淸朝)에 저항하였던 황종희(黃宗羲), 고염무(顧炎武), 부산(傅山), 이옹(李顒) 등이 비록 끝까지 벼슬을 하지 않으면서도 치발령(薙髮令)에는 굴복하여 변발을 하였음에 비해, 왕부지 자신만은 이에 굴하지 않고 죽을 때까지 머리털을 온존하며 복색(服色)을 바꾸지 않았음을 술회하는 것처럼 보인다.

❹ 王之春, 『船山公年譜』(光緒19年板), 「後篇」, 湖南省 衡陽市博物館, 1974: 抱劉越石之孤憤, 而命無從致; 希張橫渠之正學, 而力不能企. 幸全歸于玆邱, 固銜恤以永世."

1691년(73세): 『독통감론(讀通鑑論)』30권과 『송론(宋論)』15권을 완성하였다.

1692년(74세): 정월 초이튿날(음) 지병인 천식으로 극심한 고통 속에 서거하다.

[저서]

왕부지는 중국철학사에서 가장 방대한 양의 저술을 남긴 인물 중의 한 사람으로 꼽힌다. 대표적인 것만 꼽아도 다음과 같다.

『주역내전(周易內傳)』, 『주역외전(周易外傳)』, 『주역대상해(周易大象解)』, 『주역고이(周易考異)』, 『주역패소(周易稗疏)』, 『상서인의(尙書引義)』, 『서경패소(書經稗疏)』, 『시경패소(詩經稗疏)』, 『시광전(詩廣傳)』, 『예기장구(禮記章句)』, 『춘추가설(春秋家說)』, 『춘추세론(春秋世論)』, 『춘추패소(春秋稗疏)』, 『속춘추좌씨전박의(續春秋左氏傳博議)』, 『사서훈의(四書訓義)』, 『독사서대전설(讀四書大全說)』, 『설문광의(說文廣義)』, 『독통감론(讀通鑑論)』, 『송론(宋論)』, 『영력실록(永曆實錄)』, 『장자정몽주(張子正蒙注)』, 『사문록(思問錄)』, 『사해(俟解)』, 『악몽(噩夢)』, 황서(『黃書』), 『노자연(老子衍)』, 『장자해(莊子解)』, 『장자통(莊子通)』, 『상종락색(相宗絡索)』, 『초사통석(楚辭通釋)』, 『강재문집(薑齋文集)』, 『강재시고(薑齋詩稿)』, 『곡고(曲稿)』, 『석당영일서론(夕堂永日緒論)』, 『고시평론(古詩評選)』, 『당시평선(唐詩評選)』, 『명시평선(明詩評選)』

김진근

연세대학교 철학과에서 학부, 대학원을 마침(문학사, 문학석사, 철학박사. 지도교수: 裵宗鎬·李康洙)
북경대학 고급진수반(高級進修班) 과정 수료(지도교수: 朱伯崑)

• 연세대학교, 덕성여대 등에서 강의
• 한국교원대학교 교수(현재)
• 국제역학연구원(國際易學硏究院) 상임이사
• 한국동양철학회(韓國東洋哲學會) 감사(전)
• 한국교원대학교 도서관장(전)

[대표 논문]
· '강남스타일'과 극기복례
· 왕부지의 『장자』 풀이에 드러난 '무대' 개념 고찰
· 왕부지의 겸괘 「대상전」 풀이에 담긴 의미 고찰
· 互藏其宅의 논리와 그 철학적 의의
· 船山哲學的世界完整性硏究(中文) 외 30여 편

[저서]
· 왕부지의 주역철학
· 주역의 근본 원리(공저)

[역서]
· 완역 역학계몽
· 역학철학사(전8권, 공역) 외

한 국 연 구 재 단
학술명저번역총서
[동 양 편]   613

주역내전 ❸

초판 인쇄   2014년 12월 01일
초판 발행   2014년 12월 15일

지 은 이 | 왕부지(王夫之)
옮 긴 이 | 김진근(金珍根)
펴 낸 이 | 하운근
펴 낸 곳 | 學古房

주   소 | 서울시 은평구 대조동 213-5 우편번호 122-843
전   화 | (02)353-9907   편집부(02)353-9908
팩   스 | (02)386-8308
홈페이지 | http://hakgobang.co.kr/
전자우편 | hakgobang@naver.com,   hakgobang@chol.com
등록번호 | 제311-1994-000001호

ISBN   978-89-6071-454-0 94140
           978-89-6071-287-4   (세트)

값 : 29,000원

■ 이 저서는 2011년 정부(교육과학기술부)의 재원으로 한국연구재단의 지원을 받아 수행된
  연구임(NRF-2010-421-A00022).
  This work was supported by National Research Foundation of Korea Grant funded
  by the Korean Government (NRF-2010-421-A00022).

이 도서의 국립중앙도서관 출판시도서목록(CIP)은 서지정보유통지원시스템 홈페이지
(http://seoji.nl.go.kr)와 국가자료공동목록시스템(http://www.nl.go.kr/kolisnet)에서 이용하실
수 있습니다.(CIP제어번호: CIP2014034844)

■ 파본은 교환해 드립니다.